F. Munzel

Karl Mays Erfolgsroman
„Das Waldröschen"

Germanistische Texte und Studien

Band 6

Friedhelm Munzel
Karl Mays Erfolgsroman
„Das Waldröschen"

1979
Georg Olms Verlag
Hildesheim · New York

Friedhelm Munzel

Karl Mays Erfolgsroman „Das Waldröschen"

Eine didaktische Untersuchung
als Beitrag zur Trivialliteratur
der Wilhelminischen Zeit
und der Gegenwart

Mit einer Einführung
von
Prof. Dr. Heinz Stolte

1979
Georg Olms Verlag
Hildesheim · New York

© Georg Olms, Hildesheim, 1979
Alle Rechte vorbehalten
Printed in Germany
Umschlagentwurf: Paul König, Hildesheim
Herstellung: Strauss & Cramer GmbH, 6945 Hirschberg 2
ISBN 3 487 06873 7

Meiner Frau in Dankbarkeit gewidmet

Zu diesem Buch

Von Prof. Dr. Heinz Stolte

Zu diesem Buch ist vorab zu bemerken, daß es dem interessierten Leser mehr zu bieten hat, als der zurückhaltend formulierte Titel vermuten läßt. So eingeengt auf eine Spezialuntersuchung eines einzelnen und noch dazu abseitigen Romanwerks eines eher zu den Randfiguren der Literaturszene gerechneten Autors, wie es den Anschein haben mag, hat Friedhelm Munzel die hier vorgelegte Abhandlung keineswegs konzipiert. Der Griff in jene Literaturwelt der Kolportage aus wilhelminischen Zeiten, der das untersuchte Objekt entstammt, in eine als verschollen geltende, der literaturhistorischen Forschung bis vor kurzem fast völlig außer Sicht geratene geistige Subkultur, hatte zur Folge, daß der Verfasser, um sein Vorhaben vor akademischen Beurteilern zu rechtfertigen, informierend den ganzen weitläufigen Problemkomplex nach seiner Tragweite und Geschichte mit aufrollen mußte.
So bietet er denn, fast handbuchartig, einen gedrängten Überblick über die Forschungslage in einem Sachbereich, der, wie ich meine, zum Interessantesten gehört, was in den letzten zehn Jahren auf dem Gebiete literaturwissenschaftlicher Forschung und mit ihr verwandter Humanwissenschaften zu registrieren gewesen ist.

Was sich im letzten Jahrzehnt im Umkreis dieser
wissenschaftlichen Disziplinen vollzogen hat,
war die längst fällige Besinnung darauf, daß a l l e
Literatur L i t e r a t u r ist. Das bedeutet: es
könnte nicht länger dabei bleiben, daß eine Forschung,
die vorgibt, d i e Literatur zu behandeln, selbst-
genügsam nur eine als elitär angesehene schmale Auswahl
aus ihr in den Blick rückt, aber das ungeheuer weite
Umfeld tatsächlich wirkender und wuchernder Gebrauchsliteratur (ein Vielfaches an Masse jener elitären)
arroganterweise ins Dunkel des Nichtwissenswerten
abschiebt. Dieser verstoßenen, exkommunizierten
Literatur selbst konnte das Verdikt gleichgültig
sein: sie existiert ohnehin im autogenen Prozeß sozialer Zwangsläufigkeiten. Daß aber die F o r s c h u n g
infolge ihrer Sichtverengung lange Zeit an einer
reichen Quelle für Erfahrungen und Einsichten vorbei-
gegangen war, aus denen Literarästhetik, Psychologie,
Soziologie und Didaktik gleichermaßen Gewinn hätten
ziehen können, das ist heute bereits offenkundig
geworden, seit man diese für die konventionelle Wissenschaft so neue Welt - pauschal, aber nicht durchaus
zutreffend "Trivialliteratur" genannt - entdeckt und
ernsthaft in Augenschein genommen hat.
Friedhelm Munzel konnte also nicht umhin, seiner
Untersuchung einen skizzierenden Überblick über den
ganzen hier angedeuteten Fragenkomplex einzufügen.
Sein "Forschungsbericht zum Problem der Trivialliteratur unter literaturwissenschaftlichem und literaturdidaktischem Aspekt" umreißt die Problematik

im allgemeinen, sein "Forschungsbericht zum Werk Karl Mays" unterrichtet über Geschichte und Stand dieses speziellen Arbeitsbereichs, in dem man inzwischen auf so besonders reichhaltige Weise fündig geworden ist. Die Karl-May-Forschung scheint sich ja wohl zum Haupt- und Kernstück der Trivialliteraturforschung entwickelt zu haben, wenngleich - wie ich hinzufügen muß - das Phänomen Karl May weit über das hinausreicht, was man mit dem Ausdruck "Trivialliteratur" begrifflich fassen kann.
So ist denn auch die Veröffentlichung Friedhelm Munzels die erste wissenschaftliche Arbeit größeren Umfangs, die mit einem umfangreichen Instrumentarium der neuesten Forschung zu operieren vermochte, einem Instrumentarium, von dem der Autor mit Umsicht und Kritik Gebrauch gemacht hat. Noch vor wenigen Jahren wäre sein Thema freilich gar nicht in dieser Form zu behandeln gewesen, bevor nämlich der Olms-Verlag der Literaturwissenschaft das "Waldröschen", diesen ersten großen Kolportageroman Karl Mays, durch seinen Reprint wieder im Originaltext zur Verfügung gestellt hatte.
Munzel will keine speziell germanistisch-philologische Untersuchung vorlegen, keine Analyse mit dem Ziel etwa, das Phänomen Karl May im Rahmen der Literaturgeschichte zu deuten, sondern er geht von Erfahrungen mit Schülern und in der Schule aus und will seinen Gegenstand immer im Hinblick auf die von der Pädagogik aus gestellten Probleme einer Literaturdidaktik im Bereich der Schule (namentlich der Grund- und Haupt-

schule) behandeln. Das Problem der Trivialliteratur
(für die er übrigens den ihm zutreffender erscheinenden Begriff "Unterhaltungsliteratur" substituiert),
sieht Munzel demnach als eine "didaktische Aufgabe"
an. Und da interessiert den Didaktiker das Werk Karl
Mays als ein Modellfall, der für vieles Ähnliche
steht; eine exemplarische Behandlung, für die mehrere
Gründe maßgeblich gewesen sind. Der entscheidendste
war der, daß der Deutschlehrer Munzel, einigermaßen
resignierend, hatte feststellen müssen, daß seine
Schüler, sofern sie überhaupt aus freien Stücken
lasen, fast alle lediglich "außerästhetische Leseinteressen" hatten. Der Schüler, sagt er, wünsche
Unterhaltung und Spannung, und die Annahme, der
Literaturunterricht der Volksschule könne zum
"guten Buch" erziehen, erweise sich bei näherer
Betrachtung als ziemlich illusorisch. Eine so
extreme, illusionslose und ideale Klischees sprengende Feststellung führt den Didaktiker Munzel zu
praktisch-methodischen Folgerungen: "Ein Literaturunterricht, der ein ausschließlich ästhetisches
Programm vertritt und nicht auf die Neigungen des
Schülers Rücksicht nimmt, wird mit großer Wahrscheinlichkeit die Lesefreude des Jugendlichen ersticken.
Es gilt daher, die Lesemotive zu erkennen, innerhalb
des Unterrichts aufzunehmen und mit geeigneten
Mitteln zu lenken."
Ein weiterer Grund für den Autor, den Fall Karl May
didaktisch aufzubereiten, war die Feststellung, daß
es unter seinen Schülern an der Volksschule (gewiß
keinen Literatur-Enthusiasten) keinen einzigen gab,

dem der Name Karl May als der eines berühmten Erzählers nicht in einer oder anderer Form bekannt war. Und schließlich war die Tatsache motivierend, daß neuerdings - eben im Zuge eines Umdenkens bezüglich dessen, was man unter Literatur zu verstehen habe - Karl May bereits Einzug in eine ganze Reihe von Schullesebüchern gehalten hat, wo er freilich aus sehr verschiedenen literaturpädagogischen oder ideologischen Absichten heraus zur Diskussion gestellt worden ist. Solcher Diskussion wird sich daher auch der Lehrer "vor Ort" gebührend anzunehmen haben.

Abgesehen davon, daß der Autor sein Vorgehen methodisch gut abgesichert hat, indem er die Hauptfragen der Literatursoziologie, der Kolportageforschung, der Literaturdidaktik und schließlich der speziellen Textgeschichte des Waldröschen-Romans samt statistischer Erfassung der May-Rezeption bei Grund- und Hauptschülern klärend herangezogen hat, ist er auch in bezug auf sein Hauptanliegen, die pädagogisch relevanten Elemente Mayscher Kolportage herauszustellen und zu prüfen, umsichtig und sozusagen "pluralistisch" vorgegangen. Solche Vielfalt der Aspekte ist es gerade, deren Fehlen in der Vergangenheit die May-Dispute so unergiebig gemacht hat. Daß Munzel in diesem Zusammenhang darauf hinweist, es habe sich eine exakte wissenschaftliche Arbeit "auf b r e i t e r Basis" eigentlich erst seit Gründung der Karl-May-Gesellschaft im Jahre 1969 entwickelt, ist nur allzu berechtigt. Die Beiträge

der in den Jahrbüchern dieser Gesellschaft zu
Wort kommenden Wissenschaftler haben "zahlreiche
neue wissenschaftliche Ansätze ergeben" und "ein
Bild der Komplexität" des Schriftstellers Karl
May sichtbar werden lassen, das geeignet sei,
"die immer noch vorhandenen stereotypen Anschauungen über sein Schaffen zu revidieren".
Unter insgesamt zwölf Gesichtspunkten hat Munzel
seinerseits am "Waldröschen" solche Komplexität
vorgeführt, indem er Themen wählte, zu denen bereits
extreme kritische Urteile vorlagen und die den
Schulpädagogen besonders interessieren könnten.

So findet er im "Waldröschen" nicht "abgrundtiefe
Unsittlichkeit", sondern die "Merkmale wahrhafter
und echter Liebe"; nicht Anhimmelung des Adels,
sondern "einen Blick für das Überlebte des Adels"
und die Anschauung, daß "Charakter und persönliche
Leistung" als der "Adel der Seele" entscheidend
seien; er findet nicht Anpassung und Untertanen-
gesinnung, sondern ein lebhaftes Engagement, das
"Ungleichheit nicht als unabänderlich" hinnimmt
und für "soziale Gerechtigkeit, Freiheit und
menschliche Würde kämpft; nicht den Ruf nach auto-
ritärem Erziehungsdrill, sondern den nach der
"Gewährung eines Freiheitsraums für das Kind";
nicht reaktionären Patriarchalismus, sondern beispielsweise eine "beachtliche Wertschätzung der Frau"
auch "über die Rechte hinaus, die man der Frau in
der damaligen Gesellschaft für gewöhnlich zugestand";
er konstatiert nicht Verfälschung einer historischen

Realität, sondern Widerspiegelung der "Tendenzen
der Wilhelminischen Zeit" und des "hoffenden Menschen",
der sich "angesichts der bedrängenden gesellschaftlichen
Zustände eine bessere Welt ersehnt".
Schließlich hebt Munzel als didaktisch bedeutsam auch
das Märchenhafte, das Abenteuerliche, das Tagtraumhafte
(Bloch) und den "Erholungseffekt" der Kolportage
hervor.
Hervorhebenswert erscheint mir noch, daß der Verfasser
gegen Schluß seiner Arbeit zu einem von der konventionellen
Literaturpädagogik häufiger gegen den angeblichen
Jugendverderber Karl May erhobenen Vorwurf
seine eigene und strikt widersprechende These formuliert
hat, indem er resümiert" "Ich habe bisher noch
keinen Anhaltspunkt dafür gefunden, daß, wie z.B.
Manfred Schloter behauptet, der Jugendliche, der von
der Karl-May-Lektüre nicht zum wertvollen Buch finde,
'in den meisten Fällen zu Schundliteratur gelenkt'
werde. Dagegen konnte vielfach der Beweis erbracht
werden, daß Kinder, die nicht Karl May oder ähnliche
Abenteuerlektüre lesen, überhaupt keinen Zugang zur
Literatur haben". Und bezüglich etwaiger Faszination
junger Leser durch Szenen in Mays Erzählungen, in
denen Kampf und Gewalt herrsche, meint der Verfasser
- und da spricht der erfahrene Lehrer -, genau dies
sei Sache des Literaturunterrichts in der Schule
als der einzigen Möglichkeit, "Gefahren einsichtig
zu machen und Alternativen anzubieten - keineswegs
aber dadurch, daß der Lehrer zum Agenten einer
gesellschaftlichen Norm oder eines ästhetischen
Prinzips wird, sondern sich als Anwalt des Kindes

versteht".

Alles in allem geht, wie man sieht, die hier vorgelegte Untersuchung nicht nur den Kreis der ohnehin an dem Thema Karl May Interessierten an, sondern darüber hinaus vor allem jene Schulpädagogen, denen der Literaturunterricht an unseren Schulen anvertraut ist. Unter diesen möchte man dem vielseitig anregenden Buch aufmerksame Leser wünschen.

Inhaltsübersicht

Vorwort 9

Einleitung 11

  I. Trivialliteratur als didaktische Aufgabe 11
  II. Karl May in der didaktischen Diskussion 15
  III. Ziel und Durchführung der Arbeit 17
  IV. Der Stoff und die Methode der Untersuchung 24
    1. Zum Stoff 24
    2. Zur Methode 25

Teil A
TRIVIALLITERATUR IN DIDAKTISCHER FRAGESTELLUNG 28

  I. Zum Verhältnis von Trivialliteratur und Literaturdidaktik 28
  II. Forschungsbericht zum Problem der Trivialliteratur unter literaturwissenschaftlichem und literaturdidaktischem Aspekt 42

Teil B
DAS WERK KARL MAYS ALS LITERATURDIDAKTISCHES PROBLEM 54

  I. Zur Aktualität einer Untersuchung des Phänomens Karl May 54
  II. Überblick über Karl Mays literarisches Schaffen 64
    1. Der Autor 64
    2. Das Werk 68
    3. Das Traumerleben 72
  III. Forschungsbericht zum Werk Karl Mays 74
    1. Die literarische Diskussion bis zu den sechziger Jahren 74
    2. Neuere Forschungsansätze 82
    3. Zur Arbeit der Karl-May-Gesellschaft 85

Teil C
"DAS WALDRÖSCHEN" - VORAUSSETZUNGEN UND ENTSTEHUNG
EINES KOLPORTAGEROMANS 94

I. Zeitgeschichtliche und literatursoziologische
   Voraussetzungen der Kolportage 94
   1. Zur Entwicklung des Buchdrucks 94
   2. Kolportage und "Lesewelle" 97
   3. Literarische Zeitgenossen Mays 99

II. Zur Entstehung des Kolportageromans
    "Das Waldröschen" 103
    1. Erste literarische Versuche Mays 103
    2. Karl May - ein Kolportageschreiber
       wider Willen? 105
    3. Mays Kolportagetätigkeit 106

Teil D
DAS ADRESSATENPROBLEM IM "WALDRÖSCHEN"
- Zur didaktischen Problematik der Massenwirkung
  eines Lesestoffs - 109

I. "Das Waldröschen" und seine Bearbeitungen 109
II. Zur Leserschaft der Kolportagehefte 114
III. Die Leserschaft des bearbeiteten
     "Waldröschens" 115

Teil E
"DAS WALDRÖSCHEN" - EINE DIDAKTISCHE UNTERSUCHUNG
- Die Kaiserzeit und ihre Spuren im "Waldröschen" - 123

I. Hintergrund des Romans "Das Waldröschen" 123
   1. Gesellschaftliche Struktur und Einkommens-
      verteilung im Kaiserreich 126
   2. Allgemeine und schichtenspezifische
      Verhaltensweisen 130
   3. Gesellschaftlicher Wandel und Literatur-
      konsum 137
   4. Schule 144

5. Deutschunterricht 146
6. Gesellschaftskritik bei literarischen Zeitgenossen Mays 149

II. Durchführung des Romans 155
 1. Zum Inhalt 155
 2. Muster des Trivialen 156
    a) Voraussagbarkeit 157
    b) Vertauschbarkeit 162
    c) Häufung 164

III. Didaktische Intentionen im "Waldröschen" 165
 1. Erzählerische Mittel 165
 2. Leserbedürfnisse und Lesemotivation 169
 3. Vermittlung von Sachwissen 176
 4. Vermittlung von Werten und Normen 179
    a) Liebe 179
    b) Ehre und Adel 186
    c) Erziehung 192
    d) Stellung der Frau 198
 5. Selbstbewertung des Autors und Charakter des Helden 203
 6. "Das Waldröschen" als Weltbild 217
 7. Bewertung des Menschen 224
    a) Franzosen 225
    b) Mexikaner 226
    c) Deutsche 227
    d) Indianer 228
    e) Zigeuner 229
    f) Juden 230
 8. Zum Religiösen im "Waldröschen" 236
 9. Hoffnung und Befreiung 241

IV. "Das Waldröschen" als Abenteuerlektüre 244

V. Zum Märchencharakter des "Waldröschens" ... 251
1. Trivialliteratur und Märchenmotive ... 251
2. Märchenmotive im "Waldröschen" ... 251
3. Vergleich mit der Strukturbeschreibung von Max Lüthi ... 257
   a) Eindimensionalität ... 257
   b) Flächenhaftigkeit ... 257
   c) Abstrakter Stil ... 258
   d) Isolation und Allverbundenheit ... 259
   e) Sublimation und Welthaltigkeit ... 260
4. Auswertung des Vergleichs ... 261

VI. Zum Verhältnis von Kitsch und Kolportage ... 263

Zusammenfassung
Trivialliteratur und die Aufgabe der Schule ... 266

Anhang ... 272

Literaturhinweise zum Leben und Werk Karl Mays ... 276

Abkürzungen ... 277

Quellen und Nachweise ... 278

Personenregister ... 345

Vorwort

Mit meiner Dissertation "Karl Mays Frühwerk 'Das Waldröschen' - Eine didaktische Untersuchung als Beitrag zur Trivialliteratur der Wilhelminischen Zeit" unternahm ich 1977 den Versuch, die didaktische Reichweite der Kolportageliteratur Karl Mays darzustellen. Das "Waldröschen" bot hierfür geeignete Voraussetzungen: Es wird seit hundert Jahren begeistert gelesen und kann als einer der erfolgreichsten deutschen Unterhaltungsromane gelten. Allein die bearbeitete fünfbändige Ausgabe des Karl-May-Verlags (ab 1924) weist insgesamt eine Auflage von weit über zwei Millionen Exemplaren auf.

Um das literaturdidaktische und sozialgeschichtliche Umfeld Umfeld von Mays "Waldröschen" so umfassend wie möglich zu beschreiben, waren mancherlei Aufgaben zu bewältigen: Es galt, das Verhältnis von Literaturwissenschaft, Literaturdidaktik und Trivialliteratur zu klären. Es waren die literatursoziologischen Gegebenheiten der Wilhelminischen Ära und die gegenwärtige Forschungssituation der Trivialliteratur gleichermaßen zu berücksichtigen. Eine besondere Schwierigkeit bildeten die Untersuchungen zur Leserschaft und Wirkungsgeschichte des "Waldröschens"; die Aussagen zur heutigen Rezeption der May-Lektüre gehen auf zwei umfangreiche Befragungen von Schülern zurück, die ohne die Mitarbeit zahlreicher Dortmunder Lehrerinnen und Lehrer nicht möglich gewesen wären.

Der eigentliche Gegenstand der Untersuchung war das "Waldröschen" selbst, dieses seltsame Tagtraum-Abenteuer ohne Ende, das dem Autor soviel Leid brachte, wie es den Lesern Freude bereitete. Es ist für mich immer wieder erstaunlich, was sich in diesem Romanwerk alles verbirgt: Kolportage, Kitsch und Kunst, Abenteuer, Traum und Märchen, Idylle und Sozialkritik, Grundmotive der menschlichen Existenz, nahezu dokumenthaftes Zeitgeschehen und auch überdauernd Faszinierendes, die Lesemotivation für große Bevölkerungskreise in der Kaiserzeit und in der Gegenwart. Wer dem Bedeutungsgehalt des Romans und den didaktischen Intentionen Mays auf die Spur kommt, entdeckt weit mehr.

Mit dem "Waldröschen" rückt sein Verfasser in den Mittelpunkt, ein großartiger Erzähler, vom einstmaligen Lehrer, Gefängnisinsassen und Phantast herangereift zum Dichter und Künder des Friedens und der Liebe, der seiner Zeit in vieler Hinsicht voraus war. Karl Mays Bedeutung wird erst heute in ihrer Vielschichtigkeit erkannt. Meine Ausführungen zur Persönlichkeit und zum Gesamtwerk Mays verstehen sich gleichzeitig als ein Beitrag zur Revision des May-Bildes.

Die Buchveröffentlichung übernimmt Ziel und Konzeption der Dissertation, hat aber in mehrfacher Hinsicht eine Veränderung erfahren: Verschiedene Teile, die die Durchsichtigkeit der ursprünglichen Fassung beeinträchtigten oder als verzichtbar erschienen, wurden gekürzt oder gestrichen. Dafür konnte ich die Forschungsberichte ergänzen und auf den neuesten Stand bringen. Dadurch, daß einige Kapitel anders formuliert oder neu geschrieben wurden, mußten Textumstellungen bzw. geringfügige Änderungen in der Anordnung der Kapitel vorgenommen werden.

Mein Dank gilt an dieser Stelle Herrn Reinhard Solbach, der mich bei der Herstellung der Druckvorlagen maßgeblich unterstützte und mir jederzeit beratend zur Seite stand.

Dortmund, den 12. Dezember 1978   Friedhelm Munzel

I. Trivialliteratur als didaktische Aufgabe

Innerhalb der gegenwärtigen literaturwissenschaftlichen Forschung hat die Untersuchung der Trivialliteratur[1] einen anderen Stellenwert erhalten als noch vor wenigen Jahren. Eine ernsthafte Beschäftigung mit Trivialliteratur besteht seit Mitte der sechziger Jahre, wenn auch verschiedene Literaturwissenschaftler ihre ablehnende Haltung gegenüber der Erforschung der Trivialliteratur beibehalten.[2] Die Literaturwissenschaft der Vergangenheit beschäftigte sich zum großen Teil ausschließlich mit ästhetisch anspruchsvollen Werken. Die Literaturgeschichte spiegelt die Bewertungsmaßstäbe wider. Sie zeigt in den meisten Fällen Denken und sprachliches Verhalten der 'gebildeten Stände' auf und hat somit für ihren Anspruch, Geschichte der Literatur zu sein, ein zu stark eingegrenztes Forschungsfeld.

Da die Literaturdidaktik sich an den ästhetischen Wertmaßstäben der Literaturwissenschaft orientierte, nahm die 'schöne Literatur' lange Zeit eine unangefochtene Vorrangstellung im Bildungsprozeß der Schule ein. Eine wesentliche Veränderung erfuhr die Literaturdidaktik in den sechziger Jahren indes durch die Erkenntnis, daß die Didaktik sich nicht auf schulische Lernprozesse begrenzen lasse. Die Gleichsetzung von Literaturunterricht und 'Erziehung zur Dichtung', die sich bis zu diesem Zeitpunkt unter dem Einfluß der Kunsterziehungsbewegung vollzogen hatte, wurde von einer Erweiterung des Textangebots aufgehoben. Neben der Berücksichtigung literarischer Gebrauchsformen[3] für den schulischen Unterricht wandte sich die Literaturdidaktik dem vielschichtigen Bereich der Trivialliteratur zu.

Unter 'Trivialliteratur'[4] soll – ohne auf die Komplexität ihrer unterschiedlichen Erscheinungsformen einzugehen – im folgenden die Literatur verstanden werden, die eine massenhafte Verbreitung erfährt, in erster Linie dem Unterhaltungsbedürfnis dient,[5] sich in Form und Inhalt einem breiten Leserpublikum anpaßt und deshalb von ästhetisch anspruchsvollen Lesern zumeist eine Abwertung erfährt. Der Einfachheit halber könnte man sich zunächst auf den Begriff 'Unterhaltungsliteratur'[6] einigen, wobei auch hier die Kennzeichen der Popularität und Intentionalität eingeschlossen sind. Dieser wertneutrale Begriff[7] kommt dem Anliegen der vorliegenden Arbeit entgegen, die, um einen sachgerechten Zugang zur Unterhaltungsliteratur sowie zu Mays "Waldröschen" und objektive, dem Untersuchungsgegenstand entsprechende Ergebnisse zu erzielen, eine apriorische Wertung ausschließt.

Weiterhin ist der Begriff 'Unterhaltungsliteratur' nicht nur im Hinblick auf verschiedene Erscheinungsformen von Trivialliteratur und Kolportage sinnvoll, sondern erscheint auch für den Bereich der Schule von Bedeutung: In den meisten Fällen hat der Schüler außerästhetische Lese-Interessen; er wünscht Unterhaltung und 'Spannung'. Die Annahme, der Literaturunterricht der Volksschule könne zum 'guten Buch' erziehen, erweist sich bei näherer Betrachtung als illusorisch. Zahlreiche Schüler der Hauptschule lesen keine Bücher in ihrer Freizeit, sondern allenfalls Comics, Zeitschriften oder Zeitungen. Andere Medien, besonders das Fernsehen, verdrängen zusehends die Lesebereitschaft. Ein Literaturunterricht, der ein ausschließlich ästhetisches Programm vertritt und nicht auf die Neigungen des Schülers Rücksicht nimmt, wird mit großer Wahrscheinlichkeit die Lesefreudigkeit des Jugendlichen ersticken. Es gilt daher, die Lesemotive zu erkennen, innerhalb des Unterrichts aufzunehmen und mit geeigneten Mitteln zu lenken. Wenn das Interesse am Lesen überhaupt vorhanden ist, kann ästhetisches Lesen daraus werden, so daß der unkontrollierte Konsum ästhetisch geringwertiger Stoffe nicht die spätere Leseneigung determiniert. Eine Analyse des Trivialen, Klischeehaften oder gar Mißlungenen erscheint aus didaktischer Sicht schon insofern gerechtfertigt, als das Gekonnte und Originelle sich davon kontrastiert abhebt und so zum Erkennen echter künstlerischer Leistung beiträgt.

Die moderne Literaturdidaktik berücksichtigt stärker als in der Vergangenheit den Leser und die Wirkung eines Textes. Sie bezieht somit soziologische und psychologische Aspekte in ihre Reflexion ein. Fragen, die Literatur und Pädagogik betreffen, stehen erst am Beginn einer umfassenden Erforschung. Zahlreiche Veröffentlichungen lassen erkennen, daß die Literaturdidaktik um eine zeitgemäße Konzeption des Literaturunterrichts bzw. der literarischen Erziehung bemüht ist, daß sie also den tatsächlichen Gegebenheiten im Hinblick auf literarische Erscheinungsformen und auf das rezeptive Verhalten des Schülers gerecht zu werden versucht.[8]

Die Bestrebungen von Literatur und Pädagogik in der Vergangenheit waren für den Großteil der Leser erfolglos, denn dieser wandte sich trotz des Anspruchs aller literarischen Bildungsideale der Trivialliteratur bzw. der Unterhaltungslektüre zu. Hier entsteht die Frage nach der Arbeits- und Wirkungsweise von Unterhaltungsliteratur.

Der Wunsch nach einer Geschichte der Unterhaltungsliteratur ist seit Mitte des 19. Jahrhunderts ausgesprochen worden, wurde aber erst 1969 erfüllt.[9] In der Mitte des 18. Jahrhunderts entstand der bürgerliche Roman in Deutschland; seit dieser Zeit kann man nach M. Thalmann von Trivialliteratur sprechen.[10] Als Gattung war der Roman zunächst umstritten, da er als gänzlich neue literarische Form der traditionellen Einteilung der Ästhetik nicht entsprach. Erst allmählich wurde seine Geringschätzung durch vereinzelte anerkannte Werke überwunden. Das Vorurteil gegen die Gattung verlagerte sich schließlich auf den Unterhaltungs- und Mode-Roman.[11] Die populäre Unterhaltungslektüre fand keinerlei wissenschaftliche Beachtung: Die Literaturwissenschaft ignorierte in der einseitigen Hinwendung zum Kunstwerk die Literatur, die im Volk lebte und wirkte. Erst heute ist das literaturwissenschaftliche Forschungsfeld auch auf die Trivialliteratur ausgeweitet worden. Neben wissenschaftlichen Veröffentlichungen zeugen davon die Faksimiledrucke zur Trivialliteratur aus den letzten beiden Jahrhunderten.[12]

Die schon lange erforderliche Beschäftigung mit Trivialliteratur hat neue Perspektiven ergeben, die von didaktischer Bedeutung sind: Viele dieser Werke haben einen beträchtlichen kultur- und geistesgeschichtlichen Informationswert. Bei der Klärung der Frage nach gesellschaftlicher Resonanz der Literatur kann die tatsächlich gelesene Literatur nicht ausgeschlossen werden. Außerdem handelt es sich bei Trivialliteratur um ein sozialpsychologisches Phänomen mit teilweise beachtlichem geschichtlichen Dokumentationswert. Nur durch Einbeziehen von trivialer Literatur einer bestimmten Periode kann deren gesamter literarischer Wirkungsraum erfaßt werden; verschiedentlich sind auch Wechselbeziehungen zwischen Trivialliteratur und hochwertiger Literatur feststellbar.

Auch die Bewertung von Trivialliteratur hat sich gewandelt. Um dem Phänomen des Trivialen gerecht werden zu können, muß zunächst auf ästhetische Maßstäbe verzichtet werden; überdies kann eine ausschließlich ästhetische Untersuchungspraxis inzwischen als überholt gelten.[13] Es ist vielmehr vorrangig notwendig, nach der literarischen Wirkung zu werten. Wird ein Schriftsteller mit hohem Wirkungsgrad nicht in die wissenschaftliche Untersuchung aufgenommen,

so werden möglicherweise wesentliche Details eines Werkes,
eines Zeitabschnitts oder einer Entwicklung übersehen.
Hierfür ist Karl May ein klassisches Beispiel, da sich bei
ihm eine Entwicklung vom Produzieren trivialer Stoffe[14]
bis zum Gestalten eines Kunstwerks[15] vollzog.

II. Karl May in der didaktischen Diskussion

>"Seine ganze Schriftstellerei erklärt sich
>mir aus seinem angeborenen Phantasiereich-
>tum, aus seinem ursprünglichen Lehrerberuf
>und einem Zug zum Pastoralen. (...)
>Dazu kam der den Deutschen überhaupt so
>tief im Blut steckende lehrhafte Zug, zu-
>mal stark entwickelt in Sachsen, dem
>Mutterlande der Schulmeister ..." (16)

Seit 80 Jahren ist die Beliebtheit Karl Mays ungebrochen.
Die Auflage der "Gesammelten Werke" hat inzwischen fast
60 Millionen erreicht. Schon allein die Tatsache dieser
Quantität ist ein Grund dafür, sich mit dem Phänomen
Karl May zu befassen. Während den Karl-May-Bänden ein an-
haltender Erfolg beschieden ist, haben sich die Aktivitäten
verschiedener Verlage, die den vermeintlichen Lesetrend
zur Trivialliteratur kommerziell ausnutzen wollten, wei-
testgehend als Fehlspekulation erwiesen.[17] Von den deutschen Unterhaltungsschriftstellern, die nicht nur dem Namen
nach bekannt sind, sondern deren Werke auch gelesen werden,
hat Karl May nachweislich den höchsten Rezeptionsanteil.[18]
Nimmt man den Umstand hinzu, daß sein Werk auch eine hohe
Umsetzungsquote in audiovisuelle Medien (Schallplatte,
Funk, Fernsehen, Film) erfährt, so wird nahezu jeder Schüler schon außerhalb der Schule mit Karl May konfrontiert.[19]

Jahrzehntelang ist Karl May in seiner literarischen Bedeutung unterschätzt worden. Eine Erklärung hierfür ergibt sich hauptsächlich aus drei Gründen, die einander gegenseitig bedingen: Das Werk Mays wurde zum einen dem 'minderwertigen Schrifttum' zugeordnet und schied damit für eine literaturwissenschaftliche Untersuchung aus. Zum andern war die Vielschichtigkeit seines literarischen Schaffens unbekannt. Und drittens wurde das mit Nachdruck betonte didaktische Anliegen Mays - das 'Menschheitsproblem in Form des Märchens mitzuteilen[20] - weder ernst genommen noch an seinen Texten überprüft. Dabei liefert May selbst den Schlüssel zur Interpretation seines Werkes, denn er begreift das 'Menschheitsproblem' als sein eigenes,[21] d. h. er sieht sich selber als Repräsentant seiner Gesellschaft und Zeit auf der Suche nach der "verloren gegangenen Menschheitsseele"[22]. May hat also kein geringeres Anliegen, als das zu finden und dem Leser vorzustellen, was das eigentliche Menschsein ausmacht. Deuten darauf bereits die Titel von Mays Kolportageromanen "Der verlorene Sohn"[23] und der "Weg zum Glück"[24] hin, so signalisieren manche Begriffe des Spätwerks wie 'eingemauerter Herrgott', 'versteinertes Gebet','verkalkte Seelen', die 'Stadt der Verlorenen' oder der 'Sprung in die Vergangenheit'[25] die Enge und Starre seiner Zeit wie auch die Unzeitgemäßheit Wilhelminischer Gesellschaftsformen. Und wenn Mays erster Kolportageroman "Das Waldröschen" das einhält, was er vorgibt, nämlich ein "großer Enthüllungsroman über die Geheimnisse der menschlichen Gesellschaft" zu sein, müßte dieses Werk mancherlei Auskünfte über das 'Menschheitsproblem' der damaligen Zeit geben.

Erst seit kurzer Zeit sind die Voraussetzungen gegeben, das 'Phänomen Karl May' umfassender zu erklären: einmal durch den Beginn einer intensiven wissenschaftlichen Karl-May-Forschung, zum andern durch die Veröffentlichung bisher unbekannten wichtigen Quellenmaterials. Bei der Auseinandersetzung mit Karl May ist der Ausgang von seinen Texten als auch die Benutzung des Originalwerks, das teilweise stark bearbeitet wurde, als unabdingbar erkannt worden. Als ein wesentlicher Fortschritt ist es anzusehen, daß verschiedene neue Lesebücher May-Texte aufgenommen haben[26] und die Aktualität Mays somit auch für den Bereich der Schule sichtbar zu werden beginnt.

III. Ziel und Durchführung der Arbeit

Bei der Untersuchung des WR stellt sich die Frage nach der Funktion von Trivialliteratur und ihrem Stellenwert innerhalb des Literaturkanons. Für die Standortbestimmung der Trivialliteratur ist also eine Darstellung der gegenwärtigen Situation von Literaturwissenschaft und Literaturdidaktik erforderlich, die das Verhältnis der beiden Disziplinen zueinander in Augenschein nimmt. Daran anschließend werden neben unterschiedlichen Ansätzen zur Trivialliteraturforschung auch mehrere Beiträge zur literarischen Wertung aufgezeigt.

Nach einem Überblick über Mays literarisches Schaffen werden die wichtigsten Beiträge zu seinem Werk besprochen. Hierbei ist auf die erst spät einsetzende wissenschaftliche Auseinandersetzung mit dem Werk Mays einzugehen, die eine Entsprechung zu der etwa gleichzeitig beginnenden germanistischen Beschäftigung mit Trivialliteratur überhaupt aufzuweisen scheint.

Anhand des Adressatenproblems im WR erscheint es als möglich, exemplarisch die didaktischen Aspekte aufzuzeigen, die aus der Beschäftigung mit der Massenrezeption und

-wirkung eines Lesestoffs resultieren: Ursprünglich richtete sich das WR an Erwachsene und wurde zumeist von Angehörigen kleinbürgerlicher Schichten und von Arbeiterfamilien gelesen. Nach der Bearbeitung durch den Karl-May-Verlag wurde das WR in die 'Gesammelten Werke' eingereiht und wird in dieser Form seit 50 Jahren gelesen. Inwieweit die Bände des bearbeiteten WR[27] heute bekannt sind und gelesen werden, wird anhand einer Umfrage bei 12- bis 14jährigen Schülern belegt. In diesem Zusammenhang muß auch das deutschdidaktische Problem erörtert werden, welches sich dadurch ergibt, daß der Kolportagestoff von 1882 in seiner Bearbeitung und sekundären Wirkung den jugendlichen Leser erreicht. Neben der Klärung des Verhältnisses zwischen dem Originaltext und dem bearbeiteten WR wird der Frage nach der psychologischen Wirkung und der pädagogischen Problematik der heutigen Ausgabe nachgegangen. In seiner Entwicklung von einem 'Märchen für Erwachsene' zum 'Abenteuer für Jugendliche' ist dieser Roman Mays in seiner Breitenwirkung sicherlich eine Einmaligkeit.

Die Untersuchung des WR will insofern einen praktischen Beitrag zur Trivialliteratur liefern, als auf Unterrichtserfahrungen und empirisches Material zurückgegriffen werden kann. Während sich die bisherigen Forschungsbeiträge lesepsychologischer Art zum Werk Mays auf Untersuchungen von männlichen Jugendlichen beschränken,[28] soll an verschiedenen Aspekten dieser Arbeit aufgezeigt werden, ob und in welchem Umfang auch Mädchen als May-Rezipienten in Frage kommen.

Gegenwärtig ist das Werk Karl Mays - wie ausführlich belegt werden soll - von besonderer Aktualität. Es bedarf nunmehr dringend der didaktischen Aufarbeitung. Hierfür ist Mays Kolportageroman "Das Waldröschen" von exemplarischer Bedeutung, da er in Mays Werk eine Sonderstellung einnimmt – unzensiert als Produkt ursprünglicher Fabulierkraft und besonderer Voraussetzungen des Milieus: Das Land Sachsen, in dem May aufwuchs, war nicht nur das 'Mutterland der Schulmeister', sondern auch die Hochburg der Kolportage.[29] Als Industriegebiet verfügte Sachsen über einen ausgedehnten Literaturbetrieb; zahlreiche Männer und Frauen wandten sich der Schriftstellerei zu.[30] Fast alle Namen sind heute vergessen. Daß das WR seit 1882 – wenn auch in bearbeiteter Form – mit bleibendem Interesse gelesen und nach fast 100 Jahren als Reprint neu aufgelegt wird, gibt zu denken. Signalisiert dieser Neudruck lediglich eine nostalgische Modeerscheinung, die das Interesse der Literaturwissenschaft nicht oder nur vorübergehend weckt? Oder läßt die fortdauernde Faszination dieses Romans auf Gegebenheiten schließen, die sich seit einem Jahrhundert nur wenig oder gar nicht gewandelt haben?

Die Beantwortung dieser Frage macht die Darstellung der gesellschaftlichen Bedingungen erforderlich, die den Hintergrund für die Entstehung des WR bildeten. Daher sollen die gesellschaftliche Struktur, die Einkommensverhältnisse im Kaiserreich, allgemeine und schichtenspezifische Verhaltensweisen, Literaturkonsum, die Situation von Schule und Deutschunterricht und die Gesellschaftskritik bei literarischen Zeitgenossen Mays skizziert werden. Diese Darstellungen bilden gleichzeitig die Voraussetzung für die Analyse des WR, die jeweils Querverbindungen zur gesellschaftlichen Situation und zu den individuellen Bedingungen Mays zieht. Die didaktische Untersuchung des Kolportageromans als Beitrag zur Trivialliteratur der Wilhelminischen Zeit wird in der zweifachen Aufgabe gesehen, das WR sowohl als Spiegelbild eines bestimmten Zeitabschnitts zu erschließen als auch seine Gestaltung und Wirkung literaturdidaktisch zu reflektieren.

Bei der Analyse muß zunächst festgestellt werden, inwieweit
das WR dem Muster des Trivialen, für das in dieser Untersuchung die Einteilungskriterien von Günter Jahn[31] zugrunde
gelegt werden, formal entspricht. Ferner ist es erforderlich, die Begriffe 'Trivialliteratur', 'Kitsch' und 'Kolportage' voneinander abzugrenzen. Das Hauptaugenmerk richtet sich sodann auf den Inhalt des WR, denn der Bedeutungsgehalt dieses Romans läßt vermuten, daß sich im Hinblick
auf die Produktion und Rezeption von Kolportage neue und
überraschende Perspektiven ergeben. Überhaupt erscheint
das WR für eine literaturdidaktische Untersuchung als sehr
ergiebig:

Wohl kaum ein Werk deutscher Kolportageliteratur kann die
Kontinuität zwischen den Lesebedürfnissen und -motivationen
in der zweiten Hälfte des 19. Jahrhunderts und der gegenwärtigen Lesesituation großer Bevölkerungsschichten derart
prägnant demonstrieren wie Karl Mays WR. Das liegt begründet in der Art und Thematik des Werks, in der Persönlichkeit des Autors und in der Wirkungsgeschichte dieses Romans
Anhand des WR kann außerdem deutlich gemacht werden, welche
Lesemotive das Kind bzw. den Jugendlichen und den Erwachsenen gleichermaßen ansprechen.

Das WR war der erste von fünf großen Lieferungsromanen der
frühen Schaffenszeit Mays. Es war insofern eine Frage der
schriftstellerischen Ambitionen Mays, als seine weitere
literarische Tätigkeit wie auch seine ökonomische Situation
von dem Erfolg dieses Romans abhängig waren. Karl May mußte
das WR in kürzester Zeit unter erheblichem Leistungsdruck
schreiben. Dieser permanente Zustand von Unruhe und Hast
erscheint geradezu als Voraussetzung dafür, daß unbewußte
Vorgänge in der Psyche des Verfassers einen nicht unbedeutenden Einfluß auf das Werk gewannen und die Durchführung
des Romans möglicherweise mehr bestimmten als ein durch-

dachtes und sorgfältig erarbeitetes Konzept. Es ist zu vermuten, daß die spannungsreichen Handlungsabläufe, die Wahl der Motive - z. B. Kampf, Liebe, Flucht, Bindung, Befreiung -, besonders die Charakterisierung der Personen, auch Aufschluß geben über die psychischen Bedingungen des Autors. Wesentliche Gesichtspunkte der Interpretation werden daher der Vergleich der Selbstbewertung Mays mit dem Charakter des Helden - hierbei etwa: Überwindung der Unmündigkeit, Erlangung eines anerkannten Status, Ausbruch aus der Handlungsunfähigkeit, Schaffung eines neuen Freiheitsraumes - wie auch der Vergleich zwischen dem Milieu des Autors und der Szenerie im WR bilden.

Die Untersuchung des Romans auf seinen didaktischen Gehalt hin soll u. a. darüber Aufschluß geben, welche Intentionen der Autor mit seinem Werk verband, welche Werte, Normen, Vorurteile, Verhaltensklischees und Gewohnheiten vermittelt werden und wo sich gegebenenfalls Abweichungen von den damals vorfindbaren allgemeinen bzw. schichtenspezifischen Verhaltensweisen feststellen lassen. Am Beispiel von Liebe, Ehre, Adel und Erziehung werden Wertvorstellungen und Verhaltensmuster im WR veranschaulicht. Untersucht werden ferner die Stellung der Frau, die Bewertung von Völkern und Rassen (unter besonderer Berücksichtigung des Antisemitismus im Kaiserreich) und das Weltbild, welches das WR enthält. Bei der Frage nach dem religiösen Horizont des WR wird zu klären sein, ob das messianistische Engagement Mays, das manches mit dem Sendungsbewußtsein der Wilhelminischen Ära gemeinsam hat,[32] - in Mays 'Reiseerzählungen' findet sich durchgehend ein missionarisches Pathos[33] - schon im WR sichtbar wird und in Beziehung zu Säkularisierungstendenzen im 19. Jahrhundert steht.

Das WR trägt auf den ersten Blick alle Kennzeichen der Kolportage, sowohl äußerlich (Produktion, Aufmachung, Vertrieb etc.) als auch formal und inhaltlich, läßt aber von einem so genialen Erzähler, wie May es zweifellos war, mancherlei Züge erwarten, die über die zeitgenössische Kolportage hinausgehen. Aufgrund seines Anspruchs, die 'Geheimnisse der menschlichen Gesellschaft' zu enthüllen, muß im WR die Form einer Mitteilungsfunktion mit aufklärender und lehrhafter Tendenz angenommen werden. Es liegt nahe, daß der Lehrer Karl May, der wegen seiner Haftstrafen nicht unterrichten durfte, hier - teils unbewußt, teils mit didaktischer Absicht - ein Werk geschaffen hat, in dem eine Fülle von Material verborgen ist, das die Einsicht in die gesellschaftlichen Zustände des 19. Jahrhunderts zu erweitern vermag. Gerade weil Karl May an der ursprünglichen Berufsausübung gehindert war, sind 'didaktische Kompensationen' im Werk zu vermuten.

Da May zur sozialen Unterschicht des Volkes gehörte, sind Selbstdarstellungen Mays im WR auch daraufhin zu überprüfen, ob sie exemplarisch für die Unterschicht der damaligen Gesellschaft sind. Der Lebensweg Mays, vor allem gekennzeichnet durch jahrelange Entbehrungen, Unterdrückung und Gefangenschaft, läßt im WR Spuren von Rebellion, Protest und Aufsässigkeit mutmaßen, sie sich - da Kolportage dieser Zeit als Konformliteratur Wilhelminischer Gesinnung anzusehen ist - möglicherweise in einer verschlüsselten Gesellschaftskritik wiederfinden.

Als echte Kolportage setzt das WR den unzufriedenen Leser voraus, der auf dem Wege der Literatur eine Ersatzbefriedigung sucht. Das Wesen des WR scheint in einer Verbindung von Abenteuer, Traum, Märchen und Hoffnung zu bestehen. Diese Wesenszüge, die zueinander in Beziehung stehen und zur literarischen Bestimmung des WR beitragen, gilt es herauszuarbeiten. Dabei soll das Element 'Abenteuer' auf seine anthropologische Bedeutung hin untersucht werden.

Weiterhin ist die Entsprechung von Tagtraum und Kolportage sichtbar zu machen. Ein Motivvergleich, zu dem sich Max Lüthis Strukturbeschreibung des Märchens anbietet,[34] soll schließlich darüber Auskunft geben, ob zwischen dem WR und dem Märchen eine Analogie besteht. Im Zusammenhang mit der literarischen Bestimmung des WR soll gezeigt werden, warum auch die Widersprüchlichkeit als konstitutives Element von Kolportage gelten kann.

Verschiedentlich erscheinen gleiche oder ähnliche Gesichtspunkte in anderen Zusammenhängen. Dadurch ergibt sich eine bestimmte Anordnung der Kapitel: So wird einmal die Kolportage gesondert behandelt und näher durchsichtig gemacht, welche zeitgeschichtlichen und literatursoziologischen Gegebenheiten das Phänomen Kolportage verursachten. Zum andern wird die literarische Situation insgesamt skizziert, wobei Kolportage ihrem Stellenwert im damaligen Literaturkonsum entsprechend beschrieben wird. Das WR wird einerseits in seiner Entstehung von der Tätigkeit Mays her gesehen, andererseits in seiner Wirkungsgeschichte unter Berücksichtigung der verschiedenen Adressaten und Bearbeitungen. Um May literarisch einordnen zu können, ist es erforderlich, seine wichtigsten literarischen Zeitgenossen zu erwähnen. Dabei werden die bedeutendsten Vertreter der Unterhaltungsliteratur in Verbindung mit den Voraussetzungen von Kolportage gebracht, während einige typische Vertreter der 'Hochliteratur' unter dem Aspekt der Gesellschaftskritik gesehen werden sollen. Im wesentlichen erfolgt eine Beschränkung auf deutsche Schriftsteller bzw. Dichter.

IV. Der Stoff und die Methode der Untersuchung

1. Zum Stoff

Die Textsituation der Werke Karl Mays bildete von jeher ein Hindernis für die May-Forschung, da alle Bände trotz der Bezeichnung 'Originalausgabe' bearbeitet wurden. Mays Kolportageroman "Das Waldröschen" nimmt aber auch hier eine Sonderstellung ein: Die Bearbeitung des Karl-May-Verlags ist für die Forschung völlig unbrauchbar und läßt noch nicht einmal eine chronologische Inhaltsübersicht zu. Etwa 40% der Erstausgabe fielen bei der Bearbeitung durch textliche Kürzungen fort.[35] Ferner wurden ganze Romanteile anders geordnet, Neues hinzugefügt, Namen und Charaktere geändert[36] sowie Übergänge erfunden. Dieses Vorgehen bei der Bearbeitung des WR ist beispielhaft für den Umgang von Verlegern mit Trivialliteratur überhaupt. Es zeigt einmal - wie noch zu erläutern sein wird - die Maßstäbe, die bei der Eingliederung des WR in das Gesamtwerk Mays angelegt wurden, kennzeichnet aber gleichzeitig die damalige Einstellung zur Trivialliteratur. Sie wurde, von der Literaturwissenschaft ignoriert, als sprachliches Gebilde aufgefaßt, das beliebig umgestaltet werden konnte und jeder (ideologischen) Ausrichtung und ökonomischen Verwertbarkeit weitesten Raum bot. Selbst die erste Bearbeitung des Karl-May-Verlags ('Radebeuler Ausgabe') wurde nochmals überarbeitet ('Bamberger Ausgabe'); die Veränderungen sind allerdings nur stilistischer Art.

Aber auch die früheren Ausgaben von Adalbert Fischer[37] und H. G. Münchmeyer[38] weisen bereits nichtautorisierte Bearbeitungen auf. Eine Lösung der Textmisere versprach der WR-Nachdruck des Verlags Georg Olms, zumal die Edition als 'reprografischer Nachdruck der Ausgabe Dresden 1882' bezeichnet wurde. Durch vergleichende Textlesungen[39] konnte nachgewiesen werden, daß der Olms-Nachdruck kein Abdruck

der Erstauflage ist, sondern eine spätere Auflage des WR
von unterschiedlicher Bearbeitung zur Vorlage hatte.[40]
Vermutlich stammt die Druckvorlage des Olms-Verlags aus
dem Jahre 1902.[41]

Die bisherige Forschung kommt zu folgendem Ergebnis:
Beim WR gibt es letztlich keinen authentischen Text, wenn
man bedenkt, daß die Manuskripte Mays nicht mehr vorhanden sind und die Erstausgabe 1882 bereits Veränderungen
von fremder Hand erfuhr. Solche Eingriffe des Verlegers
oder seiner Angestellten in das Manuskript eines Autors
waren für Kolportageliteratur alltäglich.[42] Nun könnte man
vorschnell zu dem Schluß gelangen, auch der Olms-Druck sei
für die May-Forschung nicht brauchbar. Dies ist aber nicht
der Fall: Bei den zahlreichen Bearbeitungen des WR kann
der Olms-Reprint immer noch als ein originalnaher Abdruck
gelten. Gegenüber der Erstausgabe sind zwar zahlreiche
Änderungen feststellbar; sie sind jedoch trotz ihrer Anzahl unbedeutend und verändern nicht die Gestalt des
Werkes.[43] Für exakte Forschungen stehen außerdem Vergleichsverzeichnisse der Karl-May-Gesellschaft zur Verfügung.
Der Nachdruck des Olms-Verlags in Verbindung mit dem Vergleichsmaterial aufgrund der Heft-Lieferungen des WR bildet
demnach eine hinreichende Grundlage für die Untersuchung.

2. Zur Methode

Um dem literarischen Bereich des Trivialen im allgemeinen
wie dem Phänomen der Kolportage im besonderen gerecht werden zu können, gilt es einen neuen Zugang zur Sache, d. h.
zum Stoff, und zum Rezipienten zu gewinnen. Auf das WR
bezogen, ergibt sich folgende Konsequenz: Nur wenn das
ästhetisch-wertende Vorurteil gegenüber dem WR aufgegeben
und sein Bedeutungsgehalt für den damaligen Leser ernst
genommen wird, läßt sich eine angemessene und differenzierte Beurteilung dieses Romans vornehmen. Bei der Analyse

des Kolportageromans wird versucht, ästhetisch vorurteilslos vom Empfinden des Lesers her zu denken[44] und den Stoff nicht als "Intellektuellen-Konfekt"[45] zu betrachten. D. h. der gesamte Text wird einer eingehenden Untersuchung für wert erachtet und dem Bedeutungsgehalt nach sorgfältig analysiert. Für alle rezeptionsästhetische Forschung ist es wesentlich, nicht nur den Stoff, sondern auch den Rezipienten, hier vor allem den Schüler, zum Ausgangspunkt didaktischer Überlegungen zu machen.[46] Dies erscheint schon deshalb als notwendig, weil es allzu oft geschieht, daß mit der Abwertung eines literarischen Stoffs gleichzeitig der Mensch, der ihn liest, mißachtet wird.

Die Besonderheit von Trivialliteratur erfordert vor allem die Berücksichtigung des historisch-soziologischen Aspekts. Eine solche Untersuchung "setzt daher voraus, daß nicht die abgelösten Werke als objektivierte ästhetische Wertträger untersucht werden, sondern die Literatur als Information, als Botschaft aufgefaßt wird, die von einem Sender mittels einer Zeichenfolge an einen Empfänger gerichtet ist, dergestalt, daß keines der drei Elemente dieses Kommunikationssystems unbeeinflußt vom Charakter der anderen gedacht werden kann."[47] Die literaturwissenschaftliche Analyse des WR sollte deshalb vorrangig drei Komponenten des Werkes bedenken:[48] seine literarische Struktur, seinen Bedeutungsgehalt und die Wirkungsintention des Textes im Hinblick auf den Leser. Neben dem ideologischen Gehalt des Werkes gilt es besonders seine Unterhaltungsfunktion zu beachten.

Die vorliegende Arbeit verbindet die rezeptionsästhetisch-strukturale Untersuchung mit der Analyse der Wirkungsgeschichte des WR. Die Schwierigkeit, den Erwartungshorizont der Lesergruppen dieses Kolportageromans in der Wilhelminischen Zeit zu erfassen, wird einerseits dadurch zu überwinden versucht, daß die gesellschaftlichen Bedingungen dieser Zeit, die bestimmte Lesebedürfnisse auslösten, nach den derzeit vorhandenen soziologischen Befunden beschrieben werden. Andererseits liegen empirische Ergebnisse über die heutige Rezeption von Karl-May-Büchern vor,[49] die in Verbindung mit der Kolportagetheorie von Ernst Bloch Rückschlüsse auf die Bedürfnisse, Lesemotive und Erwartungen damaliger Leser wie auch auf die Wirkung von Kolportage zulassen. Ergänzt werden diese Ergebnisse durch vielfältige Zeugnisse über die tatsächliche Wirkung von May-Literatur,[50] u. a. durch meine eigenen Untersuchungen, in denen ich literarische Wirkungen Mays in der sprachlichen Kommunikation, im Spielverhalten und in der ethisch-religiösen Gesinnung von Schülern nachweisen konnte.[51]

Teil A

Trivialliteratur in didaktischer Fragestellung

I. Zum Verhältnis von Trivialliteratur und Literaturdidaktik

Wenn im folgenden dem Verhältnis von Literaturdidaktik und Trivialliteratur nachgegangen werden soll, so sind damit zwei Bereiche angesprochen, die aus ihrer Vielschichtigkeit und Unbestimmtheit heraus zunächst einmal jeweils gesonderter Erläuterungen bedürfen. Eine Gemeinsamkeit scheint darin zu bestehen, daß beide von zwei unterschiedlichen Ebenen her betrachtet werden können bzw. müssen, und zwar einmal von einer theoretischen Grundlage der Literaturwissenschaft, zum andern von der praktischen Anwendbarkeit im Literaturunterricht aus.[1]

Die Entwicklung der didaktischen Reflexion läßt sich den jeweils herrschenden Lehrplantheorien entnehmen. Das schulpädagogische Interesse lag nach 1945 zunächst bei unterrichtsmethodischen Fragen. Erst Ende der fünfziger Jahre verlagerte es sich stärker auf die Didaktik, maßgeblich bestimmt durch Wolfgang Klafki, der den bildungstheoretischen Ansatz einer geisteswissenschaftlichen Didaktik von Erich Weniger fortsetzte und ihm zu weiter Verbreitung verhalf. Die Entwicklung von der normativen über die geisteswissenschaftliche Lehrplantheorie zur Curriculumforschung zeigt Herwig Blankertz[2] in einem Überblick auf: Die normative Lehrplantheorie, die zu Beginn des 20. Jahrhunderts in Deutschland vorherrschte, gab sich in ihrer Zielsetzung als pädagogisch unangreifbar und überdauernd. In Wahrheit hatte sie jedoch die herrschenden politisch-gesellschaftlichen Machtverhältnisse zum Inhalt. Die dominierenden Zielsetzungen waren "Thron und Altar"[3]; der Anspruch des Staates auf Erziehung und Schule wurde als ein göttlicher ausgegeben. Die Lehrplaninhalte für den Religionsunterricht und den vaterländisch-patriotischen Unterricht besaßen einen leitenden Anspruch.

Gegen den Lehrplan, der als eine "Deduktion vom Gottesbegriff"[4] erscheint, wandte sich Erich Weniger im Anschluß an die geisteswissenschaftlich-hermeneutische Pädagogik von W. Dilthey. Die entscheidenden Fragen betrafen die Entstehung von Lehrplänen und deren gestaltende Kräfte. Weniger sah in den Lehrplänen das Ergebnis des Kampfes von gesellschaftlichen Mächten. Damit waren die wesentlichen Voraussetzungen für eine geisteswissenschaftliche Lehrplantheorie gegeben. "Die Lehrplantheorie weist solche Bedingungen in zwei deutlich unterscheidbaren Gruppen von Faktoren auf; auf der einen Seite diejenigen Bedingungsfaktoren, die als die um den Lehrplan und seine Inhalte konkurrierenden gesellschaftlichen Kräfte zu bezeichnen sind, Weniger nannte sie 'objektive Mächte', auf der anderen Seite die sozialen und anthropogenen Voraussetzungen des Lernens, die Umwelt der Jugend und die Schule als Bildungsmacht."[5]

Saul B. Robinson sah in der bildungstheoretischen Didaktik eine erhebliche Reduktion der didaktischen Problematik und führte mit seinem curricularen Ansatz[6] eine Wende in der Lehrplan-Diskussion herbei. An die Stelle des Bildungsbegriffs tritt der Gedanke des Lernens.[7] Zentrales Moment im Hinblick auf die Schulpraxis bildet das Problem der Lernziele - ihre Bestimmung, ihre möglichst exakte Beschreibung und ihre Begründung, die eine Kontrolle zuläßt. Wichtig für die Ermittlung neuer Curricula sind die Zusammenarbeit von Experten verschiedener Sachgebiete[8] auf demokratischer Basis, die bevorzugte Stellung der Fachwissenschaften und die Heranziehung objektivierender Verfahren.

Bei aller Skepsis, die man der Curriculum-Forschung von der Unterrichtspraxis her entgegenbringen kann,[9] läßt sich doch ein beachtlicher Fortschritt in der Wende vom Lehrplan zum Curriculum verzeichnen. Richtlinien und Lehrpläne der Vergangenheit befaßten sich nicht oder nur wenig mit der Realisierung ihrer Ziele und Forderungen im Unterricht. Die Curriculum-Forschung der Gegenwart hingegen bedenkt Realisierungsmöglichkeiten mit und bemüht sich, Lernziele operationalisierbar zu formulieren.[10]

In ihrer Zuständigkeit für den Schulunterricht ließe sich die Literaturdidaktik weitgehend unproblematisch als "Theorie des Lehrens und Lernens im Gegenstandsfeld Literatur"[11] abgrenzen. Bei der Frage nach der Stoffauswahl, die den Lehrplan in seinen Gehalten und seiner pädagogischen Tragweite für die jeweilige Situation und für bestimmte Kinder einbezieht, steht z. B. W. Klafkis Modell einer didaktischen Analyse für die Planung des Unterrichts zur Verfügung, das auch vielfach in der Praxis angewendet wird.[12] Für das Unterrichtsgeschehen selbst hat W. Schulz eine Strukturanalyse geliefert, die durch Erörterungen über eine kritische Planung und eine Kontrolle des Unterrichts in einen umfassenden Zusammenhang gestellt wird.[13] Beide Analysen bilden wesentliche und notwendige Gesichtspunkte der Didaktik und enthalten methodische Überlegungen als konstitutives Element didaktischer Reflexion. Die Konzepte von Klafki und Schulz finden auch im Bereich der Literaturdidaktik Anwendung. Die Beziehung der Literaturdidaktik zum Unterricht läßt sich durch derartige Planungen und Modelle konkretisieren, so daß in der Beschreibung und Bewertung der praktischen Komponente der Literaturdidaktik im allgemeinen Übereinstimmung erzielt wird. Im Verhältnis zur Literaturwissenschaft werden indes teilweise extrem gegensätzliche Positionen bezogen. Auf der einen Seite ist man um eine klare Abgrenzung der Literaturdidaktik von der Literaturwissenschaft bemüht und sucht Wege, um die Eigenständigkeit zu bewahren, auf der anderen Seite versucht man, die einheitlichen Grundlagen beider Disziplinen wissenschaftlich zu belegen. Diese Haltung gilt für Literaturwissenschaftler und Didaktiker gleichermaßen. Die problematische Beziehung zwischen Literaturdidaktik und Literaturwissenschaft ist aber kein Sonderfall, der nur den Bereich Literatur betrifft. Sie ist vielmehr Teilaspekt eines allgemeinen Spannungsverhältnisses zwischen Didaktik und Fachwissenschaft, das Theodor Wilhelm[14] auf die normative Ausrichtung zurückführt, den der Didaktikbegriff durch die neuhumanistische Bildungstheorie erhalten habe. Die Pädagogik verweist auf die Eigenständigkeit ihrer didaktischen Entscheidungen und befleißigt sich, der Bereich der Schule vor fachwissenschaftlichen 'Vorentscheidungen' abzuschirmen. So setzt sich Rolf Geißler[15] für die Eigenständigkeit der Literaturdidaktik ein, da sie von Literaturwissenschaft, Psychologie und Pädagogik in deren Vorentscheidungen abhängig sei und alle historischen Wandlungen dieser Fächer vollziehen müsse. Sie könne ihre Eigenständigkeit nur behaupten, wenn sie gegenüber den isolierten Sachverhalten der Wissenschaft die Perspektive der Zukunft, vor allem den künftigen Leser, in ihre Betrachtungen aufnehme.[16]

Die Eigenständigkeit der Literaturdidaktik wird auch von Hermann Helmers betont. Als allgemeines Ziel des Literaturunterrichts faßt Helmers das "selbständige und kritische Verstehen von ästhetischer Literatur, also von Dichtung, Trivialliteratur und Jugendliteratur"[17]. Seine Forderungen bezüglich des Lehrplans für den Deutschunterricht entsprechen auf den ersten Blick den Intentionen der Curriculum-Forschung. Drei Lehrplan-Prinzipien[18] erscheinen ihm relevant: Systematisierung (Gliederung nach Lernbereichen und Bildungsstufen), Präzisierung (Definition von Lernzielen, Lerninhalten, Lösungswegen und Kontrollen in der Weise, daß sie hinsichtlich des Unterrichts 'operationabel' erscheinen) und Wissenschaftlichkeit (neuester wissenschaftlicher

Forschungsstand).[19] Über Systematisierung und Präzisierung entscheide die Didaktik der deutschen Sprache. Der Lehrplan dürfe nur gesicherte Ergebnisse der Sachwissenschaften, insbesondere der Linguistik und Literaturwissenschaft, berücksichtigen. Aber indem Helmers die Lehrplanentscheidungen allein von der Didaktik abhängig macht, behält er trotz seiner Berufung auf curriculare Prinzipien und des Gebrauchs modernen soziologischen Vokabulars den bildungstheoretischen Ansatz bei.

Auch Wolfgang Klafki[20] mißt der Fachwissenschaft keine grundlegende Bedeutung zu, sondern räumt ihr lediglich eine helfende und beratende Funktion ein. Didaktik in diesem Sinne rechtfertigt ihre Eigenständigkeit gegenüber den Fachwissenschaften mit autonomen Bildungsansprüchen.[21]

Andererseits weigern sich auch die Fachwissenschaften, den didaktischen Aspekt in ihre Disziplinen aufzunehmen. Karl Otto Conrady[22] z. B. ist der Auffassung, Erwägungen pädagogisch-didaktischer Art hätten keinerlei Berechtigung im literaturwissenschaftlichen Fachstudium. Vielfach verbirgt sich hinter einer derartigen Ablehnung die Befürchtung, jede 'Pädagogisierung' verfälsche die wissenschaftliche Fragestellung.[23] Hierbei bleibt unbeachtet, daß die Fachwissenschaften schon deshalb der didaktischen Reflexion bedürfen, um die Weitergabe ihrer eigenen Forschungsergebnisse zu sichern.

Neuere Ansätze gehen jedoch von der gegenseitigen Angewiesenheit von Didaktik und Fachwissenschaft aus.[24] Rolf Sanner[25] betont den allgemeinen pädagogischen und damit auch didaktischen Charakter von Dichtung; der Autor stelle dadurch "sprachliche Beziehungen didaktischer Art"[26] zwischen Werk und Leser, zwischen sich selbst und dem Publikum her. Die Literaturdidaktik besitzt nach Sanner übergreifenden Wissenschaftscharakter. Beschränke sie sich lediglich auf die Schule, so verliere sie diesen Charakter, dessen Besonderheit nicht darin bestehe, sich abzugrenzen, sondern andere Wissenschafts- und Kulturbereiche zu durchdringen und sich mit ihnen auseinanderzusetzen.[27]

Hubert Ivo[28] betrachtet die Literaturdidaktik als eine integrierte Teildisziplin der Literaturwissenschaft. Die Fragen der Literaturwissenschaft und Literaturdidaktik seien im Grundsatz identisch, da es sich bei beiden um Disziplinen der Vermittlung handle. Da der Unterricht eine "Spezialform literarischer Vermittlung"[29] sei, erfordere er auch eine wissenschaftliche Begründung der Literaturdidaktik, für die nur die allgemeine Basis der Literaturwissenschaft angemessen sei.[30]

Die Literaturdidaktik soll im folgenden als ein Fachbereich angesehen werden, der mit der wissenschaftlichen Erschließung des Stoffes gleichzeitig den Wert und die Möglichkeiten seiner Vermittlung bedenkt. Damit ist für die Literaturdidaktik sowohl die literaturwissenschaftliche Grundlage gefordert als auch eine wissenschaftsorientierte Didaktik (Stoffanalyse unter pädagogischen Gesichtspunkten) und Methodik (Analyse des Unterrichtsprozesses). Das Zusammenwirken dieser drei Faktoren verbietet eine Berufung auf fachwissenschaftliche Isolation ebenso wie die Verteidigung einer Eigenständigkeit. Denn Hermeneutik und didaktische Anwendung sind nicht als Gegensätze aufzufassen, sondern "als zwei Seiten desselben wissenschaftlichen Verfahrens, unterschieden lediglich durch die Verlagerung der Akzente."[31]

Betrachtet man nun die Trivialliteratur im Verhältnis zur Literaturdidaktik, so ist zu erkennen, daß eine ernsthafte Auseinandersetzung mit Trivialliteratur dort einsetzte, wo die Literaturwissenschaft die herkömmlichen Bildungs- und Wertmaßstäbe in Frage stellte und die Literaturdidaktik ihren Anspruch auf Eigenständigkeit zugunsten neuer wissenschaftlicher Erkenntnisse aufgab.

Es erscheint als notwendig, auf die Veränderungen innerhalb der Literaturwissenschaft etwas näher einzugehen, denn letztlich ist die heutige Literaturdidaktik dadurch entscheidend beeinflußt worden. Für die Literaturwissenschaft der Vergangenheit war das Kunstwerk Gegenstand der Forschung; die weitaus umfangreichere literarische Produktion außerhalb dieser Qualitätsebene, die fast alle Schichten des Volkes erreichte, fand dagegen kaum Beachtung. Der Vorwurf, dahinter stehe "die bürgerlich idealistische Ideologie, die an die sogenannten ewigen Werte der Dichtung glaubt und sich nicht durch minderwertige Produkte beirren lassen mag"[32], erscheint von daher berechtigt. Die marxistische Literaturtheorie hat nachdrücklich auf die gesellschaftliche Bedingtheit von Literatur[33] und auf deren Klassencharakter verwiesen.[34]

Die veränderte Haltung der Literaturwissenschaft geht erstens auf eine Wandlung des Literaturbegriffs zurück. Wolfgang Kayser[35] versteht Literatur zwar als "Gesamtheit der schriftlichen Überlieferungen einer Zeit oder eines Volkes"[36], Gegenstand der Literaturwissenschaft sei jedoch ausschließlich das Sprachkunstwerk, nur so könne die Literaturwissenschaft in ihrer Eigenständigkeit bestehen.[37] Diese Einstellung bestimmte die literaturwissenschaftliche Forschung bis in die sechziger Jahre.[38] Bei Hans-Georg Gadamer[39] wird die Abgrenzung des literarischen Kunstwerks von der übrigen Literatur bereits als problematisch angesehen. Alle literarischen Texte sprächen nicht so sehr ästhetisch, als vielmehr inhaltlich zum Leser. In dieser Hinsicht sei der Unterschied zwischen einem literarischen Kunstwerk und einem anderen literarischen Text nicht von grundsätzlicher Art. Der Literaturbegriff von Werner Krauss kritisiert die bisherige Literaturgeschichte und damit das traditionelle Forschungsfeld. Es dürfe kein Unterschied gemacht werden zwischen den 'Großen' und 'Kleinen' der

Literatur; die Charakterisierung einer Epoche mache auch die Aufnahme der Produktion notwendig, die die Masse ergreife.[40]

Ein weiterer Grund der Veränderung ist darin zu sehen, daß die Literaturwissenschaft die Notwendigkeit erkannte, auch das Problem der Rezeption von Literatur in ihre Untersuchungen aufzunehmen. Neben das Objekt tritt somit auch das Subjekt literarischer Wertung, der Leser in seinen gesellschaftlichen Bezügen.[41] An dieser Stelle, an der die Untersuchung des gesamten literarischen Kommunikationsvorgangs gefordert war, mußte die Literaturwissenschaft zwangsläufig über ihr ausschließlich ästhetisches Interesse hinausgehen.[42] Die damit einsetzende Überprüfung des Selbstverständnisses[43] führte u. a. zu einer soziologischen und didaktischen Orientierung der Literaturwissenschaft, mithin auch zu einer Öffnung gegenüber der Schulpraxis.[44]

Dadurch, daß Trivialliteratur während dieser Entwicklung als ein wichtiger Bereich der Literaturwissenschaft erkannt wurde, den es in seiner Bedeutung für literarisches – und letztlich gesellschaftliches – Verhalten zu erschießen galt, ergaben sich für die Literaturdidaktik unausweichlich Fragen nach Behandlungsmöglichkeiten von trivialen Texten im Unterricht.

Obwohl die Notwendigkeit einer Auseinandersetzung mit Trivialliteratur nicht geleugnet wird und Bemühungen um eine sachgemäße didaktische Konzeption erkennbar sind, werden die gewohnten Verfahrensweisen weitgehend beibehalten: So wird nach wie vor der Standpunkt vertreten, nur durch die Hinführung zur Dichtung könne dem Schüler dazu verholfen werden, Beurteilungsmaßstäbe für das 'minderwertige Schrifttum' zu gewinnen.[45]

In der neuen Situation, die dadurch gegeben ist, daß die Literaturdidaktik sich mit Trivialliteratur beschäftigt, sieht Dahrendorf[46] ein grundsätzlich verändertes Verhältnis der Didaktik zur Literatur. Bestand die Aufgabe der Literaturdidaktik sonst darin, zu etwas Unbekanntem oder noch nicht Erreichtem hinzuführen, so gehe es jetzt darum, "daß etwas ohnehin Gelesenes und Konsumiertes noch einmal Gegenstand des Unterrichts und der Erziehung sein soll."[47] Wo Trivialliteratur lediglich als Kontrastmittel benutzt werde, um Abwertung einerseits und Aufwertung des ästhetisc Wertvollen andererseits zu erreichen, würden bestehende Herrschaftsinteressen nur bestätigt. Trivialliteratur habe die berechtigte Funktion, Unterhaltung und Entspannung zu bieten, einen Ausgleich für die Versagungen in der Realität Der 'didaktische Konflikt', mit dem es die Schule zu tun habe, bestehe in der Spannung zwischen dem Anerkennen diese Funktion der Trivialliteratur und der gleichzeitigen Aufgabe, ihr gegenüber zu Kritik und Distanz zu erziehen.[48] Der Literaturunterricht müsse sich gesellschaftlichen Erfordernissen und dem literarischen Leben außerhalb der Schule öffnen; das bedeute u. a. ein ernsthaftes Umgehen mit Trivialliteratur. "Die unterschiedlichen Verhaltensweisen der Sozialschichten der Schriftkultur gegenüber sind ein Spiegel der Unvollkommenheit der Sozialstruktur. Durch Bildung und Erziehung müßte erreichbar sein, daß das Lesen von Trivialliteratur nicht mehr sozial determiniert ist, sondern situations- und rollenbedingt vorgenommen wird, daß man lernt, auf die unterschiedlichen Beanspruchungen auch unterschiedlich als Leser zu reagieren."[49] Der Zielrichtung Dahrendorfs, die auch noch an anderer Stelle dargelegt worden ist,[50] schließt sich Günter Jahn[51] in seinen didaktischen Folgerungen aus dem Anspruch der Trivialliteratur für den Literaturunterricht an: Der Deutschunterricht müsse im Hinblick auf Literatur zu einer reflektierenden Distanz befähigen, die den Spaß an ihr nich verderbe, schädliche Wirkungen aber zu vermeiden suche.[52]

Günter Giesenfeld[53] weist auf die Widerstände hin, die bei der Behandlung von Trivialliteratur in der Schule hervorgerufen werden können. Einmal werde ein Teilbereich der Freizeit zum Unterrichtsgegenstand gemacht, zum andern wüßten die Schüler um die 'Minderwertigkeit' dieser Lektüre. Sie wehrten sich daher unbewußt gegen die Analyse des eigenen Leseverhaltens, weil sie dessen Kritik befürchteten. In der "Reflexion des eigenen Verhaltens und der eigenen gesellschaftlichen Stellung und Funktion"[54] sieht Giesenfeld jedoch ein wesentliches Feld des Literaturunterrichts. Als Anregung für einen Kurs in Trivialliteratur wird der Komplex Arbeit - Freizeit in seinen gesellschaftlichen Zusammenhängen detailliert didaktisch und methodisch als Lernziel reflektiert.

Unter Hinweis auf die Bedeutung der außerschulischen Privatlektüre fordert auch Helmut Fischer[55], der literarische Unterricht solle die "nicht anerkannte ästhetische und pragmatische Literatur"[56] nach dem jeweiligen aktuellen Angebot in die Behandlung einbeziehen.

Die Abhandlung von Christl Stumpf[57] beschäftigt sich mit der gesellschaftlichen Funktion der Trivialliteratur im Deutschunterricht nach 1945. Habe zunächst der Schwerpunkt bei der Verdammung und Bekämpfung der 'Schundliteratur' gelegen, so sei diese Haltung in der Folgezeit durch die Tendenz ersetzt worden, "das Unwertige vom Wertvollen ausschließlich mit formal-ästhetischen Verfahrensweisen zu scheiden."[58] Stumpf führt diese Entwicklung auf die Bestimmung des Deutschunterrichts durch die werkimmanente Methode zurück. Eine jeweils andere Sicht und Bewertung der Trivialliteratur ergibt sich aus den verlagerten Akzenten des Deutschunterrichts: So wird als ein wesentliches Lernziel des Deutschunterrichts der Einblick in gesellschaftliche Kommunikationsvorgänge angesehen, für das die Trivialiteratur als geeignetes Objekt erscheint,[59] der Deutschunterricht als "Einübung affirmativen Freizeitverhaltens"[60] und als Ort für eine kompensatorische Erziehung betrachtet, die sich um die Überwindung sozialer Schranken bemüht.[61] Stumpf selbst entwickelt Leitsätze für eine emanzipatorische Didaktik der Trivialliteratur. Ihre Aufgabe sei es, Strategien für eine Bewußtseinserweiterung zu entwickeln. "Trivialliteratur muß als Ausdruck der Entfremdung in nicht herrschaftsfreier Gesellschaft begreifbar werden; die Gewährung fiktiver Kompensation für reale Versagungen ist in ihrem bewußtseinsverengenden Charakter aufzudecken, ohne daß die Entwicklung trivialer Bedürfnisse dem einzelnen angelastet werden darf."[62] Stumpfs abschließende didaktischen und methodischen Vorschläge lassen zwar den Versuch erkennen, den Ansatz zu konkretisieren, sind dafür aber zu allgemein gehalten.

Die Aufgabe eines emanzipatorischen Literaturunterrichts sieht Uwe Duske[63] in erster Linie darin, den Schüler zur Mündigkeit zu führen; es müsse ihm gelingen, dem Beherrscht werden durch Sprache zu begegnen. Die ausgewählten Texte sollten einerseits die gesamte gesellschaftliche Wirklichkeit - auch deren Verzeichnung - widerspiegeln, sie müßten andererseits aber auch die Vorstellung einer besseren Welt als Alternative anbieten.[64]

Die bisher umfangreichste und informativste Darstellung einer Didaktik der Trivialliteratur findet sich bei Günter Waldmann.[65] Waldmann unterscheidet eine pädagogische, eine literarische und eine soziologische Zielvorstellung. Der ersten gehe es darum, bei den literarischen Interessen und Bedürfnissen der Schüler anzusetzen und das, was Schüler von sich aus lesen und was sie somit außerschulisch präge, in den Literaturunterricht einzubeziehen. Die zweite verfolge das Ziel, Schüler zur Lesemündigkeit zu führen, d. h.

zur kritischen Beurteilung von Trivialliteratur und zur sinnvollen Nutzung anderer Literatur. Die soziologische Zielsetzung habe die Ideologien im Blick, die durch Trivialliteratur vermittelt werden. Sie versuche, diese den Schülern bewußt zu machen und ihnen gegenüber ein kritisches Verhalten zu ermöglichen, damit eine Emanzipation aus Zwängen und Fremdansprüchen erreicht werden könne.[66] In seinen didaktischen Überlegungen wendet Waldmann sich besonders der Rolle des Rezipienten zu. Der Schüler solle erkennen, daß er sein Leseverhalten im Hinblick auf die Unterhaltungsfunktion der Trivialliteratur einerseits und ihren Ideologiegehalt und ihre sprachliche Fassung andererseits jeweils entsprechend zu ändern vermöge, also einmal bewußter Konsument um seiner Bedürfnisse willen, zum andern Kritiker sei.[67] Der Schüler müsse eine Rollenflexibilität in bezug auf Literatur überhaupt entwickeln. Die herkömmlichen Verfahrensformen sieht Waldmann hierfür jedoch als nicht ausreichend an. Notwendig sei ein neuartiges Konzept einer "Didaktik textueller Kommunikation"[68], das eine andere Einstellung zur Literatur und andere Zielvorstellungen bezüglich ihrer Behandlung im Unterricht einschließe. Der Literaturunterricht müsse sich von den gegenwärtigen und zukünftigen Bedürfnissen der Schüler her verstehen und einen "praktisch-kreativen Umgang mit Literatur"[69] gestatten. Kreativität bezieht Waldmann auf das bestehende Normsystem; ihre entscheidenden Merkmale seien "die Fähigkeiten zu bewußter Normkritik und gegebenenfalls aktiver Normveränderung, also zu positiver Normflexibilität, sowie zum Durchstehen von Normkonflikten."[70] Die Fremdbestimmung des Schülers durch die Schule könne durch einen solchen kreativen Umgang mit Literatur - dadurch, daß der Schüler aufgrund der Auseinandersetzung mit Literatur eigene Bedürfnisse artikuliere und eigene Interessen vertrete - gemildert werden.[71]

Ein Umgang mit Trivialliteratur in dieser Weise müsse aber im Rahmen einer entsprechenden Behandlung von "hochgewerteter ästhetischer und pragmatischer Literatur"[72] vollzogen werden, wenn auch als Fernziel. In einem abschließenden Kapitel geht Waldmann ausführlich auf die literarische Wertung ein, da er Trivialliteraturdidaktik als Wertungsdidaktik versteht.[73]

Die gegenwärtige Literaturdidaktik wird sich mit der Trivialliteratur auseinandersetzen müssen, wenn sie außerschulische Lese-Interessen der Schüler nicht unbeachtet lassen will. Daß sich eine solche Auseinandersetzung nicht darin erschöpfen kann, Trivialliteratur im Kontrast zum Kunstwerk formal-ästhetisch abzuwerten, wird in allen neueren didaktischen Ansätzen übereinstimmend zum Ausdruck gebracht. Die Bedeutung der Trivialliteratur als Gegenstand der Literaturdidaktik liegt in ihrer Unterhaltungsfunktion einerseits und ihrem ideologischen Gehalt andererseits. Beide Komponenten - Funktion und Wirkung - verlangen eine angemessene Stellungnahme, weil sie das Verhalten des Jugendlichen bereits mit geprägt haben oder künftig bestimmen können.

Die Behandlung von Trivialliteratur wäre aber unvollständig, wollte man den literarisch-ästhetischen Gesichtspunkt eliminieren. Als literarisches Gebilde unterliegt Trivialliteratur auch formal sprachlicher Betrachtung. Sie darf daher weder für ein isoliert ästhetisches noch für ein ausschließlich soziologisches Argumentationsfeld in Anspruch genommen werden.

Die Diskussion um den Stellenwert der Trivialliteratur im Literaturunterricht ist aber nur ein Symptom einer allgemeinen Unsicherheit in bezug auf die Aufgaben, Lernziele, Methoden und die gesellschaftliche Funktion des Deutschunterrichts. Der Sammelband "Bestandsaufnahme Deutschunterricht"[74] bezeichnet den Deutschunterricht als 'Fach in der Krise'. Eine breite Öffentlichkeit wurde besonders durch die Auseinandersetzung um die 'Hessischen Rahmenrichtlinien für das Fach Deutsch, Sekundarstufe I' auf die Probleme des Deutschunterrichts aufmerksam.[75] Die Lehrerschaft sah angesichts der "latent marxistischen Provenienz"[76] mancher Formulierungen in den neuen Richtlinien die Gefahr einer Ideologisierung des Deutschunterrichts. Neben das ästhetische Moment von Sprache und Literatur tritt die instrumentale Komponente der Sprache in weit stärkerem Maß. Sprache wird als Herrschaftsinstrument sowohl des einzelnen als auch des Sprachkollektivs aufgefaßt. H. J. Grünwaldt[77] sieht die Aufgabe des Deutschunterrichts in erster Linie darin, dem Schüler das Beherrschtwerden durch Sprache bewußt zu machen und ihn zu lehren, seine Sprache als Instrument gegen Herrschaft einzusetzen bzw. mittels seiner Sprache an Herrschaft teilzuhaben.[78] Der Beschäftigung mit Dichtung kommt nach Grünwaldt im emanzipierenden Deutschunterricht nur eine geringe Bedeutung zu, da der Schüler vorrangig in die Auseinandersetzung mit der Alltagssprache eingeübt werden müsse.[79] Hier droht sich die ursprüngliche Konzeption des Literaturunterrichts mit seinen fachspezifischen Inhalten[80], wie vereinseitigt sie auch immer hervorgehoben wurden, in ein gezieltes Instrument im Dienste eines ebenso vereinseitigten Verständnisses von Sprache und Gesellschaft zu wandeln. Indem Schüler mittels eines undifferenzierten Vorverständnisses von Sprache und Literatur in ein bestimmtes Verhalten gegenüber 'Bemächtigungstendenzen' und 'Fremdbestimmung' von 'Herrschenden' eingeübt werden, sind sie während desselben Prozesses einem ideologischen Herrschaftsanspruch ihrer Erzieher unterworfen, der ihnen ein entsprechendes Bewußtsein aufzuzwingen versucht.

Es wäre kaum zu rechtfertigen, durch Überbetonung der Trivialliteratur - sei es aus ideologischen Gründen oder Motivationsschwierigkeiten[81] - eine Ablösung der literarischen Stoffe zu erreichen, die sich als Zugang zu Sprache und Interpretation schlechthin eignen[82]; eine Behandlung der Trivialliteratur ist nur sinnvoll im Deutungs- und Bewertungszusammenhang mit anderer Literatur. Denn bei dem Begriff 'Trivialliteratur' handelt es sich nicht um eine bestimmte Literatur, etwa im Sinne einer Gattung, sondern um die Wertung von Literatur[83], die dem Gegenstand angemessen nur unter Berücksichtigung ihrer Entstehung und Rezeption sowie anderer literarischer Erscheinungsweisen erfolgen kann. Damit erübrigen sich auch die Bemühungen, Trivialliteratur weiterhin isoliert ästhetisch abzuqualifizieren bzw. in ihrer soziologischen Sonderstellung zu überschätzen oder sie wertfrei zu behandeln.[84]

II. Forschungsbericht zum Problem der Trivialliteratur unter literaturwissenschaftlichem und literaturdidaktischem Aspekt

Im folgenden sollen die wesentlichsten Forschungsbeiträge zur Trivialliteratur in gebotener Kürze aufgezeigt werden. Die Vermischung von Kitsch, Trivialliteratur und Kolportage in vielen Darstellungen erschwert einen solchen Bericht.[1] Außerdem wurde die Bewertung von Massenlesestoffen lange Zeit mit dem Verständnis von Kitsch zusammengebracht, so daß die Massenliteratur als Forschungsobjekt nicht ernst genommen wurde. Hinzu kommt die Auseinandersetzung um die literarische Wertung und geeignete Wertungskriterien. Deshalb muß sich die Auswahl auf einige wichtige Arbeiten beschränken, die das Phänomen

der Trivialliteratur erörtern oder in repräsentativer Weise
die Problematik der literarischen Wertung deutlich machen.[2]

Der ernsthaften wissenschaftlichen Beschäftigung mit der
Trivialliteratur seit Beginn der sechziger Jahre gingen
zahlreiche Schriften und Diskussionsbeiträge voraus, die
sich damit begnügten, die Trivialstoffe ihrem Inhalt und
ihrer Darstellungweise nach als 'minderwertig' zu charakterisieren und lediglich ihre verschiedenen Formen und ihre
Gefahren für die (jugendlichen) Leser zu beschreiben.[3]
Dabei wurde zumeist ein rein ästhetischer Maßstab angelegt, der in der Qualität der 'Hochliteratur' den ausschließlichen Vergleichshorizont sah. Die Folge war eine
starre Unterteilung in 'wertvolle' und 'minderwertige' oder
'unterwertige' Literatur.[4] Allerdings wurde diese Zweiteilung schon bald als unzureichend erkannt; eine Literaturkritik auf dieser verengten Basis vermag vielen Lesestoffen, die nicht einfach als ästhetisch wertvoll oder als
minderwertig beschreibbar sind, nicht gerecht zu werden.[5]

Aufschlußreich für das Interesse an trivialen Stoffen ist
der Umstand, daß die Diskussion über Probleme des Kitsches
und seiner Wertung in literaturdidaktischer Sicht überwiegend unter Volksbibliothekaren stattfand.[6] Kitsch wurde
als "kultureller Übergangswert"[7] betrachtet; er sei eine
"Entwicklungserscheinung wie die Pubertät"[8]. Als Kriterium
für die Erkenntnis des Kunstwerks wie auch des Kitsches
wurde das Gespür des engagierten Lesers erklärt.[9] Auf den
Warencharakter des Kitsches und seine Abhängigkeit von der
jeweiligen Gesellschaft wurde jedoch auch hingewiesen.[10]

Nachdem die werkimmanente Betrachtung des sprachlichen
Kunstwerks als unangemessen für die Trivialliteratur angesehen wurde, bearbeitete zunächst eine ästhetisch-strukturelle Trivialliteratur-Forschung die 'nicht anerkannte'
Literatur auf die gewohnte Weise, so daß als Ergebnis

eben die 'ästhetische Minderwertigkeit' vorlag. Dieser Ansatz wurde schon bald von einer soziologisch orientierten Trivialliteraturforschung kritisiert, die ästhetische Maßstäbe als inadäquat ablehnte und die soziale Funktion der Trivialliteratur betonte. Mit der Untersuchung von Walter Nutz, "Der Trivialroman, seine Formen und seine Hersteller"[11], liegt der erste Ansatz zur wissenschaftlichen Beschäftigung mit Trivialliteratur vor. Grundlage der Untersuchung sind jedoch nur Leihbücherei-Romane, so daß die Analyse lediglich einen Teilbereich der Trivialliteratur erfaßt. Nutz sieht den Trivialroman als "Modellfall der Konformliteratur"[12] an. "An den Formen und Herstellungsverfahren des Trivialromans konnten wir erkennen, daß dieses Produkt genau auf den Leser zugeschnitten ist. Sein Inhalt geht mit den von den Herstellern erforschten Vorstellungen des Konsumenten von dieser Welt und ihrer Menschen konform."[13]

Die meisten Untersuchungen in den sechziger Jahren lassen die Tendenz erkennen, sich lediglich mit dem Gegensatz von Kunst und Kitsch (bzw. minderwertiger Literatur) zu befassen. Hermann Bausinger[14] weist deshalb darauf hin, daß auch der Zwischenbereich zwischen hoher Literatur und Kiosklektüre untersucht werden müsse. Richtungsweisend dafür, den gesamten Bereich der Literatur zum Gegenstand der Forschung zu machen, ist die Arbeit von Martin Greiner.[15] Greiner sieht die Einbeziehung des ästhetisch Geringwertigen als notwendige Ergänzung zu den traditionellen Vorstellungen von Literatur: "Wir wollen gerade die literarischen Niederungen aufsuchen, weil erst damit das Ganze der Literatur in Erscheinung tritt, alles das, was auch dazu gehört, aber gewöhnlich im Dunkel liegt."[16]

Es erweist sich als unzureichend, Trivialliteratur nach den Wertmaßstäben zu beurteilen, die man an der Hochlite-

ratur gewonnen hat. Durch die Wechselbeziehungen zwischen
Trivialliteratur und Hochliteratur sind zahlreiche gleichartige Motive in beiden Bereichen nachzuweisen.[17] Auch die
stilistischen Mängel und Eigenarten der Autoren, die
Dorothee Bayer[18] in ihrer Untersuchung an fünf Trivial-
romanen des 20. Jahrhunderts herausstellt, sind nicht
spezifisch für Trivialliteratur, sondern ebenfalls in der
Hochliteratur vorfindbar.[19]

In seinem "Versuch über den literarischen Kitsch"[20] versucht Walther Killy, aus verschiedenen Beispielen für
deutschen Kitsch Kriterien herauszufinden, die typisch
für diese Art der Trivialliteratur sind. Diese stellt er
Merkmalen gegenüber, die die klassische Ästhetik repräsentieren. "Killy übersieht, daß die Stilkriterien einer
klassischen Poetik auf einen Großteil der modernen Literatur nicht zutreffen und ein Begriff wie 'Ganzheit' auch
einen Kriminalroman treffend charakterisieren kann."[21]
In besonderer Weise geht Killy der Frage des Verhältnisses von Kitsch und Realität nach. Dabei setzt er sich
ausführlich mit dem Märchencharakter von Trivialliteratur
auseinander. Die Darstellungsweise von Kitsch-Autoren sei
auf die momentane Wirkung gerichtet. "Die Stoffe dagegen
scheinen auf Zusammenhänge zu weisen, die sehr alt sind
und enthalten Motive, welche von jeher den Menschen erzäh-
lenswert waren."[22] Killy weist auch auf die Notwendigkeit
hin, die Frage nach dem Grund von Trivialliteratur zu erhellen, da ihre Geschichte weitgehend unerforscht sei.[23]

In dem Sammelband "Trivialliteratur"[24] sind Beiträge verschiedener Autoren zu den vielfältigen Erscheinungsformen
von Trivialliteratur enthalten. Das wichtigste Kennzeichen der verschiedenen Sparten der Trivialliteratur[25] wird
in ihrer Verbreitung und dem großen Einfluß auf die
Bewußtseinsbildung der Leser gesehen. Der Versuch, das
umfangreiche Gebiet der Konsumliteratur darzustellen, gibt

wesentliche Aufschlüsse über die Arbeits- und Wirkungsweise von trivialen Texten. Die Vielfalt der Erscheinungsformen macht aber auch deutlich, wie schwer der Begriff 'Trivialliteratur' zu fassen ist. Es finden sich Grenzfälle, die weder zur Trivial- noch zur 'hohen Literatur' gezählt werden können.[26]

In einem Aufsatz gibt Hans Friedrich Foltin[27] eine erste umfassende Darstellung der Forschungssituation. 'Minderwertige Literatur' wird im Vergleich mit der kunstvollen Literatur abgegrenzt als "unter der echten Dichtung stehend."[28] Foltin erkennt zwar die Schwierigkeit, eine klare Unterscheidung zwischen Trivialliteratur, Jugendschrifttum und Volksliteratur zu vollziehen, versucht aber doch Kriterien aufzuzeigen, die eine Einteilung in 'gute' und 'schlechte' Bücher ermöglichen sollen.[29] Als terminologische Hilfe hält er eine Dreiteilung der Literatur in Dichtung, Unterhaltungs- und Schundliteratur für angebracht.

Helmut Kreuzer[30] sieht die Problematik und Fruchtlosigkeit der bisherigen Forschungsergebnisse darin, daß die meisten nicht _über_ Trivialliteratur berichten, sondern _gegen_ sie gerichtet seien.[31] Kreuzer hält es für erforderlich, den Gesamtbereich der Literatur zum Gegenstand der literaturwissenschaftlichen Forschung zu machen und die jeweilige Epoche zu untersuchen, die anspruchsvolle Literatur und Trivialliteratur (zugleich) hervorbringt.[32]

Der Forderung Helmut Kreuzers entsprechend hat J. Schulte-Sasse versucht, den historischen Ursprung und die literatursoziologischen Gründe für das starre Einteilungsmodell Kunst - Kitsch zu erforschen. Schulte-Sasse weist die oppositionelle Zweiteilung in Kunst und Kitsch als "nationale Besonderheit"[33] auf, die ihren Ursprung in der klassisch-romantischen Wertungstheorie habe und in dieser Form in anderen Kulturbereichen nicht vorhanden sei. Das Modell dieser Zweiteilung habe auch eine Dichotomie in der literarischen Praxis hervorgerufen.[34] Entgegen dem in England mehr an einer Stufenleiter orientierten Wertmodell, sei bei dem Gegensatz von Kitschliteratur und hoher Literatur in Deutschland keine gute und verbreitete Unterhaltungsliteratur entstanden, die auch von der Bildungsschicht akzeptiert worden wäre.

Hermann Bausinger[35] führt die stärkere Beachtung der Trivialliteratur vor allem auf den neuen ästhetischen Ansatz einer Wertung von Dilthey und auf die Erfolgsphänomene der Trivialliteratur zurück. Hinzu komme das Interesse der Soziologie an der Massenliteratur, da solche Lesestoffe die "dominierenden Medien der Kommunikation"[36] seien. Daneben trage die Zeitungswissenschaft und die Volkskunde mit verschiedenen Untersuchungen zur Aufhellung des komplexen Gegenstands 'Trivialliteratur' bei.[37] Nach der Erörterung einiger Probleme, die die einzelnen Zugangswege zur Trivialliteratur in sich bergen,[38] fordert Bausinger eine detaillierte Geschichte der Trivialliteratur, Untersuchungen zu zeitlichen Querschnitten wie auch zum Motivbestand und zu den gängigen Erzählschemata[39] trivialer Literatur. In einer Geschichte der Trivialliteratur müsse u. a. auch die Wirksamkeit der Schule einbezogen werden, die zu allen Zeiten zur Geschmacksbildung der Leser beigetragen habe. Bausinger weist ferner darauf hin, daß das Phänomen der trivialen Literatur allem Anschein nach mit dem Vorgang der Industrialisierung zu tun habe.[40]

Walter Höllerer[41] bezeichnet in seinem Arbeitsbericht "Untersuchungen zur Trivialliteratur" die Trivialliteratur als Gebrauchsliteratur.[42] Im Zuge der Aufklärung habe die Trivialliteratur an der Wiege des Romans als eigengewichtiger Gattung gestanden und späterhin der 'hohen Literatur' immer wieder Motive und Impulse gegeben. Die strenge Trennung zwischen Gebrauchsliteratur und künstlerischer Literatur sei auch heute noch in der Richtung der revolutionären modernen Literatur gegen die bisherige hohe Literatur (gegen den psychologischen Gesellschaftsroman) zu finden. Ob 'moderne Literatur' nichts anderes sei als 'moderne Trivialliteratur', ist durch Stilanalyse sichtbar zu machen. Dabei ergibt sich gleichzeitig eine genauere Bestimmung der Trivialität: Der moderne Roman hat die Probleme im Gegensatz zum Trivialroman reflektiert und sie auf eine "andere Bewußtseinsebene"[43] gehoben. Der Trivialroman dagegen verfährt nach einem starren Schema der Selbstverständlichkeit. Die Definition der Trivialliteratur bleibt aber problematisch. Teilweise finden sich nämlich Kennzeichen der Trivialliteratur - wie etwa die fehlende individualisierte Sprache - auch im modernen Roman, ohne daß man diesen als trivial bezeichnen kann.[44] Durch werkimmanente Verfahrensweise ist immerhin eine Klärung der Bezeichnung 'Trivialliteratur' zu erreichen; Höllerer bezeichnet die Trivialliteratur von der Mitte des 19. Jahrhunderts bis zur Gegenwart als "Bestätigungsliteratur in Massenproduktion."[4] Wichtig erscheint Höllerer aber auch die Untersuchung der <u>Wirkung</u> von Trivialliteratur auf den Leser: Führt diese Art der Literatur zur Erstarrung seines Weltbildes, oder begegnet der Leser der Lektüre mit seinen Erfahrungen in der Weise, daß sie für ihn anregend und bereichernd wirkt? Bei der Frage nach dem individuellen Lese-Erlebnis zeigen sich die Grenzen von Wissenschaft und fachwissenschaftlichen Maßstäben.

Hans Friedrich Foltin[46] versucht, wesentliche Ergebnisse und notwendige Aufgaben der Untersuchung von Trivialliteratur aufzuzeigen. Auch er sieht die Bestimmung von Trivialliteratur als sehr schwierig an. Das Kennzeichen der Erfüllung versagter menschlicher Wünsche, das man dieser Art von Literatur zuschreibt, reicht bis in die vorgeschichtliche Zeit zurück, denn viele Mythen, Riten usw. geben einen Hinweis auf die Tendenz des Menschen, sich die Wirklichkeit wunschgerecht umzuformen.[47] Es ist somit nicht spezifisch für Trivialliteratur. Ebenso verhält es sich mit anderen Motiven - z. B. happy-end, poetische Gerechtigkeit, übermenschlicher Held -; sie lassen sich in zahlreichen Werken der Hochliteratur nachweisen. Auch die Züge von Spannung und angenehmer Unterhaltung sind in der hohen Literatur nachweisbar und eigentlich erst in unserer Zeit - zumal im deutschen Raum - "aus der hochrangigen Literatur verbannt"[48]. So sind viele Einzelmerkmale der Trivialliteratur auch Elemente der Volksdichtung und Hochliteratur.

Foltin unterscheidet für die erste Hälfte des 19. Jahrhunderts innerhalb der "minderwertigen Prosaliteratur"[49] zwei Qualitätsebenen, und zwar Unterhaltungsliteratur und Trivialliteratur.[50] Unterhaltungsliteratur, teilweise an der Hochliteratur orientiert, vermag nach Foltin im Gegensatz zur Trivialliteratur höhere Ansprüche zu befriedigen. Die Trivialliteratur dagegen war besonders für das Proletariat bestimmt und durch eine neue Form des Vertriebs (in Heftlieferungen) gekennzeichnet.[51] Für die verschiedenen Qualitätsstufen von Literatur schlägt Foltin eine Dreiteilung in Hoch-, Unterhaltungs- und Trivialliteratur vor.

Die wissenschaftliche Beschäftigung mit der 'minderwertigen' Literatur sollte verstärkt werden, wobei zunächst eine systematische Sammlung dieser Literatur erfolgen müßte. Bei der Untersuchung von Unterhaltungsliteratur und Trivialliteratur nach Inhalt, Struktur und Stil lassen sich Konstanten (auf die Grundbedürfnisse des Menschen gerichtet) und Variablen (von der jeweiligen soziokulturellen Situation bestimmt) sichtbar machen.[52] In der "mißlungenen Integrierung der inhaltlichen, strukturellen und stilistischen Elemente"[53] sieht Foltin das wichtigste Wesensmerkmal der minderwertigen Literatur. Denn das Zusammenwirken dieser Elemente bildet die Grundlage für das Urteil über die ästhetische Qualität. Die Forschung muß nach Foltin neben den Werken, die zur 'minderwertigen' Literatur gehören, auch deren Autoren, Verleger und Vermittler erfassen. Mit Hilfe der Kombination verschiedener Forschungsmethoden müßten vor allem der Leseprozeß und die Wirkung bestimmter Bücher untersucht werden.

Ende der sechziger Jahre trat mit dem Einfluß der Studentenbewegung und der Neuen Linken eine andere Betrachtungsweise in den Vordergrund, die Trivialitätskritik als Ideologiekritik verstand. Trotz methodischer Probleme[54] zeigte sich jetzt die Tendenz, Trivialliteratur nicht als Ärgernis, sondern als Herausforderung zu betrachten: "Die Auseinandersetzung mit Trivialliteratur als gesellschaftlichem Phänomen läßt das Wesen und die Mechanismen gesellschaftlicher Wirklichkeit in nicht herrschaftsfreier Gesellschaft aufdecken und kann die 'Dogmatik der Lebenspraxis' (J. Habermas) erschüttern."[55] Schon 1947 hatten Max Horkheimer und Theodor W. Adorno in einem gemeinsam verfaßten Buch den Begriff "Kulturindustrie"[56] geprägt. Dieser mißt einer Kultur, in der Produkte für den Konsum durch Massen 'zugeschnitten' werden und diesen Konsum weitgehend von sich aus bestimmen,[57] den Charakter der Ware zu. Obwohl die Analyse in erster Linie die Situation von Film und Radio in den USA der vierziger Jahre betrifft,[58] hat sie auch Bedeutung für den Literaturbetrieb in Deutschland: Die Masse wird nicht nur auf direktem, offenkundigem Weg beeinflußt und gesteuert, sondern verdeckt auch durch eine Kulturindustie, die den Gesetzen der Warenproduktion und des Warenaustauschs angepaßt ist.

Dem gegenüber kritisiert Hans Magnus Enzensberger den von Horkheimer und Adorno gebrauchten Begriff der 'Kulturindustrie' und hält den Begriff 'Bewußtseinsindustrie' für angemessener.[59] Dieser soll den Tatbestand zum Ausdruck bringen, daß Industrie nicht mehr eigentlich mit Ware handle (z. B. Presse, Rundfunk, Fernsehen), sondern 'Bewußtseins-Inhalte' aller Art produziere und verbreite.[60] Damit werde Bewußtsein industriell vermittelt und verändert.

Zwei neuere Ansätze, die sich auf die schichtenspezifische Sozialisationsforschung und auf Erkenntnisse der Soziolinguistik stützen, beschäftigen sich mit den massenhaft verbreiteten Groschenheften. Peter Nusser[61] nennt für die weite Verbreitung von Heftromanen zunächst einige äußere Ursachen (Preis, gute Zugänglichkeit, leichte Lesbarkeit usw.). "Die eigentlich entscheidenden Ursachen dürften jedoch in einer Affinität zwischen den Inhalten, der Struktur, der Sprache der Romane einerseits und andererseits den Sozialbeziehungen, den aus ihnen resultierenden kognitiven und affektiven Einstellungen und dem Sprachverhalten der Individuen aus den unteren Schichten zu suchen sein."[62] Seiner Hypothese entsprechend arbeitet Nusser Sozialbeziehungen, Orientierungsmuster und Sprachverhalten der Unterschicht heraus und stellt aufgrund einer sorgfältigen Analyse der Romane fest, daß die Groschenhefte sich in allen Bereichen den Orientierungsmustern ihrer Konsumenten sowohl psychologisch als auch soziologisch anzupassen suchen.[63]

Viele der Strukturmerkmale, die Nusser als spezifisch für Heftromane ansieht, sind auch in der mittleren Schicht der Unterhaltungsliteratur zu finden. Überhaupt erscheint eine Abgrenzung der Unterschicht von der Mittelschicht in soziologischer Hinsicht als problematisch. Dies kritisieren auch Armin Volkmar Wernsing und Wolf Wucherpfennig am Ansatz

Nussers,[64] ebenso die angebliche Entsprechung von Leserschicht und Verhaltensnormen. Sie selbst vertreten die These, daß die Heftromane wohl für die Unterschicht, die Arbeiter, geschrieben seien, diese aber zu einem Verhalten der Mittelschicht erzögen, wie auch die durch die Hefte vermittelten Wertmaßstäbe Kennzeichen der Mittelschicht seien.[65]

Gerd Eversberg[66] geht in seinem Ansatz davon aus, daß in der bürgerlich-kapitalistischen Gesellschaft sowohl die Hochliteratur als auch die Trivialliteratur "Produkte der Klassenkämpfe und der ihnen zugrunde liegenden Antagonismen"[67] seien. Kunst und Trivialität werden als Produkte der bürgerlichen Gesellschaft aufgefaßt, die zur gleichen Zeit unter den gleichen Voraussetzungen entstehen. Dabei ist die Beschäftigung mit der Kunst "Ausdruck eines gesellschaftlichen Privilegs"[68], das Verlangen nach Kitsch und Trivialität dagegen "das Ergebnis der Entfremdung des Menschen"[69]. Trivialliteratur als Literatur für die unterdrückten Massen trage zur Verstärkung falscher Bedürfnisse bei und verschaffe sich gleichzeitig die Bedingungen für ihren Fortbestand. Für die Forschung fordert Eversberg, die Trivialliteratur "vor dem sozioökonomischen Hintergrund ihrer Entstehung und ihres Massenkonsums nach dem ideologischen Gehalt zu befragen und ihre Wirkung zu untersuchen"[70], wobei die zur gleichen Zeit entstandene Hochliteratur mit einbezogen werden müsse. Eine Bewertung von Literatur ist nach Eversberg erst möglich, wenn das Zusammenwirken von "gesellschaftlichen Bedingungen, Produktion und Konsumption"[71] ideologiekritisch befragt worden ist.

Die sicherlich vielfach berechtigte Feststellung, daß Trivialliteratur Manipulationsmöglichkeiten in sich berge oder kommerziellen Interessen nutzbar gemacht werde, darf jedoch nicht zu einer einseitigen Schlußfolgerung führen, etwa dahingehend, die 'Kulturindustrie' als "systemimmanenten Manipulationsmechanismus der kapitalistischen Klassengesellschaft zum Zwecke einer Konservierung der bestehenden Verhältnisse"[72] zu betrachten. Masse ist weder eine entpersönlichte Zusammenballung von Menschen noch beliebig lenkbar; der Konsum gleicher Massenmedien führt noch lange nicht zu gleicher Wirkung.[73]

Dieser Überblick zeigt, daß die literaturwissenschaftliche Forschung sich auf die Trivialliteratur ausgeweitet hat und die starre Zweiteilung in 'hohe' und 'minderwertige' Literatur neuen Perspektiven der trivialen Literatur gewichen ist. Infolge der außerordentlichen Verbreitung und der damit verbundenen Wirkung von Trivialliteratur richtet sich die Forschungsarbeit der Literaturwissenschaft zunehmend auf das Verhältnis eines Textes zu Autor und Leser und auf die jeweiligen gesellschaftlichen Bedingungen - eine Entwicklung, die dem Gegenstand der Forschung gerecht zu werden beginnt.

Teil B

Das Werk Karl Mays als literaturdidaktisches Problem

I. Zur Aktualität einer Untersuchung des Phänomens Karl May

Die Aktualität einer Beschäftigung mit Karl May und seinem Werk scheint auf den ersten Blick in rein quantitativen und äußerlichen Gegebenheiten zu bestehen. Karl May ist zu einem Massenmedium geworden.

Eine Übersicht über die Auflagenhöhe der May-Bände mag zunächst einen Einblick in die Nachfragetendenz und Buchproduktion geben:

Zeitraum von 1892 bis	Anzahl der Bände	Auflagenhöhe der "Originalausgaben"[1]
1913	40	1 610 000
1926	53	4 372 000
1938	64	7 253 000
1945	65	9 380 000
1945 bis 1947	--	---
1955	65	12 363 000
1963	70	25 156 000
1967	73	ca. 40 000 000[2]
1974	73	ca. 50 000 000[3]
1978	73	ca. 56 000 000[4]

Tab. 1

Über einen Zeitraum von mehr als 80 Jahren hin ergibt sich eine ständig steigende Zuwachsrate. Die beiden Weltkriege und wirtschaftliche Krisen hielten die weiter zunehmende Verbreitung der May-Bücher nicht auf. Von 1945 bis 1947 mußte der Karl-May-Verlag (KMV) wegen der Vernichtung der Buchbestände und der Druckunterlagen die Produktion in Radebeul/Dresden einstellen. Ab 1848 erfolgten Lizenzausgaben bei verschiedenen Verlagen. Erst 1960 kann der KMV - von Radebeul nach Bamberg übergesiedelt - die Produktion weiterführen, nachdem der USTAD-Verlag seit 1956 die Gesammelten Werke Mays stellvertretend herausgab.

Mit dem Jahr 1962 - 50 Jahre nach dem Tode Mays - erlosch die Urheberschutzfrist an den Originaltexten Mays, die zu seinen Lebzeiten veröffentlicht worden waren. Somit hatte jeder Verlag die Möglichkeit, diese Karl-May-Bände[5] zu drucken. Geschützt blieben weiterhin lediglich die bearbeiteten Ausgaben des KMV.

Da der KMV mit einer Massenproduktion preiswerter May-Bücher rechnen mußte, gab er seinerseits neben den grüngoldenen Originalbänden eine ungekürzte Volksausgabe der beliebtesten May-Romane als Taschenbuchserie heraus, die preislich jeden Nachdruck eines anderen Verlags unterbot. Dazu kam noch eine Karl-May-Jubiläumsausgabe, die von ihrer Ausstattung und vom Preis her ebenfalls mit den Erzeugnissen anderer Verlage konkurrieren konnte. Dieses geschäftliche Verfahren, das die Monopolstellung des KMV auch ferner sicherte, ist wohl einer der Hauptgründe für die Produktion von nahezu 40.000.000 Bänden seit 1962 trotz der Neuausgaben anderer Verlage. Anreiz für den Bucherwerb dürften aber auch die neunzehn Karl-May-Filme gewesen sein, die in den zehn Jahren von 1958 bis 1968 gedreht wurden.

Der höchste Produktionszuwachs liegt beim KMV in den Jahren 1962 bis 1967 mit 22.000.000 Bänden; von 1968 bis 1974 sind es dagegen "nur" 10.000.000 Exemplare. Da das 50. Todesjahr eine erneute May-Diskussion auslöste, die der Information und Werbung gleichermaßen galt, ist die Auflagenhöhe in den ersten Jahren nach 1962 vermutlich auf das Interesse einer breiten Öffentlichkeit zurückzuführen. Die Zahl der bisherigen Gesamtauflage von 56.000.000

bezieht sich nur auf die Ausgaben des KMV. Die tatsächliche Verbreitung von Karl-May-Büchern liegt höher, weil große Verlage - wie z. B. Bertelsmann oder der Neue Jugendschriften-Verlag, Hannover - seit Jahren bearbeitete Nachdrucke herstellen. In neuerer Zeit ist vermehrt ein Interesse an unbearbeiteten May-Texten feststellbar. Seit 1969 sind auch verschiedene May-Reprints erhältlich (z. B. im Verlag Georg Olms, Hildesheim oder im A. Graff Verlag, Braunschweig und im KMV). 1973 druckte der Jugendbuch-Verlag, Ingolstadt, je 30.000 Exemplare der GW von den Bänden 1 bis 6 mit dem originalen May-Text nach.

Daß die Zahl der Leser - zumal beim Bestseller - über der Auflagenhöhe liegt, hat Robert Escarpit[6] mit einem Lesefaktor von 3,5 errechnet. Bei den Werken Mays, vornehmlich bei seinen Reiseerzählungen und Jugendschriften, tragen vor allem zwei Gegebenheiten zum Leseanreiz bei. Einmal sind die meisten Erzählungen Fortsetzungsromane.[7] Damit ist eine Motivation zum Weiterlesen oder gar zum Sammeln gegeben. Zum andern werden die bekannten Werke meist von Jugendlichen gelesen, denen mit der Schule ein geeignetes Kommunikationsfeld gegeben ist. Ein wesentlicher Faktor ist auch die Anregung durch das Elternhaus. Eine Befragung von 300 12- bis 14jährigen May-Lesern (1969) ergab, daß der größte Teil der Schüler (46 %) im Elternhaus auf Karl-May-Bände aufmerksam geworden war.[8] Das ist einerseits auf das Mitteilungsbedürfnis der Geschwister untereinander zurückzuführen (und gilt entsprechend bei Freunden und Altersgenossen), andererseits haben manche Eltern in der Jugend Karl May gelesen und möchten ihren Kindern den gleichen Lesespaß bereiten, an den sie sich selbst noch gut erinnern. Viele Eltern sind froh, daß ihre Kinder überhaupt lesen und schenken ihnen die Bücher, die gewünscht werden.

Die Frage: Wer machte Dich auf das erste Karl-May-Buch aufmerksam? ergab folgendes Bild:

	n	%
Eltern, Großeltern	76	25
Verwandte, Bekannte	68	24
Freund, Schulkamerad	47	15
Bruder, Schwester	63	21
Lehrer	-	-
Kommunikationsmittel	46	15
Gesamt	300	100

Tab. 2

Exakte statistische Erfassungen über die Leser von Karl May liegen nicht vor.[9] Hinweise auf die Leserzahl geben bisher lediglich Auflagenhöhe und Angaben befragter Kinder über die beliebtesten Buchtitel. Nach den Untersuchungen von A. Hölder[10] ist Mays "Winnetou I" sowohl 1944/45 als auch 1958/59 das beliebteste Buch. Anfang des Jahres 1969 befragten die Wickert-Institute in Tübingen 12.000 Leser zwischen 18 und 70 Jahren, ob sie in jüngster Zeit ein Buch - gleich welcher Art, mit Ausnahme des Schulbuchs - erworben hätten. Die Antworten ergaben für "Winnetou" die zweite, für den "Schatz im Silbersee" die vierte Stelle.[11]

Die erwähnte Befragung (1969) von 12- bis 14jährigen Schülern in sechs Dortmunder Hauptschulen, die die Innenstadt und verschiedene Außenbezirke repräsentiert, ergibt folgendes Bild (22 Klassen mit durchschnittlich 34 Schülern):[12]

1969	n	%	May-Leser	%	keine	%
Jungen	389	100	201	51,7	188	48,3
Mädchen	367	100	99	27,0	268	73,0
Gesamt	756	100	300	39,7	456	60,3

Tab. 3

Eine Befragung gleichen Umfangs (1974) bei Schülern derselben Altersstufen an fünf anderen Dortmunder Hauptschulen (nur Außenbezirke) sollte einen Vergleich ermöglichen (25 Klassen mit durchschnittlich 31 Schülern). Da jeweils ganze Klassen befragt wurden, ergibt sich im Vergleich zu 1969 eine geringe Abweichung in der Gesamtzahl.

1974	n	%	May-Leser	%	keine	%
Jungen	400	100	244	61,0	156	39,0
Mädchen	369	100	107	29,0	262	71,0
Gesamt	769	100	351	45,5	418	54,5

Tab. 4

Ein Vergleich der Ergebnisse zeigt eine Zunahme der Karl-May-Leser (Jungen und Mädchen) um 6,2 %. Bei den Jungen ist eine Steigerung von 9,3 %, bei den Mädchen eine solche von 2 % zu verzeichnen. Während das Leseverhältnis Jungen - Mädchen 1969 (201 : 99) 2 : 1 betrug, ergibt sich für 1974 bei den Jungen im Verhältnis ein Zuwachs von 10,4 % (244 : 107). Wenn auch die Jungen bei den May-Lesern dominieren, so ist doch ein großes Interesse der Mädchen an der May-Lektüre feststellbar. Die dominierende Leserzahl der Jungen stimmt durchaus mit der größeren Vorliebe der Jungen dieser Altersstufe für die Abenteuerlektüre überein. Das Abenteuerbuch des Jungen beeinflußt in der Reifezeit die Leseneigung des Mädchens; umgekehrt ist dies aber nicht der Fall.[13]

So liegt die Aktualität der May-Lektüre nicht allein in ihrer Quantität und der zunehmenden Zahl der Leser, sondern auch in ihrer Ergiebigkeit als Forschungsfeld: Da die Karl-May-Bücher die meisten Kategorien des Abenteuerbuchs in sich aufnehmen, können anhand dieser Lektüre einerseits die allgemeinen Merkmale und Wirkungsmittel der Abenteuerliteratur dargelegt werden; andererseits kann die These verifiziert werden, daß es sich bei der Abenteuerlektüre um eine Literaturgattung handelt, die der Reifezeit adäquat ist.[14]

Karl May als Massenmedium gilt nicht nur für das Karl-May-Buch, sondern auch für den Namen selbst, mit dem für die verschiedensten Artikel Werbung getrieben wird.[15] Angesichts dieser Tatsache ist es nicht erstaunlich, daß durch Kommunikationsmittel wie Fersehen, Funk, Zeitschrift und Film (in diese Rubrik gehören auch Bibliothek und Leihbücherei und alle weiter unten aufgeführten Artikel) für Kinder ein ebenso starker Anreiz erfolgt wie durch den Freund oder Schulkamerad (vgl. Tab. 2). Am Beispiel May läßt sich auch gut erkennen, daß ein literarisches Massenprodukt nicht ohne weiteres auf den literarischen Sektor beschränkt bleibt, sondern bei der Vielseitigkeit von Industrie und Markt in immer neuer Gestalt als Ware erscheint. Die Volkstümlichkeit Mays, die sich vor allem in seinen berühmtesten Figuren Winnetou[16] und Old Shatterhand und deren Hauptmerkmalen (Silberbüchse, Henry-Stutzen) manifestiert, führt zu einer nicht weniger massenhaften Produktion von auditiven und visuellen Medien, verschiedenen Gebrauchsgegenständen und zahlreichen Spiel-Artikeln.[17] Da vom Karl-May-Buch her genügend Erfahrungen hinsichtlich des ökonomischen Erfolgs bestehen, ist eine solche Produktion weitgehend risikolos. In diesem Zusammenhang ist es erstaunlich, daß die sekundären May-Wirkungsträger wie Film, Fernsehen, Bildband usw. der Beliebtheit des Buchs - und damit der Tendenz zum Lese-Erlebnis - bisher keinen Abbruch tun konnten. Die äußerlichen Erfolgsgründe der May-Literatur sind sichtbarer Hinweis auf tiefer liegende Wirkungsbereiche.

Die Aktualität einer May-Behandlung ist durch die eigenwillige May-Interpretation und Hypothese von Arno Schmidt (vgl. Forschungsbericht zum Werk Karl Mays) in den sechziger Jahren auf breiterer Basis bewußt geworden. Im gleichen Zeitraum läßt sich auch ein zunehmendes Interesses an der Trivialliteratur feststellen, für die u. a. das umfassende Frühwerk Mays ein geeignetes Forschungsfeld bietet. Ihre wissenschaftliche Akzentuierung gewinnt diese Entwicklung durch die Gründung der Karl-May-Gesellschaft am 22. März 1969 in Hannover, die sich zur Aufgabe gemacht hat, eine objektive Forschung auf wissenschaftlicher Grundlage zu betreiben.[18]

In neuerer Zeit beschäftigen sich die verschiedensten Wissenschaftszweige mit dem Phänomen Karl May (z. B. Soziologie, Psychologie, Literaturpädagogik, Rechtswissenschaft, Medizin[19]. Seit einigen Semestern gehört das Thema "Karl May" an mehreren Hochschulen und Universitäten zum Veranstaltungskatalog (z. B. in Berlin, Bonn, Dortmund, Hamburg, Münster, Göttingen, Schwäbisch-Gmünd, Heidelberg, Köln, Gießen).

Vermutlich in Verbindung mit allgemeinen Anzeichen für Nostalgie kann man seit kurzer Zeit wieder von einer neuen "Indianerwelle" sprechen.[20] Es sind sowohl neuartige Bücher über Indianer als auch Reprints älterer Werke zu erhalten. Und neben einer Karl-May-Fernsehserie und einer Anzahl der beliebtesten Karl-May-Filme und -Spiele strahlte das Fernsehen mehrere Romanverfilmungen der Erfolgsautorinnen Eugenie Marlitt und Hedwig Courths-Mahler aus. Das Heimweh nach der 'guten alten Zeit' findet seinen Ausdruck in mancherlei Büchern (vornehmlich Bildbänden), die gegenwärtig angeboten werden.[21] Auch berühmte Trivialromane des 19. Jahrhunderts, darunter Karl Mays "Sklaven der Arbeit"[22] und "Der Samiel"[23], liegen seit kurzer Zeit in einer Taschenbuchreihe als Nachdruck vor.

Eine Beschäftigung mit Karl May, sowohl von der Person als auch von seinem Werk her, erweist sich auch für den Bereich der Schule als aktuell. In der Untersuchung von 1969 (vgl. Anm. 8) gaben 55 % der Jungen und 46 % der Mädchen (von 300 May-Lesern) Karl May als ihren Lieblingsschriftsteller an. Die "Ruhr-Nachrichten" veranstalteten im Dezember 1973 eine Umfrage "Welches Vorbild haben Sie?" Bei den literarischen Figuren lag Karl May mit Winnetou, Old Shatterhand und Kara Ben Nemsi auf Platz eins.[24] Beide Ergebnisse sind ein Beweis für den Einfluß der May-Lektüre und fordern zur Stellungnahme heraus. Die Schule müßte dem Phänomen Karl May weit mehr gerecht werden, als sie es in dieser Zeit tut. Die Vorstellungen der Schüler über Werk und Leben Mays sind teilweise erschreckend falsch, zumal gängige Auffassungen über May bestehen, die bisher nicht auf Wahrheitsgehalt oder Sachgerechtigkeit hin überprüft wurden. Es wäre daher die Aufgabe des Lehrers, bei entsprechender Gelegenheit - und diese wird sich im 'Abenteuer-Alter' genügend ergeben - ein klärendes Wort zu Autor, Werk und geschichtlichem Zusammenhang zu sagen.[25] Das entspräche nicht nur dem Bedürfnis der Schüler, sondern könnte auch zur Ordnung ihrer Vorstellungen beitragen.[26]

Besser als solch ein spontanes situatives Lehrerverhalten wäre indes (nicht nur im Hinblick auf die Massenwirkung Mays) ein literaturdidaktisches Konzept, das den tatsächlichen Leseneigungen der Schüler entgegenkommt. Einen Weg in diese Richtung geht z. B. das Lesebuch "Kritisches Lesen 2"[27], das u. a. ausführliches Material zu den Themen 'Comics'[28] und 'Helden'[29] anbietet. Das Lesebuch "Drucksachen 5"[30] beginnt das erste Kapitel 'Lauter Helden' mit einem Auszug aus Mays 'Winnetou I'. Zum ersten Mal in der Geschichte des deutschen Lesebuchs finden sich in den beiden genannten Werken und in verschiedenen anderen Büchern, die für die Sekundarstufe I bestimmt sind, Texte von Karl May.[31] Die Verfasser der "Texte für die Sekundarstufe" widmen Karl May ein ganzes Kapitel[32] und betonen zu Recht: "Die Wirkung dieses Autors steht in keinem Verhältnis zu seiner Vernachlässigung im traditionellen Literaturunterricht."[33] An diesen Lesebüchern wird das Bemühen der gegenwärtigen Literaturdidaktik deutlich, sich auch mit dem außerschulischen Leseverhalten von Schülern auseinanderzusetzen.[34]

In den letzten Jahren hat sich ein selbständiger Forschungszweig entwickelt, der sich mit Untersuchungen von Trivialliteratur befaßt. Das umfangreiche Kolportagewerk Mays liegt inzwischen in 28 Bänden vollständig und zum größten Teil unbearbeitet im Reprint in der Reihe "Quellen zur Trivialliteratur" vor.[35] Mit den verschiedenen Faksimile-Bänden, die gegenwärtig als Beitrag zur Literatur des Volkes erscheinen,[36] erfährt nicht nur die Literaturgeschichte, sondern auch die Geschichtsschreibung eine bedeutende Ergänzung.

Bei dem Zusammenspiel der aufgeführten Faktoren (Massenmedium Karl May, Renaissance der Trivialliteratur des 19. Jahrhunderts, Indianerromantik), die nicht isoliert vom historischen Hintergrund betrachtet werden dürfen, gewinnen der didaktische Aspekt und die Wirkung des May-Romans "Das Waldröschen" exemplarisches Gewicht.

Die Befragung der Hauptschüler von 1974 sollte vor allem
Aufschluß geben über die Anzahl der Leser des bearbeiteten
"Waldröschens" bzw. über dessen Bekanntheitsgrad. Hierbei
handelt es sich um die Bände 51 bis 55, die ab 1925 den GW
angegliedert wurden:

Bd. 51 Schloß Rodriganda
Bd. 52 Vom Rhein zur Mapimi (später umbenannt in: Die Pyramide des Sonnengottes)
Bd. 53 Benito Juarez
Bd. 54 Trapper Geierschnabel
Bd. 55 Der sterbende Kaiser

Über diese Bände liegen bisher nur die Auflagenziffern
vor:

Zeitraum von 1925 bis:	Auflagenhöhe von Band				
	51	52	53	54	55
1928	37.000	37.000	37.000	37.000	37.000
1933	37.000	37.000	37.000	37.000	47.000
1948	75.000	75.000	75.000	75.000	65.000
1970	330.000	345.000	320.000	373.000	330.000
1974	345.000	360.000	335.000	388.000	345.000
1978	405.000	410.000	395.000	463.000	395.000

Tab. 5

II. Überblick über Karl Mays literarisches Schaffen

Wer erzählt, will etwas vermitteln und bewirken. Daher hat alles Erzählen eine didaktische Komponente, die sich einerseits aus den Erfahrungen und dem Anliegen des Erzählers und andererseits aus der Art seiner Darstellung ergibt. Die überaus große Wirkung Karl Mays ist Anlaß für zahlreiche Untersuchungen gewesen. Dabei ist z. B. vom geborenen Erzähler, vom Pädagogen und Dichter, von der Volkstümlichkeit und der damit verbundenen Massenwirkung ebenso gesprochen worden wie vom Anrühren archetypischer Schichten im Leser und einer Eros-Verdrängung des Autors von nicht alltäglichem Ausmaß. Ein wesentliches Wirkungsmoment wird darin gesehen, daß die psychische Verfassung und das Traumerleben Mays übereinstimmen mit den Bedürfnissen und Wunschvorstellungen seiner - meist jugendlichen Leser.

Im folgenden sollen die wichtigsten Gesichtspunkte aus dem Leben und Schaffen Mays in gebotener Kürze dargelegt werden.[1] Literarische Tätigkeit und biographische Einzelheiten werden dabei zum besseren Verständnis des Werkes aufeinander bezogen, denn gerade bei Karl May läßt sich eine starke Wechselwirkung von Leben und Werk nachweisen.

1. Der Autor

Karl Friedrich May - am 25. Februar 1842 in Hohenstein-Ernstthal (Sachsen) geboren - entstammt einer notleidenden, hungernden Weberfamilie. Neun von vierzehn Kindern sterben in den ersten Lebensjahren - ein erschütternder Beweis für Krankheit und Unterernährung.

Mangel an Pflege und Nahrung sind sicherlich auch die Ursache für die Erblindung des Kindes schon kurz nach der Geburt, von der es erst im fünften Lebensjahr geheilt wird. Die Jahre der Blindheit üben eine nachhaltige Wirkung auf Mays geistige und seelische Entwicklung aus, die das spätere Werk entscheidend beeinflußt. Seine ohnehin starke Neigung zum Mystischen wird durch diese Zeit der Krankheit noch verstärkt, ebenso seine mangelhafte Fähigkeit zum "begrifflich zergliedernden Denken und zur Psychologie"[2].

Als Säugling und Kleinkind verbleiben ihm Tasten und Hören, um seine Umwelt zu erfahren. Die Schau der Dinge ist ihm verwehrt. Der fehlende Sinn beeinträchtigt Erfahrungen und Vorstellungen; "zur Wirklichkeit wird ihm das, was seine Phantasie dem Gesprochenen, dem Ertasteten, dem Geräusch ablauscht und abgewinnt."[3] Obwohl er körperlich wieder in den Besitz der Sehkraft gelangt, wird dies geistig nicht erreicht; die beiden anderen Sinne behalten auch künftig den Vorrang.

Begierig, unersättlich nimmt das blinde Kind die Erzählungen der Großmutter auf: Märchen und andere wunderbare Geschichten. Ihre Kunst des Erzählens gewinnt einen bedeutenden Einfluß auf den Knaben, der die Zuwendung zur Volksdichtung bewirkt. Bei ihr findet er einen Ersatz für die mütterliche Liebe und das Verstehen, das er in besonderer Weise braucht. "Diese Welt des Einfältig-Klugen, des Phantastisch-Seelenhaften, des Kindlich-Gläubigen ist ihm eigentliche Heimat, und in der Person der Großmutter verkörpert sich daher all das, was für ihn das Freundliche, Wohltuende, Erwärmende ist, das Weibliche im weiteren Sinne: Phantasie und Seele."[4] Gegenüber dieser Frau verblaßt das Bild der Mutter, die keine Zeit findet, sich um die Kinder zu kümmern, weil sie wegen der Not der Familie zur Mitarbeit gezwungen ist.

Die Armut und Not des Weberdaseins haben dem Vater das Streben nach einem besseren Leben vereitelt. Seine Zukunftspläne konzentrieren sich auf den einzigen Sohn. Väterliche Liebe und übersteigerter Ehrgeiz verbinden sich daher infolge der bislang unterdrückten Wünsche und Hoffnungen zu einem Bildungsprogramm für den Knaben. Er hält den lernbegierigen Jungen dazu an, einen riesigen Stoff - Druckwerke aller Art und von überaus unterschiedlicher Qualität nicht nur zu lesen, sondern zu einem großen Teil auch auswendig zu lernen. Dies geschieht ohne Auswahl, ungeordnet, ohne nach Auffassungs- und Verarbeitungsvermögen des Kindes zu fragen. Gleichzeitig läßt er zu, daß der Knabe als Kegelaufsetzer in einer Gastwirtschaft Geld verdient und so mit Personen und Geschichten vertraut wird, die seiner Entwicklung schaden. Den schädlichsten Einfluß gewinnt indes die Leihbücherei, die allen Besuchern der Gastwirtschaft zugänglich ist. Sie enthält fast ausschließlich Räuberromane, die May ungestört zu Hause lesen darf. Die Wirkung dieser Romane wird offenbar, als er, nachdem er von den Geldsorgen der Eltern um seinetwillen gehört hat, eines Nachts von zu Hause fortläuft und sich auf den Weg nach Spanien macht, um bei einem edlen Räuber Hilfe zu holen.[5] Hier schon zeigt sich deutlich das Unvermögen auch des späteren May, Traum und Wirklichkeit zu unterscheiden. Die Phantasie nimmt den Blick für das tatsächliche Geschehen. In seiner Jugendzeit träumt May ein Leben, während er in seiner Schaffenszeit einen Traum lebt.[6]

In dem jungen Knaben bestehen zwei Welten dicht nebeneinander; Veranlagung und Erziehung sind in ihm unvereinbar. Nach Verlassen des Elternhauses macht das Leben den schicksalhaften Gegensatz sichtbar: Auf der einen Seite ist er innerlich nicht in der Lage, der bedrängenden Wirklichkeit entgegenzustehen, auf der anderen Seite steht hinter ihm der Drang nach Abenteuer und Größe, der Antrieb der "unterdrückten Natur, die großes Leben haben will."[7]

Als junger Lehrer wird May straffällig. Erst handelt es sich um ein unbedeutendes Delikt, das ohne schwerwiegende

Folgen für ihn verläuft: Bei dem Versuch, einige Kerzen für den elterlichen Weihnachtsbaum zu entwenden, wird er entdeckt und muß das Lehrerseminar in Waldenburg verlassen, kann aber aufgrund eines Gnadengesuchs seine Studien auf dem Seminar in Plauen fortsetzen.[8] Wenig später gerät er wegen eines 'Uhrendiebstahls'[9] erneut mit dem Gesetz in Konflikt. Die Tat wird ungewöhnlich hart bestraft. Schlimmer noch als die Strafe von sechs Wochen Gefängnis ist jedoch, daß er sein Lehramt verliert. Das primitive Rechtsempfinden der Räuberromane - nach einer höheren Gerechtigkeit werde seine Schuld denen zugerechnet, die ihn durch ihr Versagen auf den falschen Weg gebracht hätten - treibt ihn in der Folge zu größeren Straftaten an. Einerseits läßt sich nicht bestreiten, daß seine weiteren Straftaten auf eine seelische Erkrankung zurückzuführen sind,[10] andererseits ist es ein "Traum vom Heroischen, ein unbändiger Wille zur Größe."[11]

Wegen mehrfachen Betrugs wird May 1865 zu vier Jahren und einem Monat Arbeitshaus verurteilt. Während dieser Haft, aus der er aufgrund guter Führung vorzeitig entlassen wird, reifen in ihm die Pläne, für das Volk zu schreiben: Märchen, die die Wahrheit verkünden, jedoch in Gewänder gekleidet, damit man sie nicht als Märchen erkenne.[12]

Nach der Entlassung verschlimmert sich Mays Zustand; er wird erneut straffällig. Die Anschuldigungen lauten: Diebstahl, Betrug, Amtsanmaßung. Auf einem Gefangenentransport zerbricht er seine Fesseln und entkommt (1869), wird aber Anfang 1870 aufgegriffen und zu vier Jahren Zuchthaus (1870 - 1874) verurteilt.

Diese Inhaftierung ist von ähnlich befreiender Wirkung auf Karl May wie schon die zweite. Dem schlichten, aber gebildeten Anstaltsgeistlichen Johannes Kochta gelingt es, May von seinen psychischen Zwangsvorstellungen zu befreien, seinen schriftstellerischen Ehrgeiz zu aktivieren und ihn dazu den Weg des unverfälschten, praktischen Christentums zu weisen. Der Konflikt mit sich selbst ist gelöst, er wird auf die literarische Stufe als Polarität verlagert. Die Spannung wird im Bereich der Dichtung fruchtbar. "Die Dichtung ist ihm Wunscherfüllung, Ergänzung und Überhöhung seines Ich."[13] Er flieht in ein Reich der Phantasie, in dem alle Wünsche erfüllbar sind, alle Probleme gelöst und alle Schwierigkeiten überwunden werden können: Karl May wird Old Shatterhand.

Die Jahre der Gefängniszeit und das umfassende Werk stehen in einer klar erkennbaren Abhängigkeit zueinander. Einerseits läßt sich das Werk als Lösung der existentiellen Schwierigkeiten auffassen. Andererseits erscheinen die Gefängnisjahre aber auch als Voraussetzung: Welche Möglichkeiten boten sich May nach der Entlassung aus der Haft? Seinen Beruf als Lehrer konnte er unter keinen Umständen weiterhin ausüben. Und das Erlernen eines anderen Berufs blieb ihm verwehrt. Wer hätte einem entlassenen Sträfling Arbeit gegeben?[14] So gab es für ihn nur noch den Weg der relativen Unabhängigkeit: Schreiben, wobei ihm sein Talent, sicherlich gefördert durch die "Märchengroßmutter", die entscheidende Richtung wies. In seinen Bemühungen, die Vergangenheit zu bewältigen, lagen ihm Traum und Märchen zeitlebens näher als die Realität.

2. Das Werk

1875 wird May Redakteur bei dem Kolportageverleger H. G. Münchmeyer und gründet zwei neue Wochenzeitschriften: "Schacht und Hütte" und "Deutsches Familienblatt", die der arbeitenden Bevölkerung den Feierabend verschönern und gleichzeitig zur Belehrung beitragen sollen. Der Hauptbeitrag in der Zeitschrift "Schacht und Hütte" sind Mays "Geographische Predigten".[15] "Der Titel besagt, was ich bereits damals wollte und auch heute noch will: Geographie und Predigten! Kenntnis der Erde und ihrer Bewohner und Aufschau nach einer lichteren Welt! Dieser Anfang meiner literarischen Laufbahn bildet die Grundlage für meinen späteren Werdegang; die 'Geographischen Predigten' enthalten den genauen Plan meiner sämtlichen Werke, den ich in der Folge treulich eingehalten habe."[16] Obwohl solcherlei Rückerinnerungen Mays mit Vorbehalt aufzunehmen sind, zeigen z. B. die "Briefe über Kunst"[17], die 30 Jahre später geschrieben wurden, daß May seine Einstellung beibehielt; geändert hatte sich indes sein literarisches Vermögen zur reicheren Gestaltungskraft.[18]

Ende 1876 trennt May sich von Münchmeyer, da dieser ihn zur Einheirat in seine Familie bewegen will. Der Verleger Bruno Radelli stellt ihn 1877 für sein Wochenblatt "Frohe Stunden" als Redakteur ein. May schreibt Humoresken, Dorfgeschichten und Abenteuererzählungen, die auch bald in anderen Blättern erscheinen. Teils entstehen diese Geschichten, bevor May die Konzeption für die späteren 'Reiseerzählungen' entwirft, teils sind es aber auch geplante Vorbereitungen und Übungen für sie. Bis 1880 ist sein Wirken dadurch charakterisiert, daß er kurze, in sich abgeschlossene Erzählungen schreibt, die in einem sehr lockeren Zusammenhang zueinander stehen. Stolte bezeichnet die Frühschaffenszeit Mays als eine "intensive" Phase: "Es macht sich dabei das Bestreben bemerkbar, den Stoff unter ein Formgesetz zu stellen, ihn abzuschließen, in sich zu beschränken, einmalig auszuschöpfen."[19]

Nach Verbüßen einer letzten Haftstrafe von drei Wochen wegen "Ausübung eines öffentlichen Amtes"[20] schreibt er für eine Stuttgarter Zeitschrift[21] den Roman "Scepter und Hammer"[22]. 1879 bietet ihm der "Deutsche Hausschatz", ein führendes katholisches Familienblatt, einen festen Vertrag an. Damit beginnt für May eine neue Schaffensperiode. Die erste große orientalische 'Reiseerzählung' entsteht.[23] Die Phantasie und Erzählfähigkeit Mays weiten sich nun beträchtlich aus. Der äußerliche Anlaß hierzu ist der Ruf, den er inzwischen erworben hat; seine Erzählungen werden erfolgreich verlegt. Zum ersten Mal in seinem Leben bietet sich May die Möglichkeit, auf legalem Weg etwas zu erreichen: ein gesichertes Einkommen, vielleicht sogar Reichtum und Ruhm. Mehr und mehr gewinnt er Sicherheit in der Behandlung des Stoffes und kann an die Verwirklichung seiner eigentlichen Pläne denken.

Zunächst aber ist er Vielschreiber: 1882 begegnet May zufällig noch einmal Münchmeyer und wird von ihm überredet, Lieferungsromane zu schreiben.[24] Innerhalb von viereinhalb Jahren bewältigt er eine gigantische Kolportagearbeit; er verfaßt fünf Fortsetzungsromane mit insgesamt etwa fünfzehntausend Druckseiten. Obwohl diese Tätigkeit seine finanzielle Situation aufbessert, wird sie für ihn die folgenschwerste Zeit, da es wegen der Münchmeyer-Romane um die Jahrhundertwende zu jahrelangen Prozessen bis zu seinem Lebensende kommt.[25] Sein eigentliches Ziel, die 'Reiseerzählungen', läßt May während dieser Arbeit an den Lieferungsromanen nicht aus dem Griff; er arbeitet weiter an der 'Schut'-Serie. Neben der Kolportage liefert er in unregelmäßigen Abständen einzelne Beiträge an den "Deutschen Hausschatz".

Im Sommer 1887 trennt May sich endgültig von Münchmeyer und damit von der Kolportage. Unter dem Einfluß von Joseph Kürschner (1853 - 1902), dem Gründer des "Deutschen Literaturkalenders", einem Journalisten mit pädagogischen Fähigkeiten,[26] findet er eine neue Arbeitsweise. Für die Knaben-Zeitschrift "Der Gute Kamerad" schreibt Karl May in den folgenden Jahren acht Erzählungen, die ausschließlich für die Jugend gedacht sind.[27] Daneben ist er weiterhin Mitarbeiter des "Deutschen Hausschatzes", in welchem seine 'Reiseerzählungen' erscheinen. "In all diesen Schriften hat sich im Laufe der Zeit jene anfangs so unwirkliche, übertriebene Romantik - wenn man so sagen darf - verwirklicht, ist gegenständlicher, greifbarer, blutvoller geworden, haben sich die abenteuerlichen Traumfernen genähert, haben Leben gewonnen, sind zu einer in sich geschlossenen Welt ausgereift, deren Weite und Breite die Phantasie nun ohne Ende mit immer neuen Gestalten, Vorgängen und Schicksalen beleben kann."[28] Seine Erzählungen werden überall bekannt und begeistert aufgenommen; Karl May wird berühmt. Ab 1892 erscheinen seine 'Reiseerzählungen' auch als Buchausgaben im Verlag Friedrich Ernst Fehsenfeld.

Um 1900 tritt nach einer Orientreise ein bedeutender Umbruch im Schaffen Mays ein. Das bisherige Werk sieht er jetzt lediglich als Einleitung und Vorbereitung seiner eigentlichen Aufgabe an. Das Resultat dieser Wende ist zunächst die Gedichtsammlung "Himmelsgedanken" (1901). Die Gedichte besitzen - bis auf wenige Ausnahmen - einen geringen künstlerischen Wert; sie sind auch weniger nach ästhetischen Maßstäben angelegt als vielmehr Ausdruck der Persönlichkeit Mays nach dem inneren Wandel unter dem Eindruck der Orientreise. Das Alterswerk, das durch die beiden 'Reiseerzählungen' "Am Jenseits" (1899) und "Et in terra pax" (1901) vorbereitet wird, erhält seinen bedeutendsten Akzent mit den Bänden "Im Reiche des Silbernen Löwen", Band III und IV (1903)[29], und "Ardistan und Dschinnistan" (1907). Beachtenswert sind aber weiterhin der Versuch eines neuartigen Dramas "Babel und Bibel" (1906)[30], das unter dem Eindruck einer Amerikareise entstandene Werk "Winnetou IV" (1909) und ein Großteil der Selbstbiographie Mays "Mein Leben und Streben" (1910).

"Et in terra pax" ist dem Gedanken des Friedens und der Völkerverständigung gewidmet und versucht aufzuzeigen, auf welche Weise Europa, Asien und der Orient zu einer Verständigung gelangen können. Im Mittelpunkt der Handlung steht die Läuterung des fanatischen Missionars Waller zum Verkünder echter christlicher Nächstenliebe.[31] Das Werk "Im Reiche des Silbernen Löwen", Band III und IV, ist "eine spannungsreiche Handlung mit einem höheren Mysterienspiel der Gleichnisse"[32] und enthält daneben eine verschlüsselte Selbstbiographie des Autors, in der er sich mit den Konflikten seines Lebens auseinandersetzt. Im Roman "Ardistan und Dschinnistan" ist der realistisch geschilderte Handlungsablauf auf einen imaginären Schauplatz (Sitara = Stern verlegt. Der Leser nimmt gleichsam an der Entwicklung der gesamten Menschheit aus dem Tiefland Ardistan in die Hochebene Dschinnistan teil. Am Ende erfolgt - nach einem langen und mühsamen Weg und der Überwindung großer Schwierigkeiten - die Wandlung des 'Gewaltmenschen' zum 'Edelmenschen' und damit der endgültige Friede. Das Ziel wird nur durch die christliche Gottes- und Nächstenliebe erreicht.[33]

3. Das Traumerleben

Zwischen 1890 und 1900 erlebt Karl May den Höhepunkt seines Lebens und Erfolges. Die Leser glauben an die ungewöhnlichen - aber durch die "Ich"-Form doch überzeugenden - 'Reiseerlebnisse'. Die Identifikation mit seiner Heldenfigur wird May durch die Leserschaft leicht gemacht, ja geradezu abverlangt. Nichts ist ihm lieber: Die Jahre der Haft lassen sich verschweigen und mit den 'Erlebnissen' im Orient und in Amerika füllen. Infolge seiner übermäßigen Eitelkeit kann May den Huldigungen der begeisterten Leserschaft und den Bitten um Auskunft nicht widerstehen; er gibt sich den Anschein des in Wirklichkeit Gereisten.

Briefe an die Leser unterzeichnet er mit "Dr. Karl May, genannt Old Shatterhand". Er unterstützt diese Lüge durch allerlei fremdländische Waffen und Gebrauchsgegenstände, die er sich zu verschaffen weiß, gibt detaillierte Auskünfte auf alle Anfragen der Leser, zeigt den Besuchern seine Jagdtrophäen, läßt sich als Old Shatterhand - Kara Ben Nemsi photographieren, bis er schließlich an diese Maske glaubt. Der Traum wird Wirklichkeit. Gewiß hält ihn auch das beglückende Erleben des neuen Seins - geachtet, bewundert, verehrt - in seiner Schizophrenie gefangen. Aber dahinter steht immer wieder die Angst, als ehemaliger Häftling entlarvt zu werden. Aus seinem Traum gibt es erst ein Erwachen unter dem Druck der Prozeßakten.[34]

Die Entlarvung erfolgt, als während eines Prozesses das Strafregister Mays der Öffentlichkeit zugänglich gemacht wird. Die anschließende Hetzkampagne der Presse und einiger Zeitschriften, die bis zum Tode Mays nicht endet, dürfte in der Literaturgeschichte einmalig sein.[35] May flüchtet in den Symbolismus. Er erklärt seine sämtlichen 'Reiseerzählungen' für Allegorien. Es bleibt die Tragik des alternden Mannes, daß er einen Hauptteil seines Werks für unwesentlich erachtet, um es einem nachträglich unterlegten Konzept gefügig zu machen.

Aber nicht nur im Literarischen zeigt sich der Bruch (der Karl May jedoch zu einem Kunstwerk befähigt)[36]. Karl May altert frühzeitig unter den zahlreichen Prozessen, die sich in der Folgezeit ergeben. Nach einer letzten glanzvollen Rede in Wien mit dem Thema "Empor ins Reich der Edelmenschen!" stirbt er eine Woche später am 30. März 1912 in Radebeul.

Über die Gründe, warum Karl May die Rolle Old Shatterhands gespielt habe, sind vielerlei Vermutungen angestellt worden. Zweifellos war er bestrebt, seine Vergangenheit vor

der Öffentlichkeit zu verbergen. Sicherlich wurde er durch
die Leserwünsche zur Identifikation mit seiner Heldenfigur
angeregt. Die Gleichsetzung Karl May - Old Shatterhand entsprach aber auch seiner eigenen Sehnsucht nach Größe und
Ruhm. Eine überzeugendere Erklärung für seine Verhaltensweise gibt aber erst Mays Sehnsucht nach Liebe und menschlicher Zuneigung als Folge frühkindlicher Liebesversagungen
und Einsamkeit.[37] Die jahrelangen Erfahrungen von Vereinsamung und Minderwertigkeit - vor allem aufgrund seines
häufigen Krankseins und seiner Blindheit - versuchte er
später durch ein übersteigertes Geltungsstreben auszugleichen. Die Art seiner 'Vergehen': Diebstahl, Hochstapelei
und Amtsanmaßung, ist ein deutliches Zeichen für die Versagungen während seiner frühkindlichen Entwicklung.

Die Widersprüchlichkeit und Unsinnigkeit seines Verhaltens
ab etwa 1894 weisen aber auch auf einen zwanghaft neurotischen Zug seines Wesens hin.[38] Seine Tagträume nehmen
derart von ihm Besitz, daß ihm eine bewußte Kontrolle
seines Handelns nicht mehr möglich ist. Aber eben dieser
Zustand, der die Energien für sein Werk lieferte, ist ein
wesentlicher Hinweis auf die Wirkung des Phänomens
Karl May.

III. Forschungsbericht zum Werk Karl Mays

1. Die literarische Diskussion bis zu den sechziger Jahren

Ein Forschungsbericht zum Werk Karl Mays sieht sich einer
fast unüberschaubaren Fülle von Veröffentlichungen gegenüber, die noch dazu von sehr unterschiedlicher Qualität
sind. Der größte Teil der Broschüren, Aufsätze und Artikel

zu Leben und Werk Mays ist wegen seiner Emotionalität, die zumeist undifferenziert Sympathie oder Antipathie bekundet, für die Forschung von geringem Wert. In den folgenden Ausführungen soll ein Überblick über die wichtigsten Veröffentlichungen zum Werk Mays gegeben werden. Die Beiträge, die sich auf Mays Lieferungsroman "Das Waldröschen" beziehen, werden bei der Analyse dieses Romans (Teil E) gesondert berücksichtigt.

Schon zu Lebzeiten Mays setzt eine heftige Diskussion über die literarische Qualität seines Werkes ein. Einerseits ist die May-Rezeption charakterisiert durch Zustimmung und Begeisterung, andererseits werden seine Romane und Erzählungen aufs schärfste abgelehnt. Zunächst erscheinen auf die ersten Angriffe der Gegner hin drei Verteidigungsschriften, die sich um eine positive Bewertung seines Werkes bemühen.[1] Eine sachliche Auseinandersetzung wird vor allem dadurch verhindert, daß die Person Mays im Vordergrund der Diskussion steht. Die Prozesse[2], die bis zum Tod Mays nicht abgeschlossen werden, lassen eine vorurteilsfreie Stellungnahme zum Werk und eine gerechte Beurteilung nicht zu. Sie lenken die Aufmerksamkeit immer wieder auf die umgearbeiteten Kolportageromane und die Vorstrafen Mays. Die Vergehen Mays und seine frühe literarische Produktion werden in einem unmittelbaren Zusammenhang gesehen. So ist auch zu erklären, daß die schärfsten Angriffe von einigen Pädagogen kommen, die in den Werken Mays eine sittliche Gefahr für die Jugend sehen.[2] Entgegen einer undifferenzierten Ablehnung versucht Franz Weigl[3] aus dem Für und Wider die Wahrheit herauszufinden. Er betont, May fühle sich gegenüber der Jugend verantwortlich und habe mehr erreicht als alle deutschen Jugendausschüsse zusammen. Indem Weigl die Ausführungen Mays in dessen Selbstbiographie aufgreift, hebt er die Versöhnungs- und Friedenstendenz seines Werkes, die Absicht Mays, die positive Entwicklung des Menschen zu beschreiben und die Seele des Menschen zu erreichen, hervor. Obwohl Weigl eine allzu vertrauensselige Haltung Mays späten Werkdeutungen gegenüber angelastet werden kann, ist hier doch der Versuch gemacht, Mays Wesensart und Anliegen zu verstehen. Die Schriften von Wilker[4] und Weigl dürften als repräsentativ für die damalige pädagogische Diskussion angesehen werden: emotionales Verdammungsurteil auf der einen, vielfach unkritische Verherrlichung auf der anderen Seite.

Eine erste sachlicher orientierte Klärung, die zahlreiche Anschuldigungen widerlegt, wird durch die Verteidigungsschriften von Ludwig Gurlitt[5] und E. A. Schmid[6] vollzogen. Gurlitt unternimmt auch als erster eine Wertung der Kolportageromane Mays.[7] Er sieht sie als "durchaus ehrbar und harmlos"[8] an; in ihnen komme das einfache Rechtsbewußtsein des Volkes zum Ausdruck. In der Kolportage zeige sich auch schon Mays künstlerische Fähigkeit. Trotz mancher Schwächen aufgrund der Schnellschreiberei hätten sie Werte, "die ihnen die Volksgunst bis heute gesichert haben, wohl mehr ethische als ästhetische Werte."[9]

Die Beiträge, die in der Folgezeit bis etwa 1930 zum Leben und Werk Karl Mays erscheinen, sind zumeist bedeutungslos.[10] Der Karl-May-Bund e. V., der 1918 gegründet wird, beginnt im gleichen Jahr mit der Herausgabe von Karl-May-Jahrbüchern, von denen bis 1933 sechzehn Jahrgänge vorliegen. Die zahlreichen Aufsätze in den Jahrbüchern befassen sich mit Einzeluntersuchungen über Mays Leben und Werk, mit Nachforschungen über die Quellen und mit der Veröffentlichung des Nachlasses.[11] Doch die Qualität auch dieser Beiträge ist, von wenigen Ausnahmen abgesehen, gering.[12]

Eine erste wesentliche Darstellung mit vorwiegend biographischem Charakter gibt Otto Forst de Battaglia.[13]

Er versucht das Verhältnis von Traumerleben und Wirklichkeit bei Karl May psychologisch zu beschreiben und unternimmt eine entsprechende Deutung seines Werkes.[14] Mays Bedeutung sieht Forst-Battaglia in der erzieherischen Funktion seines Werkes und in seinem Erzähltalent, das das einfache Volk erreicht.[15]

Es ist das Verdienst von Heinz Stolte[16], Karl Mays Werk zum Gegenstand einer literaturwissenschaftlichen Untersuchung gemacht zu haben. Obwohl Stolte seinen Beitrag als Abschluß der Karl-May-Frage ansieht[17], beginnt doch mit ihm die eigentliche May-Forschung auf wissenschaftlicher Grundlage. Stolte teilt den Bereich der Dichtung in die "Äußerung des oberschichtlichen, begrifflich und bildungsmäßig geschulten Geistes"[18] (Kunstdichtung) und in die "Äußerung des unterschichtlichen, naiven Geistes"[19] (Volksdichtung) ein. Zwischen beiden liege die "Dichtung für das Volk"[20] (volkstümliche Dichtung), die dem Schaffen Mays entspreche. In diesem Sinn bezeichnet Stolte May als "Volksschriftsteller". Dem Werk wird kein ästhetischer Wert zugemessen. May wird als ein Volksschriftsteller, der mit der Phantasie denke, als "wie geschaffen zum Volkserzieher und Lehrer, zum Vermittler zwischen oberschichtlicher und unterschichtlicher Geistigkeit"[21] angesehen. Die Massenwirkung erklärt Stolte aus der Volkstümlichkeit und literarischen Grenzstellung Karl Mays.[22]

Die später erschienenen Biographien[23] enthalten zwar zahlreiche interessante Details über Karl May, können für die wissenschaftliche Forschung aber keinen nennenswerten Beitrag liefern. Sie sind durchweg enthusiastisch geschrieben und stellen das Abenteuerliche in Mays Leben in den Mittelpunkt. Obwohl die originelle Biographie von Werner Raddatz[24] ein weitaus höheres Niveau erreicht, vermag sie wegen ihres romanhaften Charakters wissenschaftlichen Anforderungen nicht zu genügen.

Die ungemein starke Wirkung Mays auf junge und alte Leser und Angehörige aller 'Bildungsschichten' ist immer wieder Anlaß zu Deutungsversuchen. Die Ergebnisse dieser Untersuchungen sind indes kritisch zu sehen, da sie aus ungesicherten Quellen entstehen: Die Texte, die zugrunde gelegt werden, sind vom KMV derart überarbeitet und verändert, daß die ursprüngliche Schreibweise Mays nicht mehr erkennbar ist.[25] So gelangt W.-J. Weber[26] in seiner Dissertation vielfach zu Fehlurteilen, da er bearbeitete Texte als Beweismaterial anführt.[27]

Die Dissertation von Emanuel Kainz[28] versucht dem Problem der Massenwirkung Karl Mays näherzukommen. Neben der Analyse ungesicherter Texte richtet sich Kainz in erster Linie nach Mays eigenen Aussagen in seiner Selbstbiographie und nach den Karl-May-Jahrbüchern. Allzu offenkundig ist sein Bemühen, ein positives Bild Mays vorzustellen.[29] Kainz sieht Mays Verdienst in seinem Anliegen, die Leser zu unterhalten und gleichzeitig zu erziehen. Mit seinen "Unterhaltungs- und Erziehungsschriften"[30] trage er ein "hochgespanntes christliches Ethos ins Volk"[31]. "Die durch das ganze Werk von May bewußt verfolgte Erziehungsabsicht aber hebt ihn selbst aus der geistigen Sphäre des Naiven heraus und rückt sein Werk in den Bereich der Kunstdichtung."[32] Die Vermittlung zahlreicher Fakten aus verschiedenen Wissensgebieten trage auch zur Bildung der Leser bei. Das Geheimnis der Faszination seiner Darstellung - und damit seiner Wirkung - begründet Kainz mit dem Traumerleben Mays.[33]

In seiner Untersuchung zum völkerkundlichen Abenteuer- und Reiseroman hebt Hans Plischke[34] besonders die ungewöhnliche Gestaltungskraft Mays hervor. Seine literarischen

Vorbilder seien Cooper und Gerstäcker. Die erd- und völkerkundlichen Vorarbeiten, die May in die Lage versetzten, auch ohne Reiseerfahrungen Land und Leute vielfach zutreffend zu schildern, seien anzuerkennen. Die erzieherische Zielsetzung, die May für sein Gesamtwerk geltend mache, sei jedoch erst zur Zeit der letzten Werke entstanden und aus Gründen der Rechtfertigung dem früheren Schaffen untergeschoben.[35]

Viktor Böhm[36] unternimmt in seiner Dissertation den Versuch, die Gründe für den Erfolg Mays aufzuzeigen. Neben der Analyse des Werkes steht die Untersuchung der Lesemotivierung. Hierzu werden verschiedene Methoden literaturwissenschaftlicher, soziologischer und psychologischer Art angewendet.[37] Böhm sieht neben äußeren Gründen des Erfolgs (Reklame, Aufmachung der Bände) die Kraft der Phantasie, die Erzählkunst und die Darstellungsmittel des Autors als eigentliche Erfolgsgründe an. Der Leser finde seine Bedürfnisse und Wünsche wie auch seine Ängste in der Handlung wieder und könne sich mit dem Helden oder mit anderen Personen der Handlung identifizieren. Die Wirkung beruhe also auf dem Gleichklang von Werk und Leser. Entscheidend für die Wirkung Mays sei aber auch, daß er "Traumschreiber"[38] gewesen sei und seine Werke "ihrem innersten Wesen nach Märchen"[39] gleichkämen. Die Aussagen Böhms über das Leseerlebnis sind jedoch nicht empirisch abgesichert, sondern gründen zum großen Teil auf Vermutungen.[40]

Das Nachrichtenmagazin "Der Spiegel" bringt in einer Titelgeschichte[41] einen populären Bericht über das Leben und das literarische Schaffen Mays, wobei der Stand der May-Diskussion und die vorliegenden Forschungsergebnisse berücksichtigt werden.

Der Schriftsteller und May-Kenner Arno Schmidt weist nachdrücklich auf die Bedeutung des Alterswerks von Karl May hin und bezeichnet ihn als bisher letzten "Großmystiker unserer Literatur"[42]. 1963 beschäftigt er sich in einer Studie mit dem 'Wesen, dem Werk und der Wirkung' Karl Mays, die seit drei Generationen unvermidert bestehe.[43] Alle bisherigen Versuche, das Geheimnis seines Erfolgs zu ergründen, seien letztlich vergeblich gewesen, weil sie nicht den Wesenskern des Werks träfen. Bisher habe man, zum Teil aus Mangel an Originalquellen, nur die Oberfläche der May-Texte berührt, d. h. das Abenteuerliche. Mittels der psychoanalytischen Technik der Symboldeutung und detaillierter philologischer 'Beweisführung' gelangt Schmidt zu dem Ergebnis, May sei ein Homosexueller und Erotiker größten Ausmaßes gewesen.

Eine Auseinandersetzung mit Arno Schmidt erfolgte erst Jahre später. Wolf-Dieter Bach[44] faßt die von Schmidt anal gedeuteten Talkessel, Schluchten, Spalten, Höhlen, geheimen Gänge usw. als 'Fluchtlandschaften' auf: "Landschaften der Flucht und der Zuflucht sind die Schauplätze seiner Handlungen: Fluchtlandschaften als Gegenwelten zur gesellschaftlichen Realität, in der zu leben er verdammt war, und gleichzeitig Zufluchtlandschaften als Imagines leiblicher Geborgenheit durch die Mutter."[45] Schmidts Mutmaßungen träfen nur insoweit zu, als bei May, der ganz auf seine Kindheit fixiert war, die anale Komponente – sie gehöre zum Wesenszug jedes Menschen – besonders stark ausgeprägt gewesen sei.[46]

Auch Maximilian Jacta setzt sich bei seiner juristischen Abhandlung über Karl May[47] mit der Interpretation von Schmidt auseinander. Den Nachweis Schmidts für dessen Hypothese bezeichnet er als unzureichend, verunglimpfend und einer wissenschaftlichen Untersuchung nicht entsprechend.[48] Ingrid Bröning[49] kritisiert das Verfahren Arno Schmidts in iherer Dissertation, die die psychologische Methode

C. G. Jungs zugrunde legt. Die Wissenschaftlichkeit der
Abhandlung werde schon durch die Emotionalität des Verfassers in Frage gestellt. Die Hypothese, May sei homosexuell
gewesen, könne mit der Analyse Schmidts nicht belegt werden. Denn Schmidt analysiere die Erzählungen Mays lediglich aufgrund der Vermutung, May habe im Zuchthaus Waldheim homosexuellen Umgang gehabt, als Äußerung eines
Verdrängungsprozesses. Dieser Schluß sei aber falsch, da
tatsächliche homosexuelle Erfahrungen Bewußtseinsinhalte
geworden wären und sich deshalb nicht 'unterschwellig'
im Werk hätten Ausdruck verschaffen können. Die Aussagen
Schmidts und seine zahlreichen Assoziationen über May,
die keine gesicherten Aufschlüsse über das 'Wesen', geschweige denn über 'Werk' und 'Wirkung' geben, könne man
als "Darstellung seines eigenen persönlichen Unbewußten"[50]
ansehen.

Die Untersuchung von Hansotto Hatzig[51] über das Freundschaftsverhältnis zwischen Karl May und Sascha Schneider,
einem eigenwilligen Maler, ist ein weiterer wesentlicher
Beitrag, um die Hypothese von Arno Schmidt zu entkräften.
In philologischer Kleinarbeit, in der die von Arno Schmidt
verwendeten Zitate mit dem Originalwerk Mays (Zeitschriftenfrühdrucke, Bucherstausgaben, Manuskripte) verglichen
werden, beweist Gerhard Klußmeier[52], daß die Zitate zumeist verändert worden sind und zahlreiche Entstellungen
erfahren haben.[53]

Das Verdienst Arno Schmidts ist es aber, auf die künstlerische Besonderheit des Alterswerks Mays und auf die
Notwendigkeit gesicherter May-Texte hingewiesen zu haben.
Zweifellos hat er mit seiner May-Interpretation den
Schriftsteller wieder in die literarische Diskussion
gebracht und eine Neubelebung der Karl-May-Forschung hervorgerufen.

2. Neuere Forschungsansätze

Als "Beiträge zur Karl-May-Forschung" erschienen im KMV bisher drei Bände. Der Beitrag von Otto Forst-Battaglia[54], der ursprünglich die zweite Auflage seines Buches über Karl May sein sollte,[55] ist eine völlig neue Darstellung. Forst-Battaglia geht besonders auf die sozialen und historischen Bedingungen der Zeit Mays ein. Die Werke Mays faßt er als "Spiegelungen des Ichs"[56] auf. Die schriftstellerische Leistung müsse an seiner Wirkung gemessen werden.[57] Die bleibende Bedeutung des Werkes liege im erzieherischen Bereich und komme zugleich einem gesellschaftlichen Auftrag nach;[58] May schenke der Leserschaft eine "Phantasiemaschine", die die "ethisch höherwertigen Wünsche"[59] des Publikums erfülle.

Der zweite Band dieser Reihe von Hansotto Hatzig[60] ist die Dokumentation der Freundschaft zwischen Karl May und dem Maler Sascha Schneider. Die zahlreichen Dokumente - vor allem der Briefwechsel zwischen May und Schneider - geben einen bedeutsamen Einblick in das späte Schaffen Mays. Neben interessanten Interpretationshinweisen bezüglich des Alterswerks und Mays Drama "Babel und Bibel" enthält der Band viele Belege der humanistischen und pazifistischen Gesinnung Mays.

Mit dem dritten Band dieser Beiträge spricht Fritz Maschke[61] bereits den spezialisierten May-Forscher an. Einmal geht es ihm darum, das verzerrte Bild der Emma Pollmer, Mays erster Ehefrau, in sachlicher Weise darzustellen. Zum andern enthält der Band die Dokumentation verschiedener Prozeßakten, in erster Linie vollständiges Material über Mays letzte 'Straftat' im Jahre 1879.[62]

Die Monographie von Hans Wollschläger[63] über Karl May ist die erste umfassende biographische Abhandlung, die auf gesicherte Quellen zurückgeht. May-Zitate aus seinem Leben und Schaffen, vornehmlich seiner Autobiographie entnommen, werden mit den wirklichen Gegebenheiten verglichen. Dadurch kann Wollschläger den Lebensweg Mays objektiv darstellen und vor allem die umstrittenen Straftaten Mays sowie die Auseinandersetzungen mit seinen Gegnern erhellen.[64]

Außer dieser Monographie können gegenwärtig noch zwei Beiträge als hervorragendes Informationsmaterial zum Leben und Werk Mays gelten: die vierte Auflage des Buches von Thomas Ostwald[65] und der von Gerhard Klußmeier und Hainer Plaul herausgegebene Bildband "Karl May. Biographie in Dokumenten und Bildern"[66].

Obwohl nach wie vor ein starkes Interesse am Leben Mays besteht und umfangreiches Material noch der Auswertung bedarf,[67] stehen gegenwärtig Werk und Wirkung Mays im Vordergrund der Diskussion. Dabei wird die Frage nach der pädagogischen Bedeutung seines Werkes wieder neu gestellt.[68] Gertrud Oel-Willenborg[69] unternimmt in ihrer Dissertation (1967) eine soziologische Inhaltsanalyse der May-Romane. Unterschieden werden die Helden der Amerika- und Orient-Bände und der Symbolromane. Die Wertvorstellungen und Verhaltensmuster dieser Helden werden aufgezeigt und mit den Wertvorstellungen und Verhaltensmustern der heutigen Gesellschaft verglichen. Oel-Willenborg stellt fest, daß die Ideen, die in den May-Romanen vertreten werden, in verschiedenen Bereichen Übereinstimmungen mit der Epoche zwischen 1871 und 1933 aufweisen. Dies lasse sich vor allem an dem "Verhaltensmuster 'Übergeordnet - Untergeordnet'"[70], an der Betonung privater Tugenden (wie etwa Wahrhaftigkeit, Treue, Nächstenliebe, Christlichkeit) und an der Autoritätsgläubigkeit belegen. In den Werken Mays fänden sich keine Tendenzen, bestehende gesellschaftliche Normen anzugreifen. Die Normen und Werte der Romane seien vielmehr aus der bürgerlichen Gesellschaft übernommen. Für den überdauernden Erfolg Mays sieht Oel-Willenborg die Erfüllung zeitloser Bedürfnisse in den Romanen an: Die Schriften Mays ermöglichten dem Leser eine romantizistische Flucht aus der Wirklichkeit und versetzten ihn in den unbegrenzten Raum der Ferne.

Gustav Sichelschmidt[71], der Karl May in seiner 'Geschichte der deutschen Unterhaltungsliteratur' eine ausführliche Besprechung widmet, begründet den Erfolg Mays differenzierter: May befriedige das Bedürfnis der Jugend nach Vorbildern. Seine 'optimistische Grundhaltung' fördere die Aktivität junger Menschen. Sichelschmidt verweist auch auf den Märchencharakter der May-Romane.[72] May habe ethisch einwandfrei und 'mit dem Herzen' geschrieben: "Während man unserer sogenannten guten Jugendliteratur bestenfalls eine gewisse Kunstgewerblichkeit nachrühmen kann, spürt man im Werk Mays etwas von der Ursprünglichkeit des geborenen Erzählers, der das ungeschriebene Gesetz von der schnellen Vergänglichkeit der literarischen Unterhaltung widerlegt.[73]

In ihrer erziehungswissenschaftlichen Dissertation versucht Ingrid Bröning[74], die nachweisbare Wirkung der Karl-May-Lektüre auf Kinder in der Pubertätsphase zu erklären und zu deuten. Die herkömmliche Literaturpädagogik habe sich damit begnügt, Literatur lediglich zu kritisieren und Jugendbücher mit guten oder schlechten Noten zu bewerten. Die eigentliche Forschungsarbeit beginne jedoch jenseits solcher Zensierung, wenn die Literaturpädagogik wahrhaft um pädagogische Relevanz bemüht sei.

Schon die kurze Biographie des Autors macht Brönings methodischen Ansatz deutlich, der im Hauptteil der Arbeit der Interpretation von Karl Mays 'Reiseerzählungen' zugrunde liegt: Der Betrachtungsstandpunkt der pädagogischen Psychologie wird bestimmt durch das tiefenpsychologische Modell C. G. Jungs. So untersucht die Autorin an zahlreichen Textbeispielen exakt das Archetypische im Werk Mays. Nach ihren Ergebnissen tragen die literarischen Motive, die May in seinen 'Reiseerzählungen' verwendet (Landschaftsmerkmale, Pflanzen und Tiere, Attribute der Personen, Charakteristika des Helden), im Hinblick auf die Menschheitsentwicklung ursprünglichen Charakter. Sie kommen damit also Archetypen gleich, die unterschwellig im Unbewußten des Lesers wirken. Dadurch, daß archetypische Schichten im Unbewußten des Menschen berührt werden und das Gelesene den starken Triebspannungen und Bedürfnissen des Jugendlichen entspricht, d. h. Lösungen (z. B. Befreiung von Angst, Bewältigungsmuster) herbeizuführen vermag,[75] ist nach Bröning die Erklärung für die Faszinationskraft der May-Lektüre gegeben. Bröning sieht über diesen Grund hinaus aber auch einen Sinn: "Denn indem Karl May die unbewußten Probleme der Kinder zu Beginn der Pubertät im Unbewußten bearbeiten helfen und auf diese Weise den Individuationsprozeß begünstigen kann, ist er pädagogisch relevant."[76]

3. Zur Arbeit der Karl-May-Gesellschaft

Bei der Faszination des Werkes von Karl May und der wachsenden Leserschaft konnte es nicht ausbleiben, daß sich interessierte Leser und May-Freunde zu einer organisierten Gemeinschaft zusammenschlossen. Die verschiedenen Zusammenschlüsse, die im Laufe der Zeit erfolgten, bestanden jeweils aber nur wenige Jahre. Ihre Aufgaben waren unterschiedlich akzentuiert und lassen die zeitlich bedingte Interessenverlagerung am Werk Mays erkennen.

Schon bald nach Mays Tod wurde die 'Karl-May-Vereinigung' gegründet, die ihre vordringliche Aufgabe darin sah,

Gleichgesinnte aufzunehmen, um die unberechtigten Angriffe gegen May abzuwehren.[77] Nach dem Stillstand dieser Arbeit infolge des Ersten Weltkrieges wurde 1918 der 'Karl-May-Bund e. V.' gegründet, der sich die Pflege des Werkes von Karl May zur Aufgabe gemacht hatte. Dazu dienten u. a. auch die seit 1918 herausgegebenen Karl-May-Jahrbücher.[78] Der 'Deutsche Karl-May-Bund' bestand nur von September 1942 bis Januar 1944. Wegen pazifistischer Tendenzen wurde er als 'staatsfeindlicher' Zusammenschluß aufgelöst. Mit der 'Arbeitsgemeinschaft Karl-May-Biographie' zu der sich einige profunde Karl-May-Forscher zusammengefunden hatten, wurde die Grundlage für eine wissenschaftliche Beschäftigung mit Karl May geschaffen.

Durch die Gründung der 'Karl-May-Gesellschaft e. V.' (KMG) im Jahre 1969 wird eine wissenschaftliche Forschungsarbeit auf breiterer Basis möglich. Ziel der KMG ist es einmal, der Karl-May-Forschung ein öffentliches wissenschaftliches Zentrum zu bieten. Zum andern soll das Werk Mays bewahrt und dem Autor und seinem Werk ein angemessener Platz in der deutschen Literatur verschafft werden. Zu den Aufgaben der Gesellschaft gehören u. a. die Erstellung einer umfassenden May-Biographie, die Untersuchung des weitverzweigten literarischen Werkes und das Sichtbarmachen der Altersromane in ihrem Kunstwerkcharakter.

Die KMG ist mittlerweile zu einer der mitgliederstärksten literarischen Gesellschaften in der Bundesrepublik Deutschland geworden (über 800 Mitglieder). Sie veröffentlicht seit 1970 Jahrbücher (Jb. KMG), gibt in vierteljährlichen Abständen seit September 1969 'Mitteilungen' (Mitt. KMG) heraus und stellt ihren Mitgliedern Faksimile-Drucke schwer zugänglicher May-Texte sowie Material für die wissenschaftliche Forschungsarbeit zur Verfügung. Die Arbeit der KMG wird insofern erschwert, als das Archiv des KMV

der Forschung noch nicht zugänglich ist und somit keine
Möglichkeit besteht, den unveröffentlichten Nachlaß Mays
wissenschaftlich auszuwerten.[79]

Die Mitt. KMG enthalten kleinere Aufsätze zum Leben und
Werk Mays sowie aktuelle und informative Beiträge. Die
einzelnen Jahrbücher sind zumeist einem Hauptthema gewidmet. Eine Besprechung dieser Jahrbücher erforderte eine
gesonderte Darstellung; im folgenden sollen nur die für
das Thema dieser Arbeit wesentlichen Beiträge genannt
werden.

Im ersten Jahrbuch (1970) stehen die Altersromane Mays,
"Im Reiche des silbernen Löwen" und "Winnetou IV", im Vordergrund. Ferner wird versucht, die letzten Lebensmonate
Mays zu erhellen. Sodann sind neben biographischen Erörterungen noch verschiedene Werkmaterialien enthalten.

Das zweite Jahrbuch (1971) hebt vor allem die Zeitabschnitte im Leben Mays hervor, die immer wieder Anlaß heftiger
Auseinandersetzungen waren: Mays Straftaten[80] und Reisen.
Einen interessanten Beitrag liefert ferner Heinz Stolte[81]
mit einer Untersuchung über Mays "Waldröschen". Stolte
betont den kulturhistorischen und soziologischen Dokumentationswert der Kolportage und hält es für erforderlich,
den Roman "Das Waldröschen" in seiner Konstruktion als
'Weltbild' ernst zu nehmen. "Die Kolportage ernst nehmen,
ernst in ihrem Anspruch, gültige Literatur zu sein, (...)
das scheint mir eine unabweisbare Forderung zu sein, wenn
anders man über Funktion und Möglichkeiten der Literatur
überhaupt eine wirklich zutreffende Idee gewinnen will."[82]
Allerdings gelte dies nur für die politischen und sozialen
Verhältnisse der Wilhelminischen Zeit.

Eine besondere Bereicherung des Bandes bildet ein weithin
unbekannter Aufsatz von Ernst Bloch[83], der dem Traumhaften in Mays Abenteuererzählungen nachgeht.

Im Mittelpunkt des dritten Bandes der Jahrbuchreihe steht Mays Altersroman "Und Friede auf Erden". Mit der Interpretation dieses Werkes liefert Hans Wollschläger[84] gleichzeitig eine umfassende tiefenpsychologische Charakteranalyse Mays, die von den bitteren Erfahrungen der Kindheit bis zu dem verschlüsselt überhöhten Ich-Helden des Alterswerks reicht. Wollschläger stellt anhand der Wechselbeziehungen zwischen Werk und Biographie des Autors die Symptome einer narzistischen Neurose bei May und deren Überwindung in der Werkgestaltung fest.

Heinz Stolte[85] befaßt sich in einer groß angelegten Untersuchung über Mays Jugendbuch "Die Sklavenkarawane" mit der pädagogischen Beurteilung und der Wirkung, die Mays Schriften nach wie vor auf die Jugend ausüben. May, der durch das Mittel der Literatur die Jugend so überaus fesselnd anspreche, belehre und bilde, sei ein Literaturpädagoge, dessen Leistung im didaktischen Bereich liege. Didaktische Intentionen seien so geschickt in die Handlung verwoben, daß es zu einer fruchtbaren Motivation des Lesers (Schülers) komme. Zudem werde der Leser durch einzelne Figuren der Erzählung (besonders durch kluge und mutige Knaben) und durch die detaillierte Schilderung fasziniert.[86] Am Vogel-Thema wird die Technik des Leitmotivs dieses Jugendbuchs aufgezeigt. Stolte weist dabei neben der Darstellung der Schreibgewohnheiten Mays nach, "wie pädagogische Impulse unmittelbar in epische Kunstgriffe und formale Techniken umgesetzt werden."[87] Schließlich belegt Stolte das Prinzip des Exemplarischen in der "Sklavenkarawane", und zwar das Typische (ein Beispiel steht stellvertretend für viele), das Anschauliche und die Beschränkung auf das Wesentliche. Weiterhin habe May Lösungen von Konflikten nicht fertig angeboten. Die Frage bleibe jeweils offen "und damit dem eigenen Nachdenken des jungen Lesers überantwortet, der auf diese Weise und der in ihm erregten Spannung auf den Fortgang des Abenteuers zugleich zur Erwägung ethischer Problematik motiviert sein soll."[88] Innerhalb einer differenzierten Gegenüberstellung von Gut und Böse gelange May zu einer Humanisierung seiner Abenteuermotive.

Das vierte Jahrbuch gibt hauptsächlich einen Einblick in die Zeit der späten 'Reiseerzählungen' Mays. Claus Roxin[89] untersucht in einer ausführlichen Erörterung die Identifikation Mays mit seiner Romanfigur Old Shatterhand und die psychologischen Schichten der 'Reiseerzählungen'. Hans Wollschläger[90] liefert weitere Materialien zu einer Charakteranalyse Mays anhand des Werks "Am Jenseits".

Die Beiträge im fünften Jahrbuch beziehen sich auf verschiedene Lebens- und Schaffensabschnitte Mays, vor allem aber auf seine Straftaten und ersten Haftjahre.

Heinz Stolte versucht in einem Essay am Beispiel von Mays Erzählung 'Durch die Wüste'[91], die Bedeutung der Gefängniszeit Mays für dessen literarische Produktivität und für die Thematik seines Werkes darzustellen. Er kommt zu dem Schluß, daß das Erlebnis der Gefangenschaft die Entstehung des neuen literarischen Genres der 'Reiseerzählungen' bestimmte und Anfänge schon während der Gefängnisjahre angenommen werden können.

Wolf-Dieter Bach untersucht in seinem Beitrag[92] zahlreiche Namen im Werk Mays auf ihren Ursprung hin; auch Mays 'Waldröschen' erweist sich für eine solche Analyse als ergiebiges Material.[93] Nach Bachs Deutung entschieden die frühkindlichen Mangelerlebnisse über Mays Lebensweg. Weil ihm versagt worden sei, was ihm eigentlich hätte gegeben werden müssen, habe er zum Diebstahl geneigt und sich u. a. auch berühmte Namen 'gestohlen', um auf diese Weise ein höheres Prestige zu erlangen. Viele Namen in Mays Werk erscheinen somit als Kompensation oraler Versagungen.

In einer mit Akribie durchgeführten Dokumentation über Mays Aufenthalt im Arbeitshaus Zwickau (1865 - 1868)[94] kommt Hainer Plaul zu dem Resultat, die literarische Entwicklung Mays habe bereits während dieser Strafzeit begonnen. Die moralische Besserung in der Anstalt sei besonders dadurch gefördert worden, daß May während seiner Haft Beziehung zu dem Verleger Münchmeyer aufgenommen und dieser ihm die Aussicht auf eine gute Zukunft als Schriftsteller eröffnet habe. Überhaupt erhält die Person Münchmeyers in Plauls Ausführungen einen anderen Stellenwert als in der bisherigen Forschung: Nach Mays Rückfall in die Kriminalität sei es der ausschließlich am Profit interessierte Münchmeyer gewesen, der May ab 1874 eine wirtschaftliche Existenzgrundlage verschafft habe und ihn damit unbeabsichtigt vor einem elenden Schicksal bewahrte.

Klaus Hoffmann setzt seine im dritten Jahrbuch begonnene Arbeit[95] fort, in der er belegt, daß May zwar eine Reihe von Straftaten nachgewiesen werden konnten, die Anschuldigungen seines Feindes Lebius, May sei ein Räuberhauptmann gewesen, dagegen nicht der Wahrheit entspricht. Abschließend setzt sich Hoffmann mit der vieldiskutierten Frage der Frühreisen Mays auseinander. May sei - nicht nur bezüglich seiner 'Weltreisen', sondern auch in seinen Prozessen - mit großer Geschicklichkeit verfahren: Er habe vielfach Tatsachen verschleiert, ohne dabei zu lügen oder die Wahrheit zu sagen. So sei seine Behauptung, er habe sich in früheren Jahren mehrmals in Amerika aufgehalten, nicht richtig, wenn man unter Amerika die USA verstehe. Dagegen war Karl May in Amerika, "aber nicht jenseits des Ozeans, sondern in A m e r i k a , einem Dorf in Sachsen mit etwa 200 Einwohnern, zwei Kilometer von Penig gelegen."[96]

Die einzelnen Beiträge im Jahrbuch 1976 umfassen alle literarischen Stadien Mays. Jürgen Hein belegt, daß die

'Ergebirgischen Dorfgeschichten' Mays in Thematik und Darstellungsweise in der Tradition der Dorfgeschichten stehen. "Mays Dorfgeschichten stehen an der Schwelle zwischen den Ausläufern der Dorfgeschichten-Tradition und dem Beginn einer Ideologisierung der Heimat- und Trivialliteratur. (...) Er versuchte durch ein Anknüpfen an Themen und Schreibweisen der Unterhaltungs- und Trivialliteratur den Leser bildend und erziehend nach 'oben' zu führen und mußte damit in Kauf nehmen, als Schundschriftsteller disqualifiziert zu werden."[97]

Mit dem Aufenthalt Mays im Zuchthaus Waldheim befaßt sich die sorgfältige Studie von Hainer Plaul.[98] Als Rückfälliger habe May erschwerte Bedingungen angetroffen (Isolierhaft, Züchtigungsstrafen). Plaul vermutet - entgegen der früheren Datierung Mays - während dieser Zeit die ersten Symptome der schweren Psychose Mays als Resultat der Haftbedingungen.[99] Daß die Krankheit nicht zum offenen Ausbruch kam, führt Plaul auf das Betreuungspersonal, u. a. auf den Katecheten Kochta, und auf die zunehmende Hafterleichterung zurück. Die ausführliche Studie gibt nicht nur Einblick in das Martyrium Mays, sondern ist zugleich ein wichtiger Beitrag zur Strafvollzugsgeschichte im 19. Jahrhundert.

Das Jahrbuch 1977 ist wiederum vorwiegend dem Spätwerk Mays gewidmet. Hans Wollschläger betont die Formleistung und thematische Einmaligkeit von "Ardistan und Dschinnistan"[100] Alle Reiseerzählungen, auch diese, seien "Umwege des Heimfindens"[101]. Aufgrund frühkindlicher Versagungen und elterlicher Entfremdung sei das Grundmotiv die 'Rückkehr': "Die Erlösung des Verlorenen Sohns ist seine Heimkehr, das Zurückfinden ins Haus der Eltern, die Rückkehr in die Urgeborgenheit des Mütterlichen, die nicht Ich hatte werden können und darum als ungestilltes Verlangen im Ich fortlebte bis zum Schluß."[102]

Heinz Stolte beschäftigt sich mit Mays Christentum und dessen Quellen.[103] Er weist nach, daß sich die Grundideen der Lessingschen Abhandlung 'Die Erziehung des Menschengeschlechts', vor allem aber Motive aus 'Nathan der Weise' (z. B. Toleranz, Versöhnung, Frieden), im Werk Mays wiederfinden.

Mit einer Arbeit über den Lebensabschnitt Mays von 1874 bis 1877 versucht Hainer Plaul eine der letzten 'Dunkelzonen' der biographischen May-Forschung zu erhellen.[104] Diese Studie gewährt Einblick in eine der schwersten Lebensphasen Mays, als er nach den entwürdigenden Jahren der Haft eine neue Lebensgrundlage suchte. Sie vermittelt darüber hinaus ein anschauliches Bild des sächsischen Alltags im Kaiserreich.

Das Jahrbuch 1978 gilt vorrangig wieder dem Leben und Werk des jungen Karl May. Gert Ueding arbeitet das im Schaffen Mays zentrale Motiv des Gefängnisses, des Gefangen- und Gefesseltseins heraus.[105] Die persönliche Erfahrung von Gefangensein und Befreiung überträgt Karl May auf die ganze Menschheit: "Die eigene Gefangenschaft als Allegorie in eins gefaßt, bedeutet den Zustand der Welt insgesamt, und die aus der Gefangenschaft sich entwickelnde Befreiungsgeschichte ist private Erlösungsgeschichte und innerweltliche Heilsgeschichte in einem."[106] Mit seinen letzten Werken habe May versucht, dem historischen Geschehen eine neue Richtung zu geben.

Interessant im Hinblick auf Mays Kolportagetätigkeit ist auch ein im Jahrbuch abgedruckter Vortrag von Volker Klotz über Mays Lieferungsroman "Der verlorene Sohn"[107]. Dieser Roman, der an verbreitete Vorbilder des europäischen Abenteuerromans anknüpfe (z. B. E. Sue, A. Dumas), sei zeitgeschichtlich beachtenswert, denn "in den 'Verlorenen Sohn' sind mehr und heftigere epochale Erschütterungen eingegangen als in manche anspruchsvollen sozialkritischen Romane von Spielhagen bis Kretzer, von Raabe bis Sudermann."[108]

Hervorzuheben ist schließlich die Abhandlung von Hainer Plaul über 'Karl May im Urteil der zeitgenössischen Publizistik'[109]. Sie zeigt, daß die Pressekampagne gegen May im Zusammenhang mit weitaus größeren politisch-gesellschaftlichen Auseinandersetzungen gesehen werden muß.

Seit Gründung der Karl-May-Gesellschaft ist nicht nur das Bild Mays in der deutschen Literatur objektiver geworden; es haben sich auch zahlreiche neue wissenschaftliche Ansätze ergeben, die ohne eine Zusammenarbeit von May-Forschern auf breiter Basis und ohne eine gute Organisation nicht erfolgt wären. Viele Probleme konnten bereits zufriedenstellend geklärt, zumindest aber in ihrer Bedeutung durchschaubar gemacht werden. Was trotzdem noch zu tun bleibt, haben Hainer Plaul und Klaus Hoffmann anhand ihrer Privatarchive mitgeteilt.[110] Ein Rückstand der Forschung liegt indes im literaturdidaktischen Bereich. Mit dieser Arbeit soll daher ein Beitrag zur Trivialliteratur der Wilhelminischen Zeit und zur gegenwärtigen Situation geliefert werden, der gleichzeitig die literaturdidaktischen Konsequenzen aufzeigt.

Teil C

"Das Waldröschen" - Voraussetzungen und Entstehung eines Kolportageromans

I. Zeitgeschichtliche und literatursoziologische Voraussetzungen der Kolportage

1. Zur Entwicklung des Buchdrucks

Die Erfindung des Buchdrucks (um 1450), dessen charakteristisches Novum die bewegliche Letter ist, ermöglicht einmal eine beliebig hohe Auflage von Büchern; zum andern tritt unter der Bevölkerung allmählich eine geistige Bewegung ein. Bedarf diese Bewegung des Buchdrucks, um ihre Ziele durchzusetzen, so ist sie umgekehrt der Antrieb für die schnelle Entwicklung und Ausweitung des Buchdrucks.[1]

Schon in dieser Zeit ist der Erfolg eines Buchdruckverlegers abhängig von seinen finanziellen Mitteln, vor allem aber vom Vertriebsapparat. Der Bedarf an Ort und Stelle ist meist zu gering, um den erforderlichen Absatz zu sichern. So entstehen die bedeutenden und wirtschaftlichen Verlage nur in Städten mit einem ausgedehnten Handelsverkehr (wie z. B. in Augsburg, Nürnberg, Basel). Neben dem gut organisierten buchhändlerischen Vertrieb ist also eine verkehrsmäßig günstige Lage der Druckerei Voraussetzung für eine gewinnbringende Entwicklung. Der Vertrieb erfolgt zum Teil auch auf Messen und in verlagseigenen Buchläden. Alle wesentlichen Zweige des heutigen Buchhandels - mit Ausnahme des festen Ladenpreises - sind bereits bis zur ersten Hälfte des 16. Jahrhunderts ausgebildet.[2]

Buchproduktion und Buchhandel haben bis zum Beginn des 16. Jahrhunderts zwar schon eine beträchtliche Ausweitung und große Bedeutung erfahren, sind im wesentlichen aber nur für Kirche und Wissenschaft interessant. Überwiegend werden die Bücher in lateinischer Sprache gedruckt, wenn sich auch einige Verleger (z. B. in Augsburg, Basel, Straßburg) um deutschsprachige Volksbücher bemühen. Das Volk in seiner Gesamtheit hat am Buchwesen geringen oder gar keinen Anteil, zumal der Erwerb eines Buchs wegen des hohen Preises kaum möglich ist.

Die privilegierte Stellung des Buchs wird jedoch durch die Reformation schlagartig beseitigt. Luthers Schriften erscheinen in hohen Auflagen und sind nach wenigen Tagen vergriffen. Die deutsche Ausgabe von Luthers Thesen "Sermon von Ablaß und Gnade" wird von 1518 bis 1520 zweiundzwanzigmal aufgelegt; dazu kommen zahlreiche Nachdrucke. Luthers Übersetzung des Neuen Testaments wird schon zu seinen Lebzeiten in über 100.000 Exemplaren verbreitet. "Man muß also durchaus mit den Begriffen moderner Massenauflagen arbeiten, um dem Buchwesen der Reformationszeit gerecht zu werden."[3]

Luthers Bedeutung ist aber nicht allein in der zahlenmäßigen Ausbreitung des Buchs zu sehen. Sein besonderes Verdienst ist es, das _deutsche_ Buch und eine _deutsche_ Schriftsprache geschaffen zu haben. Da die ungebildeten Schichten des Volkes nicht lesen können, lesen Hausierer und Predikanten reformatorische Schriften und andere Flugblätter in den Häusern und Wirtschaften vor und tragen auf diese Weise zur Verbreitung des Gedankenguts bei.

Wegen des fehlenden Urheberschutzes werden die Bücher, die sich gut verkaufen lassen, von anderen Geschäftsleuten nachgedruckt; der Nachdruck der reformatorischen Literatur nimmt einen besonders großen Umfang an.

In technischer Hinsicht erfährt der Buchdruck bis zum Ende des 18. Jahrhunderts wenig Veränderungen. Für das Verlags- und Vertriebswesen im 17. und vermehrt im 18. Jahrhundert hingegen ergibt sich ein wesentlicher Wandel durch den Druck von Zeitung, Zeitschrift und Lexikon. In der zweiten

Hälfte des 18. Jahrhunderts kommt es infolge des wachsenden Informations- und Lesebedürfnisses der Bevölkerung zu einer starken Ausweitung des Buchhandels, von dem vor allem die Nachdrucker profitieren. Um größere Teile der Bevölkerung mit Druckwerken zu versorgen und bei ständig steigender Nachfrage wirtschaftlich zu arbeiten, ist man in erster Linie bestrebt, den Druckgang zu beschleunigen. Den entscheidenden Beitrag hierzu leistet Friedrich Koenig (1774 - 1833) mit der Erfindung der Zylinderpresse (1811), die bis heute die Grundlage der Schnellpresse bildet.[4]

Mit der Technisierung im 19. Jahrhundert, die das gesellschaftliche Leben tiefgreifend verändert und den Gegensatz von Unternehmer und Arbeitnehmer mehr und mehr verschärft, verliert auch der Buchdruck seinen handwerklichen Charakter. Die Spezialisierung des Arbeitsprozesses und die zunehmende Vermassung der Produktion haben aber nicht nur den Niedergang mancher Klein- und Kleinstbetriebe zur Folge, sondern führen vielfach auch zu einem Verfall der Werkleistung, da bei den größeren Betrieben der finanzielle Gewinn im Vordergrund steht.[5]

Zu Anfang des 19. Jahrhunderts geht der Absatz von Büchern kurze Zeit merklich zurück. In der Folge der Französischen Revolution tritt eine andere Einstellung zum Buch ein; zahlreiche Autoren und Verleger, deren Auffassungen der Zeit nicht entsprechen, werden Opfer der neuen Bewegung.[6] Erst die Gründung des "Börsenvereins der Deutschen Buchhändler" (1825) bringt einen Umschwung:[7] Buchhändlerischer Verkehr, Abrechnungswesen, Rabattfragen, Hilfe für in Not geratene Buchhändler und Urheberschutz werden die vordringlichen Aufgaben dieses Vereins.

Neben der Herausgabe von Lexika und den Werken zeitgenössischer Dichter sehen verschiedene Verleger ein lohnendes Geschäft im Angebot preiswerter Literatur. Um 1820 beginnt

G. J. Göschen (1752 - 1828) mit der Massenverbreitung billiger Schriften. Wenig später entsteht durch C. J. Meyer (1796 - 1856), der das Lesebedürfnis erkannt hatte, ein Kolportageunternehmen.[8] Die drucktechnischen Möglichkeiten (Schnellpresse, Stereotypie, Lithographie als neue Illustrationstechnik), die neuen Verkehrsmittel und das dichter werdende Buchhandelsnetz sind günstige Bedingungen für den Massenbetrieb. Die Versorgung der Bevölkerung mit hohen Auflagen und billigen Druckwerken bricht endgültig mit dem Vorrecht der humanistisch gebildeten gehobenen Schicht, Bücher zu erwerben. In der Bücherproduktion steht Sachsen von den deutschen Staaten im Verhältnis zur Bevölkerungszahl an erster Stelle.[9]

2. Kolportage und "Lesewelle"

Die gewaltige Ausweitung des Kolportagebuchhandels in der 2. Hälfte des 19. Jahrhunderts wird durch verschiedene Faktoren begünstigt: durch die fortschreitende Technisierung, die Zunahme des Handels und Verkehrs aufgrund der neuen Verkehrsmittel (Post und Eisenbahn), die Gewerbefreiheit, durch eine neue Vertriebsart[10], die mit dem Wanderbuchhandel einhergeht, und durch die soziale Situation besonders der Arbeiterschaft. Gleichzeitig ist das bis zu diesem Zeitpunkt kaum bekannte Phänomen der Freizeit Grundlage für eine allgemeine Lesebereitschaft der Bevölkerung.

Mit der Freigabe von Rede und Schrift bringt bereits das Jahr 1848 einen Höhepunkt in der Partei- und Flugschriftenliteratur. Die bevorzugte Vertriebsform für diese Literatur ist der Straßenhandel.[11]

Seit 1850 wird der Reise- und Wanderbuchhandel für den stehenden Sortimentsbetrieb eine beachtliche Konkurrenz, die sich nach 1869 (Gewerbefreiheit) noch weit mehr verstärkt. Dieser Handel wird von Bücherhausierern, Abonnentensammlern und Buchhandlungsreisenden durchgeführt, die im Dienst einer Kolportage- oder Reisebuchhandlung stehen. Im Gegensatz zum Kolportagehandel vertreiben die Reisebuchhandlungen auf größere Entfernungen und räumen den Kunden Kredit ein. Während der Buchhändler dem Verleger beim üblichen Sortimentsbetrieb die Druck-Erzeugnisse meist zurückgeben kann, wenn Absatzschwierigkeiten auftreten, ist dies dem Kolportagehändler[13] nicht möglich. Dieser muß dem Verleger die abgenommene Ware sofort bezahlen und hat kein Rückgaberecht. Daher besteht für ihn der Zwang, soviel wie möglich zu verkaufen. Er umgeht den gewöhnlichen Buchhandel und die Geschäftsstellen und wendet sich direkt ans Publikum; die erworbene Literatur bietet er zum Kauf an oder nimmt nach der Vorlage von Probeexemplaren Bestellungen entgegen.[14]

Entgegen dem Sortiment läßt der Kolportagehandel den Käufer also nicht zu sich kommen, sondern sucht ihn ständig auf und beeinflußt ihn persönlich. Diese Vertriebsform läßt sich nicht allein mit der Gewerbefreiheit (seit 1869) begründen; sie war schon früher ausgebildet, wird jedoch seit den sechziger Jahren verstärkt ausgenutzt.[15] Dabei erlangt der Wanderbuchhandel eine ebenso gute Organisation wie der stehende Buchhandel.

Der direkte Zugang zum Kunden durch Hausierertätigkeit führt dazu, daß auch die Bevölkerung in kleineren Städten und auf dem Land von der Kolportage erreicht wird. In ländlichen Gegenden werden Kolportageschriften im Winter gut verkauft. Für weite Schichten der Bevölkerung wird der Bücherhausierer zum Ideenträger; seine Schriften regen dazu an, lesen zu lernen und praktisches Wissen zu sammeln.[16] "Für abgelegene Dörfer, Weiler und Höfe blieb er bis ins zwanzigste Jahrhundert hinein der zwar etwas hinkende, aber doch einzige Bote mit Nachrichten aus der großen weiten Welt."[17] Der geringe Umfang der meisten Bücher ermuntert zur Feierabendlektüre, die billigen Hefte und ihre farbigen Bebilderungen veranlassen zum Kauf.[18] Die förmliche "Lesewelle" seit Mitte des 19. Jahrhunderts läßt sich zudem mit der Verbreitung verschiedener Familienzeitschriften erklären, die ihren Absatz durch den Druck von Fortsetzungsromanen erheblich steigern.[19]

Die Lieferungsromane, zu denen auch das WR gehört, machen etwa 16 % des gesamten Kolportagehandels aus.[20] Sie erscheinen regelmäßig (meist wöchentlich) in etwa 15 bis 200 Fortsetzungsheften und kosten im allgemeinen 10 Pfennig. Die Leserschaft setzt sich in erster Linie aus Fabrikarbeitern, Dienstboten, Ladenmädchen, Putzmacherinnen, kleinen Handwerkern und niederen Beamten zusammen;[21] der Kundenkreis der Kolportage gehört vorrangig "also den minder bemittelten Kreisen an."[22] Da die Verleger sich mit der Zerlegung eines Romans in wöchentliche Heftlieferungen auf die finanzielle Situation dieser Lesergruppen einstellen und ihnen darüber hinaus die Lese-Interessen bekannt sind,[23] ist ihnen der wirtschaftliche Erfolg gewiß. Diese Vertriebsform, die allein nach kommerziellen Gesichtspunkten ausgerichtet ist, beeinflußt nicht nur die literarische Geschmacksbildung, sondern wegen der Stabilisierung mancher falscher Vorstellungen auch die Bewußtseinsbildung weiter Bevölkerungskreise. Weder den Sortimentern, den Volkserziehern, noch anderen Unternehmungen gelingt es, der Kolportage-Vertriebsform beizukommen. "Es blieb die Beliebtheit des Rinaldo, der Bettelgräfin, des Waldröschens und aller ihrer sehr viel schlimmeren Nachfahren."[24]

3. Literarische Zeitgenossen Mays

Im 19. Jahrhundert erfährt der Unterhaltungsroman eine außergewöhnliche Verbreitung. Neben dem künstlerischen Roman steht der Unterhaltungsroman in seinen verschiedenen Variationen als Reise- und Abenteuer-, Heimat-,

Frauen- und Liebesroman; hinzu kommen noch der historische, der soziale und der psychologische Roman. Immer mehr Autoren versuchen, sich das Unterhaltungsbedürfnis der Bevölkerung zunutze zu machen. Die meisten Namen sind heute vergessen. Da der Frauen- und Liebesroman in der deutschen Unterhaltungsliteratur immer eine Vorrangstellung hatte, sind auch zahlreiche Frauen an der Entwicklung der Unterhaltungsliteratur beteiligt.

Nach dem psychologischen Familienroman, der 1747 mit C. F. Gellerts "Das Leben der schwedischen Gräfin von G." eine neue literarische Epoche einleitet, entwickeln sich in der Folge drei unterschiedliche Formen, die in den nächsten Jahrzehnten bestimmend für das literarische Leben in Deutschland sind: der zeitkritische Gegenwartsroman, der didaktische Aufklärungsroman und der Vergangenheitsroman.[25] Stoff des Gegenwartsromans ist zumeist das Leben der Familie, wobei vielfach sozialkritische Schilderungen im Vordergrund stehen. Der didaktische Roman der Aufklärung versucht das Gedankengut der zahlreichen rationalistischen Pädagogen zu verbreiten und setzt sich für eine Verbesserung der sozialen Verhältnisse ein. Der Vergangenheitsroman hingegen stellt Ereignisse der Historie dar, die meist einen abenteuerlichen und wunderbaren Charakter erhalten. Die Beliebtheit des historischen Romans wird jedoch bald vom Ritter- und Räuberroman überboten, der den literarischen Markt des 18. Jahrhunderts beherrscht. Bei aller abenteuerlichen Räuberromantik wird in diesen Romanen der Protest gegen die politischen und sozialen Zustände der Zeit sichtbar. Einer der größten Bestseller des Räuberromans ist Ch. A. Vulpius' (1762 - 1827) 'Rinaldo Rinaldini der Räuberhauptmann'[26].

Zu Beginn des 19. Jahrhunderts verliert der Räuberroman allmählich seine dominierende Stellung in der deutschen Unterhaltungsliteratur. Nach Beendigung der Freiheitskriege verlagert sich das literarische Interesse zugunsten des sentimentalen Familienromans. Dennoch bleibt weiterhin die Neigung zum romantischen Geschichtsroman bestehen.

Im folgenden sollen nur einzelne Repräsentanten verschiedener Romangattungen der Unterhaltungsliteratur genannt werden, soweit sie als Zeitgenossen Karl Mays von Bedeutung sind.[27] Überragende Vertreterin des 'Gartenlaubenromans' ist Eugenie Marlitt (1825 - 1887). Ihr Grundthema, das schon im ersten ihrer Romane "Goldelse" behandelt wird, ist das Aschenbrödel-Motiv[28]: Ein einfaches Mädchen aus dem Volk findet durch die Liebe eines hochangesehenen und reichen Mannes Aufnahme in der höheren Gesellschaft; die bösen Pläne der Nebenbuhlerin scheitern. Die Auflehnung der Autorin gegen die Privilegien des Adels, gegen die Überheblichkeit des besitzenden Bürgertums und gegen religiöse Intoleranz entsprechen dem Zeitgeschmack. Ihre übrigen Romane variieren das bekannte Märchenmotiv.[29]

Seit Mitte des 19. Jahrhunderts tritt neben den Volksroman der sogenannte 'Salonroman'. Während der Volksroman den Lebensbereich der unteren Schichten zum Thema hat, befaßt sich der Salonroman ausschließlich mit der Welt der Aristokratie. Diese beiden Romanformen spiegeln die gesellschaftlichen Gegensätze der Zeit wider. Repräsentativ für den Salonroman ist Ida Gräfin Hahn-Hahn (1805 - 1880), in deren Moderichtung noch verschiedene andere Aristokratinnen die Vorzüge der hohen Gesellschaftskreise beschreiben.[30] Natalie von Eschstruth (1860 - 1939) fasziniert ihre Leser dadurch, daß sie ihnen den "Blick hinter die Kulissen des sogenannten gesellschaftlichen Lebens"[31] gewährt. Den männlichen Vertretern des Salonromans gerät der Stoff in den meisten Fällen zu erotischer Unterhaltung. Hauptsächlich sind hier Alexander von Sternberg (1806 - 1868), F. W. Hackländer (1816 - 1877) und Leopold von Sacher-Masoch (1836 - 1895) zu nennen.

Während die Frauen sich im allgemeinen für den Familien- und Liebesroman interessieren, bevorzugen die Männer den völkerkundlichen Reise- und Abenteuerroman.[32] Das beliebteste Thema des Abenteuerromans ist das Schicksal der Indianer Nordamerikas. Die bedeutendsten Vertreter dieser Romangattung in Deutschland sind Charles Sealsfield (eig. Karl Postl, 1793 - 1864), Friedrich Gerstäcker (1816 - 1872) und Balduin Möllhausen (1825 - 1905). Alle Abenteuerschriftsteller dieser Zeit werden aber von der künstlerischen Gestaltungskraft Sealsfields übertroffen. Eine besondere Popularität erlangt auch Robert Kraft (1869 - 1916), dessen umfangreiches und vielseitiges Romanwerk zum Teil auf wirkliche Erlebnisse zurückgeht.

So begehrt der Reise- und Abenteuerroman für viele Leser ist, die sich in eine ferne, faszinierende Welt versetzt fühlen, so gewinnt gleichzeitig auch der Dorf- und Heimatroman viele neue Leser, die sich gefühlsmäßig auf ihren engeren Lebensraum konzentrieren.[33] Der bekannteste Autor dieser Romangattung ist wohl Ludwig Ganghofer (1855 - 1920). "Auch er stellte den Zerfallserscheinungen der Großstadtzivilisation die Urwüchsigkeit und Unverdorbenheit ländlicher Menschen gegenüber, wodurch er gerade die Städter als Leser gewann."[34]

Die zunehmende Technisierung der Welt bleibt nicht ohne Auswirkung auf die Literatur. In der zweiten Hälfte des 19. Jahrhunderts kommt der technisch-utopische Unterhaltungsroman als neues Genre zu den vorhandenen Romangattungen hinzu. Durch das Werk von Jules Verne (1828 - 1905) und Herbert George Wells (1866 - 1946), den Klassikern der Science Fiction,[35] wird das deutsche Leserpublikum mit dem neuen Romantyp vertraut gemacht. Gegenüber der meist problembeladenen Literatur des Kaiserreichs[36] findet die neue Thematik außergewöhnlichen Zuspruch.[37]

II. Zur Entstehung des Kolportageromans "Das Waldröschen"

1. Erste literarische Versuche Mays

Der genaue Zeitpunkt für die ersten Schreibversuche Mays läßt sich nicht mit Sicherheit angeben.[1] Es ist aber nachweisbar, daß May sich während seiner Zwickauer Haft (1865 - 1868) mit literarischen Plänen befaßt hat.[2] Aus dieser Zeit stammen das Fragment "Offene Briefe eines Gefangenen"[3], das Gedicht "Weihnachtsabend"[4] und das "Repertorium C. May"[5]. Unter diesen Schriftstücken nimmt das "Repertorium C. May", das wahrscheinlich zwischen 1867 und 1868 entstand, eine Sonderstellung ein. Es handelt sich hierbei um zwei Entwürfe zum Thema "Mensch und Teufel" und um zahlreiche Notierungen von 'Buchtiteln', die teilweise mit einer 'Inhaltsübersicht' versehen sind. Wenn dies auch ungestaltetes Material ist, so gibt es doch einen Einblick in die Pläne und den literarischen Entwicklungsstand Mays.[6] Ein anderes Fragment, Notizen unter dem Leitthema "Ange et Diable"[7], lag dem Gericht in Mittweida im Jahre 1870 vor und ist vermutlich während der Untersuchungshaft entstanden.[8] Dieser Text ist insofern von Bedeutung, als er die geistige Haltung und psychische Verfassung Mays in jener Zeit erkennen läßt, die durch Rebellion gegen jegliche Autorität und Protest besonders gegen die religiöse Tradition gekennzeichnet sind.

Die Verbindung zu dem Verleger H. G. Münchmeyer - einem ehemaligen Kolporteur, den May wohl schon Anfang der sechziger Jahre kennenlernte, und dem er auch seine ersten Manuskripte anbot[9] - ist nach dem Aufenthalt in der Zwickauer Anstalt nur von vorübergehender Dauer, weil May wieder straffällig wird. Erst nach seiner Strafzeit in Waldheim (1870 - 1874) arbeitet er längere Zeit für Münchmeyer.

Auf die Tätigkeit Mays als Redakteur nach der Entlassung aus der Haft ist bereits eingegangen worden (vgl. Teil B, II.). Ab 1875 schreibt May verschiedene Erzählungen, die sogleich in den von ihm geleiteten Wochenschriften erscheinen. Seine Erstlingswerke - Dorfgeschichten, Novellen, Humoresken, Abenteuererzählungen und ein Ritterroman - spiegeln nicht nur den Lesegeschmack seiner Zeit wider, sondern auch den Versuch Mays, seinen literarischen Status zu finden.

Einen interessanten Einblick in die frühe Schaffenszeit Mays bietet "Die Rose von Kairwan"[10], die seit kurzem im Reprint vorliegt. Es zeigt sich schon bald, daß sein Schaffen in eine bestimmte Richtung drängt, die auch später konsequent beibehalten wird: in die 'Ich-Form' von 'Reiseerzählungen'. Exotischer Schauplatz und abenteuerliche Handlung sind kennzeichnend für die frühen Erzählungen "aus der Mappe eines Vielgereisten"[11]. Die Unbekümmertheit und Frische der Darstellung, die straffe Durchführung der Handlung und das spannungsreiche Geschehen, das ohne übermäßige Effekte auskommt, lassen bereits den talentierten Erzähler erkennen. Zwar läßt sich May anfänglich hin und wieder von literarischen Vorbildern (wie Ferry, Gerstäcker und Hauff)[12] leiten, gelangt aber schon bald zu der typischen Form seiner 'Reiseerzählungen'. Während May in seinen Erstlingsarbeiten[13] manchmal eine realistische Darstellungsweise bevorzugt, zeichnet er in den späteren 'Reiseerzählungen' eine stark idealisierte Welt (etwa den edlen Indianer, den vollkommenen Helden, Einheit des Charakters, poetische Gerechtigkeit usw.).

Im Hinblick auf die anfänglichen Arbeiten stellt sich die Frage, warum May einige Jahre später im teilweise anspruchslosesten Kolportagestil des WR schreibt.

2. Karl May - ein Kolportageschreiber wider Willen?

Die fünf Kolportageromane, die May ab 1882 schreibt, haben sein späteres Leben nachhaltiger beeinflußt als jedes andere Werk. Die Angriffe gegen May, die Beurteilung seines gesamten literarischen Werks und damit seiner Person, gehen fast ausschließlich auf die Lieferungsromane zurück.

Solange May Redakteur ist, hat er sein - wenn auch bescheidenes - Einkommen. Nachdem er aber 1880 geheiratet und sich als freier Schriftsteller selbständig gemacht hat, häufen sich die Schwierigkeiten. Trotz seines Fleißes verschaffen ihm die beiden Romane "Scepter und Hammer" und "Die Juweleninsel" sowie die kleineren Erzählungen finanziell lediglich das Existenzminimum. Auch das Angebot des "Deutschen Hausschatzes", mit May einen festen Vertrag einzugehen, kann keine wirtschaftliche Sicherung bieten. Angesichts dieser Situation sind Ermüdungserscheinungen und Resignation nur allzu verständlich. Der Zustand Mays gewinnt schicksalhafte Bedeutung, als es zu einer erneuten Begegnung mit Münchmeyer kommt. Der Verleger, dessen Geschäfte schlecht gehen, bittet May, wieder in seine Dienste zu treten. Die Ehefrau Mays unterstützt das Ansinnen Münchmeyers eindringlich, und May kann schließlich den Überredungsbemühungen beider nicht widerstehen; er geht ohne schriftlichen Vertrag auf das 'Angebot' ein, für regelmäßige Kolportagearbeit ein gesichertes und überdurchschnittliches Einkommen zu erlangen.

Die literarische Entwicklung kommt hierdurch zwar nicht zum Stillstand - May schreibt während seiner Kolportagetätigkeit[14] der Verpflichtung gemäß 'Reiseerzählungen' für den "Deutschen Hausschatz" -, wird indes allzu stark eingeschränkt. Bei der Beurteilung dieser Schaffensphase kann aber zweierlei nicht ohne Beachtung bleiben: May geht einmal die Verbindung mit Münchmeyer ohne inneres Engagement ein; die Gründe sind rein äußerlich: nur die Anfangsbelastungen seiner neuen Existenz als Schriftsteller, die damit verbundene wirtschaftliche Notlage und die Hoffnung auf eine finanziell bessere Zukunft können ihn zu diesem Schritt bewegen. Zum andern begibt May sich bewußt auf ein niedriges literarisches Niveau, um den Forderungen der Kolportage rein quantitativ genügen zu können. Die 'Reiseerzählungen', die er zwischendurch verfaßt, bilden einen befreienden Ausgleich zum Zwang der Vielschreiberei und sind mit ihren spannungsreichen, aber abgeklärten Geschehensabläufen ein Zeichen für das literarische Selbstwertgefühl, das May als psychische Erholungsphase benötigt, um nicht völlig Sklave der unaufhörlichen Aktionen und grellen Effekte der Kolportageproduktion zu werden.

3. Mays Kolportagetätigkeit

Mays erster und berühmtester Kolportageroman, "Das Waldröschen", erschien ab November 1882 unter einem Pseudonym. Dies war eine Bedingung Mays: Sein Name war durch andere Veröffentlichungen bereits bekannt, und er wollte offensichtlich nicht mit dem Lieferungsroman in Verbindung gebracht werden. Zwischen May und Münchmeyer wurde folgende mündliche Vereinbarung getroffen: Es erfolgen 100 Lieferungshefte zu je 24 Oktav; für jedes Heft erhält der Autor 35 Mark als Honorar. Nach einer Auflage von maximal 20.000 Exemplaren fallen die Rechte dem Verfasser wieder zu. May war auch mit der Beilage einer Illustration zu jedem Heft einverstanden, ließ sich aber von Münchmeyer zusichern, an seinem Manuskript dürfe "absolut kein Wort geändert werden."[15] Er bekam in der Folgezeit weder Korrektur noch Revision zu lesen und hatte somit keine Möglichkeit, das Originalmanuskript mit dem gedruckten Heft zu vergleichen. Aus Zeitgründen war ihm dies durchaus angenehm, und schließlich war über die konsequente Beibehaltung des Wortlauts gemäß dem Manuskript eine Vereinbarung getroffen worden. Diese Vertrauensseligkeit wurde May später zum Verhängnis.

Schon nach kurzer Zeit war abzusehen, daß das WR ein ungewöhnlicher Publikumserfolg werden würde. Um May stärker an sich zu binden, bewegte Münchmeyer ihn zum Umzug von Hohenstein nach Dresden. Der geschäftstüchtige Verleger brachte May nach und nach dazu, noch vier weitere umfangreiche Lieferungsromane zu erstellen.[16]

Um den Terminanforderungen zu genügen und sich selbst eine Legitimation für die Vielschreiberei zu verschaffen, versuchte May einen qualitativen Mittelweg einzuschlagen: "In dem Umstand, daß Münchmeyer Kolportageverleger war, lag kein Zwang für mich, ihm nun auch meinerseits nichts anderes als nur einen Schund- und Kolportageroman zu schreiben. Es konnte etwas Besseres sein, eine organische Folge von Reiseerzählungen ..."[17]. Seinen Vorsatz, das WR im Stil der 'Reiseerzählungen' zu schreiben, konnte May aber schon aus zeitlichen Gründen nicht einhalten: Ab Lieferung 56 erschien das WR in durchschnittlich zwei Heften wöchentlich und wurde auf 109 Lieferungen ausgedehnt.[18] May arbeitete während dieser Zeit fast ohne Ruhepause, fieberhaft, wie im Traum; es war eine regelrechte Flucht in die Arbeit. "Ich hatte einsehen müssen, daß es für mich kein anderes Glück im Leben gab, als nur das, welches aus der Arbeit fließt. (...) Dieser ruhelose Fleiß ermöglichte es mir, zu vergessen, daß ich mich in meinem Lebensglück geirrt hatte und noch viel, viel einsamer lebte, als es vorher jemals der Fall gewesen war."[19]

Den sechsten Münchmeyer-Roman, "Delilah", brach May ab. Die Trennung von Münchmeyer (1887) fiel ihm nicht schwer, denn es bot sich ihm eine neue und anspruchsvolle Arbeit: Er wurde ständiger Mitarbeiter der neuen Knabenzeitschrift

"Der gute Kamerad" (Verlag Spemann, Stuttgart). Hier erschienen seine Jugenderzählungen, die auch heute noch unverändert zu den beliebtesten Werken Mays gehören. Von dem großen Erfolg des WR profitierte das Unternehmen Münchmeyer in unverhältnismäßig hohem Maß. Neben der Geschäftsstelle in Berlin richtete Münchmeyer Filialen in Hamburg, Dortmund, München, Stettin, Danzig, Wien, Chicago und New York ein.[20] Bei einer Heftzahl von 109 und einem Preis von 10 Pfennig je Heft ergibt sich bei der Auflage von 20.000 Exemplaren ein Bruttobetrag von 218.000 Mark. May erhielt für den gesamten Roman 3815 Mark, noch nicht einmal 2 % des Ladenpreises.[21] Die Rechte fielen indes nach der vereinbarten Auflage nicht an May zurück, da er von dem Erreichen dieser Grenze nichts erfuhr.[22] Der Aufwand von fünfjähriger unablässiger Arbeit hatte sich finanziell für May wenig gelohnt. Für sein Leben und Schaffen aber blieb die Tätigkeit bei Münchmeyer als Belastung zurück: Die fünf Kolportageromane hemmten nicht nur seine literarische Entwicklung, sondern bildeten auf der Höhe seines Schaffens den Ausgangspunkt für langjährige Prozesse bis zu seinem Tod.

Teil D

Das Adressatenproblem im "Waldröschen"

- Zur didaktischen Problematik der Massenwirkung eines Lesestoffs -

I. "Das Waldröschen" und seine Bearbeitungen

Es läßt sich heute nicht mehr feststellen, wie viele Neuauflagen vom Erstdruck des WR Mays Verleger Münchmeyer vorgenommen hat. Aus einem Brief Mays vom 28.10.1898 an Pauline Münchmeyer, die nach dem Tod ihres Mannes (1892) das Geschäft weiterführte, geht schon zu diesem Zeitpunkt ein Nachdruck von Hunderttausenden hervor.[1] 1899 verkaufte Pauline Münchmeyer ihr Geschäft an den Leipziger Verlagsbuchhändler Adalbert Fischer. Während der Orientreise Mays (1899/1900) bereitete Fischer eine Neuausgabe der bei Münchmeyer erschienenen Kolportagewerke Mays ohne dessen Wissen vor und brachte sie in einer neu illustrierten Ausgabe heraus. Fischer setzte sich über die Proteste Mays hinweg und ließ die neuen Ausgaben sogar unter dem wirklichen Namen des Verfassers erscheinen. In der Reihe 'Karl May's illustrierte Werke' gab Fischer das WR 1902 als dritten Roman heraus, und zwar in 44 Teillieferungen oder in Buchform erhältlich.[2] Die Klage Mays gegen Fischer leitete eine Reihe von Prozessen ein, die sich über Jahre hinwegzogen.[3] Es konnte u. a. nachgewiesen werden, daß Fischer mit Hilfe des Schriftstellers Paul Staberow, der zu jener Zeit Redakteur bei der "Neuen Saarbrücker Zeitung" war, eine Bearbeitung des WR vorgenommen hatte.[4] Laut gerichtlichem Vergleich durften die Fischer-Ausgaben den Namen Karl May nicht mehr führen, da "die im Verlage H. G. Münchmeyer erschienenen Romane des Schriftstellers Karl May im Laufe der Zeit durch Einschiebungen und Abänderungen von dritter Hand eine derartige Veränderung erlitten haben, dass sie in ihrer jetzigen Form nicht mehr als von Herrn

May verfasst gelten können."[5] In der H. G. Münchmeyer GmbH. erschienen deshalb die Kolportageromane Mays nach 1908 anonym. Das WR wurde ferner 1912/13 unter dem Pseudonym Fritz Perner mit geändertem Titel vom Verlag Robert Obrecht herausgegeben.[6]

Nachdem es dem Karl-May-Verlag 1914 gelungen war, sämtliche Rechte an den fünf Kolportageromanen Mays zu erwerben,[7] wurden diese Werke grundlegend bearbeitet und nach und nach den GW eingegliedert. Begonnen wurde mit dem WR; der ursprüngliche Titel entfiel völlig, und das sechsbändige Kolportagewerk wurde auf fünf Bände im Format der GW verkürzt. Der erste Band dieser neuen Reihe (November 1924) war 'Schloß Rodriganda' (Bd. 51 GW). Die Neuausgabe des KMV wurde von der Kritik zum großen Teil wohlwollend aufgenommen.[8] Als Beispiel mag ein Satz aus der Besprechung des "Bamberger Tageblatts" angeführt werden: "... In seinem neuen dezenten, geschmackvollen Kleide darf sich das alte, oft sehr mit Unrecht verdächtigte 'Waldröschen' in jeder, auch der anspruchvollsten Gesellschaft sehen lassen, ja noch mehr, es wird zu einem Volksbuch in des Wortes bestem Sinne werden."[9]

Die Bearbeitung des KMV ist die bekannteste und hat gegenüber später bearbeiteten Ausgaben[10] die höchste Auflage. Aus diesen Gründen ist sie am besten geeignet, im Vergleich mit dem Originaltext das Adressatenproblem im WR herauszuarbeiten: Ursprünglich richtete sich das WR an Erwachsene. Die 'gereinigte' Fassung des KMV dagegen wird seit fünfzig Jahren auch von Jugendlichen gelesen. In welchem Umfang die Bände des bearbeiteten WR (Bd. 51 bis 55 GW) heute bekannt sind und rezipiert werden, wird an späterer Stelle anhand einer Umfrage bei 12- bis 14jährigen Schülern belegt. Zunächst aber sollen in einem Überblick[11] die wesentlichsten Bearbeitungskriterien erörtert werden, die für die neue Konzeption des Romans bestimmend waren. Aus der Gegenüberstellung der Textsituation im WR und der Neufassung - nicht als detaillierter Vergleich, sondern als Orientierungshilfe gedacht - lassen sich bereits einige Unterschiede entnehmen:

Ausgabe des KMV 1924/25[12] - Bearbeitetes WR - (Seite)	WR 1882 ff. (Seite)
A) Bd. 51 "Schloß Rodriganda"	Teile aus Band 1, 2
5-210	376-547
-	547-551
-	552-602
-	603-744
211-499	1-223
-	224-240
500-510[13]	749 f.
501 f. verändert	-
-	750-783[14]
502 f.	784 f.[14]
-	785-803
503-510	803-810
-	811-819
-	824-850
B) Bd. 52 "Die Pyramide des Sonnengottes"	Teile aus Band 1 - 3
5-69[15] verändert	240-300
-	290-296
70-74 eingefügt	-
75 f.	745 f.
-	300-375
77-80	747-749
80-87	819-823
-	824-850

B) Bd. 52 (Fortsetzung)	Teile aus Band 1 - 3
88-153	851-895
-	896-910
154-487	911-1166
-	1166

C) Bd. 53 "Benito Juarez"	Teile aus Band 3, 4
5 f.	1167 f.
6-223	1292-1549
214-220	1549-1554
-	1501-1540
-	1555-1570
224-506	1571-1852
-	1744-1748

D) Bd. 54 "Trapper Geierschnabel"	Teile aus Band 3 - 5
5-130	1852-1988
-	1958-1987[16]
131-187	1988-2063
-	2004-2015[17]
-	2060-2063[17]
188-352	1168-1291
353-477	2063-2179

E) Bd. 55 "Der sterbende Kaiser"	Teile aus Band 5, 6
-	2179-2185
5-25 stark gekürzt	2186-2216
26-311	2216-2519
312-360[18]	-
361-439	2519-2612
-	2592-2598
430-432[19]	-
-	2580-2587

Große Teile des WR, die für die abenteuerliche Handlung entbehrlich erschienen, wurden gestrichen, andere stark gekürzt oder inhaltlich verändert; ein Kapitel für die bearbeitete Ausgabe wurde neu geschrieben.[20] Besonders charakteristisch für die Intention der Bearbeiter ist die Textumstellung in Bd. 51: Der Beginn der Handlung mit WR S. 376 ff. bot den Vorteil, daß der erste Band der bearbeiteten Reihe mit einem Indianer-Abenteuer eingeleitet wurde[21] und so den Eindruck erweckte, als sei dieser Roman eine der üblichen May-Erzählungen mit den bewährten Helden. Legitimiert wurde die Umstellung dadurch, daß die Handlung etwa zwei Jahre vor den Ereignissen in Spanien einsetzt, mit denen das WR beginnt.[22] Der Erwartung der May-Leser wurden auch die Kapitelüberschriften angeglichen. Erotische Szenen und grausame Stellen entfielen oder wurden abgeschwächt.[23] Die Änderung bzw. Neuschöpfung von Namen oder Umbenennung von Handlungsträgern[24] wurde schon an früherer Stelle erwähnt.

Mit der Bearbeitung des WR sollte eine Romanreihe geschaffen werden, die sich von der äußeren Aufmachung bis zu Stil und Inhalt den erfolgreichen Werken Mays angliedern ließ. Die neue Ausgabe mußte vor allem 'jugendfrei' sein, denn die Jugendlichen machten den größten Leseranteil der Werke Mays aus. Die Art der Bearbeitung ist bezeichnend. Ausgehend davon, daß mit dem WR-Stoff nach wie vor ein Geschäft zu machen sei, wurde der Kolportagestoff einer Leserschaft angepaßt, für die von seiten der Zensur nur ein sittlich-moralisch 'einwandfreier' Lesestoff in Frage kam. Mit der 'Säuberungsaktion', bei der u. a. auch manche Personen bzw. ihre interessante Vorgeschichte (z. B. Olsunna, Zarba, Gerard, Emilia, Otto von Rodenstein) eliminiert wurden, verlor der Roman seinen eigentlichen Charakter, besonders seine Ursprünglichkeit und seinen gesellschaftlichen Dokumentationswert; denn alle direkten oder indirekten Hinweise, die sich für den Literatursoziologen aus den "Fremdkörpern, Weitschweifigkeiten und Unstimmigkeiten"[25], aus Widersprüchen, erotischen Einschüben, Übertreibungen, Vorurteilen und anderen Wirkungsmitteln der Kolportage ergeben, fielen der Bearbeitung zum Opfer. Dagegen blieben grundlegende Tendenzen des Romans erhalten, die weitaus problematischer erscheinen, vor allem sein ideologischer Hintergrund. Auch manche persönlichen Intentionen des Autors, die vielfach in Nebenhandlungen zu finden sind, lassen sich in der bearbeiteten Fassung kaum noch erkennen. Wenn ein Roman als nicht von Karl May verfaßt betrachtet werden kann, dann diese Bearbeitung des KMV. Der KMV gab nicht nur ein Beispiel dafür, auf welche Weise man aus einem 'Schundroman' ein 'empfehlenswertes Jugendbuch' machen kann, sondern wie man unter geschickter Verwendung eines bereits vorhandenen Autoren-Images und einer entsprechenden Werbung auch das Leseverhalten bestimmter Gruppen zu steuern vermag.[26]

II. Zur Leserschaft der Kolportagehefte

Exakte Aussagen über die Rezeption des WR im Zeitraum von 1882 bis etwa zum Tode Mays (1912) sind nur in Einzelfällen möglich, da das erforderliche Quellenmaterial zum größten Teil noch fehlt.[27] Hingegen gibt es verschiedene allgemeine Untersuchungen über die Leser von Kolportageliteratur, die über die vorhandenen Quellen hinaus Rückschlüsse auf die Leserschaft des WR zulassen.[28] Dazu gehören auch - wie im Verlauf dieser Arbeit für die Beschreibung der May-Leserschaft und der gesellschaftlichen Bedingungen verwendet - zeitgenössische Zeugnisse über das Gesamtwerk Mays: neben den eigenen Darstellungen und Interpretationen Mays etwa Beiträge in Zeitungen und Zeitschriften, in Büchern und Broschüren veröffentlichte Stellungnahmen von Freunden und Gegnern, Werk- und Leseranalysen, Lebenserinnerungen und

Leserbriefe. Sie sind jedoch im Hinblick auf die Leserschaft des WR nur bedingt brauchbar, da sie sich größtenteils auf die 'Reise'- und Jugenderzählungen Mays beziehen. In Ermangelung empirisch-statistischen Materials muß sich die Rezeptionsforschung bezüglich der Werke Mays, zumindest was seine Kolportageromane betrifft, weitgehend auf die genannten Quellen beschränken.

Den Großteil der Leser in der zweiten Hälfte des 19. Jahrhunderts bildeten Angehörige bürgerlicher Schichten.[29] Nach der Reichsgründung stellten sich die Verlage mehr und mehr auf die begrenzten ökonomischen Lesemöglichkeiten der unteren sozialen Schichten ein, so daß auch Bauern und Arbeiter[30] am Leseprozeß teilhaben konnten.[31] Die Leserschaft der Lieferungsromane setzte sich vorwiegend aus Angehörigen der Unterschicht zusammen. Wie aus Bezieherlisten und Werbeverfahren hervorgeht - sie sind verschiedentlich noch überprüfbar -, handelte es sich bei der Zielgruppe um Fabrikarbeiter, Angehörige des Dienstgewerbes, kleine Handwerker und 'niedere' Beamte.[32] Das WR richtete sich also an ein Publikum, dessen Schulbildung bzw. Ausbildungsstand im allgemeinen gering war und das folglich über wenig finanzielle Mittel verfügte.[33] Die Rezeption von Kolportageheften beschränkte sich aber keinesfalls nur auf diese Leserschicht: "Die Geschichte der populären Lesestoffe zeigt, daß man sich deren Publikum nicht konstant derselben niederen sozialen Schicht zugehörig denken darf, sondern daß sich diese Konsumenten vom feudalen, aber wenig gebildeten Adel über das wenig gebildete höhere und niedere Bürgertum bis zum wenig gebildeten Proletariat in einem Prozeß ausdehnt, der noch heute nicht abgeschlossen ist."[34]

III. Die Leserschaft des bearbeiteten "Waldröschens"

Wenn May während seiner Schaffenszeit einen Adressatenwechsel vornahm, indem er sich vom einfachen Publikum abwandte und seine Reiseromane für ein "durchaus nicht ungebildetes Bürgertum (schrieb), dem anzugehören sein sehnlichster Wunsch war"[35], so gelingt dem KMV - wie am Beispiel der WR-Bearbeitung schon gezeigt wurde - ein ganz anders gearteter Adressatenwechsel: Die Kolportageromane Mays, ausschließlich als Literatur für Erwachsene konzipiert, werden als Jugendlektüre aufbereitet. "Unter geschickter Ausnützung der im 19. Jahrhundert einsetzenden Bemühungen um 'Volksbildung' (...) gelingt es ihm, ein gänzlich neues Image des ehemaligen Kolportage- und Reiseschriftstellers aufzubauen und ihn schließlich als einfach lesbaren, doch sittlich einwandfreien Jugendschriftsteller zu präsentieren."[36] Bestärkt in diesem Vorgehen wurde der Verlag durch seine eigenen Umfragen in den Jahren nach dem Ersten Weltkrieg.[37] Schon das Ergebnis der ersten Umfrage 1918 bis 1920 ließ erkennen, daß Jugendliche mit 46,2 % die stärkste Käufergruppe unter den insgesamt erfaßten Käufern bildeten.[38]

Da zur Rezeption der weniger bekannten Werke Mays keine statistischen Angaben vorhanden sind, wurde im Rahmen des Themas dieser Arbeit 1974 eine gesonderte Befragung durchgeführt. Der vorliegende Fragebogen wurde 769 Schülern in fünf Dortmunder Hauptschulen[39] vorgelegt und mußte während der Unterrichtszeit beantwortet werden. Im Gegensatz zu der Umfrage von 1969, bei der die May-Leser zuvor ermittelt wurden und danach detailliert befragt werden konnten, nahmen diesmal alle Schüler an der vereinfachten schematischen Befragung teil. Um optimale Bedingungen für eine wahrheitsgemäße Beantwortung zu schaffen, konnten die Fragebogen anonym abgegeben werden. Der Lehrer forderte die Schüler jeweils auf, die Fragen in ehrlicher Weise zu beantworten und achtete darauf, daß die Schüler während des Ausfüllens der Bogen nach Möglichkeit nicht gestört oder beeinflußt wurden.

Die Umfrage von 1974 bestätigte bis auf geringe Abweichungen die Ergebnisse der Befragung von 1969[40] bezüglich der Anzahl der May-Leser bei 12- bis 14jährigen Schülern der Hauptschule. Bei der zweiten Umfrage sollten darüber hinaus die Leser des bearbeiteten WR erfaßt werden. Auf eine Unterteilung der Schüler nach Altersgruppen wurde diesmal verzichtet. Sie hätte, um zuverlässige Ergebnisse über den WR-Leseanteil der einzelnen Altersstufen zu liefern, eine Befragung weit größeren Umfangs erfordert, die aber im Hinblick auf das Thema der Arbeit nur mit einem unverhältnismäßig hohen Aufwand an Zeit und Mühe möglich gewesen wäre.

Für die Untersuchung erschien es wichtig, nicht nur den Rezeptionsanteil der bearbeiteten WR-Ausgabe des KMV bei den insgesamt erfaßten May-Lesern, sondern auch den Bekanntheitsgrad der Bände 51 bis 55 GW zu ermitteln. Dabei wurde vermutet, daß schon der Titel eines Karl-May-Buchs - im allgemeinen werden May-Bücher als 'spannend' angesehen - eine wesentliche Lesemotivation bildet. Diese Vermutung wurde als richtig bestätigt, da der Bekanntheitsgrad der einzelnen Bücher der Anzahl der tatsächlich gelesenen Bücher adäquat war.

Bekanntheitsgrad und Rezeptionsanteil lassen sich aus der folgenden Übersicht entnehmen:

Bd. 51 bis 55 GW	bekannt bzw. gelesen	%	davon gelesen	%
Mädchen	129	100	21	16,3
Jungen	187	100	58	31,0
Gesamt	316	100	79	25,0

Tab. 6

Die Zahlenwerte (vgl. den Anteil der Karl-May-Leser an den befragten Schülern in Tab. 4) ergeben sich aus folgenden Gründen: Teilweise sind den Schülern die bearbeiteten Bände des WR bekannt, obwohl sie noch keine May-Bücher gelesen haben. Umgekehrt sind manchen Kindern, die schon Bücher von Karl May gelesen haben, die bearbeiteten WR-Bände unbekannt. Aus Tab. 6 wird ersichtlich, daß von den Schülern, die WR-Bände als bekannt angeben,[41] etwa jeder dritte Junge, aber nur jedes sechste Mädchen ein Buch oder mehrere dieser Reihe gelesen hat. Dieser Umstand läßt darauf schließen, daß die Titel der Bücher für die Jungen eine stärkere Lesemotivation bilden. Ein Vergleich zwischen den May-Lesern (vgl. Tab. 4) und den Lesern des bearbeiteten WR ergibt indes folgendes Bild:

	May-Leser (gesamt)	%	Anteil der WR-Leser	%
Jungen	244	100	58	23,7
Mädchen	107	100	21	19,6
Gesamt	351	100	79	22,5

Tab. 7

Hieraus wird ersichtlich, daß etwa jedes fünfte Mädchen und jeder vierte Junge - sofern überhaupt ein Zugang zur May-Lektüre besteht - einzelne Bände des bearbeiteten WR liest.

Die Untersuchung sollte ferner Aufschluß darüber geben, welche Bände dieses May-Romans am meisten bekannt sind bzw. bevorzugt gelesen werden. Eine Übersicht, zunächst in der Reihenfolge der Bände, vermittelt Tab. 8:

	Mädchen				Jungen				M u. J gesamt			
	Titel bekannt		gelesen		Titel bekannt		gelesen		Titel bekannt		gelesen	
Bd.	n+)	%	n	%	n	%	n	%	n	%	n	%
51	17	8,7	1	3,6	38	12,8	12	12,5	55	11,2	13	10,5
52	76	39,0	10	35,7	101	34,3	29	30,2	177	36,1	39	31,5
53	16	8,2	--	0,0	30	10,2	9	9,4	46	9,4	9	7,3
54	46	23,6	9	32,1	72	24,4	32	33,3	118	24,1	41	33,0
55	40	20,5	8	28,6	54	18,3	14	14,6	94	19,2	22	17,7
S:	195	100	28	100	295	100	96	100	490	100	124	100

+) n = Bände   Tab. 8

Bei einer Anordnung nach der Häufigkeit der bekannten Titel bzw. der gelesenen Bände ergibt sich nachstehende Reihenfolge:

	Bekanntheitsgrad			Rezeptionsanteil		
	Band++)	n	%	Band++)	n	%
Mädchen	1. Pyramide	76	39,0	1. Pyramide	10	35,7
	2. Trapper	46	23,6	2. Trapper	9	32,1
	3. Kaiser	40	20,5	3. Kaiser	8	28,6
	4. Rodriganda	17	8,7	4. Rodriganda	1	3,6
	5. Juarez	16	8,2	5. Juarez	-	0,0
	Gesamt:	195	100	Gesamt:	28	100

++) Titel in Kurzform   Tab. 9 a

	Bekanntheitsgrad			Rezeptionsanteil		
	Band	n	%	Band	n	%
Jungen	1. Pyramide	101	34,3	1. Trapper	32	33,3
	2. Trapper	72	24,4	2. Pyramide	29	30,2
	3. Kaiser	54	18,3	3. Kaiser	14	14,6
	4. Rodriganda	38	12,8	4. Rodriganda	12	12,5
	5. Juarez	30	10,2	5. Juarez	9	9,4
	Gesamt:	295	100	Gesamt:	96	100

Tab. 9 b

	Bekanntheitsgrad			Rezeptionsanteil		
	Band	n	%	Band	n	%
Gesamt	1. Pyramide	177	36,1	1. Trapper	41	33,0
(Jungen	2. Trapper	118	24,1	2. Pyramide	39	31,5
und	3. Kaiser	94	19,2	3. Kaiser	22	17,7
Mädchen)	4. Rodriganda	55	11,2	4. Rodriganda	13	10,5
	5. Juarez	46	9,4	5. Juarez	9	7,3
	Gesamt:	490	100	Gesamt:	124	100

Tab. 9 c

Nach diesem Gesamtergebnis ist Band 52 "Die Pyramide des Sonnengottes" das am meisten bekannte Buch dieser Reihe, hingegen wird Band 54 "Trapper Geierschnabel" am häufigsten gelesen. Der Rangfolge der gelesenen Bücher entsprich auch die Auflagenhöhe der Bände.[42]

Band / Auflagenhöhe bis:	1974	1975	1978
1. Trapper Geierschnabel (54)	388.000	448.000	463.000
2. Die Pyramide des Sonnengottes (52)	360.000	380.000	410.000
3. Schloß Rodriganda (51)	345.000	360.000	405.000
4. Der sterbende Kaiser (55)	345.000	350.000	395.000
5. Benito Juarez (53)	335.000	350.000	395.000

Tab. 10

Die Bände 54 und 52 werden mit Abstand am meisten gelesen. Dies ist zum großen Teil aus der Wirkung des Titels erklärbar: "Trapper Geierschnabel" läßt vom Titel her eine 'Reiseerzählung' Mays bzw. eine Erzählung aus dem 'Wilden Westen' vermuten; das Titelbild ist auch entsprechend gestaltet. "Die Pyramide des Sonnengottes" löst Assoziationen wie etwa 'Rätsel der Vergangenheit', 'Geheimnis', 'exotisches Abenteuer' aus und berührt religiös-kultische Vorstellungen.[43] Wie wesentlich der Titel für den Verkauf bzw. das Lesen eines Buches ist, kann gerade an diesem Band nachgewiesen werden: Ursprünglich lautete der Titel von Band 52 "Vom Rhein zur Mapimi". Unter allen Büchern der bearbeiteten WR-Serie hatte dieser Band den geringsten Erfolg. Der Titel erweckte keinerlei Spannung, außerdem mußte der Käufer bzw. Leser annehmen, der Schauplatz der Handlung liege zum Teil in Deutschland. 1940 wurde der Titel in "Die Pyramide des Sonnengottes" umbenant, "und die Absatzschwierigkeiten waren mit einem Schlag behoben"[44]. Der heutige Bekanntheitsgrad von Bd. 52 ist zum Teil vermutlich auch dadurch zu erklären, daß die - freilich sehr großzügig mit der Vorlage umgehende - Verfilmung dieses Buchs ("Die Pyramide des Sonnengottes", 1965)[45] einen zusätzlichen Kauf- bzw. Leseanreiz bildete.

Von dem Erfolg der Bände 54 und 52 kann gleichzeitig die weitaus geringere Popularität der übrigen drei Bücher dieser Serie abgeleitet werden: Die Titel "Schloß Rodriganda", "Der sterbende Kaiser" und "Benito Juarez" üben eine weniger starke Anziehungskraft aus. Hinsichtlich der 'Spannung' stehen die Bände "Schloß Rodriganda" und "Benito Juarez" den Bänden 52 und 54 in keiner Weise nach, eher ist das Gegenteil der Fall. Band 55 "Der sterbende Kaiser" wurde von Jugendlichen, die alle Bände der Reihe gelesen hatten, im Vergleich mit den übrigen Bänden als weniger spannend angegeben, da der zweite Teil dieses Buchs zu viele geschichtliche Ereignisse enthalte. Aber davon einmal abgesehen: ein 'sterbender Kaiser' ist für den Jugendlichen kaum interessant, wohl aber der 'Trapper Geierschnabel'.

Teil E

"Das Waldröschen" - Eine didaktische Untersuchung

- Die Kaiserzeit und ihre Spuren im "Waldröschen" -

I. Hintergrund des Romans "Das Waldröschen"

Mays WR ist in der Vergangenheit in erster Linie wohl deshalb verkannt worden, weil jede Art trivialer Literatur als unbedeutend und literarisch minderwertig galt. Das WR ist jedoch keine technische Fehlleistung; ebenso wenig ist es das Werk eines Nichtkönners. Es ist auf Wirkung hin angelegt und deshalb bewußt und überlegt gestaltet.[1] Diese Feststellung ist keine Aussage über die Qualität des Werkes. Aus der Überzeugung, daß die Themen der bürgerlichen Literatur letztlich uninteressant waren, weil sie weder der Bildungslage noch den Bedürfnissen der Arbeiterschaft entsprachen, zog Karl May die Konsequenz, bewußt die Mittel der Kolportage einzusetzen: "Schreiben wir nicht wie die Langweiligen, die man nicht liest, sondern schreiben wir wie die Schundschriftsteller, die es verstehen, Hunderttausende und Millionen Abonnenten zu machen. Aber unsere Sujets sollen edel sein, so edel, wie unsere Zwecke und Ziele."[2] Diese Absage an Form und Inhalt bürgerlicher Literatur verdeutlicht eine wesentliche Gegebenheit: Der Autor setzt die Unabänderlichkeit des Publikumsgeschmacks bereits voraus und stellt sich darauf ein. Sein Maßstab, an den Zielsetzung, Erzählmotive und Gestaltung gebunden sind, ist demnach im weitesten Sinn gesellschaftlicher Art. Ein überwiegend ästhetischer Zugang könnte dem Phänomen des WR nicht gerecht werden; das Werk ist vorrangig von seinem gesamtgesellschaftlichen Hintergrund aus zu analysieren. Gegenüber anderen Kolportagewerken liegt beim WR insofern eine Besonderheit vor, als sein Autor erzählerisch sehr begabt war und eine pädagogische Ausbildung hatte. Bei der Inhaltsanalyse des WR erscheint die Herausarbeitung des Verhältnisses von konstruierter Literatur, die einer bestimmten Konsumhaltung des Lesers angepaßt wird, und den individuellen Intentionen des Autors von besonderer didaktischer Bedeutung. Die Konstruktion muß in all ihrer Irrealität ernst genommen werden, denn je weiter sich die Ereignisse im WR von der Realität entfernen, desto stärker geben sie verschlüsselt Auskunft über die Enge und Bedrücktheit der Gesellschaft im Kaiserreich.

Die auf Wirkung hin angelegte Literatur gibt durch ihre Effektmechanismen einen Einblick in die Bedürfnisse des Publikums - diese waren sowohl May als auch seinem Verleger bekannt - und läßt somit einen Rückschluß auf die Situation der Leser und die entsprechenden gesellschaftlichen Versagungen zu: In den Lesemotiven spiegeln sich soziale Prozesse.[3] Sie gibt ferner einen Hinweis auf die elitäre Funktion der ästhetisch anspruchsvollen Literatur, die nur die gebildeten Schichten ansprach. Und sie weist auf den Literaturbetrieb einer Zeit, der Literatur nicht um der Leserhilfe willen, sondern aus Profitgründen produzierte. Dies trifft vornehmlich auf die Aktivität der Kolportageunternehmen zu. Das WR gibt aber auch Einblick in die Situation des Autors, wie überhaupt der Person und dem Werk Mays bei der Beschreibung der gesellschaftlichen Struktur der Kaiserzeit wesentliche Bedeutung zukommt. Da Karl May selbst aus dem Proletariat hervorging und zudem infolge seiner Gefängnis- und Zuchthausstrafen in eine Außenseiterposition geriet, ist seine Biographie allein schon repräsentativ für die Bedingungen, die Proteste, Wünsche und Hoffnungen der unteren Schicht dieser Zeit. "So individuell und privat die Existenzbedingungen und Voraussetzungen des späteren Schriftstellers May auch auf den ersten Blick aussehen mögen - sie sind es gerade, die die Persönlichkeit und Werk dieses Mannes als exemplarisch für Gesellschaft und Literatur einer Epoche erscheinen lassen."[4] Im WR sind die Empfindungen des Autors zum Ausdruck gebracht; als Ersatzbefriedigung, mehr noch Scheinbefriedigung spiegelt das WR die Entbehrungen, Mängel und die Zivilisationsflucht der Wilhelminischen Zeit wider.

Den Hintergrund des WR bilden die Zeitabschnitte seiner Entstehung und seiner Rezeption in der Originalfassung.[5] Das WR entstand 1882, inmitten der zwei Jahrzehnte von 1870 bis 1890, die mit der Einigung Deutschlands und der Übergangsperiode zum Imperialismus einen politischen Umbruch und wesentliche Veränderungen im ökonomischen und sozialen Bereich herbeiführten. Die Rezeption des WR ist zunächst unmittelbar mit der Entstehung zu sehen, da die von May geschriebenen Teillieferungen sofort gedruckt wurden. Sie setzt sich indes im verstärkten Maß fort, sei es durch Weitergabe der Hefte, durch Neuauflagen oder Buchausgaben. In dem sächsischen Ort Schmalbach lasen die Einwohner seit Generationen Mays Lieferungshefte (bis 1966), ohne den eigentlichen Verfasser zu kennen.[6] Der Zeitabschnitt, der hier im Zusammenhang gesehen werden muß, reicht von 1870 bis etwa 1910 - eben dieser Zeitraum entspricht auch dem literarischen Schaffen Mays. Der Schwerpunkt für die nachfolgenden Ausführungen liegt im Zeitraum von 1870 bis 1890, da sich hier grundlegende Wandlungen vollziehen, die auch die spätere Zeit bis zum Ende des Kaiserreichs bestimmen.

Zur Beschreibung der gesellschaftlichen Struktur sollen die verschiedenen sozialen Schichten, ihre Besitzverhältnisse und Verhaltensweisen - insbesondere das Freizeitverhalten - ins Blickfeld gerückt werden. Ferner sollen die Faktoren berücksichtigt werden, die das WR in einen größeren Bezugsrahmen von Lesermotivation und Literaturkonsum stellen: der Einfluß von Massenproduktion und Strukturwandel der Familie auf das Leseverhalten, die Erziehungsmächte Schule und Deutschunterricht sowie die historisch-gesellschaftliche Situation und die Stellungnahme literarischer Zeitgenossen Mays dazu.

1. Gesellschaftliche Struktur und Einkommensverteilung im Kaiserreich

Mit einem Zuwachs von 26 Mio. - von 41 Mio. auf 67 Mio. - nahm die Bevölkerung allein zwischen 1871 und 1914 um mehr als die Hälfte zu.[7] Der Bevölkerungszuwachs nach 1871 war von einer starken Auswanderung begleitet; in den Jahren von 1880 bis 1892 wanderten jährlich etwa 130.000 Menschen aus.[8] Die deutsche Auswanderung, die zu 90 % in die Vereinigten Staaten ging, war "Teil eines gesamteuropäischen Phänomens"[9].

Zwischen 1871 und 1914 veränderte sich die soziale Struktur der deutschen Bevölkerung tiefgreifend. Dies zeigte sich vor allem an dem Verhältnis von Land- und Stadtbevölkerung und an der Zunahme der Arbeiterschaft. Im Gegensatz zur Landbevölkerung nahm die Zahl der Städter zu; die Reichshauptstadt Berlin wuchs in den 30 Jahren von 1870 bis 1900 von 774.310 auf 1.864.799 Einwohner an.[10] 1871 lebten zwei Drittel der Bevölkerung in ländlichen Gebieten, 1914 war es nur noch ein Drittel.[11] Das Proletariat machte 1871 ein Fünftel, 1882 ein Viertel und 1907 ein Drittel der deutschen Bevölkerung aus.[12]

Wenn auch die Einkommensverhältnisse im Kaiserreich schwer differenzierbar sind, so lassen sich doch vier Gruppen voneinander unterscheiden: die kleine Gruppe der Reichen, politisch Einflußreichen und gesellschaftlich Hochangesehenen, das besitzende und gebildete Bürgertum, das Kleinbürgertum und die Arbeiterschaft (eingeschlossen Dienstpersonal und soziale Randgruppen).

Zu der ersten Gruppe gehörten die höfische Gesellschaft, der Hochadel und der grundbesitzende Landadel, vielfach in der Funktion des Arbeitgebers. Hinzu kamen die Führungskräfte von Militär und Verwaltung, die einen besonderen Einfluß auf politische Entscheidungen besaßen. In der Wilhelminischen Zeit wurde diese ältere Gesellschaftsschicht ergänzt durch Teile des Großbürgertums, die vor allem in Industrie, Handel und Bankwesen zu Reichtum gelangten.[13]

Das Bürgertum stand in einer hilflosen Position politischer Unselbständigkeit gegenüber dem Obrigkeitsstaat und dem vierten Stand.[14] Nachdem das Bürgertum um die Mitte des 19. Jahrhunderts noch als einheitliche Gesellschaftsschicht bestanden hatte, teilte es sich in der Wilhelminischen Zeit infolge der Hochindustrialisierung in verschiedene Gruppen auf.[15] Als Hauptgruppen lassen sich das industrielle Großbürgertum, das Bildungsbürgertum und der 'untere Mittelstand' unterscheiden. Vereinfacht kann die sehr differenzierte Schicht des Bürgertums nach der Einkommensverteilung in besitzende und gebildete Bürger und in Kleinbürger mit geringen Einkommens- und Bildungsmöglichkeiten eingeteilt werden.

Das industrielle Großbürgertum sonderte sich aufgrund seiner wirtschaftlichen Führungsposition von anderen Gruppen ab und strebte eine Verbindung mit dem Adel an. Es sah seine Zukunft "weitgehend nicht in der Ablösung, sondern in der Angleichung an die alten Herrschaftsschichten und deren politische Ideen, Verhaltensweisen und Lebensformen."[16] Das Streben nach dem Offiziersberuf wie auch nach Auszeichnungen und Titeln war in dieser Gesellschaft besonders groß.

Das Bildungsbürgertum setzte sich aus höheren Beamten, Akademikern (wie z. B. Ärzte, Anwälte, Geistliche) und den Angehörigen freier Berufe zusammen. "Es war der Hauptträger des neuen Nationalismus, der über die deutschen Grenzen hinausstrebte. Diese Gruppe war es auch, welche die 'Militarisierung' des Bürgertums herbeigeführt hat. Ihr galt der Rang des Reserveoffiziers als erstrebenswertes Ehrenzeichen."[17] Zum 'oberen Mittelstand', dem das Bildungsbürgertum zugeordnet wurde, zählten auch Grundbesitzer mit 5 bis 50 Hektar Nutzfläche und Unternehmer mit 2 bis 10 Arbeitern.[18]

Besitzbürger und Bildungsbürger besaßen aufgrund ihrer Güter bzw. ihrer Berufspositionen einen relativ gesicherten Status. Hier waren auch die Voraussetzungen und Möglichkeiten vorhanden, sich selbst beruflich weiterzubilden und den Kindern zum Besuch einer höheren Schule zu verhelfen.

Die dritte Hauptgruppe des Bürgertums waren Kleinbürger, als 'unterer Mittelstand' von Kleinbauern, Handwerkern und Gewerbetreibenden, unteren Beamten, Handlungsgehilfen, Angehörigen freier Berufe mit geringem Einkommen und besser bezahlten Arbeitern gebildet. Hierzu konnten auch die Angestellten gerechnet werden. "Im Verlauf der Ausdehnung der Betriebe und Unternehmungen mit ihrem wachsenden Bedarf an Verwaltungs-, Verkaufs- und Einkaufsleistungen, mit der Ausdehnung des Verkehrs-, Geld- und Versicherungswesens entstand im Angestellten neben dem Arbeiter ein weiterer Typ eines an Produktionsmitteln besitzlosen Erwerbstätigen."[19] Während das Zahlenverhältnis zwischen Angestellten und Arbeitern 1870 noch 1 : 30 betrug, war es 1914 bereits 1 : 9.[20] Die Angestellten sonderten sich in Bewußtsein und Verhalten sowohl vom 'oberen Mittelstand' als auch vom Arbeiterproletariat ab und bildeten einen neuen Mittelstand.

Die Grenze zwischen Kleinbürgern und sozialer Unterschicht läßt sich nicht genau bestimmen. Zur sozialen Unterschicht zählten die Land- und Industriearbeiterschaft, die gewerblichen Lohnarbeiter, Heimarbeiter und Dienstboten, dazu auch soziale Randgruppen wie Ausländer, Gelegenheitsarbeiter, Ungelernte, Arbeitslose, Behinderte, Tagelöhner usw. Zu der materiellen Not und Ausbeutung der Arbeiter kam vielfach eine extreme Abhängigkeit hinzu, das Ausgeliefertsein an die Willkür des Unternehmers. Teilweise suchten Heimarbeiter dem Los des Industriearbeiters zu entgehen, d. h. ihre Unabhängigkeit zu bewahren, litten vielfach aber weitaus größere Not als die Industriearbeiter in der Großstadt. Viele Arbeiter, besonders die ungelernten, waren auf die Mitarbeit der Frau und auf Untervermietung angewiesen, um die Ernährung der Familie zu sichern. Für Schule und geistige Bedürfnisse standen nur geringe Beträge zur Verfügung.

Das Kleingewerbe vor allem sah in den Folgen der Industrialisierung, die zum wirtschaftlichen Zusammenbruch zahlreicher Kleinbetriebe geführt hatte, eine zunehmende existenzielle Bedrohung.

Die Industriearbeiterschaft bestand zum größten Teil aus Bauern und Landarbeitern der deutschen Ostprovinzen, die in der Landwirtschaft keine ausreichende Erwerbsgrundlage fanden und in die wachsenden Städte wanderten.[21] "Diese Bevölkerungsschicht mußte in Baracken am Stadtrand oder in eilig und schlecht errichteten Wohnblöcken, den sogenannten 'Mietskasernen', mit drei bis vier Hinterhöfen, ohne hygienische Einrichtungen hausen."[22] Wohnungsnot und Kinderreichtum trugen in besonderem Maß zur Verelendung der Arbeiterfamilien bei; zahlreiche Familien besaßen nur einen einzigen Raum.[23] Infolge der mangelhaften Bildungseinrichtungen - die Schulbildung war abhängig von der Klassenzugehörigkeit - war dem einfachen Arbeiter und seinen Kindern der Aufstieg in höhere Berufe nicht möglich.[24] Neben der Forderung nach höherem Verdienst stand bei vielen Arbeitern der Wunsch, den Kindern die Grundlage für ein besseres Leben zu schaffen.[25]

Wenn auch hauptsächlich die Einkommensverhältnisse die Lebensführung der verschiedenen Schichten bestimmten, so gab es doch unterschiedliche Vorstellungen und Ansprüche in bezug auf Lebenshaltung und Zukunftserwartung, die sich auf die Einteilung der Ausgaben auswirkten.[26]

2. Allgemeine und schichtenspezifische Verhaltensweisen

Die Darstellung von Verhaltensweisen verschiedener sozialer Gruppen erscheint aus zweifacher Sicht erforderlich: Einmal stehen sie in der Regel im Zusammenhang mit bestimmten Lese-Interessen und einem spezifischen Erwartungshorizont gegenüber dem literarischen Angebot; ihre Kenntnis kann somit dazu beitragen, die Aussagen über ein bestimmtes Leserpublikum zu präzisieren, da ökonomische Situation, schichtenspezifische Verhaltensweisen und Lesemotivation in einem Bedingungsverhältnis zueinander stehen. Zum andern werden im WR allgemeine und schichtenspezifische Verhaltensweisen aus der Sicht eines Autors beschrieben, der als Verfasser eines Kolportageromans repräsentativ ist für den Erwartungshorizont der sozialen Unterschicht. Da Schriftsteller und Leser derselben sozialen Schicht angehören, ergeben sich hinsichtlich der Grundhaltung, der Lebenseinstellung und der Zukunftsvorstellung zahlreiche Gemeinsamkeiten. Auf einer solchen Übereinstimmung von Autor und Leserschaft beruht letztlich der Erfolg seines Werkes.[27] Das WR bringt die Gedanken, Gefühle und Erwartungen der sozialen Unterschicht zum Ausdruck - aufgelöst in eine abenteuerliche und verwirrende Handlung voller Gegensätze und konkretisiert als typische Verhaltensmuster, als private Bewältigung von Konflikten und als Zielorientierungen.

Die Gesellschaft der Kaiserzeit bildete eine streng geordnete Hierarchie. Die einzelnen Gesellschaftsschichten hatten nur wenige Berührungspunkte miteinander und waren bemüht, den eigenen Status gegenüber anderen Gruppen abzuheben. "Die oberste, aristokratische Kaste schaute im unerschütterlichen Gefühl angeborenen Wertes und im Besitz aller Privilegien auf die anderen mit unfaßlicher Arroganz herab - und bildete doch das Vorbild für sie, die ihrerseits wieder Kasten bildeten und Standesdünkel kultivierten. Keine gab es, die nicht meinte, vor anderen noch durch irgendwelche Qualitäten bevorzugt zu sein und auf einer höheren Stufenleiter der Hierarchie zu stehen."[28] Der Adel orientierte sich nach dem 'Hof', das besitzende und gebildete Bürgertum richtete sich in seinem Lebensstil nach dem Adel. Alles gesellschaftliche Leben stand hier unter einem ständischen Verhaltenszwang; um 'standesgemäß' leben zu können, wurden die wirtschaftlichen Möglichkeiten oftmals überfordert.[29] Trotz allen Glanzes und ihrer staatsrepräsentierenden Funktion zeichnete sich in der zweiten Hälfte des 19. Jahrhunderts "das Abgelebte und Vergangene der Adelswelt"[30] deutlich ab. Der gesellschaftliche Antagonismus zwischen Bürgertum und Adel wurde nach 1870 mehr und mehr aufgehoben; weit stärker wurde nun 'Bürgertum' als Gegenbegriff zu 'Arbeiterschaft' und 'Proletariat' gebraucht.[31] Diese Entwicklung spiegelte vor allem den zunehmenden Gegensatz zwischen Kapital und Arbeit (Bourgeoisie und Proletariat) wider, der den alten Gegensatz zwischen den Ständen verdrängte. "Unser Volk zerfiel immer mehr in zwei Nationen, die getrennt waren durch verschiedene Welt- und Staatsauffassungen, die verschiedene Feste feierten, verschiedene Ideale im Herzen trugen. Und die Kluft wurde größer von Tag zu Tag."[32]

Es wird später zu zeigen sein, in welcher Weise das gesellschaftliche Beziehungsgefüge der Wilhelminischen Zeit einen Niederschlag im WR gefunden hat. Für die Gesellschaft des Kaiserreichs läßt sich ein einheitliches Verhaltensmuster feststellen, das mit der Beziehung 'übergeordnet - untergeordnet' beschrieben werden kann.[33] Als gleichgeordnet sah man lediglich seinesgleichen innerhalb eines Standes an. Die Hierarchie reichte vom Kaiser bis zum Ausgestoßenen der Gesellschaft. So sahen auch die Industriearbeiter und gewerblichen Lohnarbeiter noch Randgruppen - das sogenannte 'Lumpenproletariat' - unter sich und distanzierten sich von ihnen. Dazu gehörten die Gelegenheitsarbeiter, Bettler, Vagabunden, Obdachlosen und Prostituierten. Die Beziehung der Über- und Unterordnung galt für den gesamten Bereich des gesellschaftlichen Lebens, insbesondere aber für das Berufsleben.

Wenn im folgenden in einem kurzen Überblick auf die typischen Verhaltensweisen der Deutschen[34] und auf schichtenspezifische Verhaltensweisen eingegangen wird, so soll dies nur summarisch geschehen, da eine genauere Beschreibung noch innerhalb der Analyse des WR erfolgt.

Einen überzeugenden Einblick in typische Verhaltensweisen gewähren die "Instruktionen eines preußischen Gendarmen"[35]. Die ersten drei Tugenden sind dort Pflichttreue, Gehorsam und moralischer Lebenswandel. Diese Handlungsrichtlinien lassen sich insofern für die gesamte Bevölkerung verallgemeinern, als die preußische Staatsstruktur mit ihren charakteristischen Grundzügen von Feudalismus, Militarismus, Autorität und Bürokratie das ganze Reich bestimmte.[36] Das pflichtgemäße Verhalten garantierte die Struktur des Reichs und ließ weder ein Widersetzen gegen die staatliche Autorität noch ein kritisches Hinterfragen zu, da dem einzelnen in allen Bereichen ein strenges Kontrollsystem gegenüberstand.[37] Öffentliche Tugenden[38] - wie etwa Vertrauen, Hilfsbereitschaft, Gerechtigkeit und Initiative -, die einen selbständigen und verantwortlichen Zugang zur sozialen Umwelt ermöglicht hätten, konnten sich unter solchen Bedingungen nicht entwickeln. Dagegen wurden private Tugenden wie Pflichttreue, Gehorsam, Selbstdisziplin usw. als Ideale und als Lebensziel angesehen. Christlicher Glaube erfuhr vielfach eine Reduktion auf einen Moralkodex und ließ sich als politisches Instrument einsetzen. Der widerspruchslose Gehorsam kann nur mit einer Autoritätsgläubigkeit erklärt werden, die Herrschaft und Obrigkeit als naturgegeben oder als von Gott gesetzt verstand.[39] Nationalismus und vaterländisches Ethos wurden immer wieder als das gemeinsame Element aller Deutschen betont, um religiöse und standesmäßige Gegensätze zu überwinden.[40]

Eine typische Verhaltensweise war weiterhin der Antisemitismus im Kaiserreich. Wenn auch die Gefolgschaft der späteren antisemitischen Parteien vorwiegend Kleinbauern, kleinbürgerliche Handwerker und Gewerbetreibende waren, die infolge der Wirtschaftsdepression in den siebziger Jahren ihre Existenzgrundlage verloren hatten,[41] so war der Antisemitismus doch in allen Schichten vertreten.[42] Dem Problem von Antisemitismus und Judenhaß[43] kommt im WR wesentliche Bedeutung zu. An anderer Stelle soll das Bild des Juden im WR mit dem Status und der öffentlichen Bewertung des Juden im Kaiserreich verglichen werden. Dies erscheint auch deshalb als wichtig, weil zu Beginn der achtziger Jahre des 19. Jahrhunderts - also gleichzeitig mit dem Erscheinen des WR - eine besonders starke antisemitische Bewegung in Deutschland einsetzte.

Über die Lebensgewohnheiten, Eigenarten und Verhaltensweisen der verschiedenen sozialen Schichten liegen noch wenig authentische Zeugnisse vor.[44] Das gesicherteste und umfangreichste Quellenmaterial ist für den wirtschaftlichen Bereich wie auch für die Berufs- und Arbeitswelt vorhanden. Anhand dieses Materials läßt sich nachweisen, daß die entscheidenden Angriffe gegen Obrigkeit und Vorgesetzte aus der Protesthaltung der Arbeiterschaft hervorgingen.[45]

Ein eigener Lebensstil hatte sich besonders im Offizierskorps entwickelt, in dem die Vorherrschaft des Adels lange Zeit erhalten blieb. Hier erfolgte eine bewußte Distanzierung von allen übrigen sozialen Schichten, vornehmlich betont durch die Rolle des Duells und eines entsprechenden Ehrenkodex. "Das wichtigste Kriterium für gesellschaftliche Anerkennung und Gleichberechtigung war die Satisfaktionsfähigkeit, d. h. die Annehmlichkeit als Gegner in einer 'Ehrensache'."[46] Dieser Lebensstil hat im WR seinen Niederschlag gefunden; zu Duellen kommt es an mehreren Stellen des Romans. Hier erscheint die Frage bedeutsam, unter welchen Bewertungsaspekten das WR den Lesern Ehrenkodex und Form der Auseinandersetzung bei den 'gebildeten Ständen' vermittelt.

Die Verhaltensweisen der einzelnen Schichten ergaben sich im wesentlichen aus ihren wirtschaftlichen Möglichkeiten. Unterschiede waren nicht nur in der Politik (z. B. Wahlrecht), sondern auch in Kleidung, Wohn- und Essensgewohnheiten und in der Freizeitbeschäftigung feststellbar.[47] Am Freizeitverhalten lassen sich die gesellschaftlichen Unterschiede besonders gut veranschaulichen.

Dem Arbeiter blieben als Freizeitbeschäftigungen Spaziergänge in die nähere Umgebung oder die Einkehr ins Wirtshaus. Für viele bedeutete der Sonntagsspaziergang das einzige Freizeitvergnügen. Manchmal unterblieben aber selbst die Ausgänge am Sonntag, nicht nur, weil kein Geld vorhanden war, sondern auch aus Mangel an Zeit, da häusliche Arbeiten auf den Sonntag verlegt werden mußten.[48]

Der Frau blieb die freie Zeit, wie sie der Mann für sich
in Anspruch nahm, vielfach wegen der Belastung durch Familie und Haushalt versagt. Der Sonntag wurde im günstigsten
Fall als Ausgleich für das Einerlei der Woche genutzt;
Treffpunkt für die jugendlichen Arbeiterinnen und Arbeiter
waren in erster Linie die Tanzböden.[49] Das Wirtshaus wurde
zuweilen – besonders im Winter – aus dem Bedürfnis nach
Unterhaltung besucht.[50] Abgesehen davon, daß für den Arbeiter wenig Freizeitangebote vorhanden waren, gab es niemanden, der ihn den rechten Gebrauch seiner Freizeit lehrte.
Ein erschütterndes Beispiel, in welcher Weise die Freizeit
für die Ärmsten zu einem Fluchtraum werden konnte, gibt
Karl May bei der Schilderung der Lebensverhältnisse von
sächsischen Webern:

"Der Sonnabend Abend war der Heiterkeit und --- dem Schnaps
gewidmet. Man fand sich beim Nachbar ein. Da ging die Bulle
rundum. Bulle ist Abkürzung von Bouteille. In einigen Familien sang man dazu, aber was für Lieder oft! In anderen regierte die Karte. Da wurde 'gelumpt', 'geschafskopft' oder
gar 'getippt'. Das letztere ist ein verbotenes Glücksspiel,
dem mancher den Verdienst der ganzen Woche opferte. Man
trank dazu aus einem einzigen Glas. Dieses ging von Hand zu
Hand, von Mund zu Mund. Auch während der Sonntagsausgänge
und überhaupt bei jedem Gang ins Freie war man mit Branntwein versehen. Da saß man im Grünen und trank. Schnaps war
überall dabei; man mochte ihn nicht entbehren. Man betrachtete ihn als den einzigen Sorgenbrecher und nahm seine
schlimmen Wirkungen hin, als ob sich das so ganz von selbst
verstände." (51)

In der Stadt war die materielle Lage der Arbeiter im allgemeinen besser als auf dem Land. Dennoch waren hier Vergnügen, die Geld kosteten, äußerst selten, auch bei den
besser gestellten Facharbeitern. "Ausflüge nach dem
Zoologischen Garten an 'billigen Sonntagen', wobei der
'Freßkober' mitgenommen wird, oder in die Hasenheide, dazu
reicht es noch; alle heiligen Zeiten, d. h. in Jahren einmal, geht man in ein billiges Rauchtheater. Damit sind die
äußern Vergnügungen erschöpft."[52] Soweit sich Gelegenheit

dazu bot, beteiligten sich die Arbeiter vielfach auch am
Vereinswesen und am Sport.[53] Die verschiedenen Dokumente
bestätigen, daß in Arbeiterkreisen viel gelesen bzw. vorgelesen wurde, um die Eintönigkeit des Alltags zu überwinden.[54]

Auch die Bürger, die zum 'Mittelstand'[55] gehörten, konnten keinesfalls ein anspruchsvolles Leben in ihrer Freizeit führen. Zu Ausflügen in die Umgebung kamen Konzerthaus-, seltener Theaterbesuche und der Verkehr mit befreundeten Häusern hinzu. Das Dienstpersonal[56] galt als Standessymbol; selbst in den weniger begüterten Kreisen dieser Gesellschaftsschicht erschien es bereits als Prestigefaktor gegenüber den Arbeiterfamilien. Das standesgemäße Verhalten bedeutete aber vielfach eher eine Belastung: "... eine 'Gesellschaft' wird nur einmal jährlich gegeben - eine der bekannten 'Abfütterungen', deren Glanzpunkt jener Augenblick bildet, wo der letzte Gast von dem Mädchen für alles über die Treppe hinabgeleitet wird."[57]

Gegenüber den geringeren Möglichkeiten der Arbeiter und der zwar anspruchsvolleren, aber begrenzten Lebensweise der Bürger hob sich der aufwendige Lebens- und Freizeitstil der 'Spitzen der Gesellschaft' beträchtlich ab. Neben dem Luxus an Wohnung, Kleidung, Essen und Trinken gehörten kostspielige Gesellschaften und Veranstaltungen, teure Reisen, Hausbälle und exklusive Sportarten zu den Kennzeichen des höchsten Standes.[58] Für die Kinder dieser Kreise, behütet von Kinderfräulein, Gouvernante oder Erzieher, war für zusätzliche Bildung und Freizeitgestaltung gesorgt.[59] Das WR gibt häufig einen Einblick in das Leben der Oberschicht. Dieser ist aber - was noch erläutert werden soll - keinesfalls dazu angetan, dem Leser die Welt der höheren Kreise als Ideal erscheinen zu lassen oder ihm deren Situation als erstrebenswert vorzustellen. Den Bereich der

Erziehung im WR gilt es eingehender zu behandeln, wenn Pädagogisches auch scheinbar nur am Rande erwähnt wird. Sicherlich war es für den Leser interessant, Aufschluß darüber zu erhalten, unter welchen Bedingungen sich das Werden eines Helden vollziehen konnte. Von daher ist es nicht zufällig, wenn das WR über die Erziehung der beiden größten Helden, Karl Sternau und Kurt Helmers, Auskunft gibt.

Bei der Untersuchung des WR rückt gerade das Freizeitverhalten stark in den Mittelpunkt, einmal als Tätigkeit des Lesers, zum andern als Handlung im WR. Der Leser begegnet im WR einem Geschehen, das sich fast ausschließlich außerhalb eines Arbeitsprozesses ereignet.[60] Dennoch läßt sich nicht einfach von 'Freizeitgestaltung' der handelnden Figuren sprechen; die Hauptpersonen nehmen schwierige Aufgaben, Anstrengungen, Kämpfe, Entbehrungen und Not auf sich, sie werden isoliert und verlieren sogar ihre Freiheit; selbst die schlechtesten Arbeitsbedingungen müssen dagegen noch als Vorteil erscheinen.

Im Hinblick auf das WR ist auch die Stellung der Frau in der damaligen Gesellschaft zu berücksichtigen. Die Frauentypen im WR geben einen repräsentativen Einblick in das Frauenbild der Kaiserzeit. Die - wenn auch klischeehafte - Zeichnung der Frau im WR reicht von der sozial Ausgestoßenen bzw. Diskriminierten bis zur 'Spitze der Gesellschaft' - von der Protistuierten über die Zigeunerin, die die Schmach eines unehelichen Kindes ertragen muß, bis zur gepflegten Grafentochter.

3. Gesellschaftlicher Wandel und Literaturkonsum

Die technische Entwicklung ist nur ein - wenn auch wesentlicher - Faktor für die Ausweitung der Kolportageliteratur nach 1850. Die entscheidenden Wurzeln sind in der politischen Situation Deutschlands zu sehen, die Gesellschaft und Literatur tiefgreifend beeinflußte. Auf diesem Hintergrund ergibt sich auch ein Zugang zum Verständnis des Phänomens eines literarischen Massenkonsums, für den das WR als eines der bedeutendsten Dokumente der Wilhelminischen Zeit gelten kann.

Die Niederlage der Revolution von 1848 bewirkte eine Wende in der deutschen Literatur. In einigen intellektuellen Kreisen mit demokratischer Gesinnung trat eine tiefe Resignation ein, die in der pessimistischen Philosophie Schopenhauers eine weltanschauliche Bestätigung fand. Schopenhauer "gab der deutsch-spießbürgerlichen Abkehr vom öffentlichen Leben die hochmütige Allüre eines Über-den-Dingen-Stehens."[61] Die Verachtung des politischen und sozialen Fortschritts erhielt hier seine Legitimation. Aber letztlich betrafen die Enttäuschung über das Scheitern der Revolution und die Sorge um die Zukunft - etwa bei Grillparzer oder Stifter[62] - nur eine Minderheit. "Im allgemeinen wurden die Gebildeten des Volkes wie die übrigen Deutschen von der politischen Misere durch den wachsenden Wohlstand oder die nationale Bewegung abgelenkt."[63] Auf diesem Hintergrund wird deutlich, daß die "Destruktion der Öffentlichkeit"[64] mit einem Literaturkonsum einherging, der die Privatisierung von gesellschaftlichen Konflikten in häuslicher Abgeschiedenheit gewährte.

Nach 1848 erfuhr die deutsche Literatur einen merklichen Niedergang. Er ist u. a. gekennzeichnet durch ein verbreitetes Epigonentum und durch die Ausweitung des Zeitschriftenhandels. Die Auflagen von Tageszeitungen und Zeitschriften nahmen gleichermaßen zu, so daß seit den fünfziger Jahren breiteste Volkskreise erreicht werden konnten. Die Familienzeitschrift fand im gesamten deutschen Gebiet Verbreitung und wurde "eine Art nationaler Einrichtung"[65].

"Der Wandel in der Einstellung des Publikums von mehr liberalem zu einem betont nationalen Denken spiegelt sich deutlich in den aufeinanderfolgenden Ausgaben der Gartenlaube von ihrem ersten Erscheinen im Jahre 1853 bis zur Schlacht von Königgrätz 1866."[66] Man kann die Zeitschriften fast durchweg als eine "Abart des Lieferungsromans"[67] bezeichnen. Existenz und Erfolg der Zeitschriften waren meist mit einem Romanwerk verbunden - häufig einer spannenden Erzählung, die in Fortsetzungen erschien. Außerdem wurden Lieferungsromane und Zeitschriften vielfach von Händlern vertrieben.[68] Unter diesem Blickwinkel ergeben sich Analogien in der Rezeption zwischen Familienzeitschriften und Lieferungsheften.

Infolge der technischen Entwicklung bestand nunmehr die Möglichkeit, jede Art von Literatur kommerziell zu verwerten. Zeitschriften - insbesondere die Kolportagehefte - dienten in immer größerem Ausmaß den verschiedensten Profitunternehmungen. Dichterisch findet die Literaturmacherei dieser Zeit Ausdruck in Gottfried Kellers Novelle "Die mißbrauchten Liebesbriefe"[69]. "Solche Misere war doch noch nie in Deutschland"[70] - diese Worte Kellers gegen literarische Anspruchslosigkeit und romantisches Epigonentum weisen auf den Verfall der deutschen Literatur zu Beginn der zweiten Hälfte des 19. Jahrhunderts.

Soziale Situation des Lesers und Auswahl der Literatur bzw. Literaturkonsum stehen in einem bestimmten Verhältnis zueinander. Karl May gibt in seiner Selbstbiographie einen Eindruck davon, welche Lektüre von den Webern seiner Heimat gelesen wurde. Dabei schildert er gleichzeitig die Voraussetzungen für das Literaturangebot: In Hohenstein-Ernstthal gab es eine Leihbibliothek in Verbindung mit einer Schankwirtschaft: "Sie rentierte sich außerordentlich, denn sie war die einzige, die es in den beiden Städtchen gab. Hinzugekauft wurde nichts. Die einzige Veränderung, die sie erlitt, war die, daß die Einbände immer schmutziger und die Blätter immer schmieriger und abgegriffener wurden. Der Inhalt aber wurde von den Lesern immer wieder von neuem verschlungen ..."[71] Den Bestand dieser Leihbibliothek machten die unterschiedlichsten Arten trivialer Stoffe aus, hauptsächlich aber Räuberromane. Der Freizeitinhalt dieser Arbeiter um 1850, Alkohol und illusionäre Literatur, stellt ihre erbärmlichen Arbeits- und Lebensbedingungen eindrücklich vor Augen. "... es handelte sich um Leute, welche aus der brusttötenden Atmosphäre ihres Webstuhles direkt in die Schnapswirtschaft kamen, um sich für einige Stunden ein Vergnügen vorzutäuschen ..."[72]

Bücher besaßen um 1800 nur solche Bürger, deren Besitzverhältnisse bzw. Bildung die Voraussetzung dafür boten, also Kaufleute, höhere Beamte, Juristen, Ärzte usw.[73] Davor war die Zahl derer, die Bücher lesen und auch erwerben konnten, noch weit stärker eingeschränkt: Bis ins 18. Jahrhundert hinein bestand das Bücherpublikum ausschließlich aus den wissenschaftlich Gebildeten; einzige Lektüre auch der wohlhabenden Kreise war religiöse Gebrauchsliteratur (Familienbibeln, Gesang- und Andachtsbücher, religiöse Erbauungsliteratur u. dgl.).[74]

Ein Lesebedürfnis auf breitester Basis entstand erst im Verlauf des 19. Jahrhunderts, zum einen dadurch bedingt, daß auch die untersten Schichten lesen konnten, zum andern durch den technischen Fortschritt des Buchdrucks (preiswerte Massenauflagen) und neue Formen des Lesestoffs (Zeitschriften, Heftlieferungen), verbunden mit einer dynamischen Vertriebsform. Durch das Anwachsen der Leihbibliotheken und durch die Möglichkeit, Druckwerke infolge günstiger Bezugsbedingungen bzw. Ratenzahlungen zu erwerben, waren bald auch den Arbeitern und anderen sozial

Schwachen genügend Lesestoffe zugänglich. In der Lesebewegung des 19. Jahrhunderts nahm die Kolportageliteratur eine Sonderstellung ein. Wegen ihrer Anpassung an den Publikumsgeschmack und als ästhetisch minderwertig eingestuft, geriet sie sehr schnell in Verruf. Ein wesentliches Merkmal dieser Literatur ist sicherlich in ihrer Funktion als Ersatzbefriedigung zu sehen. Die Literatur, zu der der Arbeiter griff, ausschließlich als Mittel der Scheinbefriedigung zu betrachten, scheint indes verkürzt, wenn man bedenkt, daß Literaturkonsum auch einem Streben nach Weiterbildung entsprang und Lesestoffe teilweise auch in der Koppelung von Abenteuer, Belehrung und Information (z. B. "Die Gartenlaube", auch das WR) angeboten wurden.

Am Ende des 19. Jahrhunderts entstand über verschiedene Stufen einer ideologischen 'Sendungs'- und 'Gesundungs'-Literatur die sogenannte deutsche 'Heimatkunst', die sich als bewußtes Gegenprogramm zu einer modernen Auffassung von Dichtung und Gesellschaft verstand.[75] Um das Unterhaltungsbedürfnis "poetisch zu legalisieren"[76], wurde die Unterhaltungsliteratur als ein Bildungsgut von Beständigkeit aufgewertet. Dadurch erlangten zahlreiche Druckwerke die Einschätzung des Kulturellen und wurden auch äußerlich mit diesem Attribut versehen. Der Untertitel des WR, 'Großer Enthüllungsroman über die Geheimnisse der menschlichen Gesellschaft', scheint von Mays geschäftstüchtigem Verleger, der über die Bedürfnisse des Publikums gründliche Kenntnisse besaß, durchaus auf diesem Hintergrund formuliert zu sein. Der 'Kulturkonsum', der in der zweiten Hälfte des 19. Jahrhunderts einen Höhepunkt erreichte, war - ohne die Bedürfnisse des Leserpublikums nach Unterhaltung und Weiterbildung ihrer Bedeutung zu entheben - in erster Linie eine Folge kommerziellen Interesses, das sich die Situation der Literatur zunutze machte. Ein Kolportageroman, dessen sprachliche Struktur primär nach

Überlegungen des ökonomischen Erfolgs von Literatur ausgerichtet ist, vermittelt einen direkten Hinweis auf die geistige und soziale Situation seiner Leser,[77] spiegelt neben ihren Versagungen, Erwartungen, Idealen und Werten usw. ihre Hilflosigkeit in der Orientierung und ist exemplarisch für ihre Abhängigkeit, hier vom Verleger. "Wenn die Gesetze des Marktes, die die Sphäre des Warenverkehrs und der gesellschaftlichen Arbeit beherrschen, auch in die den Privatleuten als Publikum vorbehaltene Sphäre eindringen, wandelt sich Räsonnement tendenziell in Konsum, und der Zusammenhang öffentlicher Kommunikation zerfällt in die wie immer gleichförmig geprägten Akte vereinzelter Rezeption."[78] Der Übergang "vom kulturräsonnierenden zum kulturkonsumierenden Publikum"[79] ist aber auch auf den Strukturwandel der bürgerlichen Familie zurückzuführen, die in der Mitte des 19. Jahrhunderts keinen literarischen Zusammenhang mehr hatte. "Die Familie verliert die Funktion eines 'literarischen Propagandakreises'; schon die 'Gartenlaube' ist idyllische Verklärungsform, in der die mittelständische Kleinstadtfamilie die lebendige Bildungstradition der lektüretreibenden Großbürgerfamilie vorangegangener Generationen rezipiert und fast nur noch imitiert."[80]

Massenrezeption wurde einmal durch Verbilligung der literarischen Produkte <u>ökonomisch</u> und zum andern durch inhaltliche Anpassung an die Bedürfnisse des Lesers auch <u>psychologisch</u> erleichtert.[81] Außerdem suchte der Verleger einen unmittelbaren Zugang zum Leser unter Ausschluß des Sortiments. Eine Verbindung zwischen Verleger und Kunden vollzog sich somit außerhalb der literarischen Öffentlichkeit, da die Literatur nicht nur dem Sortiment, sondern auch der Kritik entzogen wurde.

Einen Höhepunkt erreichte diese Entwicklung mit dem Merkmal eines Kulturkonsums auf breiter Basis in der Gründerzeit. "Die nationalliberalen Tendenzen der Gründerzeit halten an der epigonalen Ästhetik einer humanitären Weltordnung fest. Relikte der Aufklärung und des klassischen Humanitätsdenkens verbinden sich zu einem verschwommenen Fortschrittsdenken, das für die eklektizistische Geisteshaltung der Wilhelminischen Ära bezeichnend ist. Die dringende Auseinandersetzung mit den sozialen Problemen unterbleibt; statt dessen verkündet die populäre Literatur dieser Zeit, zunächst am Rande, bald aber emphatisch ein übersteigertes Nationalgefühl: Deutsche Innerlichkeit und deutsche Größe werden dem Leser der Unterhaltungsliteratur in allen Spielarten nahegebracht; das Selbstverständnis des wilhelminischen Bürgertums und der Inhalt der sanktionierten Literatur decken sich."[82]

Das Bürgertum stand dem Problem des Kapitalismus ratlos gegenüber. Es entwickelte sich eine bürgerliche Ideologie, die den ökonomischen Fortschritt trotz seiner verheerenden sozialen Folgen rechtfertigte.[83] Die Zusammenhänge zwischen Wirtschaft, Gesellschaft und Ideologie wurden nicht durchsichtig gemacht und immer mehr mystifiziert, so daß eine Kritik dazu führen mußte, sich mit den Folgen des Kapitalismus abzufinden oder die Entwicklung sogar zu bejahen.[84] Mit Hilfe eines mystischen Irrationalismus wurde versucht, den Widerspruch zwischen dem wirtschaftlichen Fortschritt und der politischen Rückständigkeit Deutschlands zu verdecken."In der Tat gelang es, das Bewußtsein weiter Schichten der arbeitenden Bevölkerung zu trüben und sie von jeder Einsicht in die Triebkräfte der Klassengesellschaft abzulenken. Das konnte nicht ohne Auswirkung auf das Leserpublikum bleiben."[85] Der Sieg über Frankreich und die Reichsgründung hatten eine Flut hurrapatriotischer und pseudohistorischer Belletristik zur Folge, die zumeist den preußischen Staat verherrlichte.[86]

4. Schule

Bei der Frage nach dem Hintergrund des WR sind Schule und Deutschunterricht der Wilhelminischen Zeit insofern von Bedeutung, als hier didaktische Entscheidungen getroffen wurden, die einmal das Erziehungsgeschehen, zum andern das literarische Verhalten der Schüler beeinflußten. Wenn auch der Einfluß der Schule auf die Lebensführung nicht überschätzt werden darf,[87] so trug der Unterricht doch zur literarischen Geschmacksbildung und zur Lesemotivation bei - allerdings nicht immer schulischer Intention entsprechend.[88]

Die Schule erwies sich im Kaiserreich als einer der wesentlichsten Faktoren, um eine obrigkeitsgetreue Erziehung der kommenden Generationen zu garantieren. Auch nach der Gründung des neuen Reichs zeigte die Schule keinerlei Tendenz, den Gegensatz zwischen Arbeitern und Gebildeten zu überbrücken, im Gegenteil, sie determinierte immer wieder neu die Zugehörigkeit zu einer Unter- oder Oberschicht. Da Lehrer und Erzieher die Sicherung ihres sozialen Status nur mit der Ableistung des Diensteides erlangen konnten, der sie gewissensmäßig an Gott und verpflichtungsmäßig an die Anordnungen der Obrigkeit band,[89] war infolge der völligen Abhängigkeit innerhalb des Schulsystems keine Veränderung möglich. Die behördlichen Kontrollorgane suchten jegliche freiheitliche Meinungsäußerung zu verhindern; wer den Verhaltensnormen nicht entsprach, konnte aus dem Dienst entlassen werden.[90]

Nachdem die Lehrer den Geist der Zeit in den siebziger Jahren in dem Gedanken der Nationaleinheit gesehen hatten, wurde um die Jahrhundertwende die Frage nach dem Verhältnis von Bildung und sozialen Fragen immer dringlicher, verbunden mit der Forderung nach einer Volksbildung auf breiter Basis.[91] Die gesellschaftlichen Widersprüche

spiegeln sich in den Erwartungen wider, die offizielle
Kreise mit der Schule verbanden. Nationalliberale Vertreter aus Industrie und Handel sowie Führer der Sozialdemokratie (Liebknecht, Bebel, Engels) kritisierten das Ausbildungsniveau der Volksschule gleichermaßen – wenn auch mit unterschiedlichen Motiven. Die Unzulänglichkeit des Volksschulwesens und des Unterrichts geht aus zahlreichen zeitgenössischen Dokumenten hervor.[92] Für Wilhelm Liebknecht bestand keinerlei Aussicht, eine Änderung der bestehenden Verhältnisse von seiten des Staates zu erhoffen. Aus der Überzeugung, daß ein dem Volk gerechtes Schulwesen nur aus normalen sozialen Zuständen hervorgehen könne, forderte er eine Umgestaltung von Staat und Gesellschaft.[93] Die Schule müsse vor allem gleiche Voraussetzungen für alle Schüler schaffen. Da der Fortgang an einer höheren Schule mit dem Besuch eigener Vorschulen verbunden war, gab es für befähigte Volksschüler kaum eine Möglichkeit, auf eine weiterführende Schule überzugehen.[94] "... wem es ernst ist um die Volksbildung, der hat die moralische Verpflichtung, mit uns auf diese Umgestaltung hinzuarbeiten. Die Sozialdemokratie ist im eminentesten Sinne des Wortes die Partei der Bildung."[95] Manche Lehrer, die sich mit den Schulverhältnissen nicht abfinden konnten, schlossen sich der Denkweise der Sozialdemokratie an;[96] sie blieben jedoch in der Minderheit.

Von staatlicher Seite hingegen wurde die Schule als ein Instrument angesehen, die gesellschaftlichen Verhältnisse zu stabilisieren.[97] Sie sollte nutzbar gemacht werden, um das neue Staatswesen zu erhalten und "um der Ausbreitung sozialistischer und kommunistischer Ideen entgegenzuwirken."[98] Ferner sollte sie den Nachweis erbringen, "wie wesentlich und wie konstant"[99] sich die Arbeits-, Lohn- und Lebensverhältnisse der Arbeiterschaft unter 'monarchischem Schutz' verbessert hätten. Betont wurde die Dominanz von Religionsunterricht und vaterländischer Geschichte, da die "Pflege der Gottesfurcht und der Liebe zum Vaterlande"[100] die Grundlage für eine rechte Auffassung von Staat und Gesellschaft sei.[101] Die Nation selbst galt als vorbildliche Ordnung des menschlichen Zusammenlebens, da sie auf 'gottgewollter' und 'natürlicher' Grundlage beruhe.[102] War schon das vorrangige und allgemeine Ziel der Volksschule die "religiöse, sittliche und vaterländische Bildung der Jugend"[103], so erschien der Lehrplan in seiner Rückführung auf das Religiöse (Kirche, Christentum und Gott) als eine "Deduktion vom Gottesbegriff"[104]. Der Religionsunterricht hatte in allen Schulformen eine Vorzugsstellung[105]; er war ein willkommenes Instrument, deutsches Sendungsbewußtsein und machtpolitische Ideologie weltanschaulich zu unterstützen.

Weitaus bedenklicher aber als die Zukunftslosigkeit der unteren Schichten waren die Verhaltensweisen, die die gesamte Schule von grundauf vermittelte: Untertänigkeit, Autoritätsgläubigkeit und Flucht vor der Verantwortung. "Es blieb im Raum der deutschen Schule bei den primitiven sozialen Tugenden der Unterordnung, bei Gehorsam, Artigkeit, Fleiß und Ehrlichkeit, während die feineren demokratischen Tugenden - Hilfsbereitschaft, Gerechtigkeit, Takt, Selbständigkeit, Vertrauen und Initiative - weder im offiziellen Schulbetrieb noch in der amtlichen Schulpolitik wirklich zu gedeihen vermochten."[106]

5. Deutschunterricht

Zur Lesebewegung der unteren Schichten leisteten die Volksschulen einen wesentlichen Beitrag, einmal durch Vermittlung der Lesetechnik, zum andern durch Lesestoffe innerhalb der Schule (Lesebücher) und den Versuch literarischer Motivationsbildung für den außerschulischen Bereich. Zu Beginn der siebziger Jahre vertraten in ländlichen Gegenden jedoch noch vielfach Bibel, Gesangbuch und biblische Geschichte die Stelle von Lesebüchern.[107]

Der Deutschunterricht stand im Dienst der nationalen Bildung.[108] Für Hugo Weber, der mit seiner Schrift "Die Pflege der nationalen Bildung durch den Unterricht in der Muttersprache" (Leipzig 1872) Aufsehen erregte, war die Stärkung der Reichseinheit die Hauptaufgabe der nationalbildenden Volksschule. Hervorragend geeignet dafür erschien ihm die Muttersprache. Sie und die deutsche Literatur sollten entscheidend dazu beitragen, die Gesinnungs- und Denkweise der deutschen Jugend national auszuprägen.[109] Unerläßliche Hilfsmittel hierfür waren entsprechende Lesebücher. Nach der Reichsgründung gewann der Deutschunterricht für die nationale Bildung an allen Schulformen - u. a. legitimiert durch die Rede Wilhelms II. auf der Berliner Schulkonferenz von 1890[110] - eine derartige Bedeutung, daß es Bestrebungen gab, ihn als 'deutsche Volkskunde' auszuweiten.[111] Empfohlen wurden ministeriell Lesebücher mit "vaterländischem Charakter"[112], die möglichst bereits die Einigung Deutschlands berücksichtigen sollten. Gleichzeitig mußte ein Teil des Lesestoffs den Zugang zu den verschiedenen Gebieten des Sachunterrichts ermöglichen.[113] Aus einem Lesebuch-Gutachten von 1877 gehen die Anforderungen für ein gutes Volksschul-Lesebuch hervor: Der Schwerpunkt lag bei der vaterländischen Dichtung und dem volkstümlichen Gut (Märchen, Sagen, Fabeln usw.); bevorzugt wurden solche Stoffe, die auf die Weckung "religiösen und vaterländischen Sinnes"[114] ausgerichtet waren. Eine Kritik erfuhr die Aufnahme von allerlei 'realistisch-nützlichen' Stoffen: "Haupteinwand aber bleibt, es ist des Realistischen viel zu viel, und dadurch wird dem Literarischen der Platz weggenommen, der ihm gebührt. (...) Man täusche sich doch nicht; von allen diesen Lesebuchaufsätzen (...) weiß fünf Jahre nach der Schulzeit kein Kind mehr etwas. Von Märchen und Sagen

hingegen, von Schwank und Volksräthsel, von Spruch und
Volkslied, vom wilden Jäger, vom Taucher und von Wilhelm
Tell bleibt die Erinnerung."[115] Das Lesebuch hatte im
Deutschunterricht eine dominierende Funktion: "... die Verarbeitung und Aneignung des im Lesebuchs niedergelegten
Sprachstoffs (wird) zur vorragenden Aufgabe des Sprachunterrichts in der Volksschule."[116]

Für die Literaturkunde in der Oberstufe der Volksschule
bildete das Lesebuch ebenfalls die Grundlage. Eine Auseinandersetzung erfolgte nur mit solchen Dichtern, deren
Texte im Lesebuch aufgenommen waren. "Mithin sind Dichter,
die nicht im Lesebuch durch Proben vertreten sind, auch
nicht zu behandeln."[117] Besprechung der Stücke und des
Lebensbildes eines Dichters sollte nicht nur aus historischen Erwägungen vorgenommen werden, sondern auch "zur
Erweckung der Dankbarkeit und des nationalen Sinnes."[118]
Gleichzeitig sollte der Lehrer auf Volksschriftsteller
der Gegenwart und Vergangenheit aufmerksam machen, um
Kindern und Eltern geeigneten Lesestoff zu empfehlen. "Dadurch wird das Volk bewahrt vor den Kolportage-Schauerromanen, die meist nur Ekel erregen und dazu noch sittenverderbend wirken, wie auch vor den giftigen Pfeilen der
sozialdemokratischen Litteratur."[119]

An allen Schulformen wurde das Lesebuch als Hauptrequisit
des Deutschunterrichts gezielt nach den Gesichtspunkten
nationaler Bildung eingesetzt. Die Schüler wurden in keiner Weise dazu angeleitet, im Umgang mit Texten Fähigkeiten der Rezeption zu entwickeln. "Es handelt sich vielmehr
um einen nach Gesinnungskategorien aufgebauten Lehrgang in
bürgerlicher Moral. Mittel dazu ist die Dichtung."[120]
Das Lesebuch von Philipp Wackernagel war sowohl für den
Schul- als auch für den Hausgebrauch bestimmt. Es sollte
alle Schichten des Volkes erreichen und mit seinem litera-

rischen Angebot die Kluft zwischen den Gebildeten und Ungebildeten überwinden.[121] Das Emotionale hatte den Vorrang gegenüber dem Sachlichen; alles Nichtpatriotische wurde bei der Auswahl des Lesestoffs eliminiert. Grundsätzlich mußte sich das Lesebuch von "kirchlichen und politischen Tendenzen"[122] freihalten. Die Auseinandersetzung mit den dringenden Fragen der Gegenwart - etwa mit den wirtschaftlichen Verhältnissen oder den sozialen Problemen - unterblieb im Lesebuch.[123] Zentralthemen bildeten vielmehr Vaterlandsliebe, Treue gegenüber dem Kaiser, Typisierung anderer Völker (etwa das Vorurteil gegen die Franzosen), Glorifizierung des Krieges u. a. m.[124] Bevorzugte Dichter waren Goethe, Schiller und Lessing, aber auch solche literarische Vertreter, die nationalem Enthusiasmus und bürgerlicher Innerlichkeit Ausdruck verschafften, wie Arndt, Körner, Uhland, Hebel, Rückert und Geibel.[125] Die Lesestücke sollten daneben Bilder aus der deutschen Vergangenheit zeigen, vorzugsweise große Deutsche (wie Luther, Gellert, Lessing, Kant, Fichte) als Repräsentanten deutscher Tugenden.[126]

Der Deutschunterricht sollte in erster Linie die Kulturtechniken (Lesen, Schreiben) vermitteln, die den Schüler befähigten, nach dem beschriebenen Verhaltensmuster am gesellschaftlichen Leben teilzunehmen. Wenn als Ziel des Deutschunterrichts u. a. angegeben wurde, "die Bekanntmachungen der Obrigkeit zu verstehen, die für das Volk bestimmten Bücher mit Nutzen zu lesen"[127], so verstand sich Schule hier als Institution bildungspolitischer Interessen.

6. Gesellschaftskritik bei literarischen Zeitgenossen Mays

Von den Zeitgenossen Mays war - soweit sie mit Unterhaltungslektüre eine Anpassung an den Publikumsgeschmack vollzogen - ein verändernder Einfluß auf die Gesellschaft nicht zu erwarten. Die Konstruktion dieser Werke setzte die gesellschaftlichen Verhältnisse als unabänderlich voraus. Die Frage nach Verantwortung und Einflußnahme im Hinblick auf die sozialen Bedingungen richtet sich demnach an die 'Hochliteratur' der damaligen Zeit.[128]

Angesichts der gesellschaftlichen Gegensätze und des preußisch-deutschen Militärdespotismus entstand mancherlei Kritik humanistisch und demokratisch gesinnter Schriftsteller. So erkannten Louise von Francois (1817 - 1893) und Friedrich Spielhagen (1829 - 1911) durchaus die Probleme der Zeit, vermochten ihrem Anliegen aber nicht den notwenigen Nachdruck zu verleihen. Viele Schriftsteller suchten aufgrund ihres Unbehagens einen Ausweg aus der Wirklichkeit, flohen in die Vergangenheit oder ins "individualistische Sonderlingstum"[129]. Auch das Wiederaufleben des Humors (Busch, Reuter, Raabe) in der deutschen Literatur ging auf die tiefe Unzufriedenheit mit der politisch-sozialen Entwicklung zurück. "Sozial bewegt sich der deutsche Humor dieser Zeit zwischen den Polen einer tief verzweifelten Lebensstimmung und einer angeblich reifen und verklärten Abfindung mit der Armseligkeit der deutschen Entwicklung."[130] Das volkstümliche Gestaltungsmittel des Humors erreichte weder bei Wilhelm Busch (1832 - 1908) noch bei Fritz Reuter (1810 - 1874) eine tiefergreifende Wirkung. Obgleich die Grundstimmung des Werkes von Wilhelm Busch pessimistisch ist und sein grotesker Humor sich gegen die Enge, Bedrücktheit und Heuchelei seiner Zeit wandte, wurde er vielfach als Kinderbuchgestalter mißverstanden ("Max und Moritz", 1865) und entsprechend verharmlost.[131] Das gesellschaftskritische Werk Fritz Reuters ("Ut mine Festungstid", 1863; "Ut mine Stromtid", 1862/64) erlangte bei seinen zeitgenössischen Lesern wohl nur deshalb eine beispiellose Popularität, weil selbst die bittersten Erfahrungen humoristisch verklärt wurden.[132]

Der Humor Wilhelm Raabes (1831 - 1910), des wohl eigenwilligsten realistischen Erzählers in der zweiten Hälfte des 19. Jahrhunderts, erwuchs einer Hoffnungslosigkeit angesichts der politisch-sozialen Situation in Deutschland. Die Entwicklung nach 1848 und die zunehmenden Mißstände nach der Reichsgründung ließen Raabe mehr und mehr resignieren. Seine Kritik richtete sich gegen die Unmenschlichkeit der bürgerlichen Gesellschaftsordnung, gegen Spießbürgerlichkeit und die Überheblichkeit der Oberschicht. Die Hauptpersonen seines Werkes sind gesellschaftlich Vernachlässigte und Verachtete oder Sonderlinge ("Der Hungerpastor", 1864; "Abu Telfan", 1867 "Der Schüdderump", 1870). Als einziges Gegengewicht gegen Entwürdigung des Menschen und Materialismus erschienen Raabe Gemüt und Humanität ("Das Odfeld", 1887; "Hastenbeck", 1898); dies sind auch die Kennzeichen des Helden in seinem Meisterwerk "Stopfkuchen" (1891).[133] Aus der Ohnmacht gegenüber den Konflikten seiner Zeit sah Raabe letztlich nur individuelle Auswege - etwa den Rückzug in die Idylle -, was letztlich Verzicht auf Realitätsbewältigung bedeutete.

In der zweiten Jahrhunderthälfte dominierte die erzählende Prosa. Bevorzugte Form realistischer und kritischer Wirklichkeitserfassung wurde die Novelle (Storm, Keller, Meyer). Als realistische Vertreter des Romans, die sich gegen den Geschichts- und Zeitroman abheben, gelten vorrangig Keller, Raabe und Fontane. "Diese Realisten durchloteten tiefgründiger als alle anderen den Prozeß der Verpreußung und Kapitalisierung des Lebens, und sie widersetzten sich der Eingliederung in eine nationalistisch verseuchte und von sozialen Phrasen begleitete Entwicklung."[134] Gottfried Keller (1819 - 1890), in bescheidenen Verhältnissen aufgewachsen, gewann seine Gestaltungskraft durch den Kontakt mit dem Volk und die intensive Auseinandersetzung mit dessen Verhältnissen und Bedürfnissen. So verbinden sich in seinem Werk Volkstümlichkeit und demokratische Weltanschauung ("Der grüne Heinrich", 1854/55; "Die Leute von Seldwyla", Bd. 1 1856, Bd. 2 1874). Über die Darstellung spießbürgerlicher Enge und Überheblichkeit hinaus wurden das problematische Verhältnis von Kunst und Leben sowie die komplizierte Wechselbeziehung zwischen Gesellschaft und Individuum im Hinblick auf die veränderten ökonomischen Verhältnisse erfaßt.

Das zeitgenössische bürgerliche Lebensgefühl und das Unbehagen an der Situation in Deutschland nach 1848 kommt in der Lyrik und den Novellen Theodor Storms (1817 - 1888) zum Ausdruck.[135] Kennzeichnend für das Schaffen Storms ("Pole Poppenspäler", 1874; "Viola Tricola", 1874; "Der Schimmelreiter", 1888) sind die Sympathie für die gesellschaftlich Deklassierten (etwa für die von der bürgerlichen Welt als 'Herumtreiber' verfemten fahrenden Künstler), die Wehmut über Vergänglichkeit und den Verlust der alten Bürgerlichkeit wie auch das Wissen um die Gefährdung des Menschen in der bürgerlichen Klassengesellschaft.

Erst spät erlangte das Werk Theodor Fontanes (1819 - 1898) einen sozialkritischen Charakter. Der gesellschaftliche Hintergrund des preußisch-deutschen Reiches, die großstädtische Gesellschaft, der Verfall des Adels, das alte Wirtschaftsbürgertum ("L'Adultera", 1882), die Folgen der Gründerjahre ("Frau Jenny Treibel", 1892) und der kleinbürgerliche Alltag wurden soziologisch und psychologisch überzeugend abgebildet. Fontanes Gesellschaftskritik richtet sich gegen einen Sittenkodex, der Menschen dazu zwingt, ihre Liebe und ihr Glück gesellschaftlichen Vorurteilen zu opfern ("Irrungen Wirrungen", 1888; "Stine", 1888). Mit seinem Roman "Effi Briest" (1895) schildert er den Zerbruch von Menschen an den herrschenden Moralvorstellungen und den unsinnigen Forderungen eines falschen Ehrbegriffs.[136]

Im Alter gewann Fontane mehr und mehr Verständnis für die Arbeiterschaft und sah die Arbeiter als ebenbürtig an. Dies bezeugt ein Brief aus dem Jahr 1896 an einen englischen Freund: "Alles Interesse ruht beim vierten Stand. Der Bourgeois ist furchtbar, der Adel und Klerus sind altbacken, immer wieder dasselbe. Die neue, bessere Welt fängt erst beim vierten Stande an. Man würde das sagen können, auch wenn es sich bloß um Bestrebungen, um Anläufe handelte. So liegt es aber nicht. Das, was die Arbeiter denken, sprechen, schreiben, hat das Denken, Sprechen und Schreiben der altregierenden Klassen tatsächlich überholt. Alles ist viel echter, wahrer, lebensvoller. Sie, die Arbeiter, packen alles neu an, haben nicht bloß neue Ziele, sondern auch neue Wege."[137] In Fontanes Werk dagegen ist ein Interesse am vierten Stand nur in den Randfiguren vertreten ("Der Stechlin", 1897).

Für die Belange der Arbeiterschaft gab es keine entsprechende Literatur. Die triviale Literatur, der sich das breite Leserpublikum zuwandte, scheint ein Hinweis auf die Hilflosigkeit oder Saturiertheit der ästhetisch anspruchsvollen Literatur zu sein. Die bürgerliche Thematik traf auf ein Unverständnis der Arbeiter; die künstlerische Form überforderte die ungebildeten Schichten. So ist der Erfolg einer Literatur nur allzu verständlich, die einfachste Sprache, Unterhaltung und Spannung, Ablenkung und momentane Befriedigung bot. Gegenüber der pessimistischen Grundhaltung und resignierenden Kritik der bürgerlichen Literatur fanden sich in der trivialen Literatur - wenn auch mit Hilfe irrealer Lösungen - optimistische Tendenzen. Damit war gleichzeitig die Gefahr der Privatisierung sozialer Konflikte und der Internalisierung von Scheinlösungen gegeben, was an der messianistischen Ausrichtung des WR beispielhaft belegt werden kann.[138]

Die Dichter des 19. Jahrhunderts - soweit sie in diesem Zusammenhang erwähnt wurden - analysierten und kritisierten zwar die bürgerliche Gesellschaft, blieben ihr aber verhaftet.[139] Die Probleme der unteren sozialen Schicht wurden kaum berührt. "Gerade die besten und ehrlichsten humanistischen Repräsentanten des Bürgertums (wie z. B. Raabe) mußten - zwischen den Klassen stehend - erkennen, daß sie in Wahrheit 'Volksschriftsteller ohne Volk' waren."[140] So ist es auch zu erklären, daß im letzten Drittel des 19. Jahrhunderts die sozialistische Literatur stärkeren Einfluß auf die Arbeiterschaft gewann, zumal einige bürgerliche Schriftsteller wie Rudolf Lavant (1844 - 1915) und Clara Müller (1860 - 1905) sich an die Seite der Proletarier stellten.

Das mangelnde Interesse bürgerlicher Schriftsteller, die Lage der Arbeiter zu beschreiben und sie in ihren politischen Forderungen zu unterstützen, hing aber auch mit dem Verständnis von Literatur bzw. Dichtung überhaupt zusammen. Die Wirkungstendenz, die Literatur anfänglich im Bürgertum gehabt hatte, wich einer Argumentation, die die Autonomie des Kunstwerks betonte.[141] "Das aufklärerische Interesse, Begründung der Wirkungsabsicht bürgerlicher Literatur bei ihrer Entstehung, schwindet in dem Maße, in dem das Bürgertum die Chance, seinen Emanzipationswillen politisch zu realisieren, vergehen sieht."[142] Daß zwischen wirkungsintentionaler und autonomer Literatur nicht notwendigerweise ein Gegensatz entstehen muß, sofern sich beide einer gemeinsamen Aufgabe verpflichtet fühlen, nämlich den Deklassierten zu helfen, hat die Geschichte der Literatur bewiesen.[143]

Mit seiner Veröffentlichung gewinnt das Werk eines Autors einen gesellschaftlichen Bezug. Die Trivialliteratur trifft der Vorwurf, sie trage durch ihren Bestätigungscharakter in Verbindung mit gezielten Wirkungsmechanismen zur Stabilisierung der gesellschaftlichen Bedingungen bei. Eine Literatur, die ihre Autonomie und Wirkungslosigkeit zum Ideal erhebt und sich von den gesellschaftlichen Verhältnissen abwendet, tut dies nicht minder.[144]

Das Problem der trivialen Massenliteratur ist deshalb auch eine Frage an die gebildete Schicht und die bürgerliche Literatur des 19. Jahrhunderts - ein ernsthaftes Bestreben, "die Kluft zwischen den Intentionen der bürgerlichen Dichtung und den Bedürfnissen der arbeitenden Klasse"[145] zu überwinden und die unteren sozialen Schichten literarisch zu bilden, hat es nicht gegeben.

II. Durchführung des Romans

1. Zum Inhalt

Auf eine ausführliche Inhaltsangabe des WR wird hier verzichtet,[1] weil bei der didaktischen Analyse und literarischen Bestimmung des Romans (Vgl. Teil E, III. 2. bis V.) alle wesentlichen Geschehnisse - die teilweise auch in Nebenhandlungen zu finden sind - erörtert werden. Darüber hinaus enthalten verschiedene Veröffentlichungen zum WR kurze Darstellungen des Handlungsverlaufs bzw. der wichtigsten Episoden.[2]

Zu erwähnen ist noch die besondere Schreibweise - vornehmlich von Eigennamen -, die vermutlich nicht so sehr auf die Unkenntnis Mays zurückzuführen ist, als vielmehr auf die Eigenmächtigkeit von Redakteuren oder einfach auf Setzfehler. Dies fällt insbesondere bei der unterschiedlichen Schreibweise von Personennamen auf (z. B. für Enrico Henricord statt Henrico, Alimbo statt Alimpo, Curt statt Kurt usw.). Die oberflächliche Machart der WR-Lieferungen, soweit sie die technische Herstellung des Schriftsatzes betrifft, kann bis ins Detail verfolgt werden: Zeilen sind vertauscht (WR, S. 1435) oder falsch angeordnet (S. 1535); es sind zahlreiche Druckfehler, u. a. eine falsche Paginierung (1334 statt 1434, 1664 statt 1164) und auch mancherlei Ungereimtheiten und Widersprüche feststellbar: Oberförster Rodenstein z. B., der als unverheiratet und kinderlos vorgestellt wird (S. 240, 273), hat später einen Sohn (S. 758). Im übrigen wird die antiquierte Rechtschreibung bei WR-Zitaten beibehalten.

2. Muster des Trivialen

Obwohl bei der Analyse des WR die Frage nach dem Bedeutungsgehalt im Mittelpunkt steht, erfordert der Gegenstand zunächst die Herausarbeitung charakteristischer formaler Kennzeichen. Diese Verfahrensweise dient nicht der Abqualifizierung, sondern dem Verständnis des Phänomens Trivialliteratur, das sich befriedigend nur aus der Zusammenschau von literarischen und soziologischen Gesichtspunkten deuten läßt.

So vermag Volker Klotz[3] in seiner beachtenswerten Analyse der Eigengesetzlichkeit des Gegenstands nicht gerecht zu werden und gelangt über eine ästhetische Wertung nicht hinaus. Schon die Überschrift seines Aufsatzes, "Ausverkauf der Abenteuer", zeigt die Tendenz seiner Interpretation. Das WR wird auf eine geradezu leichtfertige Weise der Lächerlichkeit preisgegeben, obwohl Literatur, die eine Breitenwirkung für die literarisch ungebildeten Schichten hat, grundsätzlich ernst genommen werden muß. Hier zeigt sich, daß Klotz die für die Kolportage entscheidende Wirkungsintention nicht berücksichtigt.

Trivialliteratur arbeitet mit Schablonen. Wenn der Bereich der Schablonen abgesteckt ist, hebt sich das, was nicht in diesen Bereich gehört – bei Karl May etwa die didaktischen Intentionen –, deutlicher ab.[4] Damit ist auch eine gerechtere Beurteilung von Trivialliteratur möglich.

Günter Jahn[5] sieht die Kriterien der Voraussehbarkeit (bzw. Voraussagbarkeit), der Vertauschbarkeit und der Häufung als konstitutiv für Trivialliteratur an, sofern sie gemeinsam auftreten. Das aber sei stets der Fall, wenn der Autor sich gezielt den Bedürfnissen großer Leserkreise anpasse.[6] Da diese Kriterien auch auf das WR zutreffen und zudem aus didaktischer Sicht für eine Behandlung von Trivialliteratur im Unterricht brauchbar erscheinen, soll im folgenden nach der Einteilung von Jahn verfahren werden. Hierbei erfolgt im wesentlichen eine Beschränkung auf die erste Lieferung des WR, weil diese bereits alle Merkmale des Trivialen enthält.

a) Voraussagbarkeit

Der triviale Text erlaubt aufgrund seines sprachlichen Gefüges dem Leser, den Fortgang der Handlung vorauszusehen. Aber selbst schon äußere Aufmachung, Titel und Verfassername unterliegen dem Kriterium der Voraussagbarkeit. Verfassername und Titel des WR sind beispielhaft dafür. Das Pseudonym Mays, "Capitain Ramon Diaz de la Escosura", weist den Verfasser als Weltreisenden und als Angehörigen der höheren Schicht aus, außerdem bürgt es für Authentizität:[7] Mit dem Autorenpseudonym verbindet sich die Erwartung von Exotik, Spannung und glaubwürdiger Erzählung.

Der Titel "Das Waldröschen oder Die Verfolgung rund um die Erde – Großer Enthüllungsroman über die Geheimnisse der menschlichen Gesellschaft" ermöglicht dem Leser, die Schwerpunkte des Romans vorauszusehen: idyllische Geborgenheit, dynamisches Welterleben und Darlegung der unbekannten gesellschaftlichen Wirklichkeit. Auf die inhaltliche Verwirklichung dieses Titels, der Karl May bei der Durchführung des Romans sorgfältig entsprach, soll in einem anderen Zusammenhang ausführlicher eingegangen werden.

Voraussagecharakter haben auch die Namen und die Beschreibungen der Romanfiguren. In der ersten Lieferung des WR erscheinen u. a. der deutsche Arzt Dr. Karl Sternau und die Grafentochter Rosa de Rodriganda-Sevilla, die der Deutsche ohne Hoffnung auf Erfüllung liebt. Die Erwartungen des Lesers, nämlich Krankheitsgeschichten, Heilungen und der "Kampf um die Liebe"[8], werden nicht enttäuscht.

Im Gegensatz zu den genannten Personen steht der Advokat Gasparino Cortejo, der mit der Stiftsdame Clarissa in illegitimer Verbindung lebt. Ist dem Leser schon beim Klang dieser Namen und dem Verhältnis der beiden Personen unwohl, so wird der Eindruck durch die Charakterisierung noch verstärkt. So heißt es von Cortejo:

"Der Notar trug nicht die spanische Nationaltracht, sondern er war ganz schwarz in Frack und Pantalons gekleidet. Die Bewegungen seiner langen, hageren und weit nach vorn gebeugten Gestalt hatten etwas Schleichendes, etwas heimlich Einbohrendes (9) an sich, und die Züge seines scharfen, aus einer hohen, steifen Halsbinde hervorragenden Gesichtes zeigten etwas so entschieden Raubvogel- oder Stößerartiges, daß es schwer hielt, diesen Mann nicht zu fürchten. Der Eindruck seines abstoßenden Gesichts wurde verstärkt durch den unstäten, lauernden Blick seiner Augen, welche sich bald hinter die Lider zurückzogen und dann wieder einen so plötzlich stechenden Blick hervorschossen, daß man sich des Gefühls nicht erwehren konnte, man stehe vor einem giftigen Polypen, dessen Fangarmen man rettungslos verfallen sei." (WR 11)

Clarissa wird folgendermaßen beschrieben:

"Auch die Stiftsdame trug gewöhnlich ihr schwarzes, häßliches Ordenskleid, jetzt aber hatte sie ein helles, üppiges Negligee angelegt, welches einer Tänzerin alle Ehre gemacht haben würde. Ihre Gestalt war stark und voll, und die Gesichtszüge der beinahe Fünfzigjährigen waren grob und unweiblich, wozu noch der unschöne Umstand kam, daß das eine ihrer Augen etwas schielte." (WR 11)

Und Alfonzo, beider Sohn, wird sogar als teuflische Figur vorgestellt:

> "... Er glich einem jener Satansbilder, bei denen der Meister den Teufel nicht mit Pferdefuß und Hörnern darstellt, sondern das Diabolische dadurch zu erreichen sucht, daß er die an und für sich schönen Züge des bösen Geistes zu einander in Widerspruch erscheinen läßt." (WR 17)
> "Selbst den Tieren ist er verhaßt und zuwider." (WR 108)

Neben den eindeutigen physiognomischen Merkmalen sind die Bösen vielfach schon an ihrer Kleidung zu erkennen: Cortejo und Clarissa sind schwarz gekleidet; der Seeräuber Landola ist der "schwarze Kapitän" (WR 228); Verbrecher usw. sind fast immer "dunkle Gestalten" (WR 56, 1152). Demgegenüber sind in der schon im WR vorhandenen Licht-Finsternis-Polarität Mays die Helden und die Guten im Roman lichte Gestalten.[10] Die Charakterisierung dieser Personen ist entsprechend positiv. Bei der Beschreibung von Rosas Schönheit reicht das sprachliche Vermögen des Autors scheinbar nicht mehr aus:[11]

> "Die Züge dieses unvergleichlich schönen Wesens waren weder mit dem Pinsel, noch mit Worten zu beschreiben." (WR 12)

Dies ist ein häufiges Argument der Trivialliteratur, das den naiven Leser auch überzeugt; es gilt nicht nur für Personenbeschreibungen, sondern auch für die differenzierte Beschreibung einer Situation.[12] Die Reduktion der sprachlichen Gestaltung auf eine solche Aussage ist nicht Unvermögen des Autors, sondern ein bequemes und ökonomisches Verfahren, um die Handlung rasch weiterzuführen. May paßt sich hier dem Muster des Trivialen an, obwohl er durchaus zu differenzierter Schilderung fähig ist.

Die Wortwahl des Autors besitzt für den Leser ebenso Voraussagecharakter, hier besonders der Gebrauch des Adjektivs. Die Beschreibung Sternaus[13] läßt den Leser nicht im

Zweifel darüber, daß es sich um einen Helden handelt. Dagegen weist die Wortwahl bei der Beschreibung Cortejos oder Alfonzos auf den Verbrecher und das zu erwartende Schicksal hin.

Verben und dazugehörige Adverbien, die zur Redeansage dienen, lassen auf gleichartige Personen schließen, umgekehrt ist es ebenso: Rosa "hauchte erbleichend" (WR 14), Cortejo "meinte mit seiner kalten, scharfen Stimme" (WR 10), Sternau "antwortete ruhig" (WR 18), "antwortete furchtlos ... entgegnete gelassen" (WR 25), Alfonzo "raunte mit knirschenden Zähnen" (WR 23), der verbrecherische Arzt "schnarrte voller Hohn" (WR 25), der Graf "winkte gebieterisch und sprach" (WR 25) usf.

Die vom Autor gewählten Vergleiche stimmen mit den Erwartungen des Lesers überein:[14] Sie stand vor ihm "wie eine Königin" (WR 7); sein Auge wurde größer "wie unter einer aufsteigenden Thränenflut" (WR 7); in Rosas Zügen "vereinigte sich die reine Unberührtheit einer Rafaelischen Madonna mit der verheißungsvollen Gluth eines Frauenkopfes von Correggio" (WR 13); der Graf "fühlte sich wie von einem Keulenhiebe getroffen" (WR 20); seine Haare hingen "wie gefesselte Schlangen" (WR 21) hernieder. Auch Metaphern und Bilder "treten als Stereotypen in bestimmten Situationen voraussagbar auf."[15] Der Blick des menschlichen Auges, den Jahn als "beliebtes Objekt für die metaphorischen Stilisierungsversuche von Trivialautoren"[16] aufweist, ist in der ersten Lieferung des WR (WR 1 bis 24) allein siebzehnmal anzutreffen.[17]

Das WR konfrontiert den Leser bereits in der ersten Lieferung mit einer Fülle von Fremdwörtern - es sind über fünfzig, die Orts- und Personennamen nicht gerechnet. Die zahlreichen spanischen Wörter signalisieren die Fremdartigkeit Spaniens; einzelne gehören schon zum Vokabular des

Lesers. "Das Fremde wird so domestiziert, daß es sich in gewünschter und erwarteter Weise mühelos konsumieren läßt."[18] Die übrigen Fremdwörter können dem Leser den Eindruck vermitteln, an der Sprache der Oberschicht teilzuhaben, die 'Geheimnisse der menschlichen Gesellschaft' auch auf diese Weise zu entschlüsseln (z. B. orientiren, effectvoll, Phantasie, frappant, Contrast, markiren, Indignation, distinguirt, sympathisch, dementiren, discret). Darüber hinaus suggerieren Fremdwörter anspruchsvolle Lektüre, die Möglichkeit von Bildung und Wissenserweiterung neben dem literarischen Vergnügen. Aber schon ab der zweiten Lieferung des WR sind nur noch wenige Fremdwörter auffindbar; in den mexikanischen Erzählteilen fehlen sie - bis auf das notwendige 'exotische' Vokabular - fast völlig. Möglicherweise waren viele Leser bei der übergroßen Anzahl von Fremdwörtern in der ersten Lieferung überfordert. Und da durch den Abonnentensammler eine direkte Verbindung zwischen Leser und Verleger bestand, konnte man sofort auf Leserwünsche eingehen. Diese Vermutung erscheint auch deshalb nicht als abwegig, weil das erste Heft eines Lieferungsromans vielfach als kostenloses Probeheft abgegeben wurde und der Verleger aufgrund der Aufnahme des Heftes beim Publikum die Konzeption der weiteren Lieferungen korrigieren konnte.

Einen deutlichen Einblick in den Vorhersagbarkeitscharakter des Trivialen gewährt weiterhin die Erzählstruktur. Daß trotz der Vorhersehbarkeit der Handlung - dies ist bereits mit den dramatischen Ereignissen der ersten Lieferung möglich - die Spannung gewahrt bleibt, hat mehrere Gründe. "Es sind zwei Kontraste, die diese Trivial-Spannung produzieren: einmal der Kontrast zwischen der erlebnisarmen Situation des Lesers und den Ausnahmesituationen, durch welche die Personen eines Trivialromans immer wieder hindurchgejagt werden, und zum andern der Kontrast zwischen

übersteigerter Aktion und friedvoller Emotion innerhalb
des Romans."[19] Damit nennt Jahn wesentliche Momente, die
für den einsträngigen, abgeschlossenen Trivialroman gelten. Spannungsmomente liegen aber auch darin begründet,
daß der Leser erfahren will, wie sich das Vermutete vollzieht und ob das Erwartete eintrifft. So heißt es an
einer Stelle im WR: "Sie betrieben die Rache wie echte
Teufel, wie wir bereits gesehen haben, und der fernere
Verlauf wird uns zeigen, ob diese Teufel den Sieg davon
tragen." (WR 602) Für die Kolportage, besonders aber für
das WR, kommen indes noch zusätzliche Spannungsfaktoren
hinzu:[20] Die Haupthandlung wird immer wieder von zahlreichen Nebenhandlungen und kleinsten Episoden unterbrochen.
Indem Karl May sich hierbei der Montage als Darstellungsmittel bedient, ist ihm der rasche Wechsel des Schauplatzes möglich; gleichzeitig verfügt er über ein weiteres
Spannungselement. Nicht zuletzt wird die Spannung durch
die Aufteilung des Romans in Teillieferungen und die damit
verbundene Wartezeit erhöht.

b) Vertauschbarkeit

Auch das Prinzip der Vertauschbarkeit ist im WR nachweisbar. Innerhalb der Erzählstruktur sind Personen, Handlungsstränge und Schauplätze infolge ihrer Typisierung bzw.
Stilisierung zum großen Teil auswechselbar. Der Advokat
Gasparino Cortejo ist genauso verbrecherisch und gewissenlos wie sein Bruder Pablo in Mexiko, wie der Seeräuber
Landola oder Kapitän Verdoja; Rosa ist ebenso rein und
schön wie Resedilla, Flora oder Rosita,[21] Kurt Helmers ist
von gleicher Heldenhaftigkeit wie Karl Sternau; als Sternau
hilflos und isoliert ist, tritt Helmers an seine Stelle.
Innerhalb eines Typs macht vielfach nur der Name einen
Unterschied.

Die Typen des Verbrechers und des Helden sind negativ bzw. positiv festgelegt, andere lassen innerhalb ihres Status die einzige Differenzierung nach Gut und Böse zu: Unter den Räubern, Zigeunern, Indianern, Ärzten, Geistlichen, Politikern, Dienstboten usw. finden sich positive und negative Charaktere. Personen, die sich nicht eindeutig in das Schema Gut-Böse einordnen lassen - wie etwa Zarba, Rodenstein, Olsunna, Gerard und Emilia - sind im WR selten anzutreffen.

Um 109 Lieferungen mit insgesamt 2612 Seiten zu schreiben, mußte May den Stoff vor allem ausdehnen. Zwangsläufig ergaben sich dadurch Wiederholungen und Analogien in den Einzelteilen der Handlung; lediglich die Personen, Schauplätze und Zeiten sind verändert. Das Bemühen Gasparino Cortejos in Spanien, den Grafen Emanuel zu beseitigen, entspricht der Handlungsweise Pablo Cortejos in Mexiko, der Graf Ferdinando entführen läßt. Deutlicher noch findet sich eine Analogisierung des Geschehens in der 63. Lieferung des WR^{22}, in der die mexikanischen Schwestern Pepi und Zilli nacheinander mit zwei österreichischen Ärzten fast gleichartige Erlebnisse haben. Die Ähnlichkeit der Handlungsabläufe steht im Zusammenhang mit den zahlreichen Geschwisterpaaren im WR - meist sind es Brüderpaare wie die Grafen Emanuel und Ferdinando, die Brüder Cortejo, Helmers, Straubenberger und die Halbbrüder Grandeprise und Landola.^{23} Da sich diese Geschwisterpaare meist an verschiedenen Schauplätzen befinden, stehen die Personen 'rund um die Erde' miteinander in Verbindung. May zieht die Geschichte auch dadurch in die Länge, daß er die Geschicke der Familie Rodriganda - als stereotypes Versatzstück - gegen Ende des Romans von verschiedenen Personen wiederholen läßt.^{24} Da May statt der vorgesehenen 100 Lieferungen 109 schreiben mußte, spiegeln solcherlei Passagen "Mays Unlust wider, weitere Lieferungen mit neuem Text füllen zu müssen."^{25}

Der Montagecharakter des WR veranschaulicht das Prinzip der Vertauschbarkeit im Hinblick auf die einzelnen Handlungsteile in überzeugender Weise. Schauplätze und räumliche Kulissen sind ebenfalls austauschbar. Der Rheinswaldener Forst birgt Gefahren wie das Schloß Rodriganda oder die Hacienda del Erina. In Mexiko begegnet der Leser deutschen Verhältnissen, in Deutschland amerikanischem Freiheitsempfinden. Topoi "haben keinen individuellen, sondern nur den funktionalen Wert, bestimmte Handlungen anzuzeigen, und lassen sich deshalb entsprechend der Situation wie Kulissen einsetzen und auswechseln."[26] Sie sind für den Autor nicht nur willkommenes Hilfsmittel zur Gestaltung des Stoffs, sondern sie erleichtern dem Leser auch die Rezeption, da er mit den zahlreichen Gemeinplätzen und den festen Denk- und Ausdrucksschemata vertraut ist.

c) Häufung

Zum Muster des Trivialen gehört schließlich noch das Merkmal der Häufung, das sich sowohl an der Struktur des Romans als auch an seiner sprachlichen Gestaltung aufzeigen läßt. Unwahrscheinliche Abenteuer und wirkungsvolle Erzählmotive z. B. Vergiftung, Entführung, Befreiung, Wahnsinn, Scheintod - treten gehäuft auf. Die sprachliche Durchführung ist besonders gekennzeichnet durch die Häufung des Adjektivs (vgl. auch die Beispiele auf den vorhergehenden Seiten), z. B.: Er war von "hoher, mächtiger Gestalt" (WR 1), "Mindrello ist ein armer, ehrlicher Teufel" (WR 3). Bevorzugt wird vor allem das stilistische Mittel der Dreierfigur,[27] z. B. "... sein Blick hatte jenen scharfen, umfassenden und durchdringenden Blick" (WR 1), sie beschränkt sich aber nicht nur auf das Adjektiv, sondern gilt auch für andere Wortarten, z. B. "Er bat und flehte, er beschwor sie" (WR 5); "Sie sah ihn erbleichen, sie sah, daß er mit der Hand nach seinem Herzen fuhr, sie sah, daß sein Auge größer

und dunkler wurde" (WR 7); "... der er zu eigen war mit
Seele, Leib und Leben" (WR 5). Diese Beispiele aus der ersten Lieferung des WR ließen sich beliebig erweitern.

Das Stilprinzip der Häufung hat zwangsläufig eine Überzeichnung der Personen bzw. eine Übersteigerung der Handlungsabläufe zur Folge. Die Beibehaltung der Spannung wird für gewöhnlich nur dadurch erreicht, daß immer unwahrscheinlichere Ereignisse erzählt werden.

III. Didaktische Intentionen im "Waldröschen"

1. Erzählerische Mittel

Auf den ersten Blick scheint das WR alle Merkmale der Sensationskolportage zu enthalten und durchgängig vom Muster des Trivialen bestimmt zu sein. Zeitweilig löst May sich jedoch vom trivialen Schema, so daß die Erzählung ein höheres sprachliches Niveau erreicht. Aus diesem Umstand und den Äußerungen Mays in seiner Selbstbiographie[1] wird der Eindruck verstärkt, daß May ursprünglich einen anderen Plan hinsichtlich seines ersten Lieferungsromans hatte - ihn nämlich im Stil seiner 'Reiseerzählungen' zu schreiben -, sich aber wohl aus Zeitgründen den Wünschen Münchmeyers fügen mußte.

Die erste Lieferung des WR, deren formale Merkmale dargelegt wurden, entspricht noch ganz den Romananfängen der üblichen Kolportageliteratur, verleugnet aber dennoch nicht Mays erzählerische Begabung: Die scheinbar hoffnungslose Liebe zwischen dem deutschen Arzt Dr. Sternau und der spanischen Grafentochter Rosa de Rodriganda erweckt die emotionale Anteilnahme des Lesers. "Ich bin Ihnen bisher ein Räthsel gewesen", sagt Rosa zu Sternau, "aber morgen werden

Sie im Stande sein, dieses Räthsel zu lösen, und dann werden Sie begreifen, daß die Trennung unser einziges Schicksal ist." (WR 8) Der Leser erfährt auf den ersten Seiten, daß das uneheliche Kind von Cortejo und Clarissa als Grafensohn ausgegeben wird: "Wir hätten das Kind unserer heißen Liebe doch noch tödten müssen, wenn Du nicht auf den köstlichen Gedanken gekommen wärst, es an Stelle des kleinen Grafen Alfonzo mit dem Bruder des Grafen Emanuel nach Mexiko zu schicken." (WR 12) Der versuchte Mord an Graf Emanuel durch die von Cortejo gedungenen Ärzte wird von Sternau in letzter Sekunde verhindert. "Meine Herren, was hat man Ihnen für den Mord an dem Grafen Rodriganda geboten?" (WR 25) Nach dieser Offenheit Sternaus stehen ihm von nun an unerbittliche Feinde gegenüber: "... dieser Fremde wird uns Genugthuung geben ..." (WR 26) Unglückliche Liebe, Kindesvertauschung, Mexiko, Mordversuch, Feindschaft – May versteht es, die Fäden der Handlung geschickt zu verknüpfen und immer wieder neue Spannungselemente einzusetzen. Dem Leser werden genügend Anhaltspunkte gegeben, um das Geschehen vorauszusehen, aber trotzdem verunsichert ihn der Gang der Handlung, so daß es beim Ahnen und Vermuten bleibt; der Autor achtet darauf, daß der Leser sich nicht sicher wird, sondern im Erregungszustand verbleibt.

Ein bevorzugtes Mittel, um den Leser in neue Spannung zu versetzen, ist bei May der Abbruch eines bestimmten Handlungsteiles – zumeist bedingt durch das Verschwinden bzw. die Gefangennahme einer Person[2] – oder das plötzliche Unterbrechen eines Geschehens: Während eines idyllischen Spaziergangs brechen Räuber aus den Büschen hervor;[3] die beschauliche Handlung wechselt mit einem dynamischen Geschehen. Dieser Wechsel von dramatischen Höhepunkten mit Szenen der Ruhe und Emotionalität ist charakteristisch für die Kolportage. Ein anderes Beispiel mag dies noch weiter erläutern: Mariano reitet – auf der Suche nach seiner Identität - im Galopp hinter der Equipage des Grafen de Rodriganda her. Er beruhigt sich und reitet langsamer. "Im nächsten Augenblicke aber horchte er erschrocken auf; es war ein Schuß gefallen - noch einer!" (WR 77) Er gibt dem Pferd die Sporen und galoppiert erneut. Im Kampf besiegt er die Räuber, die den Wagen überfallen haben. Die dramatische Handlung endet mit einer kurzen emotionalen und einer ausführlichen komischen Szene. Das Darstellungsmittel der Komik trägt hier zur Entspannung bei. Der Leser erhält Gelegenheit, sich von seinem psychischen Spannungszustand zu erholen und sich auf den nächsten Höhepunkt einzustellen. Auch die Wahl des Schauplatzes dient der Ablösung von Ruhe und Bewegung. Der unerwartete Wechsel des Schauplatzes allein schon vermag Spannung zu erzeugen. Weit mehr aber sind manche Schauplätze wiederholt aufgesuchte Stätten der Entspannung (z. B. Rheinswalden, Fort Guadeloupe), andere Orte der Bewegtheit und des Kampfes (z. B. Hacienda del Erina, Kloster della Barbara). Selbst die Illustrationen im WR folgen dem Wechsel von Aktion und Besinnlichkeit.[4]

Die Erfolgsgründe des WR sind nicht zuletzt darin zu suchen, daß Karl May es verstand, den Stoff trotz seiner Fülle und Ausdehnung sorgfältig zu komponieren und die Merkmale der Kolportage mit seinen eigenen Gestaltungsprinzipien zu verbinden.[5] May bringt erregende Affekte - z. B. Zweikampf, Überfall, Befreiung, Geschicklichkeitsproben, Verfolgung, Jagdabenteuer - in ein ausgewogenes Verhältnis mit 'affektregulierenden' Passagen, wie etwa Liebesszenen, Schilderungen, Beschreibungen, Vermittlung geographischer, ethnologischer oder historischer Einzelheiten, Situationen der Rührung und Komik.[6] Zweierlei ist im WR für die Darstellungsweise Mays schon erkennbar, womit sich eine Abweichung von der üblichen Kolportage ergibt: Das ist erstens das Darstellungsmittel der Komik und die Variation des kauzigen oder sonderlichen Typs. Komische Figuren bzw.

Sonderlinge sind Mutter Dry, Alimpo, Ludwig Straubenberger, Oberförster Rodenstein, der kleine André, Pirnero und vor allem der Trapper Geierschnabel. Im WR finden sich Charakterkomik (z. B. Geierschnabel, Pirnero), Situationskomik[7] und Sprachkomik (z. B. Graf Walesrode, Ludwig Straubenberger, Rodenstein, Pirnero). Mit dem Darstellungsmittel der Komik wird den oft harten Bildern die Schärfe genommen; die Komik im WR trägt sowohl zur Lösung einer starken Spannung bei als auch zu deren Erzeugung: Durch sein eigenartiges Verhalten gerät Geierschnabel in immer neue Schwierigkeiten. An vielen Stellen im WR sind neben den gängigen Elementen der Komik (Ohrfeigen, Verstellungen, lächerliche Verhaltens- und Ausdrucksweisen, Verkleidung, Überraschungseffekte usw.) aber auch Humor und Satire zu finden,[8] vornehmlich in Verbindung mit den Gesprächen Andrés und den Erlebnissen Geierschnabels.

Zweitens erweitert May die Thematik der Kolportage um ein Element, das seinen Erzählfähigkeiten am ehesten enspricht, in welchem er sich auch schon bewährt hat: das exotische Abenteuer.[9] Hierin vor allem liegt die Sonderstellung des WR im Vergleich mit der übrigen Kolportageliteratur des 19. Jahrhunderts. Erst die Phantasiewelt des Abenteuers bringt die erzählerischen Möglichkeiten zur Entfaltung; hier wird das Kolportageklischee von der Erzähltechnik des Abenteuerromans abgelöst.[10] Das WR wird jedoch immer wieder vom Kolportagemechanismus üblicher Art durchbrochen; dagegen gelangt May in den 'Reiseerzählungen' zu einer geschlossenen Romanform. Daß Karl May in der Lage war, auch einen umfangreichen Roman sprachlich gut und dennoch spannungsvoll von Anfang bis Ende zu gestalten, bewies er mit seiner sechsbändigen 'Reiseerzählung' aus dem Orient,[11] die er noch vor dem WR begann und teilweise gleichzeitig neben diesem Lieferungswerk und mit Unterbrechungen während seiner Tätigkeit bei Münchmeyer fortsetzte. Die Erklärung für

das unterschiedliche sprachliche Verhalten ist in den
Leserschichten zu sehen, die jeweils erreicht werden sollten. Während das WR auf ein anspruchsloses Publikum hin
konstruiert war - und dieses Publikum war keinesfalls nur
in der Arbeiterschaft zu suchen[12] - wandte sich May mit
seinen 'Reiseerzählungen' bewußt an gebildetere Schichten.
Im Gegensatz zu dem Konstruktions- und Montagecharakter
des WR, bei dem alle Wirkungsmittel des Trivialen eingesetzt werden, ist das Geschehen in den Reiseromanen geschlossener, straffer und kontrollierter, die Figuren sind
lebensnaher, die sprachliche Darstellung ist ihrem Darstellungsgegenstand angemessen, zuweilen kunstvoll; abenteuerliche Handlung und didaktische Einschübe (wie Wissensvermittlung und Belehrung) befinden sich in einem ausgewogenen Verhältnis. Obwohl die Motive der Abenteuerhandlung weitgehend gleich geblieben sind, erlaubt die Ich-Form
der Erzählung hier nicht den ständigen Wechsel des Schauplatzes wie im WR. Im Lieferungsroman ist der Autor nicht
selbst Akteur, der inmitten der Handlung steht, sondern
Beobachter außerhalb des Geschehens, gleichsam Monteur,
der verschiedene Handlungsstränge willkürlich miteinander
verbindet und sowohl zeitliche als auch lokale Grenzen
durchbricht. Obgleich May im WR die Einsträngigkeit der
Handlung im Vergleich zu anderen Zeitgenossen aufgibt,[13]
bleibt der Roman aufgrund seiner Typisierung der Personen
und der Simplizität der zusammengesetzten Handlungsabläufe
überschaubar.

2. Leserbedürfnisse und Lesemotivation

Jedes Lesebedürfnis ist individuell, und jeder Leser hat
sein eigenes Lese-Erlebnis. Aussagen über die Lesebedürfnisse einer ganzen Leserschicht, bei denen die Variation
der Leserwünsche in ihrer Kompliziertheit berücksichtigt
wird, sind daher nicht möglich.[14] Wohl aber lassen sich

Aussagen über eine bestimmte Leserschicht machen: Da Kolportageliteratur sich den Wünschen der Leser anpaßt, läßt ihr Inhalt - wie auch ihre sprachliche Form - Rückschlüsse auf allgemeine Bedürfnisse der Leser zu. Diese Einschränkung - die notwendige Reduktion des Individualfalls auf einen Idealtyp - gilt es bei den folgenden Ausführungen über 'den Leser' zu beachten.

Bei der Motivierung des Lesers wirken mehrere Faktoren ineinander, die sich am Beispiel des WR recht gut veranschaulichen lassen. Dies sind einmal die persönlichen Bedingungen des Lesers, seine soziokulturelle Umwelt und seine psychische Lage, aus denen sich die Voraussetzungen bzw. Bedürfnisse für ein Lese-Erlebnis ergeben. Hinzu kommen die äußeren Gegebenheiten der Lektüre (z. B. Vertrieb, Preis, Aufmachung, Titel) und ihre formalen und inhaltlichen Momente.

Die Möglichkeit, eine große Zahl von Lesern zu erreichen, haben Kolportageverleger - wie schon gezeigt wurde, frühzeitig geschaffen und genutzt. Die Zerlegung eines Romans in Teillieferungen kam nicht nur der Erwerbfreudigkeit des Lesers, sondern auch seiner Aufnahmefähigkeit (ein Heft hatte nur geringen Umfang; eine Lieferung des WR z. B. umfaßte 24 Seiten) entgegen. Die Hefte wurden dem Leser ins Haus gebracht; um ihn zum Kauf zu veranlassen, erhielt er vielfach ein Heft oder sogar mehrere kostenlos, zu einem Heft eine farbige Bildbeilage und bekam Rabatt bei der Abnahme einer ganzen Serie.[15]

Der Titel des WR ist den Bedürfnissen des Publikums derart angepaßt, daß er unmittelbar zum Lesen motiviert. "'Waldröschen' - das ist der poetische Klang, der auf Idyll und Glückseligkeit hindeutet. Das ist der Glaube der Geschundenen und Bedrückten, der in der Misere ihrer kummervollen Existenz Gebundenen, daß es jenseits der Prüfungen und

Ängste ein heiles Leben, eine Erfüllung, ein Idyll und Paradies gebe."[16] Rheinswalden, ein fiktiver Ort mit einem idyllischen Forstschlößchen, ist die Heimat des Waldröschens, der Tochter Sternaus und seiner Frau Rosa. Volker Klotz bezeichnet diesen Ort als "Nabel der weitgespannten Abenteuerwelt"[17]. Hier nehmen die Abenteuer der Helden ihren Ausgang, hier finden sie ihr glückliches Ende. In Rheinswalden bietet sich dem Leser zwischen den erregenden Ereignissen aber auch immer wieder der erholsame Ruhepunkt, der den psychischen Spannungszustand auflöst.

Die romantechnische Funktion des Idylls Rheinswalden kann aber nicht darüber hinwegtäuschen, daß der Titel 'Das Waldröschen' ein "notwendiges Zugeständnis"[18] an das Leserpublikum war, dem May mit der Geschichte vom Waldröschen nachkommen mußte. "Nach der Lektüre von 47 Lieferungen fragt sich der Leser vergebens, warum das WALDRÖSCHEN eigentlich Waldröschen heißt, bis er es in Heft 48 erfahren soll."[19] In keiner Weise gibt der Titel 'Das Waldröschen' die Haupttendenz des Romans wieder; das war auch gar nicht beabsichtigt. Der Titel sollte vielmehr neben der Assoziationsmöglichkeit von exotischer Ferne - daher der Alternativ-Zusatz '... oder Die Verfolgung rund um die Erde' - dem Bedürfnis nach heimatlicher 'Gartenlauben'-Romantik gerecht werden. Mit der Waldröschen-Episode "wird die bunte abenteuerliche Handlung im Stile des 'Familienblattrealismus' kleinbürgerlich verbrämt."[20] Beispielhaft läßt sich an der Thematik des WR erkennen, wie abhängig der Autor von den erfolgsgerichteten Intentionen des Verlegers war,[21] dem es einzig und allein darum ging, aus den Bedürfnissen der Leser ein Geschäft zu machen.

Im WR nutzt May "die von Gerstäcker gegebene erdumspannende Stofferweiterung aus"[22]: 'Die Verfolgung rund um die Erde' verspricht dem Leser Abenteuer und Welterleben - Vergessen des täglichen Einerlei und Erweiterung des Horizonts. Der Leser gewinnt den Eindruck, mittels der Literatur werde ihm die Welt zugänglich. Aber bevor er Neues aufzunehmen bereit ist, sucht er erst einmal Bekanntes und Vertrautes. Er ist zunächst bestrebt, seine Welt mit ihren Normen, Werten und Sinnzusammenhängen wiederzuerkennen und als gültig bestätigt zu sehen. So erwartet er auch vom exotischen Abenteuerroman "geläufige Situationen"[23]. So sind die Zustände in anderen Erdteilen, mit denen sich die Helden auseinandersetzen müssen, oftmals nichts anderes als deutsche Verhältnisse vor fremdländischer Kulisse. Das 'oder' im Haupttitel schafft die Verbindung zwischen Heimat und Welt, verbindet das Vertraute mit dem Unbekannten.[24] Heimat und Fremde sind vertauschbar; Klotz spricht von einer gewaltsamen "Angleichung von Heimat und Fremde"[25]: die Heimat werde 'verabenteuert', die Fremde dagegen gezähmt und zivilisiert. Dennoch ist das Interesse des Lesers geweckt, gerade die Entschärfung des Kontrastes erleichtert den Zugang zur Lektüre: Die Ereignisse und Gefahren liegen im dunkeln, doch der Weg ins Abenteuer ist risikolos; bei allem, was geschieht, bleibt der Leser unversehrt.

Zahlreiche Motive der 'Reiseerzählungen' bzw. der Jugenderzählungen Mays finden sich auch im WR, etwa Fährtenlesen und Deutung von Spuren[26], Anschleichen, Belauschen, Spurenverwischen, Überlisten des Gegners, Laufenlassen des Feindes, die 'Schmetterfaust', Pferdebändigen, Mustangreiten und Büffeljagd oder der Kampf mit dem Bären.[27] Auch die Requisiten des Helden in den 'Reiseerzählungen' gehören dazu: Henrystutzen,[28] Bärentödter und 'Silberbüchse',[29] ebenso einige berühmte Westmänner.[30] Manche Passagen aus dem WR muten wie ein 'echter Karl May' aus den 'Reiseerzählungen' an.

Der Untertitel des WR, 'Großer Enthüllungsroman über die Geheimnisse der menschlichen Gesellschaft' ist auf ein weiteres wesentliches Bedürfnis neben dem Wunsch nach Unterhaltung gerichtet: auf Information. Das WR erhebt den Anspruch auf Existenzerhellung. Der Leser erwartet Einblick in verborgene, für ihn nicht erfahrbare gesellschaftliche Zusammenhänge. Weit wichtiger aber sind konkrete Hilfen und Verhaltensmuster für reale oder mögliche soziale Konflikte. Der Leser wünscht "die Vorwegnahme von Situationen, denen er sich nicht gewachsen fühlt, denen er hilflos gegenübersteht."[31] Durch die Lektüre will er erfahren, wie sich andere Menschen in solchen Situationen verhalten. Elend, Krankheit, Tod, Gewalt und Verbrechen, Liebe und Haß, Gott und Teufel - um nur einige der extremen physischen und psychischen Erfahrungsbereiche zu nennen[32] - sind die Fragenkomplexe, die den Leser bewegen; sie werden im WR ausführlich behandelt. Eine Verbindung von Unterhaltung und Information im literarischen Angebot trägt so in besonderem Maß zur Kauf- bzw. Lesemotivierung bei.

Dem Verleger ging es aber nicht nur darum, den Leser zum Lesen des ersten Heftes zu veranlassen, sondern ihn vor allem zum Weiterlesen zu bewegen. Deshalb trug er Sorge dafür, daß der Autor dem 'Erfolgsrezept', d. h. in erster Linie dem Muster des Trivialen, entsprach.[33] Gemäß dem Kompositionsschema beginnt der Roman mit einer 'Explosion'.[34] Schon der erste Satz im WR dient der Entwicklung der Handlung,[35] die rasch an Spannung und Dynamik zunimmt, zu Beginn des letzten Drittels der ersten Lieferung ihren Höhepunkt erreicht und ihn bis zum Ende des Heftes beibehält. Der Leser wartet erregt und gespannt auf das nächste Heft.

Dem Aufbau und Inhalt entspricht das Heft auch drucktechnisch-optisch. Trägt schon der Umfang des Heftes zur rechten Dosierung des Lesestoffs bei, so erleichtert auch die typographische Gestaltung den Vorgang der Rezeption: Der Text ist in zahlreiche übersichtliche Absätze eingeteilt, so daß jede Seite aufgelockert wirkt. Dialoge sind an den gleichmäßigen Einzügen und dem unregelmäßigen Zeilenfall mühelos erkennbar. Dieser optische Eindruck signalisiert bewegtes Geschehen und motiviert zum Weiterlesen. Überhaupt kommt die Gliederung des gesamten Kolportageromans in viele Kapitel und Einzelhandlungen dem Bedürfnis des Lesers nach deutlicher Unterteilung und Abwechslung nach.[36] Haupthandlung, Nebenhandlungen und kleinere Episoden sind so gekoppelt, daß der Wunsch des Lesers nach Fortgang der Haupthandlung unterschwellig den Leseprozeß dynamisiert. Schon die überaus kurzen Einleitungen der einzelnen Kapitel motivieren den Leser, da sie Spannung voraussehen lassen, aber dennoch mehrdeutig sind: "Ungefähr zwei Jahre vor Beginn der unglücklichen Ereignisse in Rodriganda schwamm ein leichtes Kanoe den Rio Grande hinab."[37]

Der Leser von Kolportage bevorzugt die spannungsreiche Handlung und die Häufung von Aktionen. Hinter dem Wunsch nach vordergründigen Ereignissen verbergen sich indes eine Reihe tiefer liegender Bedürfnisse: Die Scheinwelt der Kolportage ermöglicht den Tagtraum, eine – zumindest zeitweilige – Flucht aus der Realität, ein Ausweichen vor Problemen. Der Leser flieht in vergangene Zeiten (z. B. Ritterroman) oder in das Fremde und Geheimnisvolle, wie es der Abenteuerroman bietet, erträumt sich eine bessere Welt. Mit Hilfe der Identifikation (Held oder Nebenpersonen) werden auch die bedrängendsten Schwierigkeiten gelöst. Die Teilnahme am fremden Schicksal ist leichter als die Bewältigung der eigenen Realität. Der Leser sucht in der Literatur Befreiung und Entlastung; hier findet er – in der Vorhersehbarkeit der glücklichen Lösung – die Sicherheit und Geborgenheit, die ihm der Alltag nicht zu bieten vermag. Dennoch wäre es verfehlt, den Tagtraum, den die Kolportageliteratur ermöglicht, einseitig als Flucht- oder Ausgleichsmechanismus zu betrachten. Mit Nachdruck betont

Ernst Bloch den anderen Wirkungsbereich der Kolportage:
"Das Leben aller Menschen ist von Tagträumen durchzogen,
darin ist ein Teil lediglich schale, auch entnervende
Flucht, auch Beute für Betrüger, aber ein anderer Teil
reizt auf, läßt mit dem schlecht Vorhandenen sich nicht abfinden, läßt eben nicht entsagen."[38]

Vielfach wird übersehen, daß letztlich jeder Unterhaltungsroman für den einfachen Leser eine Vielzahl brauchbarer
und wichtiger Informationen (vornehmlich über Extremsituationen) enthält.[39] Neben vergnüglicher Unterhaltung,
Ablenkung und Entspannung sucht der Leser gleichzeitig
Hilfen für die Realitätsbewältigung, Trost in unlösbaren
Konflikten, Hoffnungsmodelle einer besseren Zeit. Die unglaublichen Ereignisse und Superlative, die von der Kolportage ständig wiederholt werden,[40] sind Zeichen für den
Versuch, die Wirklichkeit zu erhöhen: "Durch Identifikation
mit einem Helden wirkt der Leser seiner sozialen Gleichgewichtsstörung entgegen; durch die Lust an Überhöhungen
poliert er die Glanzlosigkeit seines Daseins auf."[41]

Die Rezeption des WR nach dem Erscheinen in Heftform muß
man sich weit intensiver und nachhaltiger vorstellen, als
wenn die 2600 Seiten in Großbänden hintereinander gelesen
werden. Das einzelne Heft wurde oftmals gelesen,[42] vermutlich sogar vielfach laut vorgelesen;[43] es darf angenommen
werden, daß auch über den Inhalt ein Meinungsaustausch
stattfand.[44] Die einzelnen Sätze wurden von ihrem Bedeutungsgehalt her stärker erfaßt; für die heutige - reflektierend-kritische - Betrachtung hat daher <u>jeder</u> Satz
Gewichtigkeit, besonders, wenn es um Werturteile des
Autors geht.

Unbewußt für den Leser wird der Autor zum Gesprächspartner,
zum Vermittler von Normen, Wertvorstellungen und Verhaltensmustern bzw. -orientierungen. Mag der Leser sich auch

dessen bewußt sein, daß es sich bei dem Lesestoff um ein Gebilde der Phantasie handelt, so wird die Distanz zwischen Schein und Wirklichkeit während des Leseprozesses doch aufgehoben, im WR u. a. dadurch, daß das Geschehen immer wieder vom Unwirklich-Romanhaften abgehoben wird: "Habe viele Romane gelesen", sagt Graf Walesrode nach der Vorführung der Westmanns-Künste von Karl Sternau und Kurt Helmers, "Reisebeschreibungen. Cooper, Marryat, Möllhausen, Gerstäcker. Habe gedacht, Alles Schwindel. Aber doch anders." (WR 736) "Das ist außerordentlich; das ist ja fast wie ein Roman! Fast sollte man behaupten, daß solche Dinge unmöglich seien!"[45] Diese Feststellung wird bekräftigt durch die Erfahrung des Helden: "Wir selbst haben so viele scheinbare Unmöglichkeiten erlebt und an uns erfahren, daß ich mit dem Gebrauche der Worte möglich und unmöglich sehr vorsichtig bin." (WR 1954) Die fiktive Welt der Kolportage führt nicht zur Ablehnung, sie wird im Gegenteil vom Leser wiederholt aufgesucht. Aber während die äußeren Ereignisse im Roman im allgemeinen der Scheinwelt zugeordnet bleiben, kann das Weltbild des Autors die Realität des Lesers beeinflussen. Ob diese Beeinflussung ausschließlich in negativer Weise geschieht, soll an späterer Stelle zu erklären versucht werden.

3. Vermittlung von Sachwissen

Eine Vermittlung von Sachwissen, wie es charakteristisch für die 'Reiseerzählungen' Mays ist, findet im WR nicht statt. Überhaupt sind im WR direkte Belehrungen - wie etwa in Mays "Geographischen Predigten" (1875/76) - vermieden. Einzelheiten aus Wissensgebieten, meist ethnologischer Art, sind vielfach in Handlungen und Dialoge aufgelöst[46] oder als kurze Informationen in die laufende Handlung eingefügt.[47] Der Autor gibt selbst den Hinweis, warum Beschreibungen, Schilderungen und Reflexionen äußerst knapp gehal-

ten werden: Der Leser soll sich nicht langweilen.[48] Auch
Landschaftsbeschreibungen, ein wesentliches Element der
'Reiseerzählungen', sind äußerst selten;[49] zumeist werden
Zeitangabe, Landschaftsmerkmale und Aktion - vielfach als
Einleitung neuer Erzählabschnitte - in einem Satz genannt:
"Wohl eine Woche vor den bereits erzählten Ereignissen
gab es im Süden des Nordpasses auf einer kleinen Prairie
ein außerordentlich reges, wild bewegtes Leben." (WR 1049)
Die Andeutungen sind eher beiläufige Orientierungshilfen
als landschaftlicher Hintergrund der Ereignisse: "Da, wo
die Somaliwüste sich gegen Westen, also gegen das Binnenland zu erheben beginnt, und der bisher starre, unfruchtbare Fels und der gelbe Sand bereits hier und da wieder
eine Spur grüner Vegetation zeigt, bewegte sich eine Karawane der untergehenden Sonne zu."[50]

Während May den Schauplatz in den 'Reiseerzählungen' so
detailliert schildert, daß sogar ein Fachmann in Erstaunen
gerät,[51] paßt er sich im WR den Beschreibungsmustern der
zeitgenössischen Kolportage an. Balduin Möllhausens "Die
Mandanen-Waise" z. B. hat formal die gleiche Einleitung,
wie sie für die Kapitelanfänge des WR typisch ist (Ortsangabe, Schauplatz, Handlung): "Es war im Winter des Jahres
1852, als ich von einem Jagdtrupp von Ottoe-Indianern in
der beschneiten Prärie am Sandy-Hill-Creek aus einer mehr
als mißlichen Lage erlöst wurde."[52] Die Landschaftsmerkmale
in der Kolportage - z. B. Berg, Wald, Höhle, Prärie, Savanne, Wüste, Gewässer - haben keine andere Funktion, als
Abenteuer zu signalisieren. "Die Vieldeutigkeit der Zeichen
garantiert die Spannung, von der Kolportage lebt, und darüber hinaus legitimieren die Landschaftszeichen die Ereignisse, auf die sie vorausdeuten."[53] Als Beispiel dafür mag
die Einleitung des zweiten Kapitels gelten, das die Überschrift "Das Geheimniß des Bettlers" trägt: "Hoch oben in
den Bergen der Pyrenäen, da wo westlich von Andorra der

gewaltige Maladetta, 'der Verfluchte', seine Spitzen in die Wolken reckt und seine finsteren Schluchten tief in die Erde gräbt, schlich ein Wanderer den wilden Pfad hinab."[54] Solche Beschreibungen haben nicht die Aufgabe, reale Gegebenheiten, d. h. geographische Fakten, zu vermitteln, sondern sind auf Wirkung hin angelegt, d. h. auf Motivation des Lesers.

Im WR hat Karl May andererseits einen Musterfall der Verbindung von didaktischer Intention und Kolportage geliefert. Die Geschicke der Familie Rodriganda und die Aktionen der Haupthelden werden geschickt mit dem Befreiungskampf der Mexikaner und dem tragischen Schicksal Maximilians von Mexiko verknüpft. Von verschiedenen Einzelheiten abgesehen, hat May die Verhältnisse in Mexiko ziemlich genau geschildert,[55] so daß der Leser trotz des Romanhaften durchaus brauchbare Informationen erhält.[56] Das persönliche Engagement des Autors - und darin ist u. a. die Besonderheit des WR zu sehen - geht aber über die Vermittlung von Fakten hinaus: May stellt sich "bedingungslos auf die Seite der mexikanischen Unabhängigkeitsbewegung und ihres indianischen Führers Benito Juarez"[57]. Der schwarze Gerard, eine der noch zu erwähnenden Spiegelungen Mays, bringt die Stellungnahme des Autors zur Intervention Napoleons III. in Mexiko zum Ausdruck: "Ich bin ein Franzose, aber doch kein Werkzeug des kaiserlichen Blutdurstes. Ich liebe Mexiko und seine Bewohner und wage gern mein Leben, um sie von der gegenwärtigen unrechtmäßigen Regierung zu befreien." (WR 1470) Die Überzeugung Mays wird in den Mexiko-Ereignissen zum didaktischen Element, das seine Wirkung nicht verfehlt.[58]

4. Vermittlung von Werten und Normen

Wertvorstellungen, Normen und Verhaltensmuster der Wilhelminischen Zeit werden im WR widergespiegelt. Sie werden aber keinesfalls immer als hilfreich und gut bestätigt, sondern verschiedentlich auch kritisiert. Hin und wieder ist deutlich ein Abweichen von der Norm erkennbar.[59] Widersprüchlichkeiten entsprechen durchaus den gesellschaftlichen Antagonismen der Epoche.

> "Zu spät? (...) Du kennst die wahre
> Liebe nicht." (WR 368)

a) Liebe

Die emotionale Beziehung der Personen im WR reicht von selbstloser Liebe bis zu isolierter Sexualität. Angesichts der 'Anstößigkeiten' im WR griff Hermann Cardauns, der Chefredakteur der "Kölnischen Volkszeitung", 1902 die literarische 'Doppelgleisigkeit' Mays heftig an. Noch 1892 hatte er die Reiseromane Mays in einer Besprechung lobend hervorgehoben:

> "Wir haben seit Jahren diese ganz einzigartigen Schöpfungen mit wirklichem Vergnügen verfolgt und verstehen sehr wohl das lebhafte Interesse, welches sie in sehr weiten Kreisen gefunden haben. May's Werke stehen turmhoch über den gewöhnlichen Skalp-, Büffel- und sonstigen Jägererzählungen. Lebhafteste Phantasie und gefällige Darstellung vereinigen sich hier mit einer vielseitigen Bildung, und den Hintergrund der wilden Abenteuer bildet eine ernste Lebensauffassung und gründliche Kenntnis der geographischen und ethnographischen Details. Alles für die Jugend Anstößige ist sorgfältig vermieden, obgleich May's Werke nicht etwa bloß für diese bestimmt sind; viele tausend Erwachsene haben aus diesen bunten Bildern schon Erholung und Belehrung im reichsten Maße geschöpft." (60)

Zehn Jahre später verdammt er das zu gleicher Zeit wie die Reiseromane entstandene WR als Pornographie: Fünf Jahre lang habe May für zwei verschiedene Verleger gearbeitet und für den einen (Pustet) 'sexuell einwandfrei' und für den anderen (Münchmeyer) 'schmutzige Colportage' geschrieben.[61] Nach den bisherigen Forschungen[62] stammen die 'anstößigen' Stellen nicht von Karl May, sondern sind aus Gründen der Lesermotivation[63] von fremder Hand in den Text eingefügt worden. Dafür spricht u. a. auch die Inkonsequenz, mit der derartige Stellen eingearbeitet sind: Bis zu Seite 323 ist im WR keine Stelle 'erotisiert', und auch auf den letzten 600 Seiten des Romans fehlen solcherlei Passagen. Im übrigen Text wirken die erotischen Darstellungen teilweise gewaltsam konstruiert; andere Textstellen dagegen, die eine 'Erotisierung' ohne weiteres zugelassen hätten, blieben frei von solchen Einschüben.[64] Für die Wirkungsmittel der zeitgenössischen Kolportage sind solche Stellen indes repräsentativ. Die Tabuisierung des Sexuellen veranlaßte den Leser u. a., mittels der Lektüre am Verbotenen teilzunehmen. Sexualität wird in Verbindung gebracht mit dem Bösen, Dämonischen und Gewalttätigen,[65] Liebe als 'Herzenssache' hingegen mit dem Guten, mit Reinheit, Keuschheit und Treue (z. B. WR 1482 f.). Der 'wogende Busen' signalisiert die Gefühle der Frau in den Liebeszenen oder den erotischen Einschüben;[66] die Beschreibung derartiger seelischer Zustände umgeht der Autor mit dem Hinweis auf die Unbeschreibbarkeit oder Unbestimmtheit solcher Gefühle,[67] oder aber er gebraucht Bilder der Seligkeit, etwa Traumerscheinungen, Himmel und Engel (WR 1258, 1483). Die Helden sind von der Sexualität der Beziehungen ausgenommen; die weibliche Unschuld wird vom Helden zumeist in letzter Minute vor der Vergewaltigung bewahrt (WR 962, 1438).

Das WR bietet ein vielfältiges Bild der Liebe, ein Gemisch aus Klischeevorstellungen, Volksweisheiten, religiösen Verbrämungen, aber auch ernsthafter Problematik. Aus den Nebenhandlungen, die im allgemeinen schnell übergangen werden, ergibt sich oftmals der eigentliche Bedeutungsgehalt des Romans; dies trifft besonders für die Thematik 'Liebe' zu.

Liebe im WR wird höher geschätzt "als alle Reichthümer der Erde." (WR 414) Sie ist die alles verändernde Macht, die sogar das Böse besiegt;[68] sie ist die "Tochter des Himmels" (WR 762), die von Gott kommt und daher auch zu ihm zurückführt. Die Liebe kommt und siegt in einem einzigen Augenblick (WR 309, 895, 897), sie ist die 'Stimme des Herzens', die richtig führt (WR 759, 1115). Sie ist göttlicher Natur und braucht sich nicht zu verbergen: "Er schlang die Arme um sie, drückte sie an sich und küßte sie, ganz unbekümmert darum, daß sie auf der Höhe der Pyramide standen und von allen Comanchen gesehen werden konnten. (...) Da unten sprach man bereits das Todesurtheil über sie, und da oben schlossen sie einen Bund für das Leben." (WR 1117) "Die wahre Liebe kann niemals zürnen" (WR 1781), sie denkt an das Wohl des andern (WR 309). Die göttliche Liebe offenbart sich in der menschlichen (WR 2607) usf.; es ließen sich viele gleichartige Aussagen hinzufügen. Polarisiert wird die flüchtige und die dauerhafte Liebesbeziehung: Die 'wahre' Liebe hat Zukunft (WR 368); die Liebe, die in einem Augenblick kommt und im nächsten vergeht, also nicht in eine dauerhafte Bindung führt, wird dagegen verurteilt: Der mexikanische Leutnant Pardero, dem es nur um ein sexuelles Erlebnis mit der schönen Indianerin Karja geht, versucht sie von seiner Liebe zu überzeugen.

> "Sie lieben mich?" fragte sie. "Wie ist das möglich? Sie kennen mich ja nicht!"
> "Ich kenne Sie nicht, meinen Sie? Sie irren. Die Liebe kommt wie der Blitz vom Himmel herab, wie die Sternschnuppe, welche plötzlich leuchtet; so ist sie bei mir gekommen, und wen man liebt, den kennt man."
> "Ja, die Liebe der Weißen kommt wie der Blitz, der Alles vernichtet, und wie die Sternschnuppe, die in einem einzigen Augenblicke kommt und vergeht. Die Liebe der Weißen ist das Verderben, ist Untreue und Falschheit." (WR 951 f.)

Widersprüchlichkeiten zeigen sich dort, wo Liebesbeziehungen und Standesunterschiede in einem Spannungsverhältnis zueinander stehen. Sternau erzählt dem Oberförster Rodenstein von seiner Beziehung zur Grafentochter Rosa:

> "Eines Tages sagten wir uns, daß unsere Liebe hoffnungslos sei, da sie gezwungen war, den Rücksichten ihres hohen Standes zu entsprechen."
> "Albernheit!" fiel der Hauptmann ein. "Man heiratet, wen man lieb hat." (WR 259)

Derselbe Hauptmann denkt jedoch an anderer Stelle, als er von der Zuneigung Kurts zu Rosita erfährt, ganz anders:

> "Kerl, weißt Du nicht, daß das eine Prinzessin von Olsunna und Rodriganda ist?"
> "Ja, das weiß ich", antwortete Curt ruhig.
> "Und Du, was bist denn Du? he?"
> "Ein Offizier und Ehrenmann."
> "Das ist auch etwas Rechtes." (WR 2101)
> (...)
> "Der Junge ist mir lieb, ich halte große Stücke auf ihn, aber er ist nur ein Bauers- und Schifferssohn." (WR 2102)

Letztlich triumphiert die Liebe aber über die Standesschranken. Nicht das gesellschaftliche Privileg zählt, sondern der Mensch (WR 795 f., 872, 1519, 2099). Es sind die Frauen von Adel (Rosa, Amy, Flora, Rosita, Zilli), die sich über die Standesunterschiede hinwegsetzen und sich zu bürgerlichen Männern bekennen. Und wenn auch in zwei Fällen (Sternau - Rosa, Mariano - Amy) die 'unstandesgemäße' Verbindung nachträglich legitimiert wird - die adlige Herkunft der Helden wird offenbar -, so hebt sie doch in keiner Weise die ursprüngliche Problematik der Beziehung auf: Mariano kann seine Vergangenheit unter Räubern, mag er auch unschuldig daran sein, nicht ungeschehen machen.

Die Überwindung gesellschaftlicher Konflikte durch die Liebe ist im WR nur ein - und nicht einmal ein wichtiger - Aspekt. In diesem Motiv gleicht sich das WR der zeitgenössischen Kolportage an, die alle gesellschaftlichen Gegensätze in der Harmonisierung privater Glücksbeziehungen aufhebt: "In den Irrungen und Wirrungen des Lebens ist die Liebe der einzige Rettungsanker, sie garantiert, was von der Gesellschaft verweigert wird: die Befriedigung der persönlichen Existenz durch eine enge soziale Beziehung."[69] Wie im Märchen klingt im WR die Liebe auch als Belohnung der außergewöhnlichen Tat an.[70] Wesentlicher und ausgeprägter im WR aber ist der 'Kampf um die Liebe', der Prüfungen, Bewährungen, Opferbereitschaft und Verzicht mit sich bringt. Die Liebe wird über das Glücksmoment hinaus die Aufgabe am andern, zur Verantwortung.[71]

Die Frage nach der Größe seiner Liebe und seiner Verantwortung gegenüber seiner Geliebten, der Grisette Mignon, beantwortet Gerard zunächst sehr selbstsicher.

> "Haben Sie auch daran gedacht, was es heißt, ein Weib zu besitzen, welches eine solche Vergangenheit hat?"
> "Ich habe mir es sehr reiflich überlegt."
> "Und lieben Sie Annette genug, um sie später achten zu können?"
> "Gewiß Madame. Auch ich habe meine Fehler."[72]

Gerard ändert sein Leben, Annette - sie führt den Kriegsnamen 'Mignon' (WR 630) - gelingt es nicht. Sie betrügt Gerard und zieht einen anderen Mann vor (WR 1424). Voller Resignation und im Bewußtsein seiner Schuld beginnt Gerard ein anderes Leben in Amerika, nachdem er zuvor für das Wohl seines trinksüchtigen Vaters gesorgt hat (WR 653 f.). Seine Liebe zu Resedilla, der Tochter des Gastwirts Elias Matzke (alias Pirnero) in Mexiko, erscheint ihm angesichts seiner Vergangenheit als hoffnungslos:

> "Es hat mich hinausgetrieben, fort von der Heimath. Ich will sühnen und dann sterben. (...) ... als ich bemerkte, daß auch Euer Auge voll Theilnahme auf mir ruhte, da erwachte in mir das Bewußtsein meiner Pflicht. Ihr dürft Euer Herz nicht an einen Unwürdigen verschenken; darum habe ich Euch erzählt, was ich gewesen bin. (...) Ich werde jetzt gehen und nicht wiederkehren. Ihr werdet von der Verunreinigung mit dem Verdammten bewahrt bleiben." (WR 1424 f.)

Trotz aller Bemühungen Resedillas kann Gerard den Konflikt nicht lösen. Er setzt sich bei einem Angriff der Franzosen auf das Fort Guadeloupe bewußt den Kugeln des Feindes aus. Als er erfährt, Resedilla sei in Gefahr, steht er ihr unter Einsatz seines Lebens bei. Nur durch die ärztliche Kunst Sternaus kann er vor dem sicheren Tod bewahrt werden.

Auch Resedilla steht in einem Zwiespalt zwischen ihrer Liebe und der Vergangenheit Gerards:

> "Sie trug eine große Liebe im Herzen, aber dieser Liebe gegenüber stand ein böses, schlimmes Wort: das Wort Garotteur. Auf ihrem Leben haftete kein Flecken, kein Makel; sie hatte sich Den, der ihr Herz besitzen sollte, ebenso rein und vorwurfsfrei gedacht, und nun lag es doch so ganz anders. (...) Heute nun hatte er ihr bewiesen, wie lieb er sie habe. (...) ... jetzt endlich war der Klang jenes bösen Wortes in ihr verstummt ..." (WR 1689)

In der allmählichen Annäherung zwischen Gerard und Resedilla sowie Bärenherz und Karja sind Karl May (immer unter dem Blickwinkel der Kolportageliteratur betrachtet) Liebesgeschichten gelungen, die den Leser beeindrucken und sich ihm einprägen. Stets ist Bärenherz um das Wohl Karjas besorgt, bleibt dabei jedoch zurückhaltend: Karja werden zwar von Emma — sie ist die Tochter des Pächters Pedro Arbellez auf der Hacienda del Erina — Vorhaltungen wegen ihrer Romanze mit Graf Alfonzo gemacht, nicht aber von Bärenherz, obwohl dieser dem Grafen von Anfang an mißtraut (WR 393, 449).

Eine besondere Nuance erhält die Liebe zwischen Emilia, der Spionin des Juarez, und André. Sie weicht von den übrigen Mustern des WR ab und ist auch nicht vertauschbar. Dabei wächst sie keineswegs unmotiviert. André ist zunächst nur beeindruckt von der Schönheit Emilias (WR 1775). Emilia wiederum ist der Natürlichkeit und Selbstlosigkeit Andrés aufrichtig zugetan (WR 1795, 1800 f.) und gesteht ihm ihre Zuneigung (WR 2586). Diese Szenen (WR 1800 ff., 2518 ff.)

heben sich in ihrer Heiterkeit, in der Ungeschicklichkeit und Hilflosigkeit Andrés gegenüber Emilia, wohltuend von anderen Liebesszenen der Trivialliteratur ab.[73] Auch die Begegnungen zwischen Gerard und Resedilla, die u. a. durch das spaßige Dazwischentreten Pirneros eine individuelle Zeichnung erhalten, sind von derselben nachhaltigen Wirkung: Aus Zuneigung entsteht allmählich Liebe.[74]

Bemerkenswert ist weiterhin das Verhalten des Lehrers Sternau. Er liebt die Gouvernante Wilhelmi aufrichtig. Trotz der Warnung des Lehrers (WR 340 ff.) zieht sie in den Palast des Herzogs von Olsunna und wird von dem Herzog nach einem Liebestrank verführt. Sternau sorgt sich weiter um ihr Wohlergehen und erfährt, daß sie ein Kind vom Herzog erwarte. Seine moralischen Bedenken werden von seiner Liebe überwunden (WR 368); er würde sie lieben und heiraten, selbst wenn sie schuldig an ihrem Schicksal wäre (WR 370). Er nimmt auch ihr Kind als sein eigenes an. Dieses Verhalten Sternaus steht im Gegensatz zu den gesellschaftlichen Normen der Wilhelminischen Zeit. Die Mutter eines unehelichen Kindes sah sich der moralischen Verurteilung durch die Gesellschaft und oftmals entwürdigenden Gegebenheiten ausgesetzt. Besonders in bürgerlichen Kreisen war die Ächtung durch die Umwelt stark ausgeprägt;[75] am meisten verachtet – auch in unteren Schichten – waren aber die Mädchen, die sich den 'feinen Herren' hingaben.[76] Mit der Nebenhandlung Wilhelmi – Sternau wird nicht nur die Verschlagenheit und Lüsternheit mancher Vertreter der Oberschicht angeprangert.[77] Karl May stellt sich gleichzeitig mit Nachdruck auf die Seite der Verachteten (z. B. Zigeuner, Räuber, Schwarze), wenn auch leider nicht mit letzter Konsequenz – wie bei der Beurteilung der Juden[78] oder Prostituierten, die ihr Leben ändern wollen.[79]

Volker Klotz geht in seinem Aufsatz ausführlich auf die Erotik im WR ein.[80] Aber er berührt damit nur die eine

Seite und macht sie zum durchgängigen Klischee. Gerade bei dem Thema Liebe gilt es trotz des vielfach trivialen Musters die Differenzierung zu sehen, die für den naiven Leser den Bedeutungsgehalt - und damit die Wirkung - ausmacht. Der Leser erhält ein Bild von der Liebe, das ihre unterschiedlichen Erscheinungsweisen zeigt und die wesentlichen Aussagen immer wieder variiert: Liebe ist keine isolierte Sexualität oder Erotik, keine momentane Gefühlsaufwallung und kein leichtes Spiel, sondern umfaßt den ganzen Menschen, auch seine Vergangenheit. Den einzelnen Paaren im WR wird die Erfüllung ihrer Liebe nicht leichtgemacht. Die Liebe ist nicht der harmonische Endpunkt, die Wundermacht, an der sich alle Probleme lösen. Meist beginnen die Schwierigkeiten erst, nachdem sich die Liebenden ihrer Zugehörigkeit bewußt geworden sind. Liebe ist ein Geschenk, ihre Kennzeichen sind Vergebung, gegenseitige Annahme, Verantwortung und Bewährung auch in Zeiten der Not. Diese Aussagen über die Liebe erreichen den Leser trotz aller Verzerrung durch die Kolportage als Intention eines Autors, der sich selbst lebenslang nach Liebe und Anerkennung sehnte.[81]

> "Was ist Ehre? Diese Frage ist auch eine Pilatusfrage." (WR 2140)

b) Ehre und Adel

Die Frage nach der Ehre wird im WR vielfach gestellt, vor allem da, wo es nach Auseinandersetzungen zu einem Duell kommt. Der mit dem Duell verbundene Ehrenkodex hat im WR einen Niederschlag gefunden, der einen interessanten Einblick in die Verhaltensweisen der 'gebildeten Stände' und in das Überlebte des Adels gewährt. Recht genau läßt sich Mays Einstellung zur Ehre und die diesbezügliche Intention im WR beschreiben. In seiner Erzählung "Old Firehand"[82] äußert sich May bereits 1875 zu der Form einer Auseinandersetzung; auf die Beleidigung durch einen Yankee in Anwesenheit einer Dame greift der Ich-Held nicht zur Waffe:

> "Meine Meinung über das Duell, über Beleidigung und Genugthuung waren eben nicht die landläufigen, und wer daheim ein Paar arme, alte Eltern hat, welche ihre Hoffnung allein nur auf ihn gesetzt haben, der setzt sein Leben nur dann ein, wenn es sich um Würdigeres als die Fausthöflichkeit eines Hinterwäldlers handelt." (83)

Im WR denken die Helden zum Teil anders über das Duell. Anton Helmers fordert sogar selbst den Gegner, und zwar den falschen Grafen Alfonzo. Dieser versucht dem Duell zu entgehen, indem er Helmers als nicht satisfaktionsfähig erklärt:

> "Schlagen? Mit Euch? Gott, wer seid Ihr denn? Ein Jäger, ein Herumläufer! Pah!" (WR 402)

Auch an anderer Stelle entzieht sich Alfonzo dem Zweikampf, diesmal durch die Flucht, so daß sich Graf Ferdinando gezwungen sieht, an seines Sohnes Statt um die Ehre seines Hauses zu kämpfen (WR 486 f., 497 f.).

Karl Sternau wird von den Mexikanern Verdoja und Pardero gefordert, die er zurechtgewiesen hat, weil sie Emma und Karja gegenüber zudringlich geworden sind. Dem Offizier, der die Aufforderung zum Zweikampf überbringt, entgegnet Sternau:

> "Übrigens brauche ich die Forderung gar nicht anzunehmen, da man sich nur mit Ehrenmännern schlägt. Aber ich will Sie, der Sie höflich zu mir sprechen, nicht kränken, und ebenso will ich bedenken, daß ich mich gegenwärtig in einem Lande befinde, in welchem der Ehrbegriff vielleicht doch nicht die nothwendige Läuterung erfahren hat ..." (WR 968)

Auch Sternau ist die Satisfaktionsfähigkeit des Gegners nicht gleichgültig. Aber er benutzt sie nicht, um den Zweikampf zu vermeiden. Vielmehr demonstriert er nachsichtig die Überlegenheit des deutschen Ehrbegriffs. Im Duell bringt Sternau die beiden Mexikaner um ihre rechte Hand (WR 979 f.)[84].

Das gleiche Motiv erscheint nochmals, als Kurt Helmers von Oberst von Winslow, seinem Dienstvorgesetzten, und Leutnant von Ravenow Genugtuung für ihre Beleidigungen und Feindseligkeiten verlangt. Der Oberst versucht hier auch zunächst, dem Duell dadurch zu entgehen, daß er den Bürgerlichen Helmers für nicht satisfaktionsfähig erklärt (WR 1216). Auch das Ehrengericht spricht Kurt das Recht ab, Satisfaktion fordern zu können. Nachdem Kurt jedoch vor dem gesamten Corps vom Kriegsminister und sogar vom König und von Bismarck ausgezeichnet worden ist, kann das Ehrengericht seine Entscheidung nicht aufrechterhalten. Im Duell verlieren die Gegner Kurts ebenso wie die Gegner Sternaus ihre rechte Hand. "Man nennt den Zweikampf ein Gottesgericht, er ist es nicht immer, hier aber war er es gewesen." (WR 1255) Sowohl Karl Sternau als auch Kurt Helmers schonen das Leben ihrer Gegner und bestrafen sie lediglich. Kurt hätte bei einer entsprechenden Erklärung des Gegners auch auf eine blutige Auseinandersetzung verzichtet (WR 1243).

Die Auseinandersetzungsform des Duells spiegelt den Verfall eines unbarmherzigen elitären Ehrbegriffs wider. Zeichenhaft weisen die abgeschlagenen oder zerschmetterten Rechten der Besiegten auf den Verlust von Privilegien, die Ausdruck einer bewußten Distanzierung von allen anderen sozialen Schichten waren. Als sich die verstümmelten und dienstunfähigen Offiziere später auf einer Bahnreise begegnen - beide mit dem Vorsatz, sich an Kurt Helmers zu rächen - kommt das Gespräch auch auf ihre Ehre. Der Dialog ist beispielhaft für die Brüchigkeit des überkommenen Ehrbegriffs:

"... Sie meinen, daß unsere Ehre nicht mehr so glänzend
erscheint wie früher."
"Leider", seufzte der Oberst. "Jene Tage haben uns auch
in dieser Beziehung viel Schaden gemacht."
"Ich gebe keinen Heller darauf. Was ist Ehre? Diese
Frage ist auch eine Pilatusfrage. Wie kommt es, daß
die Ehre eines Officiers zum Teufel ist, sobald derselbe von einem Stocke berührt wird oder eine Ohrfeige
bekommt? Tradition. Ueberlieferung von alten Urtanten
und Urcousinen her!" (85)

Die Argumentation vermag die tatsächliche Hilflosigkeit nicht zu überdecken. Die Ohnmacht der beiden Adligen ist größer als ihr Haß. Die glanzvolle Zeit ist dahin, die Hoffnung auf eine 'standesgemäße' Zukunft hat ein Bürgerlicher zunichte gemacht; das Erkennungszeichen für den Verlust des Privilegs ist die verlorene Rechte.[86] Die Oberhand behalten diejenigen - und das ist der wesentliche Bedeutungsgehalt für den Leser -, denen man die Satisfaktionsfähigkeit abspricht, die keiner privilegierten Schicht angehören.

Für die Zukunftslosigkeit des Adels finden sich im WR ebenfalls vielfältige Belege. Die adligen Hauptpersonen (die Grafen Emanuel und Ferdinando, auch der Herzog von Olsunna) werden als alte, kranke und passive Gestalten beschrieben.[87] Graf Emanuel wird wahnsinnig gemacht (WR 131 f.) und auf einem Leuchtturm gefangen gehalten, Graf Ferdinando - nachdem er bei einem Duell verwundet worden ist - als Scheintoter (WR 513) auf das Schiff Landolas geschafft und später als Sklave an den Sultan von Härrär verkauft. Und der Herzog von Olsunna kann, alt und sterbenskrank, nur auf ein verfehltes Leben zurückblicken. Diese Kennzeichen der Personen stehen, ebenso wie die Armstümpfe der im Duell Besiegten, für das Abgelebte der Adelswelt.

Volker Klotz kann nicht zugestimmt werden, wenn er behauptet, daß May im WR "die Adligen für die Besten hält"[88]. Sehr klar bringt das WR die negativen Seiten des Adels zum

Ausdruck: Auf den Pflichten des Standes ruht ein Fluch,[89] die Ehre des Standes wird aufgrund des Verhaltens seiner Vertreter angezweifelt (WR 1173 f.). Mays Schilderung des Gardekorps in Berlin und das Verhalten der Adligen gegenüber Kurt ist eine einzige Anklage gegen die Überheblichkei und Vorurteile des Adels. Mit den Mitteln der Kolportage ist May hier eine treffliche Charakterisierung des Offizierskorps gelungen.[90] Dem Leser wird gezeigt, "daß in den hochadligen Kreisen denn doch nicht Alles so rein sei, wie man denkt." (WR 1218) Selbst der Kriegsminister bestätigt die Brüchigkeit des Adelsprivilegs: "Gar mancher hochgeborne Kopf ist hohl und steht nur aus Rücksicht auf seine Geburt in Reih und Glied." (WR 1238) Mays Sympathien gelten gerade den Unterprivilegierten, während sich unter den Adligen oder in den höheren Ständen zahlreiche Verbrecher befinden. Das WR kann hier nicht isoliert vom Gesamtwerk Mays gesehen werden. Die Hauptpersonen der übrigen Kolportageromane sind zum größten Teil bürgerlicher Herkunft, und Mays 'Reiseerzählungen' sind frei von feudalen Elementen. Das gilt auch für die Erzählungen und Romane, die May vor dem WR schrieb. Dies alles legt den Schluß nahe, daß das Adelsmuster, wie es bei Sternau und Mariano hervortritt, eine Forderung des Verlegers bzw. ein Zugeständnis Mays an das Leserpublikum war: Der Räuberzögling (Mariano) ist in Wahrheit ein Grafensohn. Hier ist, wie Gert Ueding gezeigt hat, kein Bezug mehr zur Wirklichkeit vorhanden; hier handelt es sich vielmehr um Märchenmotive, die als Versatzstücke in den verschiedenen Romanen auffindbar sind.[91] Der scheinbare Glanz und die vermeintlichen Möglichkeiten wie auch die Freiheit des Adels beeindrucken auch heute noch die Leser von Adelsromanen.[92]

Um die zentrale Bedeutung des 'aristokratischen Prinzips' im WR zu belegen, stellt Klotz die berühmten Indianerhäuptlinge und Westmänner den Adligen gleich. Sie seien "ebenfalls Fürsten, aber von besonderer Art."[93] Dies widerspricht jedoch der Intention Mays, denn die Helden sind anderen nicht aufgrund von Geburtsprivilegien überlegen, sondern aufgrund ihrer Haltung, ihres Einsatzes und ihrer Fähigkeiten. Bevor Sternau und Mariano von ihrer adligen Abstammung erfahren, haben sie sich längst als Männer bewährt; der Titel Matava-se - "Fürst des Felsens" - wurde Sternau wegen seiner besonderen Fähigkeiten und Leistungen verliehen. In diesem Sinn äußert sich auch Anton Helmers: "... Fürsten sind wir Alle, nämlich Fürsten der Wildniß, des Waldes und der Prairie."[94] Die exotischen Passagen kommen gänzlich ohne den Adel von Geburt aus. Im Wilden Westen, wo der Mensch sich in der Natur noch frei von Beschränkungen durch Stand, Geld und ungerechtes Gesetz entfalten kann, zählt allein der Mann: "... erst die Bewährung im Abenteuer 'adelt' - der Mann und nicht der Name entscheidet."[95]

Mays Intention, die im späteren Werk immer deutlicher hervortritt, zielt nicht auf "weitere Dimensionen des aristokratischen Prinzips"[96], um dem Adel der Geburt zu huldigen, sondern vielmehr den 'Adel der Seele', d. h. den menschlichen Wert einer Person, sichtbar zu machen. So äußert sich der Herzog von Olsunna zu der Verbindung seiner Tochter mit dem Maler Rodenstein:

> "Ich stehe am Rande des Grabes; da rechnet man mit anderen Faktoren als im vollen, frischen Leben. Ich sehe den Menschen, aller äußeren Würden, alles falschen Glanzes entkleidet, den ihm eine zufällige Geburt verleiht, ich taxiere jetzt mit dem Auge Gottes, vor dem nicht der Rang, sondern nur die Eigenschaft des Herzens gilt." (97)

In diesem Zusammenhang wird im WR auch von einem 'Adel der Kunst' oder dem 'Adel des Geistes' gesprochen (WR 796). Wo eine Wertschätzung des Adels erfolgt, ist sie nur äußerliches Signum für den inneren Wert des Menschen. Das entscheidende Resümee zieht Sternau nach bewältigten Abenteuern und ausgestandenen Leiden selbst:

> "Unsere Schicksale haben uns gelehrt, daß der Mensch nur so viel werth ist, als er wiegt, und daß Rang, Stand und Besitz nur eine nebensächliche Bedeutung besitzen." (98)

Der Repräsentant dieses Bildes vom Menschen ist Kurt Helmers, ebenso aber auch der unscheinbare André.

> "... nur die Erziehung hat es in der Hand ..." (WR 273)

c) Erziehung

Das WR macht kaum direkte Aussagen über Erziehung. Dennoch finden sich im Handlungsverlauf bzw. in den Dialogen zahlreiche Hinweise auf die Voraussetzungen und positiven Folgen einer guten Erziehung. Die Wiederholung einzelner Motive ist so auffallend, daß sie eine nähere Untersuchung erforderlich macht; hier läßt sich auch die Projektion der eigenen Erziehung Mays vermuten.

Sternau, der Pflegevater des Helden Sternau, ist Erzieher beim jüdischen Bankier Salmonno. Der Hauslehrerin Wilhelmi, die ebenfalls im Dienst des Bankiers steht, erzählt er über sich:

> "Ich bin ein Kind der Armuth, mein Fräulein; die Stellung, welche ich einnehme, ist eine gewöhnliche, was ich bin, bin ich durch eigene Anstrengung und unter härtesten Entbehrungen geworden. Mir hat nie des Lebens Sonne gelacht ..." (WR 308)

Diese Worte könnten Aussagen Mays über sich selbst sein. Der Lehrer Sternau ist dennoch selbstbewußt:

> "Der Erzieher ist niemals der Untergebene der Eltern, sondern ihr Freund und Helfer, denn er arbeitet an derselben Aufgabe wie sie." (WR 304)

Als Lehrer weist er auf die Wichtigkeit von Büchern für das Lernen hin.[99] Auf die didaktische Geschicklichkeit Mays, dem Leser innerhalb des Handlungsgefüges den Wert und den Nutzen von Büchern zu verdeutlichen, hat Heinz Stolte in einem ähnlichen Zusammenhang hingewiesen.[100] Die Erziehung durch den Pflegevater ermöglicht dem späteren Helden Karl Sternau seinen Weg (WR 375). Der Lehrer sorgt dafür, daß Karl das Gymnasium besucht und unterstützt auch Karls Mitschüler Helmers finanziell. Über die Erziehung wird nichts näheres berichtet, aber eine ihrer wesentlichsten Voraussetzungen wird genannt: die Annahme des Kindes durch den Erzieher.[101] Die heutige Erziehungswissenschaft betont die Wichtigkeit der Zuwendung zum Kind, wenn sie schon die "Sprache der Annahme"[102] als grundlegendes Element des pädagogischen Bezuges ansieht. Erziehung und Liebe werden im WR in einem Zusammenhang gesehen. Karl Sternau, als uneheliches Kind von seinem Pflegevater angenommen, erhält nicht nur eine gute Ausbildung, sondern wächst geliebt und geborgen heran; die ungünstigen Voraussetzungen des Kindes werden dadurch aufgehoben.

Mariano wächst unter Räubern auf. Er wird von einem Geistlichen erzogen und unterrichtet. Mariano urteilt über ihn: "Er ist ein sehr guter und frommer Mann. Er ist mein Lehrer, dem ich Alles, was ich weiß, zu verdanken habe." (WR 35) Diese Worte erinnern an Mays Beziehungen zu dem Geistlichen Kochta[103] im Zuchthaus Waldheim, in welchem May ja auch 'unter Räubern' saß. Zwei Aspekte erscheinen im Hinblick auf den Leser noch von Bedeutung: Der Geistliche befindet sich nicht unter Räubern, um an ihren Taten teilzunehmen, sondern um den gesellschaftlichen Außenseitern zu helfen.[104] Und Mariano wird trotz seiner Umgebung ein guter Mensch, während manche Angehörige höherer Stände (etwa Ärzte, Juristen, Offiziere, Politiker, Herzöge) sich als verbrecherisch erweisen. Ist letztlich doch die Veranlagung bestimmend? Wenn es auch verschiedentlich im WR auf den ersten Blick so erscheinen mag - z. B. bei Kurt Helmers oder Gerard Mason -, so betrachtet das WR, wie im folgenden noch darzulegen sein wird, Erziehung doch als entscheidend notwendig.

Gerard Mason genoß bis zum Tod seiner Mutter eine gute Erziehung (WR 607, 641). Der Vater konnte den Verlust seiner Frau nicht verwinden und verfiel dem Alkohol. Später nahm er den Sohn mit auf seine Raubzüge, so daß dieser zu einem Garotteur[105] wurde. Unter dem Einfluß Sternaus, der Gerard durch die Rettung seiner Schwester Annette zum Vorbild wahrer Liebe und Menschlichkeit wird, entsinnt sich Gerard der besseren früheren Jahre und ändert sein Leben. Das kann er aber nur, weil bis zu seinem zwölften Lebensjahr eine gute Erziehung gesichert war und damit die wichtigste Voraussetzung für eine positive Entwicklung bestand. Trotz seines kriminellen Werdegangs ist Gerard in der Lage, Verantwortung zu übernehmen und Bindungen einzugehen.

Das WR schildert auch einen typischen Fall, wie eine autoritäre Erziehung zur völligen Entfremdung von Vater und Sohn führen kann: Kurt von Rodenstein, "ein heftiger, strenger Mann" (WR 758), fordert von seinem Sohn Otto Gehorsam um jeden Preis. Er nimmt keinerlei Rücksicht auf die Begabung des Sohnes; Otto soll den Vorstellungen des Vaters gemäß Offizier werden. Beim Besuch der Kriegsschule entdecken die Lehrer Ottos Fähigkeiten als Maler und versuchen seinen Vater umzustimmen, jedoch vergeblich. "Ich mußte beim Mordhandwerk bleiben", berichtet er Flora über seinen Vater, "und er drohte mir mit einem Fluche, wenn ich nicht gehorsam sei." (WR 758) Da Otto gegen den Willen des Vaters ein Bild zur Ausstellung sendet, verbietet er ihm, jemals wieder sein Haus zu betreten. "Er verbot mir sogar, seinen Namen zu tragen. Ich führe denjenigen meiner verstorbenen Mutter." (WR 758) Gerade die Überspitzung des Konflikts verdeutlicht dem Leser das Grundanliegen des Autors.[106]

Das meiste erfährt der Leser indes über die Erziehung von Kurt Helmers. Auch hier hat der Vater wenig mit der Erziehung des Kindes zu tun, denn er befindet sich als Steuermann zumeist auf See (WR 240). Die Erziehungsaufgabe liegt in erster Linie in den Händen der Mutter, zu der Kurt ein herzliches Vertrauensverhältnis hat (WR 245 f., 274 f., 720). Durch den Umgang mit verschiedenen Personen (z. B. dem Oberförster Rodenstein, dem Forstgehilfen Ludwig Straubenberger, dem Waldhüter Tombi) bietet sich Kurt ein weites Orientierungsfeld. Er ist für sein Alter von fünf Jahren "körperlich und geistig ungemein entwickelt." (WR 245) Tombi, der Sohn der Zigeunerin Zarba, unterweist ihn im Schießen und lehrt ihn Malaiisch (WR 293, 721 f.). Der Forstgehilfe Ludwig bemüht sich ebenso um seine Erziehung (WR 297) wie der Oberförster und Frau Sternau, die ihm Unterricht in Englisch und Französisch erteilen (WR 689, 721). Der Oberförster erzählt von den außergewöhnlichen Fähigkeiten des Jungen:

> "Er ist bereits von Natur ein ganz ungewöhnlich veranlagter und begabter Bengel; nun meistert seine Mutter an ihm herum, und der Waldhüter Tombi da draußen macht den Sack vollends voll. Der Junge reitet und schießt, er liest und schreibt bereits; er hat Französisch und Englisch, und dieser Tombi spricht gar in einer so fremden Sprache mit ihm, daß ich glaube, sie ist vom Mond herabgefallen." (WR 298)

Der größte Einfluß auf ihn geht jedoch von Karl Sternau aus. Schon als Kind vollbringt Kurt erstaunliche Heldentaten:[107] er erlegt einen Keiler, der Sternau und Rosa angreift, er tötet einen Wolf und einen Luchs (WR 294, 685 f.). Immer wieder wird auf die zukünftigen Möglichkeiten des Knaben hingewiesen:

"In diesem Jungen stak eine Entwicklungsfähigkeit, die ihm, wenn keine Störung eintrat, eine nicht gewöhnliche Zukunft sicher stellte." (108)

Kurt ist sehr wißbegierig,[109] kühn, umsichtig und scharfsinnig (WR 727) und begeistert den Großherzog samt seinem Gefolge mit außerordentlichen Geschicklichkeitsübungen (WR 723 ff.). Sein Lehrmeister in allen diesen Künsten ist der Weltreisende Karl Sternau, dessen Erfahrungen und Studien das wesentliche Lernfeld für Kurt bilden (WR 720). Diesem heldischen Vorbild gleicht er auch äußerlich (WR 723).

In Kurt Helmers läßt sich das Wunschbild Mays von der eigenen Kindheit und Erziehung vermuten. Dieser Eindruck wird durch verschiedene Einzelheiten bestärkt. Sternau erinnert in seinem erzieherischen Einfluß auf Kurt an den Schmiedemeister Christian Weisspflog, dessen Faszination auf Kinder May wie folgt beschreibt:

"Ich hatte einen Pathen, welcher als Wanderbursche weit in der Welt herumgekommen war. Der nahm mich in der Dämmerstunde und an Feiertagen, wenn er nicht arbeitete, gern zwischen seine Kniee, um mir und den rundum sitzenden Knaben von seinen Fahrten und Erlebnissen zu berichten. Er war ein kleines, schwächliches Männlein, mit weißen Locken, aber in unseren Augen ein gar gewaltiger Erzähler, voll übersprudelnder, mit in das Alter hinüber geretteter Jugendlust und Menschenliebe. Alles, was er berichtete, lebte und wirkte fort in uns, er besaß ein ganz eigenes Geschick, seine Gestalten gerade das sagen zu lassen, was gut und heilsam war, und in seine Erlebnisse Szenen zu verflechten, welche so unwiderstehlich belehrend, aneifernd oder warnend auf uns wirkten. Wir lauschten athemlos, und was kein strenger Lehrer, kein strafender Vater bei uns erreichte, das erreichte er so spielend leicht durch die Erzählungen von seiner Wanderschaft." (110)

Die Entwicklung Kurts verläuft ohne Komplikationen, vor allem deshalb, weil er Erzieher findet, denen es um das Wohl des Kindes geht. Daß dies keineswegs selbstverständlich ist - so wie es May selbst erfahren mußte -, klingt im WR an: Die Entwicklung des Kindes könnte gestört werden (WR 246). Und nicht jeder hatte in Mays Leben soviel pädagogische Einsicht in die Motive des kindlichen Verhaltens, wie es bei einem Staatsanwalt Kurt gegenüber der Fall ist, als der Knabe den vermeintlich arretierten Karl Sternau mit Gewalt befreien will:

> "Wir haben es hier mit einer groß angelegten Menschenseele zu tun, und nur die Erziehung hat es in der Hand, was aus ihr wird, ein großer Verbrecher oder eine im Guten gewaltig hervorragende Existenz." (WR 273)

Am auffälligsten ist das problematische Verhältnis zwischen Vätern und Söhnen. Karl Sternau und Mariano kennen ihre wirklichen Väter nicht; der Vater Gerard Masons ist Trinker, der seinen Sohn zum Diebstahl anleitet; Rodensteins Vater wird als unversöhnlicher Tyrann geschildert. Von diesen Vätern gehen keine bzw. negative erzieherische Impulse aus; selbst der Vater von Kurt Helmers hat kaum Beziehung zu seinem Sohn. Es ist daher anzunehmen, daß diese Vater-Sohn-Beziehungen - in keinem anderen Roman Mays kommen sie in solcher Häufung vor - Projektionen von Mays eigenem gestörten Verhältnis zum Vater sind, deren Details kolportagehafter und damit rudimentär-psychologischer Art erst in der Zusammenschau das Bild des eigentlichen Konflikts ergeben.[111]

Die Aussagen über Erziehung im WR sind ebenso bruchstückhaft wie die Auseinandersetzung mit anderen Problemen. Es hieße auch das Phänomen Kolportage verkennen, wollte man mehr von ihr erwarten. Der pädagogische Bezug wird stilisiert, manche 'Erziehungsregeln' wirken mechanistisch,[112] der Erziehungsprozeß selbst wird nicht näher untersucht. Kurt Helmers befindet sich von den sozialen Bedingungen her in einer Sondersituation. Der Leser erfährt nichts darüber, wie sich aus dem "vielversprechenden Knaben ein prächtiger junger Mann" (WR 1180) entwickelt.

Dennoch vermittelt das WR - und der Gebrauch der Superlative in Verbindung mit dem fünfjährigen Kurt Helmers signalisiert den Stellenwert des Kindes in der Sicht des Autors[113] - verschiedene Erkenntnisse aus dem Bereich der Erziehung. Gerade weil sie dem Leser unaufdringlich im Handlungsgefüge und in den Dialogen mitgeteilt werden und der 'Erziehungsgeschichte' eines Helden entstammen, sind sie besonders einprägsam. Es erscheint alles andere als antiquiert, wenn das WR die Wichtigkeit der ersten Lebensjahre, die Bedeutung einer Bezugsperson, die Gewährung eines Freiheitsraums für das Kind betont und nachdrücklich darauf hinweist, daß verantwortliche Erziehung unabdingbar zur positiven Entwicklung eines Menschen gehört.

> "Es tut mir leid, daß ich nicht ein Mann bin ..." (WR 1240)

d) Stellung der Frau

Im WR begegnen dem Leser hauptsächlich vier Frauentypen, und zwar die 'vollkommene Frau' - unberührt, keusch, schön - (z.B. Rosa, Rosita, Resedilla), Frauen, die sich nicht genau einordnen lassen (etwa Emilia, Zarba, Karja), die soziale Außenseiterin (Hanetta Valdez, Mignon) und die diabolische Weiblichkeit (Josefa Cortejo, Clarissa). Die meisten Frauen - sie gehören fast ausschließlich der ersten Kategorie an - bleiben passiv und sind auf den Schutz des Helden angewiesen. Ihre Rolle ist nach erfolgter Heirat auf Ehegefährtin und Mutter und auf die Versorgung von Haus und Familie beschränkt. Dennoch ist eine Ungleichheit von Mann und Frau, wie sie im Kaiserreich die Regel war,[114] im WR nicht feststellbar. Die Autorität des Mannes gegenüber der 'reinen' Frau tritt im WR nicht in Erscheinung, im Gegenteil: standesmäßig stehen manche

Frauen sogar höher als ihre Männer. Die Frau wird als
Geschenk empfunden (z. B. Rodenstein, Gerard, André).
Wie ist eine solche Bewertung der Frau in diesem Roman zu
erklären? Soll dem Leser, hier vor allem der Leserin, ein
Bild der Harmonie vorgegaukelt werden, das die Betrübnis
des ehelichen bzw. familiären Alltags - wenigstens zeit-
weise - überdeckt? Zutreffender erscheint eine andere
Erklärung: May war, als er das WR schrieb, erst kurze Zeit
(seit 1880) mit Emma Pollmer verheiratet. Die Frauentypen
sind von seiner Beziehung zu Emma beeinflußt, darauf deuten neben der Bezeichnung der Frau als 'Blume' (Rosita,
Rosa, Resedilla, Flora)[115] die Namen Amy, Emma und Emilia
hin, die Variationen des Namens Emma sind.[116] In der Weise,
wie May während dieser Zeit seine Ehefrau Emma sieht, sind
auch die Gefährtinnen der Helden gezeichnet. May selbst
ist auf der Suche nach seiner Identität, versucht die Vergangenheit zu bewältigen, Verständnis zu finden und sich
einen (neuen) Namen zu machen - in Emma hofft er die Gefähr-
tin gefunden zu haben, die ihm Partnerschaft und Hilfe zugleich bietet. Das Ringen Marianos um Verständnis seiner
Vergangenheit bei Amy (WR 872), die Wartezeit und unkon-
ventionelle Eheschließung von Emma Arbellez[117] und Anton
Helmers sowie die Liebschaften der Spionin Emilia[118] erinnern an Probleme der jungen Ehe Mays. May hat vermutlich
zu sehr das Bild der Emma Pollmer vor sich, als daß er die
Frau als Untergebene des Mannes ansehen kann.

Zweifellos erfährt die Frau im WR zuweilen eine beachtliche
Wertschätzung. Mag der Leser das Vorhaben Graf Manfredos,
eine Tänzerin zu heiraten,[119] noch als sinnliche Verblen-
dung verstehen, so bringen andere Personen - etwa der
Lehrer Sternau, Gerard, André, Bärenherz, der gealterte
Olsunna - der Frau aufrichtige Verehrung entgegen und be-
trachten sie als gleichwertige Partnerin. André bezeichnet
Emilia sogar als 'Königin', "... und ich bin der Sclave,

der Unterthan, welcher bereit ist, für Dich zu leben und
aber auch für Dich zu jeder Stunde in den Tod zu gehen."
(WR 2587)

"Die Männer halten die Welt in Ordnung, die Frauen das
häusliche Anwesen."[120] Damit charakterisiert Martin Lowsky
treffend die Stellung von Mann und Frau in der Kolportage.
Im allgemeinen wird die Frau über ihren häuslichen Rahmen
hinaus nicht aktiv. Die einzigen Frauen, die im WR öffentlich wirksam werden, sind Emilia und Josefa Cortejo –
die eine die schöne Spionin, wenn auch für die gerechte
Sache des Juarez, die andere die häßliche Tochter eines
Bandenführers. Josefa wird als Teufelin bezeichnet (WR 1708,
1941, 1947), Emilia als "Schönheit im offenen Kleide des
Lasters" (WR 1474). Positive weibliche Personen sind damit
im WR öffentlich nicht aktiv. Und auch Emilia will ihrem
André, nachdem sie ihren politischen Auftrag erfüllt hat,
ein ruhiges Heim bieten: "Ich will Dein Weib sein, Deine
Hausfrau, bei der Du eine Heimath findest, nachdem Du so
lange Jahre ruhe- und heimathlos gewesen bist." (WR 2587).
Dem Helden-Ideal entsprechend übernimmt der Mann die Rolle
des Kämpfers, eine Rolle, für die die Frau traditionsgemäß
am ungeeignetsten erschien.[121] Aber auch dieses Muster
wird im WR durchbrochen: Karja, die Indianerin, versteht
es, mit Erfolg zu kämpfen und sich wie ein Mann zu verteidigen; genauso entschlossen handelt Emma Arbellez (WR 424,
952, 1023). Mag man einwenden, Karja sei Indianerin und
Emma Mexikanerin und damit nicht Maßstab für das Verhalten der deutschen Frau, so wird in Rosita eine Kämpferin
gleicher Natur vorgestellt. Rosita setzt sich erfolgreich
gegen einen Leutnant zur Wehr (WR 1173 f.) und stellt einen
Oberst wegen seines Verhaltens gegenüber Kurt zur Rede:
"Es tut mir leid, daß ich nicht ein Mann bin, Herr Oberst,
und also meine gegenwärtigen Worte nicht mit einer Pistole
oder dem Degen bekräftigen kann." (WR 1240) Entgegen Brauch

und Herkommen erzwingt sie ihre Anwesenheit bei einem Duell (WR 1243 ff.). Sie setzt sich sogar beim Kriegsminister ohne das Wissen Kurts für eine gerechte Behandlung des Freundes ein: "Ich mußte ja handeln, da Du es vorzogst, zu schlafen." (WR 1265) Die geforderte Zurückhaltung der Frau wird von Rosita, dem 'Waldröschen', an den verschiedensten Stellen durchbrochen; u. a. macht sie Kurt gegen Herkommen und Form einen Heiratsantrag (WR 2099).

Das WR geht bezüglich der Stellung der Frau in der damaligen Gesellschaft verschiedentlich über die Rechte hinaus, die man der Frau für gewöhnlich zugestand.[122] Es spiegelt jedoch auch die Widersprüchlichkeit und Unbarmherzigkeit einer Moral wider, die den Mann mit besonderen Vorrechten ausstattet: Gerard Mason und Emilia versuchen, mit ihrer Vergangenheit fertig zu werden. Während der frühere Garotteur - in Mexiko ein neuer Mensch geworden - die vorbehaltlose Liebe Resedillas erfahren darf (WR 1689), ist Emilia einem grausamen Vorurteil ausgeliefert. Emilia wuchs mit Gerard in einem Pariser Hinterhaus auf. Als Gerard sein Verbrecherleben beendete, war Emilia Grisette geworden. Von einem amerikanischen Schwindler wurde sie nach Amerika entführt. Gerard fand sie in St. Louis, rettete sie vor dem Selbstmord, sorgte für sie und vermittelte ihr eine Stelle als Gesellschafterin.[123] Aber ihre Liebe konnte er nicht erwidern. Emilia fragt ihn, ob es zu gegenseitiger Liebe gekommen wäre, wenn beide gemeinsam ihr altes Leben aufgegeben hätten:

> "Kann ein Garotteur sich nicht bessern und eine Grisette sich ändern?"
> "Das Erstere kann geschehen, aber das Zweite nicht."
> "Du bist grausam!"
> "Nein, ich sage die Wahrheit. Selbst der ärgste Bösewicht kann ein ehrlicher Mann werden, denn er hat Charakter. Ein Mädchen aber, die einmal die Freuden der Liebe gekostet hat, wird nie ein treues Weib. Der Bösewicht sündigt mit der Gesinnung, also psychisch,

> das Mädchen aber mit dem Körper. Dieser Körper bleibt
> zur Lust geneigt; der Geist ist willig, aber das
> Fleisch ist schwach. Ich war ein Bösewicht, aber ich
> habe mich geändert; Mignon war eine Grisette; sie ver-
> sprach mir, sich zu ändern; sie hatte auch den Willen
> dazu; aber sie war ein Weib. Als die Versuchung kam,
> fiel sie wieder in den Sumpf zurück."
> "Und dennoch irrst Du. Hättest Du mich geliebt, so
> wäre ich Dir eine brave, treue Frau geworden. Bringe
> mir einen Mann, den ich lieben kann, so werde ich Dir
> beweisen, daß ich die Wahrheit rede." (WR 1461)

Wenn Gerard auch den Verführungskünsten Emilias zu widerstehen vermag, so hat er doch in der Vergangenheit ebenso mit seinem Körper gesündigt wie sie. Obwohl er sich seiner Lieblosigkeit gegenüber Emilia bewußt ist, vermag er seine Einstellung nicht zu ändern:

> "Bin ich denn wirklich so hart, wie ich mir jetzt
> selbst vorkomme? (...) Es ist mir, als ob ich mich ver-
> abscheuen müsse, und doch kann ich nicht anders."
> (WR 1462)

Das harte Vorurteil Gerards, der für sich in Anspruch nimmt, was er einer Frau nicht zugesteht, die ihm moralisch ebenbürtig ist, belegt nachdrücklich, daß einer gesellschaftlich Diskriminierten und Verachteten die Wiederaufnahme des 'normalen' Lebens fast unmöglich war.

Dennoch behält Emilia recht. Der kleine André - der kleine A n d e r e -, nicht so groß wie mancher Held, aber anders in der Gesinnung, hat nicht die Vorurteile eines Gerard. Er liebt Emilia ohne Vorbehalte und sieht nur die Zukunft: "Nun tausche ich nicht mit Sternau oder Mariano, mit keinem einzigen Menschen!" (WR 2587)

In Mays Kolportageroman "Der Weg zum Glück", der einige Jahre später erschien, finden sich die zeitgenössischen Anschauungen über die Frau weitaus deutlicher als im WR, obgleich auch dort die weiblichen Hauptgestalten vielfach außerhalb geltender Normen handeln.[124] Welche Vorstellungen dieser Gesellschaft und Zeit auch immer in das WR eingeflossen sind, Karl May achtet die Frau nicht gering. Seine größte Verehrung galt einer Frau, nämlich seiner Großmutter. Und das spätere Werk wie auch sein Leben zeigen eindrucksvoll, daß er die Frau als dem Mann gleichwertig ansah.[125]

5. Selbstbewertung des Autors und Charakter des Helden

Verschiedene Personen im WR tragen autobiographischen Charakter. Weit mehr jedoch als die idealen Haupthelden (Sternau, Kurt Helmers) sind einige 'Unterhelden', ja Nebenpersonen (wie etwa Otto von Rodenstein), "Emanation von Karl Mays Ich."[126] Die Haupthelden entsprechen weitgehend dem Muster der Kolportage,[127] wirken oftmals überzeichnet, distanziert, teilweise wie Marionetten; Sternau ist als 'Halbgott'[128] bisweilen schon zu weit vom Leser entfernt, Kurt hat scheinbar übernatürliche Kräfte.[129] Daß diese Gestalten dennoch lebendig wirken, ist auf Mays Geschick der Variation von Kolportagemotiven zurückzuführen.[130]

Karl Sternau veranschaulicht den Wunsch des Autors nach Ansehen und Anerkennung. Sternau ist nicht nur ein "früher Old Shatterhand"[131], sondern wächst über diesen vielfach hinaus. Er ist einer der bedeutendsten Mediziner (WR 19, 50), er hat bereits Bücher geschrieben, und seine Kenntnisse und Erfolge sind in der Öffentlichkeit bekannt (WR 50). Trotz seiner Jugend - er ist 26 Jahre alt - hat er verschiedene Erdteile besucht, um seine Erfahrungen zu erweitern.[132] Er war in Amerika, Afrika und Asien, im Orient sogar mehrere Jahre (WR 720). Dort jagte er Löwen, Tiger, Panther und Elefanten und eignete sich im Kampf mit den verschiedensten Menschen jene Geistesgegenwart an, "welche kein Erschrecken kennt, keinen Augenblick zaudert und in jeder Lage sofort das Richtige ergreift." (WR 56). Wie Old Shatterhand spricht Sternau verschiedene Sprachen,

besitzt die gleiche Kleidung und Waffenausrüstung und
verfügt über ebensolche außergewöhnlichen Fähigkeiten.[133]
Nicht nur als Arzt hat er sich einen Namen gemacht, sondern auch als Westmann: Man nennt ihn Matava-se, den "Fürst
des Felsens" (WR 737, 923). Auch in seinem 'Jagdhieb'
(WR 57, 738) und in seiner Freundschaft zu Indianern[134]
gleicht er Old Shatterhand; er besitzt sogar dessen charakteristische Halsnarbe, die von einem Messerstich herrührt (WR 737). Dabei ist Sternaus Hand, die einen Ackergaul mit einem einzigen Schlag niederstreckt, "so weich
wie eine Frauenhand" (WR 739). Dieses äußere Kennzeichen
weist schon auf die ganz andere Seite dieses Helden, der
"Kind und Held zu gleicher Zeit" (WR 730) ist. Angesichts
der Taten Sternaus sagt die Großherzogin: "Gott! Vor solch
einem Manne sollte man sich eigentlich fürchten!" (WR 739)
Aber Rosa kann sie beruhigen: "Ja, wenn er nicht an Herz
und Gemüth ein ebensolcher Riese wäre!" (WR 739). Der Held
scheut sich auch nicht, seine Gefühle zu zeigen (WR 277,
1897, 1925) oder wie ein Kind zu weinen (WR 190, 1896).[135]

In Sternau begegnet dem Leser bereits der Maysche 'Edelmensch'. Sternau verkörpert die Harmonie von Körper, Seele
und Geist.[136] "Er ist ein herrlicher Mann", sagt sein
Freund Otto von Rodenstein über ihn, "hoch und stolz gewachsen. Und wie sein Äußeres ist, so ist auch sein Inneres." (WR 760) Der Held achtet den Mitmenschen, sei er
von hohem oder niedrigem gesellschaftlichen Rang. Bei den
Bediensteten ist er schon kurz nach seiner Ankunft in
Rodriganda sehr beliebt (WR 63, 172). Nach Möglichkeit
will Sternau Blutvergießen und den Tod eines Menschen vermeiden.[137] Auf die Bitte Juarez', als Offizier in dessen
Dienste zu treten, entgegnet er: "... ich bin Arzt; mein
Beruf ist, Wunden zu heilen, nicht aber, sie zu schlagen."
(WR 1826) Zuweilen vernichtet der Held den Gegner - im
Gegensatz zu Old Shatterhand - jedoch erbarmungslos.[138]

Manchmal hat Sternau aber auch Mißerfolg; er wird überlistet (WR 179 ff., 1127, 2031), unterschätzt seinen Feind und begeht einen Fehler (WR 1019, 1108), er läßt sich überreden (WR 1931) und wird von seinen besten Freunden, die ihrer Rache nachgehen wollen, als Autorität in Frage gestellt (WR 1953 f.). Solche Situationen bleiben indes die Ausnahme, und seine Führerrolle wird uneingeschränkt anerkannt. Das erkennen sogar seine Feinde: "Sternau ist die Seele des Ganzen. Fehlt er, so fehlt der Kopf." (WR 2355) Sternau selbst setzt die Normen für Gut und Böse, Recht und Unrecht und übernimmt in der Freiheit der Natur, in der es keine staatliche Autorität gibt, die Funktion der Obrigkeit (WR 923, 983, 985, 1001).

Mit der Person Sternaus hat der Autor die Möglichkeit, selbst Maßstäbe zu setzen und über Recht und Unrecht zu befinden; hier kann er das tun, was er von anderen über sich ergehen lassen mußte. Der Riese Sternau ist eine Kompensation der relativ kleinen Körpergröße Mays.[139] "Indem zur körperlichen Größe der Helden moralische Größe kommt, ergibt sich für den steckbrieflich verfolgten Rückfalltäter Karl May eine weitere Möglichkeit zur Kompensation."[140] Daß der Held Sternau Arzt ist, entspricht nicht nur den (Lese-)Bedürfnissen der Gesellschaft der Kaiserzeit, die "ein geradezu morbides Interesse für medizinische Details"[141] entwickelte, sondern auch den Wunschvorstellungen Mays, dem ein Medizinstudium aus finanziellen Gründen verwehrt war.[142] "Dr. Carlos Sternau als Augenarzt - das ist Karl May, der sich 1864 als 'Dr. med. Heilig, Augenarzt und früher Militair' ausgegeben hatte."[143] Autobiographische Einzelheiten finden sich zudem in der Arretierung Sternaus und dem Verhör vor dem spanischen Corregidor. Ferner spiegelt sich die Tatsache, daß May sich 1869 als 'natürlicher Sohn des Prinzen von Waldenburg' ausgegeben hatte,[144] in Sternaus Abstammung wider.

Interessante Hinweise auf den Autor gibt schließlich der Name Karl Sternau. Klaus Hoffmann hält ihn für historisch, da ein C. Sternau 1882 und 1885 beim Dresdner Kolportageverleger Adolph Wolf, bei dem May früher gearbeitet hatte, zwei Romane herausgab.[145] Werner Poppe dagegen ist der Ansicht, daß der Name Sternau allenfalls ein Pseudonym sei.[146] Claus Roxin glaubt im WR bereits eine primitive 'Symbolik' festzustellen, die im Alterswerk dann als künstlerische Form erscheine;[147] auf diesem Hintergrund erkennt Heinz Stolte in Karl Sternau eine frühe Personifizierung mit der 'Menschheitsfrage': "Nicht Karl May, aber Karl Sternau ist sein Name. Mit einer Hälfte noch ist er dieser kleine Mann, Karl, der Noch-nicht-einmal-Parvenue, mit der anderen aber ein Sternau, ein Sternenmann, ein Auserwählter der ewigen Gestirne. Sternau - da fassen wir den Mythos von Sitara zum erstenmal ..."[148] (...) "Hier schon steigt die 'Menschheitsfrage' auf und geht - personifiziert in jenem Karl Sternau - auf die Suche nach dem 'Edelmenschen'"[149]. Entgegen dieser Deutung meint Werner Poppe, May habe im WR noch nicht an Sitara[150] gedacht, sondern vielmehr das Wunschbild des Karl May aus Ernstthal vor Augen gehabt: "Könnte May nicht so gedacht haben: den Vornamen 'Karl' behalte ich bei wie auch bei Old Shatterhand; Ernstthal trenne ich in 'Ernst' und 'Thal'; Ernst ergibt im Anagramm 'Stern' und ein Tal ist oft eine 'Au', also ergibt sich 'Sternau'."[151] Diese Vermutung werde auch dadurch gestützt, daß die Namen der Mütter von May und Sternau Ähnlichkeit miteinander hätten: Die Mutter Sternaus war eine geborene Wilhelmi (WR 305), während die Mutter Mays mit Vornamen Wilhelmine hieß.[152] Welche Deutung auch zutreffen mag, die Silbe 'Stern' im Namen des Helden ruft im Leser Assoziationen hervor wie etwa: Licht, Himmel, Emporschauen usf.[153] Und mit Sternau erscheint im WR ein Mensch, makellos und vollkommen, eine Lichtgestalt, die in messianistischem Eifer die verkehrte Welt in Ordnung bringt. Doch trotz aller dieser Attribute versteht Sternau sich nicht als souverän Handelnder, sondern als Abhängiger: "Ich vertraue nicht mir, sondern der Wissenschaft und der Hilfe Gottes!" (WR 276)

Ebenso wie Karl Sternau ist Kurt Helmers Weltreisender (WR 1180, 1270), wenn auch in Dienstangelegenheiten. Er kann sich schon als junger Mann durch großartige Verdienste für das Vaterland auszeichnen.[154] Voraussetzung für seinen Werdegang ist vor allem seine gute Erziehung, die Sternau zu einem großen Teil übernommen hatte.[155] Kurt gleicht dem heldischen Vorbild seines Lehrers Sternau.[156] Die einzige Ausnahme ist seine bürgerliche Herkunft. Äußerlich ist Kurt unauffälliger als Sternau (WR 1180). Er ist zurückhaltend und bescheiden (WR 2467, 2469, 2471), versteht es jedoch auch, durch höfliches, aber bestimmtes Auftreten, bei seinen Vorgesetzten und bedeutenden Politikern Achtung zu erlangen.[157] Auf die Bemühung Sternaus, ihm zu sozialem Prestige zu verhelfen, ist er nicht mehr angewiesen: "Er ahnte nicht, daß dies gar nicht nothwendig sei und daß Kurt es selbst ganz vortrefflich verstand, sich Geltung zu verschaffen." (WR 2467). Damit akzentuiert das WR das Entscheidende: Kurt Helmers ist der Prototyp des aufstrebenden bürgerlichen Menschen, sich seiner eigenen Kraft und seines Wertes bewußt.[158]

Kein Vertreter der Aristokratie vermag die Geschichte zu einem guten Ende zu führen. Erst als Kurt durch eine Sendung nach Mexiko (WR 1270) in die Geschicke der Rodriganda eingreift, kann das Böse endgültig besiegt werden. Trotz aller Vorzüge, Fähigkeiten und Privilegien gelingt dies selbst dem Helden Sternau nicht. Dieser wird vielmehr gemeinsam mit anderen Helden von Landola sechzehn Jahre lang auf einer einsamen Insel gefangen gehalten und ist zur völligen Untätigkeit gezwungen. Während dieser Zeit – in der der Adel gleichsam in Bewegungslosigkeit verharrt – entwickelt sich Kurt zu einem 'prächtigen jungen Mann'. Nach der Befreiung von der Insel durch den deutschen Kapitän Wagner (WR 1408) werden Sternau und seine Freunde nochmals gefangen genommen (WR 2031), diesmal aber ohne Hoffnung auf Befreiung. Der Bürgerliche Kurt Helmers muß erscheinen, um Sternau zu befreien und damit die Wende herbeizuführen (WR 2448).

Indem Karl May im WR Kurt Helmers als Repräsentanten des neuen Menschen darstellt, dem es gelingt, der Gerechtigkeit und dem Guten zum Sieg zu verhelfen, vermittelt er ein charakteristisches Merkmal der Kaiserzeit: Die Glanzzeit des Adels ist vorbei; die Zukunft gehört dem Bürgertum, das sich aus seiner Unmündigkeit befreit, wie überhaupt allen Menschen, die für Freiheit und Gleichheit kämpfen (Juarez, Gerard, André, Geierschnabel usf.).

Die Hilflosigkeit des Adels zeigt sich in eindrucksvoller Weise in der Haltung des Kaisers Maximilian von Mexiko. Obwohl Maximilian sich der Berechtigung des Mexikanischen Befreiungskampfes nicht verschließen kann (WR 1755, 2491, 2494, 2567), besitzt er nicht die erforderliche Kraft, der französichen Eroberungspolitik entgegenzutreten und damit auch sein persönliches Schicksal zu wenden (WR 2473 ff., 2490 ff.). Verwirrt durch Intrigen und unfähig, Freund und Feind zu unterscheiden, wird der Kaiser sich der Ausweglosigkeit seiner Lage erst bewußt, als es schon zu spät ist. Die beiden Rettungsversuche Kurts, dem sonst alles gelingt, bleiben erfolglos (WR 2506, 2567). Der Bürgerliche muß den Adligen seinem Schicksal überlassen: dem Steuermannssohn steht eine blendende Zukunft offen, der Kaiser endet auf dem Schafott. Doch noch im Tod bekennt sich Maximilian zur Freiheit und Unabhängigkeit Mexikos.[159]

Sternau und Helmers, die makellosen Ideal-Helden, stehen
für das Wunsch-Ich des Autors. Was sie in die Welt hinaustreibt, ist nicht die bedrückende Vergangenheit, sondern Pflicht, Studium oder Auftrag.[160] Lebensnäher wirken
die Personen, die aus anderen Motiven die Heimat verlassen haben: Anton Helmers ('Donnerpfeil') fand in Deutschland keine Erwerbsgrundlage und versuchte, sein Glück in
Amerika zu machen:

> "... ich bin der Jüngere von zwei Brüdern. Wir wollten
> studiren, da aber die Mittel nicht ausreichten und der
> Vater starb, so ging mein Bruder zur See und ich nach
> Amerika, wo ich nach vielen Irrfahrten mich schließlich in der Prairie als Waldläufer etablirte." (WR 390,
> 742)

André entzweite sich wegen eines Mädchens mit seinem Bruder
und wanderte, als ihm das Mädchen untreu wurde, nach Amerika aus (WR 1596). Der 'Schwarze Gerard' verließ Frankreich,
um nach seinem verbrecherischen Leben als Garotteur in
Amerika ein neues Leben zu beginnen. Und Otto von Rodenstein wurde von seinem Vater fortgewiesen, weil er nicht
dem Berufswunsch des Vaters nachkam, sondern Maler wurde.
Amerika erscheint als das Land der Freiheit, in dem die
Konflikte der Vergangenheit gelöst oder zumindest zur Ruhe
gebracht werden können. In jedem Fall sind diese Personen
ihrem ursprünglichen Lebensraum entfremdet.

In diesen Personen spiegeln sich Mays eigene Entfremdung
vom Elternhaus sowie die Schuld der Vergangenheit. Schon
bei Mariano, der wehrlos als Kind unter die Räuber gerät,
zeigt sich dieser Konflikt, besonders aber der Versuch
des Autors, die Schuldfrage zu beantworten. Sternau gibt
dem Vater Amys folgende Auskunft über Mariano:

> "Er ist - um kurz zu sein - ein entsprungener Räuberzögling, der auf Gottes weiter Welt nichts, gar nichts
> sein Eigen nennt." (WR 876)

Aber hier ist ein Mensch unschuldig in verbrecherische
Verhältnisse geraten; ihm wurde bitteres Unrecht zugefügt.
Die Frage nach Schuld oder Unschuld bewegt Mariano jedoch
immer wieder, wie etwa in diesem Gespräch mit Amy:

> "Ich bin ein Brigant, ein Räuber." (...)
> "Du konntest nicht dafür, daß Du an diesen schauer-
> lichen Ort kamst?"
> "Nein, denn ich war noch ein Kind."
> "Und Du wurdest ohne Deine Schuld als Brigant erzogen?"
> "Ich lebte unter Briganten, aber ich wurde nicht als
> solcher erzogen. Ich habe nie das Geringste gethan,
> was mich hätte mit dem Gesetz in Conflikt bringen kön-
> nen." (161)
> (...) "... ich bin ein armer, ausgestoßener Mann."
> (WR 879)

Ganz anders auch als der strahlende Held Sternau gibt die
Aussage Otto von Rodensteins über sich selbst die Hilflosigkeit und Verlassenheit Mays wieder, als dieser nach
nächtlichem Umherirren aus einem Steinbruch gerettet wird
und im Vaterhaus keine Aufnahme mehr findet:[162]

> "... ich habe keinen Vater, keine Mutter; weder Bruder
> noch Schwester; ich habe nicht einmal einen Namen, den
> ich tragen darf; ich bin verfehmt und verflucht ...
> Ich bin wie der junge Adler, den die Alten aus dem
> Neste werfen; denn Anderen gehören die Firnen und der
> Aether, er aber soll da unten im Abgrunde jammervoll
> verschmachten. Und selbst wenn er nicht verdirbt, so
> sind ihm die Schwingen gebrochen, und er hockt einsam
> und verlassen zwischen den Felsen." (163)

Für den Luftkurort, an welchem Rodenstein seine Begegnung
mit Flora hat und eine Veränderung seines Lebens erfährt
(WR 750), könnte der Ort Ottenstein[164] das landschaftliche
Vorbild für May gewesen sein.

Im Gegensatz zu Kurt, der den preußischen Militarismus
glorifiziert (WR 1235), spricht Rodenstein von seinem
Offiziersberuf als von einem "Mordhandwerke" (WR 758).
Diese Auffassung Rodensteins dürfte Mays wirklicher Über-
zeugung entsprochen haben; die Person Kurts ist hier der
Wirkungsintention der Kolportage angepaßt, die den deut-

schen Nationalismus berücksichtigte.[165] Im übrigen ist die
Widersprüchlichkeit ein Wesensmerkmal der Kolportage (vgl.
III. 6.).

Was den Wunsch Mays nach Bewältigung seiner Vergangenheit
betrifft, so hat er im 'Schwarzen Gerard' die wahrste
Figur gestaltet. Schon der Name[166] weist diesen Mann als
Gegenpart zur Lichtgestalt Sternaus aus. Durch das schlechte Vorbild seines Vaters verliert Gerard seine Arbeit,
führt Diebstähle und Raubzüge durch, sinkt ins Lumpenproletariat hinab und muß lange Zeit im Gefängnis zubringen (WR 607 f.). Trotz wiederholter Bestrafungen tritt
keine Besserung ein. Der Entschluß, sein Leben zu ändern,
erfolgt erst, als er Sternau begegnet. Kennzeichnend ist
ein Gespräch mit seinem Vater:

> "Ich will ein ehrlicher Arbeiter werden, Vater."
> "Unsinn! Das bringt kein Garotteur fertig."
> "Ich werde Dir das Gegentheil beweisen."
> "Man wird es Dir schwer werden lassen. Die Polizei
> kennt Dich zu sehr." (WR 654)

In der Tat, die heimatlichen Verhältnisse lassen eine Veränderung nicht zu. Und so sucht Gerard schließlich die
Fremde auf, wo er - ein ehemaliger Angehöriger des Lumpenproletariats - sich zum angesehenen Westmann entwickelt
und einen neuen Namen erhält.[167] Aber dieser Weg wird ihm
sehr schwer:

> "Ich bin gegangen und habe gearbeitet. Danach habe ich
> viel gelitten und gestritten und gekämpft; ich selbst
> war ja mein schlimmster Gegner." (WR 1424)

Nicht von ungefähr nimmt der Läuterungsprozeß des Gerard
und seine Selbstannahme, unterstützt durch die Liebe der
Resedilla, einen so großen Raum im WR ein (WR 1424 - 1693).
Der zerfetzte Körper des Gerard, der kaum noch eine Spur
von Leben in sich trägt (WR 1646, 1689, 1691), ist ein ergreifendes Bild von Mays seelischem Zustand jener Tage,

denn kein Held im WR wird auch nur annähernd so verletzt wie Gerard,[168] die meisten bleiben völlig unversehrt.

Gerard sucht die Verfehlungen seiner Vergangenheit weder zu verbergen noch zu entschuldigen. Er findet einen Menschen, Resedilla, der seine Buße und Veränderung erkennt und zu ihm steht, ihm neue Hoffnung gibt: "Ich sehe nur, was Ihr seid, aber nicht, was Ihr waret." (WR 1549) Er gehört nicht zu den Menschen, die aufgrund ihrer Schuld handlungsunfähig werden; vielmehr bekämpft er nach dem Gesetz der Prärie nun seinerseits das Böse:

> "Aus dem einstigen Sünder war ein Bußfertiger geworden, aber nicht ein Büßender im Sack und in der Asche, der elend seine Tage verjammert, sondern ein Büßer mit der Büchse in der Faust, der es sich zur Aufgabe gestellt hatte, das Verbrechergesindel der Savanne auszurotten." (WR 1426)

Wer zu diesem 'Verbrechergesindel' gehört, erfährt der Leser schon einige Seiten später, als Gerard einen französischen Offizier erschießt, der Resedilla vergewaltigen wollte (WR 1442).

> "Nun betete er ein stilles Vaterunser, gab das Pferd des Todten frei, sprang auf das seinige und brauste davon. Sein Gewissen machte ihm nicht den geringsten Vorwurf." (WR 1443)

Der Konflikt zwischen Vergangenheit und Gegenwart, der Zwiespalt zwischen Hoffnungslosigkeit und Glückserwartung (WR 1621 f.), ist nur durch vorurteilslose Zuwendung aufhebbar, wie sie durch Sternau und Resedilla geschieht. Doch die Unzulänglichkeit Gerards steht im Widerspruch zu seiner Überheblichkeit gegenüber dem schuldig gewordenen Nächsten. Das Verhalten Gerards, der ohne Gewissenskonflikt Unerbittlichkeit und Vaterunser in Einklang bringt, zeigt weniger die Widersprüchlichkeit Mays, als vielmehr - etwa angesichts des Hasses gegenüber Franzosen und Juden - die Einstellung der Gesellschaft seiner Zeit.

Später plädiert May, nicht zuletzt sicherlich angesichts seiner eigenen Straftaten, nachdrücklich für Verständnis und soziale Mitverantwortung:

> "Der Verbrecher ist nicht als Abschaum der Menschheit zu behandeln, sondern als das öffentlich hervortretende Symptom einer Krankheit, an der der ganze Organismus leidet. Zu diesem Organismus gehörst auch du. Nach vollbrachter Buße ist der Sünder wenigstens ebenso rein wie du, dessen Fehler nicht gerichtet worden sind. Hüte dich also vor Selbstgerechtigkeit!" (169)

Eine der liebenswürdigsten Gestalten ist May mit dem 'Kleinen André' gelungen. Dieser Mann rückt durch seine Unkompliziertheit und Natürlichkeit (WR 1775, 1780) in die Nähe des Lesers; von ihm geht in keiner Weise die manchmal distanzierende Erhabenheit der großen Helden aus - er ist der 'kleine Andere'. Besonders beeindruckend ist seine Hilfsbereitschaft: Unter selbstlosem Einsatz rettet er vierzig mexikanische Familienväter (WR 1790, 1795, 1828), die nach dem Dekret Maximilians, jeden Republikaner als Bandit zu betrachten und zu töten (WR 1760), hingerichtet werden sollen. Darüber hinaus ist André humorvoll, großzügig und bescheiden (WR 1780 ff., 1800). Er versteht selbständig und entschlossen zu handeln und bildet sich sein eigenes Urteil. Dem allgemeinen Haß gegen die Franzosen schließt er sich nicht an:

> "Es gibt jedenfalls unter den Franzosen sehr anständige Kerle, denen wünsche ich alles Gute ..." (WR 1767)

Trotz der Übernahme geläufiger Kolportagemuster[170] zeigt sich in der Person des André (und auch Geierschnabels) eine Intention Mays, die in den 'Reiseerzählungen' noch stärker hervortritt: Nicht das Äußere oder das sonderbare Benehmen einer Person ist entscheidend, sondern Charakter und Leistung. André ist trotz seiner unbedeutenden Größe ein Mann, der fast "übermenschliche" (WR 1795) Leistungen vollbringt, und auf den man sich verlassen kann. Dieser Mann kommt dem wirklichen Karl May am nächsten, denn gegenüber den Großen und Unbescholtenen des WR nimmt sich May wie der 'kleine Andere' aus. Neben der Rechtfertigung des 'kleinen Mannes' ist in André manch liebenswerter Zug des Autors erkennbar.

Die sonderbare Gestalt des Trapper Geierschnabels offenbart die Protesthaltung an der Gesellschaftsstruktur und die Ohnmacht Mays gleichermaßen. Die deutschen Helden haben ihre Heimat verlassen, um in Amerika ein Leben nach dem Maßstab von Freiheit und Gleichheit zu führen. Mit einem Kunstgriff holt May diese Prinzipien auf den deutschen Boden herüber: Geierschnabel, der freie Nordamerikaner, demonstriert, was er von preußischer Ordnung[171], Autorität und Gerechtigkeit hält. Was kein Deutscher ungestraft wagen dürfte, wird dem schelmischen Abenteurer zum Vergnügen. Die Person Geierschnabels ermöglicht es May, seinen Protest an der Wilhelminischen Zeit zum Ausdruck zu bringen, stärker und gezielter als mit den Helden, die in ihrer Heimat nicht länger leben wollten. "... bei aller Kolportage und Willkür tritt unerwartet eine für die damalige Zeit harte Kritik an der gesellschaftlichen Struktur der Wilhelminischen Epoche zutage."[172] Geierschnabel gehört zu den Figuren, die "literarisches Zeugnis für die Auflehnung und das Durchstehvermögen des sozial Benachteiligten, des Schwachen gegenüber einer feindlichen Gesellschaft"[173] ablegen. Dieser Mann kann es sich leisten, deutsche Gesetze als unsinnig zu bezeichnen (WR 2085), 'Autoritäten' anzuspucken (WR 2087) und sogar den König von Preußen als "old master" (WR 2163) zu bezeichnen. Geierschnabel widersetzt sich erfolgreich einer Arretur durch die Polizei (WR 2113), die ihn festnehmen will, weil ihm das Volk wegen seiner sonderbaren Kleidung nachläuft. Der Polizei wirft er Mangel an Menschenkenntnis und beruflicher Fähigkeit vor.[174]

Besonders kennzeichnend ist die Szene, als ihm Prügel angedroht werden:

> "Ich will ihn nur darauf aufmerksam machen, daß wir das Recht haben, renitente Vagabunden durch eine Tracht Prügel zur Raison zu bringen."
> Da trat Geierschnabel einen Schritt auf ihn zu und rief ebenso laut, wie der Polizist gewesen war: "Prügel? Die sollte Er mir wohl nicht bieten! Ich hiebe die ganze liebe Polizei, daß die geehrten Fetzen herumflögen. Bei mir zu Hause pflegt die bloße Androhung von Prügeln bereits eine Beleidigung zu sein." (WR 2117)

In vielen Äußerungen Geierschnabels ist der aufgestaute Groll des Autors zu erkennen, der zwei Jahre Polizeiaufsicht über sich ergehen lassen mußte. Mit dem Sieg Geierschnabels über die Behandlungsweise der Polizei verschafft er sich und seinen Lesern eine glänzende Genugtuung:

> "Es war dem eingefleischten Aristokraten unbegreiflich, daß er einem solchen Vagabunden habe weichen müssen." (WR 2121)

Immer wieder gerät der Trapper wegen seines Äußeren mit Polizei, Behörden, Amtspersonen und Adligen in Konflikt.

> "Der Teufel hole diese verdammte Civilisation, die Jeden, der nicht einen schwarzen Frack um die Rippen hängen hat, für einen Bummler erklärt." (175)

Auf seiner Fahrt nach Berlin wird ihm die Berechtigung abgesprochen, ein Zugabteil erster Klasse zu benutzen. Er ohrfeigt Graf Ravenow, der im selben Abteil sitzt und ihn mehrfach beleidigt. Der Graf veranlaßt daraufhin die Arretur des Jägers. Dieser kann sich jedoch rechtfertigen und als amerikanischer Offizier sowie Gesandter Juarez' ausweisen. Geierschnabel äußert sich verwundert über die sofortige Freilassung:

> "Das ist interessant! Weil ich Offizier und so weiter bin, läßt man mich laufen; wäre ich das nicht, so hätte man mich eingesperrt, weil der hochgnädige Graf es

haben wollte. Der Teufel hole diese liebenswürdige Art
der Gerechtigkeit." (WR 2133)

Aber auch die deutsche Schläfrigkeit,[176] Titelsucht und
Ungleichheit[177] wie auch der Bürokratismus[178] werden von
Geierschnabel kritisiert. Am meisten erstaunt es ihn,
daß er aus nichtigen Gründen ständig seiner Freiheit beraubt wird. Beim Verhör durch einen Geheimpolizisten
bemerkt er:

"Ihr Deutschen seid doch ein verdammt sonderbares
Volk!"
"Ah! Wieso?"
"Niemand ist so auf's Arretieren erpicht, wie Ihr."
(WR 2172)

In der Tat, kein Deutscher dürfte es wagen, in solcher Weise mit der Obrigkeit zu verfahren. Die Souveränität eines
Geierschnabel, der nur seine Legitimation hervorzuziehen
braucht, um einer Inhaftierung oder Bestrafung zu entgehen (WR 2124, 2132), seine Widersacher sogar beschämt,
indem er ihnen in seiner Gutherzigkeit verzeiht und sie
großzügig straffrei ausgehen läßt (WR 2134 ff.), blieb für
den Vorbestraften Karl May nur ein Wunschgebilde. Und May
muß schon ein 'Incognito' anwenden, um seine Meinung überhaupt aussprechen zu dürfen. Weil May mit der Person des
Geierschnabel zwar einige Mißstände aufzeigt, der Trapper
aber 'unverrichteterdinge' wieder nach Mexiko zurückkehrt und kein Deutscher bzw. keine Gruppe der Gesellschaft in der Lage ist, eine Veränderung herbeizuführen,
bleibt die Kritik letztlich ohnmächtig. Es wäre nicht
gerechtfertigt, May deshalb einen Vorwurf zu machen. Kolportage bietet konventionelle Muster, keine Alternativen.
Aber May fand sich mit dem Bestehenden nicht ab und gab
die Hoffnung nicht auf; mit dem WR tat er schon mehr,
als von der Kolportage gemeinhin erwartet werden kann.

Schließlich sei noch auf eine der interessantesten Passagen im WR hingewiesen - sie wird an anderer Stelle aus-

führlich besprochen -[179]: auf den Besuch des Gastwirts
Pirnero in der Heimat. Pirnero - er heißt eigentlich
Matzke und hat sich nach seiner Heimatstadt Pirna den
Namen Pirnero zugelegt - mußte Deutschland verlassen,
weil er Leihschulden hatte und einen anderen im Streit
um ein Mädchen verletzte. Sein Verhalten in Dresden und
Pirna (hier lassen sich mancherlei Bezüge zur Biographie
Mays feststellen) ist eine seltsame Mischung aus Komik
und Rührung, aus Imponiergehabe und Hilflosigkeit. Er
kehrt, nachdem die Schatten der Vergangenheit übermäch-
tig geworden sind, voller Enttäuschung über die deutschen
Verhältnisse und die Unlösbarkeit der eigenen Konflikte,
nach Mexiko zurück - die Heimat bietet keinen Lebensraum
mehr.

6. "Das Waldröschen" als Weltbild

Das Weltbild im WR spiegelt die Widersprüchlichkeit einer
Zeit, die den Menschen zutiefst verunsicherte und verwirr-
te. Da May den Problemen seiner Zeit selbst hilflos gegenüberstand, ist es nicht erstaunlich, daß das WR als "meta-
physischer Roman"[180] konzipiert worden ist. Kennzeichnend
für den inhaltlichen Schwerpunkt dieses Romans ist der
Umstand, daß als ein zentrales Motiv das "Prinzip der
Verwirrung aller natürlichen Ordnungen"[181] in Erscheinung
tritt. Dies gilt für die Abstammungsverhältnisse von Personen und für das 'Verrückungsmotiv' in räumlicher (Ent-
führungen) und geistiger (Wahnsinn, Scheintod) Hinsicht.

Das Hauptthema des WR ist der Kampf des Bösen gegen das
Gute, und sowohl die 'Verfolgung rund um die Erde' als auch
die Enthüllungen 'über die Geheimnisse der menschlichen
Gesellschaft' stehen im Zeichen dieses Kampfes.

Die Welt, die Karl Sternau betritt, ist durcheinanderge-
raten, alles ist ins Heillose und Böse gekehrt. Schon die

erste Station seiner Weltreise offenbart den Zustand der Umgebung und die Aufgabe des Helden: "Dieses Schloß Rodriganda steckte voll finsterer Geheimnisse, welche aufgeklärt werden mußten." (WR 85) Die Situation wird bald bedrohlicher: "Es ist, als ob der Teufel in und um Rodriganda wohne." (WR 202) Und dann erscheinen die Widersacher, denen der Kampf angesagt wird, nach und nach auf dem Plan. Es sind Teufel in Menschengestalt: Die Brüder Cortejo,[182] Alfonzo (WR 17, 444), Henrico Landola,[183] Verdoja und Pardero,[184] ein französischer Sergeant (WR 1649 und Josefa Cortejo[185]. Dazu kommen verbrecherische Ärzte, korrupte Beamte und Advokaten, ungerechte Richter, unwürdige Adlige und Offiziere, intrigierende Politiker - General Miramon z. B. ist Oberster eines Geheimbundes — (WR 2488) und blasphemische Geistliche. Hier tut sich eine Welt auf, die vom Teufel regiert und von Verbrechern beherrscht wird.

Dieses Bild enthüllt das WR dem Leser. May greift mit dem 'Enthüllungsroman' ein beliebtes Thema auf,[186] nämlich einen Einblick in verborgene Zusammenhänge zu geben, seien es die Hintergründe des Verbrechens, die Machenschaften der höheren Stände oder die weltpolitischen Ereignisse. "Schon die ungewöhnliche Popularität des Motivs läßt Schlüsse auf die Verfassung einer Gesellschaft zu, der die fiktive Aufdeckung ihrer Organisation zur abenteuerlichen Enthüllung von Verbrechen gerät."[187] Eine solche Art, die 'Geheimnisse der menschlichen Gesellschaft' zu enthüllen, zeigt trotz der Simplifizierung und Realitätsferne der Motive die unausgesprochenen Befürchtungen zahlloser Menschen angesichts der bestehenden politischen und sozialen Ordnung. Der Wunsch nach einer Welt, in der der einzelne noch etwas gilt, in der Friede, Freiheit und Gerechtigkeit möglich sind - dieser Wunsch, der sich in einem Traum-Weltbild einen Ersatz sucht -, läßt Rückschlüsse auf elementare Mängel im Sozialgefüge zu. In Zeiten von Unsicherheit und Spannungszuständen werden Wunschmuster und idealisierte Hoffnungen herausgebildet, die aber meist nicht verwirklicht werden können. "Es ergibt sich daher die Tendenz, sie aus der unmittelbaren sozialen Situation in eine Art 'idealer' Lebens- und Existenzform zu projizieren."[188] So scheint der Mensch seine Identität nur außerhalb der Heimat finden zu können und seine Entfremdung nur in der Ferne aufhebbar zu sein. So geschieht Gerechtigkeit und Hilfe im WR nicht durch die Obrigkeit, sondern durch die sozialen Außenseiter des Volks[189] oder durch die Fähigkeiten, die Kraft und die Tugenden eines einzelnen, der sich - wie Sternau - in messianistischem Eifer aufmacht, 'die Werke des Teufels zu zerstören'.[190]

Sternau kann der gerechten Sache und dem Guten letztlich dadurch zum Sieg verhelfen, daß die Verbrecher, die als Urheber des Unheils gelten, aktionsunfähig gemacht werden. Diese Lösung vollzieht sich jedoch auf der Ebene eines illusionären Tagtraums, denn indem die tatsächlichen Probleme als individuelle oder moralische Konflikte vorgestellt und verstanden werden, verlieren sie den Bezug zur Wirklichkeit.

Die Ursache allen Übels geht im WR aus dem Bestreben der Brüder Cortejo hervor, auf unrechtmäßige Weise Eigentum und einen höheren Status zu erlangen,[191] wenn das Motiv ihrer verbrecherischen Handlungen auch als persönliche Rache konstruiert wird (WR 602). Daß sie sich nicht scheuen, dabei über 'Leichen zu gehen', ist symptomatisch für ihr Verständnis des 'Eigentumerwerbs'. Den eigentlichen Konflikt seiner Zeit hat Karl May wohl erkannt, aber nur unzureichend artikuliert, am deutlichsten noch im 'Verlorenen Sohn'.[192] Der Haß gegen Kapitalisten und Ausbeuter richtet sich in erster Linie gegen deren Persönlichkeit (Charakterstruktur) und spiegelt sich einerseits allgemein in dem Bestreben wider, Verbrechertum überhaupt zu vernichten, als andererseits im besonderen in der Verachtung des Juden, der als Prototyp für den sündhaften Umgang mit Geld und Gut angesehen wird (WR 303 ff., 2103 ff.). Ökonomische Gegensätze werden als moralische verstanden; das Böse wird personifiziert und ist dadurch vom Helden überwindbar.[193] "Eine solche Darstellung verschleiert die wirkliche Ursache sozialer und privater Misere und nimmt den Betroffenen durch den Schein, es handele sich um Probleme der Moral und Sittlichkeit, also um das persönliche Verhalten des Einzelnen, die reale Chance, gegen die Ursache der Deprivierung zu kämpfen."[194]

Da das WR die Schilderung der tatsächlichen Verhältnisse in Deutschland eliminiert - und dies hat es mit allen Kolportageromanen gemein -, findet eine Auseinandersetzung des Lesers mit seinen realen Bedingungen nicht statt; die Existenzangst[195] des Menschen wird durch die Hoffnung auf eine andere bessere Welt überdeckt. Die Wunschvorstellungen enthalten vielfach die Elemente der 'Unwirklichkeit' und der 'Flucht'; sie sind nicht auf die Veränderung der bestehenden Situation bezogen. "Man kann diese Erscheinung als 'Romantizismus' bezeichnen: ihr Wesen ist die Ablösung der stärksten Gefühlswerte von den tatsächlichen Situationen, wie sie im Leben bestehen, und ihre Übertragung auf die Vergangenheit, die Zukunft oder eine ganz außerhalb des gewöhnlichen sozialen Lebens stehende Situation."[196] Die Helden im WR brauchen den Kampf ums Dasein in der wirtschaftlichen Situation der Heimat nicht zu bestehen. In der Fremde gehen sie keiner Arbeit nach. Ein sorgenfreies und beschauliches Leben führen sie allerdings nicht; was sie erreichen, haben sie sich erkämpft. Aber aufs Geldverdienen ist keiner von ihnen angewiesen. Sternau verrichtet seine Aufgaben als Arzt nebenbei und bekommt ein Honorar, "welches ihn sofort zum selbständigen Manne macht." (WR 114).

Anton und Kurt Helmers erhalten ein Vermögen aus dem
Schatz der Miztekas (WR 446), Gerard kann auf das Geld der
Emilia verzichten, weil er eine Goldader entdeckt hat
(WR 1447). Der Steuermann Helmers gelangt ohne sein Dazutun
in den Besitz eines Schiffes und wird Kapitän (WR 749).
Don Ferdinando und Emma Arbellez finden beim Sultan von
Härrär reiche Schätze (WR 1343), und dem Armen wird durch
die Großmut des Besitzenden geholfen.[197] Das Schicksal ist
den Guten hinsichtlich des Materiellen hold; sie erhalten
geschenkt, was andere verbrecherisch an sich reißen müssen.
Weil die Helden frei sind von den Zwängen des Arbeitsprozesses und Gelderwerbs, können sie mit Hilfe ihrer edelmenschlichen Gesinnung zum Ziel gelangen; die Feinde des
Menschen erscheinen lediglich als Widersacher, die es moralisch zu überwinden gilt.

In diesem Zusammenhang ist noch zu klären, warum die Widersprüchlichkeit ein Wesensmerkmal der Kolportage ist. Kolportage spiegelt die Antagonismen der Gesellschaft ebenso
wie die Diskrepanz zwischen Traum und Wirklichkeit. Widersprüchlichkeiten entstehen aber auch durch die Anpassung
der Kolportage an unterschiedliche Erwartungen verschiedener Adressaten, die mit ein und demselben Werk erreicht
werden sollen. So wird z. B. das Kriegswesen im WR auf der
einen Seite glorifiziert und auf der anderen Seite verdammt. Notwendigerweise ergeben sich auch Widersprüche aufgrund der Intentionen, die mit einem Text verbunden werden,
weil die Forderungen des Verlegers bzw. die Wirkungsmittel
der Kolportage den individuellen Plänen des Autors entgegenstehen können. Dies sei an der widersprüchlichen Stellungnahme des WR zum Nationalismus verdeutlicht: So läßt
sich z. B. bereits anhand des WR die Behauptung des kommunistischen Pädagogen Edwin Hoernle (1883 - 1952) widerlegen, die Bücher Mays seien "samt und sonders Träger imperialistischer Gedankengänge: sie feiern insbesondere die

Herrschaft der weißen Rasse und den Sieg des 'Kulturmenschen' über den 'Wilden'."[198] May steht im WR auf der Seite der nationalen Minderheiten, der gesellschaftlich Deklassierten und Diskriminierten; der 'Wilde' wird dem 'Kulturmenschen' teilweise sogar als Vorbild gegenübergestellt. Im WR finden sich darüber hinaus pazifistische Tendenzen, die Ablehnung von Militarismus und Krieg; die Helden unterstützen die Freiheitsbestrebungen der Mexikaner. Dagegen sind aber auch national-imperialistische Tendenzen erkennbar: Die Insel, auf der die Helden jahrelang isoliert leben mußten, wird z. B. zur Kolonie des Vaterlandes ausgerufen (WR 1412). Und Juarez bezeichnet Bismarck als einen Staatsmann "von genialem Scharfblick und eiserner Energie ..., (der) einst dem Erdkreis Gesetze vorschreiben" (WR 2470) werde. Der Deutsche ist zumeist der ideale Menschentyp. Solcherlei Vorstellungen May als deutsche Überheblichkeit anzulasten, wäre schon deshalb nicht gerechtfertigt, weil - ganz abgesehen vom Nationalismus seiner Zeit, dem auch er sich nicht ganz zu verschließen vermochte - das eigene Volk im Vergleich mit anderen Völkern fast immer an der Spitze der Bewertungsskala steht.[199]

Die Kolportage vermeidet eine Verunsicherung und Frustration des Lesers; er soll nicht überfordert und beunruhigt werden, sondern zur Ruhe kommen. Das Weltbild im WR gleicht dem des Märchens, in welchem letztlich trotz aller Widerstände und Rückschläge das Gute siegt. Die Welt wird durch Helden in Ordnung gebracht, die von Anfang an Edelmenschen waren oder eine Entwicklung vom Gewalt- zum Edelmenschen - zentrales Thema im Alterswerk Mays - vollziehen, wie etwa Gerard Mason. Aber nachdem für die Helden die Welt wieder heil ist, hat sich an der objektiven Situation des Lesers nichts geändert. Der Erfüllung, die einzelne fiktive Personen in einem utopischen Reich finden, steht in der Wirklichkeit die Ohnmacht einer Menge von Lesern gegenüber -

die Unzufriedenheit bleibt. Die Lösung der Probleme im WR ist demnach nichts anderes als eine märchenhafte Wunschphantasie, die dem Leser für einige Zeit eine Ersatzbefriedigung verschafft.

Doch diese Funktion der Kolportage darf nicht unterschätzt werden. "... die Kritik dieses Lieferungsromans liegt so offen auf der Hand, daß sie schon wieder von dem Kritisierenden parodiert wird."[200] Es wäre verfehlt anzunehmen, daß der einfache Leser die Geschichten für wahr halte, also Realität und Roman nicht unterscheiden könne.[201] Auch der naive Leser ist sich angesichts seines Alltags der Irrealität der Handlung durchaus bewußt - ja diese ist es gerade, die auf ihn einen starken Reiz ausübt.[202] Was Siegfried Kracauer über die Filmkolportage sagt, läßt sich auch auf den Bereich der Literatur übertragen: Die irrealen Bilder und Phantasien der Kolportage sind die "Tagträume der Gesellschaft, in denen ihre eigentliche Realität zum Vorschein kommt, ihre sonst unterdrückten Wünsche sich gestalten."[203] Das WR gibt also insofern keine 'falsche Realität' wieder, als es verschlüsselt die Tendenzen der Wilhelminischen Zeit widerspiegelt. Die irrealen Darstellungen im WR sind auf die vorhandene Wirklichkeit bezogen, gewissermaßen 'Reaktion' auf sie. Somit erscheint das WR als Dokument des hoffenden Menschen, der sich angesichts der bedrängenden gesellschaftlichen Zustände eine bessere Welt ersehnt. Und lassen sich die meisten Probleme auch nicht mit dem Rezipieren von Literatur lösen, so befreit der Tagtraum der Kolportage doch zeitweilig von seelischen Belastungen, so wie der Traum des Nachts Entlastung schaffen kann, und dies nicht nur zum Schein. Es wäre jedoch verfehlt, wollte man der Kolportage nur diese Funktion zuschreiben. Der mitträumende Leser wird über die kurze Beruhigung, die der gute Ausgang der Erzählung ihm gewährt, hinausgetrieben: Die Kolportage bewirkt beim

Leser, "mit dem Erreichten, repräsentiert durch das Ende des Abenteuers, immer unzufrieden zu sein, aus Ruhe und Ordnung auszubrechen ..."[204] Hier zeigt sich nicht etwa eine Tendenz zum Destruktiven, sondern die Hoffnung auf positive Veränderung der Verhältnisse. Hoffnung über das Lese-Erlebnis hinaus birgt so ein kreatives Moment in sich, denn hier können sich Traum und Phantasie zu dem Wunsch nach realisierbaren Möglichkeiten verbinden. Alles Kreative ist, wie das Werk Jules Vernes für den Bereich der Technik wohl am eindrucksvollsten belegt, zuvor in den Träumen der Menschen antizipiert worden. In diesem Sinn gilt es zu träumen, nicht aber irrealen Phantasien verhaftet zu bleiben.

Letztlich ist das Weltbild eine Frage des Glaubens; es läßt sich nicht allgemeingültig nach 'wahr' oder 'falsch' fassen. May glaubte an das Gute im Menschen, daran, daß die "Veredelung der Herzen"[205] auch eine Veränderung der Welt bewirken könne. Obwohl er ständig einsehen mußte, daß guter Wille und edelmenschliche Gesinnung allein die gesellschaftlichen Verhältnisse nicht zu verändern vermögen, hielt er an diesem Glauben und an der Hoffnung auf einen neuen Menschen fest.

7. Bewertung des Menschen

Für die Beurteilung von Völkern und Rassen, für Vorurteile und Klischeevorstellungen, wie sie bei dem größten Teil der deutschen Bevölkerung vorhanden waren, besitzt das WR eine dokumentarische Bedeutung. So finden sich im WR Aussagen über Franzosen, Spanier, Engländer, Österreicher, Holländer, Deutsche, Amerikaner und Mexikaner, über Juden, Indianer, Schwarze, Mischlinge und Zigeuner. Die Völker und Rassen, die im WR am auffälligsten in Erscheinung treten, sollen im folgenden in ihrer Charakterisierung bzw. Typisierung durch die Kolportage dargestellt werden. Die unterschiedlichen Bewertungen verdeutlichen gleichzeitig, wer als übergeordnet, untergeordnet oder als gleichgestellt empfunden wurde.

a) Franzosen

Franzosen im WR sind Barbaren und Banditen (WR 1767, 1822, 1823), die unrechtmäßig nach Mexiko gekommen sind (WR 1768, 1803). Sie sind gewalttätig (WR 1760, 1768), unmoralisch (WR 1431, 1436 ff.), geldgierig (WR 1644, 2249), politisch unfähig (WR 1803) und hassen die Deutschen: "Diese Franzosen hassen uns Deutsche, so lange es Franzosen und Deutsche giebt." (WR 1539) Sie werden somit als Urheber der Feindschaft angesehen. Häufig ist der nationale Triumph über die Niederlage der Franzosen im Deutsch-Französischen Krieg zu spüren. Das Scheitern der militärischen Aktionen im fernen Mexiko gibt dem Leser die Möglichkeit, sich mit dem mexikanischen Freiheitskrieg zu identifizieren und sein Vorurteil über die Franzosen zu festigen. Bezeichnend ist die Haltung Gerards, als er von einem französischen Kommandanten verhört wird und dieser über seine Solidarität mit den Mexikanern verwundert ist:

> "Sie nennen die Franzosen Feinde und sind doch selbst ein Franzose."
> "Ich bin ein Franzose, aber doch kein Werkzeug des kaiserlichen Blutdurstes. Ich liebe Mexiko und seine Bewohner und wage gern mein Leben, um sie von der gegenwärtigen unrechtmäßigen Regierung zu befreien."
> (WR 1470)

Nicht nur die Distanzierung von seinen Landsleuten, sondern auch die provozierende Antwort Gerards auf die Frage des Kommandanten, wie viele Franzosen er erschossen habe, bringt die Verachtung gegenüber den Franzosen zum Ausdruck: "Ich zähle Hochwild, Franzosen niemals." (WR 1471) Es gibt aber auch andere Ansichten über die Franzosen im WR, und an diesen Stellen darf die persönliche Einstellung Mays im

Gegensatz zum Kolportageklischee angenommen werden.²⁰⁶
Nicht alle Franzosen lassen sich dem gängigen Schema zuordnen: (WR 1507) "Es giebt jedenfalls unter den Franzosen sehr anständige Kerls ..." (WR 1767) Und für den Kleinen André zählt letztlich nur der Mensch:

> "Ich will Euch sagen, daß ich eines jeden braven Kerls Freund bin, er mag ein Franzose oder Hottentotte sein." (WR 1767)

b) Mexikaner

Hier gibt sich ein teilweise widersprüchliches Bild. Auf der einen Seite ergreifen die Helden Partei für die Sache Mexikos und erklären sich den Bewohnern des Landes verbunden (WR 1470, 1626 ff.), auf der anderen Seite werden die Mexikaner als potentielle "Räuber, Mörder oder Freibeuter" (WR 124) betrachtet, denen es in erster Linie ums Geld geht (WR 124, 2259). Die meisten Mexikaner und Mexikanerinnen werden negativ gezeichnet:

> "... wie der Mensch überhaupt von dem Boden abhängig ist, auf welchem er lebt, so ist auch der Charakter des echten Mexikaners demjenigen seines Landes ganz conform. Der Boden des Landes ist zum großen Theile ein vulkanischer, und so glüht auch im Innern des Bewohners ein Feuer, welches oft mächtig und verzehrend emporflammt." (207)

Solch ein 'echter Mexikaner' ist z. B. der Leutnant Pardero, "leichtlebig, leidenschaftlich, seinen Wünschen und Begierden Alles unterordnend." (WR 989) Die Mexikanerin ist feurig (WR 1507), listig und verschlagen (WR 1582). Die Beziehungen zwischen den Geschlechtern unterliegen in Mexiko jedoch nicht den strengen Moralgesetzen wie in Deutschland (WR 1507).

Ein Menschenleben bedeutet dem Mexikaner nicht viel (WR 904), wie dieser überhaupt - nach Ansicht des Militärregimes - ein Feind der Ordnung ist (WR 1574), so daß über Mexiko nur das Schwert herrschen kann (WR 1575). Die

Beziehung des Mexikaners zur Arbeit wird an einem Beamten demonstriert:

> "Der Beamte begann nun, seine Pflicht zu erfüllen in echt mexikanischer Weise, das heißt, saumselig und höchst oberflächlich." (WR 1583)

Am Beispiel der Mexikaner und Franzosen läßt sich die klischeehafte Arbeitsweise der Kolportage recht gut erkennen: Bestimmte Eigenarten, die keineswegs auf alle Landesbewohner zutreffen, werden negativ bzw. positiv – wie etwa bei den Deutschen – verallgemeinert. So werden im WR die Mexikaner zumeist nach dem Verhalten egoistischer Soldaten charakterisiert, die Mexikanerinnen nach Josefa Cortejo. Das WR schildert auch eine Reihe sympathischer mexikanischer Staatsangehörige – etwa die Familie Arbellez, besonders den Zapotheken Benito Juarez[208] –; sie sind aber größtenteils unter den Zivilpersonen zu finden.

c) Deutsche

Die Deutschen werden in der Fremde ausschließlich positiv gezeichnet; es sind die "besten, zuverlässigsten Leute" (WR 1495). Sie entsprechen dem Idealbild des Helden, der seine Heimat verlassen hat. "Kennst Du die Deutschen?" wird Büffelstirn von Anton Helmers gefragt, und der Indianer antwortet: "Ich kenne einige. Sie sind stark, tapfer und klug, wahr und treu." (WR 403) Der Deutsche besitzt Charakter und Gemüt (WR 350, 398), ist außergewöhnlich geduldig, aber auch ebenso entschlossen – das erkennen sogar die Feinde an (WR 884, 902, 965). Daß es daneben auch Deutsche mit üblen Eigenschaften gibt, wird am Aufenthalt Geierschnabels in Deutschland eindrucksvoll demonstriert (WR 2113 ff.).

d) Indianer

Die Indianer werden als Menschen dargestellt, die von den Weißen um den ursprünglichen Besitz ihres Landes gebracht wurden. Mit Nachdruck tritt das WR für ihre Gleichstellung mit den Weißen ein, etwa in einem Gespräch zwischen Doktor Berthold und Gerard:

> "Sie stehen mit diesen Wilden auf dem Fuße der Freundschaft?"
> "Pah, nennen Sie diese Leute nicht wild. Sie vertheidigen ihr rechtmäßiges Vaterland, ihr Eigenthum mit allen ihnen zu Gebote stehenden Mitteln. Da nennt man sie wild und Barbaren. Ich bin kein Gelehrter und auch kein Politikus, aber ich habe vielleicht mehr gesehen und erfahren als alle die Herren, welche aus den rothen Männern Barbaren machen. Es ist nichts Neues, daß Gewalt vor Recht geht."
> "Leider!"
> "Und der Fluch unserer Zeit ist, daß wir unser Unrecht in ein heuchlerisches Gewebe von Recht zu kleiden suchen. Wir rühmen uns, die Werkzeuge des göttlichen Willens und höherer Zwecke zu sein, aber mit Unrecht."
> (WR 1533)

Sie wurden von den Weißen "zu dem gemacht, was sie scheinen."[209] Ein Indianer ist feinfühlig und treu,[210] hat Familiensinn (WR 1654 f.), ist beherrscht und stolz.[211] Unter den Indianern gibt es jedoch auch verbrecherische Stämme und Bösewichte (WR 382, 462); diese werden als 'Wilde bezeichnet (WR 463).

Die Gleichheit der Menschen wird im WR auch in einem anderen Zusammenhang betont, als von dem Verkauf eines Sklaven die Rede ist:

> "Er segelte mit uns um das Kap herum und an der Küste von Ostafrika hinauf bis Zeila, wo wir ihn ausschifften und nach Härrär verkauften."
> "Einen Weißen?"
> "Ja."
> "Aber das ist ja fürchterlich!"
> "Nicht fürchterlicher, als wenn man einen Schwarzen verkauft. Mensch ist Mensch." (WR 189)

e) Zigeuner

Eine besondere Stellung im WR haben die Zigeuner; sie werden positiv, negativ, aber auch wertneutral (WR 32, 152, 295 f.) charakterisiert. So verfügen sie über unkontrollierbare Macht und gewähren Schutz (WR 290, 324, 1166), schrecken aber auch nicht vor Verbrechen zurück.[212] Alle Initiativen – zum Guten wie zum Bösen – gehen von Zarba, der Königin der Gitanos, aus; "sie beherrscht alle Leute, welche vom Gesetz der Gesellschaft ausgestoßen sind."[213] Der Autor läßt die allgemeine Auffassung, Zigeuner seien "Huren und Bettelkinder" (WR 373) nicht gelten; er versucht vielmehr, Verständnis für die besondere Situation des Zigeuners zu erwecken. Auf die Frage Rosas, aus welcher Gegend er komme, antwortet der Waldhüter Tombi:

> "... Der Gitano hat keine Heimath; er kennt weder Nähe noch Ferne; er kennt weder Gegend noch Richtung. Er zieht und wandert, und wo er ist und wo er hinkommt, da ist er fremd und ausgestoßen."
> "Doch nur durch böse Menschen." (WR 373)

Der Held Sternau selbst macht aus seiner Sympathie für die Zigeuner keinen Hehl (WR 295).

Die Abneigung Mays gegen Militärs und obrigkeitsherrliche Beamte wird – ob nun Spanier, Franzosen, Mexikaner oder Deutsche geschildert werden – sehr deutlich. Aus seiner Erfahrung mit Polizeigewalt und Behörden ist dies nur allzugut verständlich. Weil die Helden zumeist mit französischem oder mexikanischem Militär zusammenstoßen, werden Franzosen und Mexikaner verallgemeinernd nach diesen beurteilt, von daher erklärt sich auch manche Widersprüchlichkeit in der Charakterisierung der beiden Völker. Aus der Abneigung Mays gegen alles Polizeiliche ist auch seine Sympathie für die sozialen Außenseiter, die 'Gesetzlosen', Räuber, Schmuggler, Zigeuner einsichtig. Die Ausnahme bei den Uniformierten ist Kurt Helmers, der Prototyp des neuen Menschen und vorbildlichen Offiziers.

f) Juden

Während bei den verschiedenen bisher aufgeführten Völkerschaften auch positive Charaktere erschienen - bei den allgemein verhaßten Franzosen z. B. der 'geläuterte' Franzose Gerard oder die französischen Waldläufer und Pelzjäger des Felsengebirges (WR 1507) -, werden Juden im WR ohne Einschränkung negativ dargestellt. Es soll daher auf den Antisemitismus, dessen Spuren im WR auffindbar sind, näher eingegangen werden, wird hiermit doch eine Grundeinstellung zum Menschen schlechthin angesprochen.

In seinen 'Betrachtungen zur Judenfrage' sagt J. P. Sartre über den Antisemitismus: "Der Antisemitismus ist eine selbstgewählte Haltung der ganzen Persönlichkeit, eine Gesamteinstellung nicht nur dem Juden gegenüber, sondern auch den Menschen im allgemeinen, der Geschichte und der Gesellschaft gegenüber. Er ist gleichzeitig eine Leidenschaft und eine Weltanschauung."[214] Seinem Wesen nach ist der Antisemitismus irrational und so jeder Kritik unzugänglich.[215] Das Vorurteil des Antisemiten gegenüber dem Juden erstickt alle Vernunftgründe und gegenteilige Erfahrungen, die eigentlich zur Änderung der persönlichen Einstellung zum Juden führen müßten.[216] Die Erklärung für diese Haltung liegt vor allem in seiner "Sehnsucht nach dem Absoluten"[217] und der Angst vor der Veränderung. Die Verachtung des Juden als minderwertig und schädlich gibt dem Antisemiten den Anschein, als gehöre er zu einer Elite;[218] in seiner eigenen Mittelmäßigkeit fühlt er sich dem Juden gegenüber als 'Herrenmensch'.[219] Alles Übel in der Welt wie Kriege, Krisen, Hungersnot usw. werden dem Juden zugeschrieben. "Der Antisemit fürchtet sich vor der Erkenntnis, daß die Welt schlecht sei, denn in diesem Fall müßte man erfinden, verbessern, und der Mensch wäre wieder Herr seines Schicksals mit seiner beängstigenden, unaufhörlichen Verantwortung. Darum sieht er im Juden das Grundübel der Welt."[220] Einer solchen Einstellung dient der Jude nur als Vorwand; "anderswo bedient man sich des Negers oder des Gelben."[221] So finden sich im WR auch Vorbehalte gegenüber Mischlingen[222], nicht zuletzt wohl deshalb, weil sie zu den Minderheiten gehören und kein 'reines' Blut haben.

Im Kampf um die nationale Einheit Deutschlands waren die Juden, deren Zahl in Deutschland 1871 etwa bei einer halben Million lag,[223] in ihrer Gleichheit vor dem Gesetz anerkannt worden. Da am industriellen und finanziellen Aufschwung in der 'Gründerzeit' auch Juden beteiligt waren, begannen nach der Weltmarktskrise von 1873 und dem deutschen Wirtschaftszusammenbruch heftige Angriffe auf sie. War der Antisemitismus vor 1871 fast ausschließlich auf das Land beschränkt – zahlreiche Bauern sahen sich als Kreditschuldner von jüdischen Händlern abhängig –, so setzte er in den Städten erst nach der Reichsgründung ein, als selbständige Handwerker und Kaufleute ihre wirtschaftliche Misere den Juden anlasteten.[224] Auch in anderen europäischen Ländern kam es zu einer Judenhetze, die das frühere Ausmaß derartiger Bewegungen im 19. Jahrhundert bei weitem übertraf. In Deutschland erschienen zahlreiche Schriften zur 'Judenfrage';[225] 1874 veröffentlichte die 'Gartenlaube' eine antisemitische Artikelserie, die viel Aufsehen erregte.[226] Man wandte sich gegen eine vermeintliche Politik und Gesetzgebung zugunsten der Juden,[227] sah im Judentum das Unglück des Volkes,[228] forderte die Bevölkerung auf, nicht von den Juden zu kaufen oder zu leihen[229] und verlangte sogar die Ausweisung der Juden aus Deutschland.[230] Ausschlaggebend für die öffentliche Meinung war nicht so sehr das, was über den Antisemitismus geschrieben wurde, als vielmehr der Umstand, daß damit namhafte Persönlichkeiten – wie z. B. Adolf Stoecker oder Heinrich von Treitschke – offen für ihn eintraten.[231] Die Diskriminierung der Juden erstreckte sich auf alle Lebensbereiche.

"Die Deutschen verboten als erstes den Juden den Zutritt zu den Schwimmbädern. Sie glaubten, das ganze Bassin würde verunreinigt, wenn der Körper eines Juden hineintauchte. Wörtlich genommen verpestete der Jude sogar die Luft, die er atmet."[232] Das Judentum wurde als "Element der Ausbeutung und des wirtschaftlichen wie geistigen Materialismus"[233] bezeichnet. Nach der wirtschaftlichen Katastrophe der Gründerzeit wurden die Juden als Initiatoren oder Nutznießer aller negativen Erscheinungen des Kapitalismus angesehen. Für viele Bauern waren die Juden "oftmals die Gestalt, in der ihnen der Kapitalismus zum ersten Mal konkret gegenübertrat."[234]

Zu Beginn der achtziger Jahre des 19. Jahrhunderts setzte eine besonders starke antisemitische Bewegung ein; 1882 fand der erste 'Internationale Antisemitenkongreß' in Dresden statt.[235] Die Gefolgschaft der späteren antisemitischen Parteien waren vor allem Kleinbauern, kleine Unternehmer, Gewerbetreibende, Handwerker und untere Beamte, also der alte Mittelstand, der durch die Wirtschaftsdepression seine Existenzgrundlage und gesellschaftliche Stellung bedroht sah.[236]

Die Juden im WR sind Bankiers,[237] Pfandleiher und Trödler. Der Spanier Salmonno ist Bankier und hat einen Millionenbesitz. Salmonno ist einer der 'verschämten Juden', die ihre Rasse verleugnen;[238] er hat seinen Namen Salomon geändert, um nicht gleich als Jude erkannt zu werden.[239] Er wird als 'Geldmensch', 'Hamster' und 'Cerberus' bezeichnet (WR 304, 314), der geizig, schlau und berechnend ist (WR 303, 320), übles Blut hat und keinem Menschen als sich allein traut (WR 303). Er will als Angehöriger des hohen Adels gelten (WR 304) und fürchtet nichts so sehr wie das Gericht (WR 306). Die Deutschen bzw. der Lehrer Sternau erscheinen dem Juden liederlich, brutal, gewalttätig und

gefühllos (WR 304, 307, 343), obwohl der Lehrer seine
Pflicht erfüllt und nichts anderes verlangt als sein Recht.
Hier werden Vorurteile, die gegen die Juden bestanden, dem
Juden gegen die Deutschen in den Mund gelegt. Kennzeichnend
für die Haltung den Juden gegenüber ist auch folgende
Äußerung des Lehrers: "Ja, man ist eben zu gut, zu gefügig,
zu gefällig und zu rücksichtsvoll." (WR 342)

Eine weitere Episode, die Aufschluß über die Bewertung der
Juden in der Wilhelminischen Zeit gibt, ist die Begegnung
Geierschnabels mit dem jüdischen Händler Levi Hirsch in
Mainz. Dieser Jude wird charakterisiert als ungemein geldgierig[240] und betrügerisch (WR 2108 ff.). Schon die durch
Inversionen verfremdete Sprache unterscheidet ihn von anderen Deutschen. Er erweckt den Anschein, als verkaufe er
verschiedene Gegenstände mit Verlust, treibt dagegen Wucher
und kann sich nur mit größter Überwindung von seinem Geld
trennen (WR 2106 ff.). Seine Meisterschaft im Feilschen
scheitert jedoch an der Hartnäckigkeit Geierschnabels;
weiterhin erkennt der Jäger den Betrugsversuch des Juden
und überlistet ihn seinerseits, so daß der Händler letztlich als Dummkopf dasteht: "Es ist doch wahr, fünf ge-
scheite Juden sind einem Yankee nicht gewachsen." (WR 2112)
Geierschnabel macht den Juden nicht nur lächerlich, er
spuckt ihm sogar ins Gesicht. Der Leser erfährt auch, warum der Trapper dem Juden nichts abhandelt, nämlich deshalb,
"weil das ein Gentleman nie thut." (WR 2110)

An zwei anderen Stellen im WR wird nochmals auf 'typische
Eigenschaften' des Juden hingewiesen, und zwar auf seine
Unehrlichkeit[241] und die Übervorteilung des Geschäftspart-
ners durch Handeln und Feilschen (WR 1317).

Die Juden im WR sind Karikaturen eines negativen Judenbil-
des,[242] das eher den vorgefertigten Typen der gängigen
Kolportage als Mays eigener Überzeugung zuzuordnen ist. Für

diese Behauptung sprechen zunächst die Szenen im WR selbst, die aufs ganze gesehen mehr gewollt komisch als ernsthaft oder gar gehässig wirken. Sodann ist die Beziehung des Lehrers Sternau und Geierschnabels zu ihren jeweiligen Gegenübern widerspruchsvoll: So hat Sternau eine Vertrauensstellung bei dem Juden Salmonno, weil er dessen Sohn erzieht, und Geierschnabel führt mit Levi u. a. einen fast freundschaftlichen Dialog. Andererseits sind beide den Juden an Unnachgiebigkeit im 'Handeln' und an List noch überlegen (WR 344, 2111 f.). Deutlicher geht Mays Stellung zu den Juden jedoch aus einem Fragment seines Kolportageromans "Die Liebe des Ulanen" hervor, das aber in späteren Nachdrucken nicht aufgenommen wurde. Hier wird die Situation und Haltung der Juden soziologisch begründet:

> "Wir durften nicht Bürger werden; wir durften kein Haus, kein Feld, kein Stückchen Land kaufen, welches so groß ist, wie der Teller meiner Hand. Da blieb uns nur der Handel offen (...); wir hungerten, aber wir arbeiteten und sparten. (...) Man sperrte uns in besondere Gassen, uns, den Abschaum der Gesellschaft; wir aber hatten in unseren Truhen Gold und Silber in Menge. (...) Die Macht des Goldes erzwang uns endlich die Gleichberechtigung, und nun konnten wir den offenen Kampf beginnen ..." (243)

Eindrücklich wird auch an anderer Stelle die Unterdrückung der Juden und ihr Kampf um gesellschaftliche Anerkennung geschildert. "May hatte also einige Einsichten mehr, als ihm von seinen Kritikern gemeinhin zugetraut wurde; sie sind nur schon in den frühen Nachdrucken getilgt und nie wieder ans Tageslicht geholt worden."[244] In seiner Erzählung "Die Rose von Kairwan" beschreibt May im Gegensatz zu den Kolportage-Klischees einen 'aufrechten Juden'[245]; und schließlich war der Halbjude Richard Plöhn - Klara Mays erster Mann - ein treuer Freund Mays.[246]

Der Antisemitismus ist eine Erscheinung, die vor allem in Zeiten sozialer Kämpfe und Krisen aller Art eine fest-

stellbare Verbreitung erfährt. In der Politik erwies er
sich als Instrument der Macht, das der Bevölkerung die tatsächlichen Ursachen sozialer Mißstände verschleierte und
von den wirklichen Problemen ablenkte. "Die sozial wichtigste Mission des Antisemitismus besteht darin, ein universelles Symbol des Bösen zu schaffen, das man dann versucht
in den Köpfen der Menschen mit jenen Erscheinungen in
Politik, Kultur und Wissenschaft zu verbinden, die man
bekämpfen will."[247] An der politischen Indienststellung
des Antisemitismus im letzten Viertel des 19. Jahrhunderts
besteht kein Zweifel: "Wenn man von den konkreten Resultaten ideologischer Kampagnen auf deren wirkliche Ziele
schließen darf, so handelte es sich sowohl 1893 wie 1880
bei den Angriffen auf die Juden um Mittel zum Zweck; der
manipulative Charakter der antisemitischen Kampagnen ist
evident. Machtvolle konservative Kräfte und machtlose Mittelstandsschichten waren eine Verbindung eingegangen, bei
der Antisemitismus als das vermittelnde Glied diente."[248]

In der Arbeiterschaft gab es kaum Antisemiten; hier wurden
wirtschaftliche Krisen als unabwendbare Folgeerscheinungen
des Kapitalismus aufgefaßt.[250] Der Aufschwung der Wirtschaft in der imperialistischen Ära reduzierte auch die
Judenfeindlichkeit des Mittelstandes.[251]

Die Situationen im WR, bei denen Geldgier und Betrug bzw.
Feilschen und Handeln im Mittelpunkt stehen, in denen also
das Klischee negativer Eigenschaften von Juden erscheint,
ohne daß eine einzige positive genannt wird, ist ein Hinweis darauf, daß neben den unteren sozialen Schichten auch
mittelständische Schichten Adressaten der Kolportage waren.
Aber trotz dieser Einseitigkeit werden die Erwartungen von
Antisemiten nicht erfüllt. Die Juden im WR sind zwar denkbar schlechte Vertreter ihrer Rasse - gewissermaßen die
personifizierte Habsucht -, doch sie werden niemandem ge-

fährlich. Das 'Grundübel der Welt' sind vielmehr Cortejo
und Gehilfen. Und derjenige, der Levi Hirsch ins Gesicht
spucken darf, ist kein Deutscher, sondern ein spleeniger
Yankee, dem man's nicht einmal übelnehmen kann; und der
jüdische Bankier agiert auf spanischem Boden. Diese Feststellungen sollen keinesfalls die unmenschliche Haltung
eines großen Teils der Gesellschaft verharmlosen, die sich
zwar gemildert, aber doch unverkennbar in den Juden-Szenen
des WR widerspiegelt. Für die Juden trifft genau das zu,
was May im WR über die Indianer sagt, daß nämlich die
Weißen (bzw. Christen) sie zu dem gemacht haben, was sie
zu sein scheinen.[252]

"Glaubt Ihr an Gott?"
"Das versteht sich!" (WR 1996)

8. Zum Religiösen im "Waldröschen"

Das Wort 'Gott' erscheint ungemein häufig im WR; allein
etwa einhundertfünfzigmal im ersten Band, d. h. durchschnittlich auf jeder dritten Seite dieses Bandes. In den
meisten Fällen ist es jedoch lediglich Interjektion, Ausruf des Erstaunens, des Schreckens oder dient zur Bekräftigung der Aussage und wird von Gläubigen und Schurken
gleichermaßen gebraucht.[253] Dasselbe läßt sich auch beim
Wort 'Teufel' feststellen,[254] nur daß es weniger oft genannt wird als 'Gott'. 'Teufel' wird fast ausschließlich
von Männern - auch von gottesfürchtigen Helden - ausgesprochen, 'Gott' als Interjektion vornehmlich von Frauen. Vermehrt tritt das Wort 'Gott' in Situationen auf, in denen
bei den Personen eine starke Gefühlsbeteiligung gegeben
ist (z. B. bei Wiedererkennungsszenen, Schicksalsschlägen,
Liebesszenen, Überfällen usw.).

An der Autorität und Souveränität Gottes entsteht im WR an keiner Stelle Zweifel. So werden gleichbedeutend mit 'Gott' auch 'Fügung'[255], 'Lenkung'[256], 'Schickung'[257] oder 'Vorsehung'[258] eingesetzt. Die meisten Helden im WR und fast alle wichtigen Personen[259] haben eine Beziehung zu Gott, selbst verschiedene Bösewichte berufen sich auf ihn.[260] Besondere Ereignisse werden nicht dem Zufall, sondern Gottes Fügung zugeschrieben.[261] Gott beschützt und hilft,[262] er rettet[263] und bestraft[264]; Gott vergibt[265] und "legt die Liebe ins Herz"[266]. Bemerkenswert sind die vielen Gebete im WR;[267] zumeist sind es Bittgebete und Danksagungen für Rettung bzw. Bewahrung. Die stärkste Beziehung zu Gott hat Karl Sternau; sein Vertrauen ist beispielhaft für einen Gläubigen.[268] Dennoch vermag er Grausamkeiten und Unmenschlichkeiten nicht zu verhindern.[269] In diesem Punkt vor allem unterscheidet sich das WR von den 'Reiseerzählungen' Mays.[270]

Unverkennbar, wenn auch teilweise verschlüsselt, dokumentiert das WR den Säkularisierungsprozeß breiter Bevölkerungsschichten, da es sich als Kolportageliteratur in seinem religiösen Horizont den Erwartungen der Leser anpaßt. Das Religiöse im WR ist nicht spezifisch christlich - es ist aber auch nicht völlig unchristlich. Das Gottesbild erscheint verallgemeinert und simplifiziert, es wird nicht unterschieden zwischen dem Gott der Christen, der Indianer (WR 403, 1655) oder der Zigeuner (WR 1166). 'Gott' ist zum alltäglichen Begriff geworden, der sich beliebig durch Fügung, Lenkung, Schicksal oder Vorsehung ersetzen läßt und damit unverbindlich bleibt. Verschiedentlich wird die Vorsehung zur Legitimierung unglaublicher Geschehnisse benötigt (WR 743, 2376, 2390). Der Wille Gottes muß dazu herhalten, um das abschließende Wort über die Schicksale der Guten und Bösen zu sprechen und den Zweifel an der Wahrheit der Aussagen zu unterbinden:

"Die Treuen und Gerechten genießen die Früchte ihres Handelns, die Schlechten sind verkommen oder gestorben. So will es Gott!" (WR 2612)

Der zitierte Satz - er stammt nicht von May - vermittelt über die Zuhilfenahme der Chiffre 'Gott' bei textlichen Schwierigkeiten einen besonders guten Einblick in die technische Machart der Kolportage. Während dieser Satz in der Erstfassung nicht enthalten ist,[271] erscheint er in späteren Nachdrucken. Auf den letzten Seiten des Erstdrucks wurde nämlich darauf verwiesen, daß May in seinem Roman "Der verlorene Sohn" das 'ebenso mystische wie hochinteressante Dunkel'[272] verschiedener Nebenpersonen lichten werde. Da May sich jedoch nicht an die Vorankündigung Münchmeyers hielt, ließ der Verleger die Seite neu setzen und fügte den besagten Satz ein.[273]

Die zunehmende Entfremdung besonders der großstädtischen Bevölkerung von der Kirche und die Kritik an Vertretern der kirchlichen Organisation haben im WR ebenfalls Spuren hinterlassen: Die 'Geistlichen' sind Blasphemiker, Verräter oder gar Verbrecher;[274] die Oberin eines Stiftes ist die Scheinheiligkeit in Person (WR 11 f.). Der einzige aufrechte Geistliche hat sich von der Gesellschaft abgesondert und versucht, den Räubern zu helfen (WR 35). Angesichts der Tatsache, daß der christliche Glaube immer mehr seine Überzeugungskraft einbüßt, soll der Leser die natürliche Glaubenshaltung der Indianer als vorbildhaft ansehen:

"Das war das Gebet eines Indianers. Wie manches sogenannte christliche Kind könnte sich ein Beispiel an diesen rothäutigen Barbaren nehmen." (WR 1655)

Gleichzeitig mit dem Verlust der göttlichen Unmittelbarkeit im alltäglichen Leben erfährt der Mensch eine Aufwertung, die ihn zum Maß aller Dinge macht. Trotz der häufigen Nennung des Namens Gottes steht der Mensch im WR im Vordergrund - durch die ständige Wiederholung des Namens

'Gott' als Interjektion (vornehmlich in Band I) wird das Göttliche geradezu zum profanen Wortgebrauch abgewertet. Gott bleibt zwar letztgültige Autorität, aber der Mensch steht ihm nicht viel nach.[275] So werden z. B. auch menschliche Siege über Feinde als 'Gottesgerichte' legitimiert (WR 1107, 1255). Und nach seiner Heilung faltet Graf Emanuel zwar "zehn- und zwanzigmal die Hände, um Gott zu danken" (WR 113), sagt dann aber zu Sternau: "... Bitte treten Sie näher, daß ich den Mann sehe, dem ich dies Alles zu verdanken habe." (WR 113)

Die verschwommene Religiosität im WR ist nicht so sehr die Grundhaltung des Autors als vielmehr eine Konzession an die Leserschaft: Christlich orientierte Kreise brauchten beim Lesen des WR nicht völlig auf Glaubenselemente zu verzichten, und den übrigen Lesern, die dem Christentum indifferent gegenüberstanden, entsprach die religiöse Verflachung im WR und die Kritik an der Geistlichkeit.

Auf ein christliches Engagement Mays deuten vor allem die "Geographischen Predigten" (1875/76) hin, die vermutlich schon in der Haftzeit zwischen 1870 und 1874 entstanden.[276] Spezifisch christliche Glaubensinhalte - wie Verkündigung des Evangeliums, Verbindlichkeit gegenüber dem Mitmenschen, praktizierende Liebe - finden sich auch in Mays 'Reiseerzählungen'[277]; hier spricht er bewußt eine Leserschicht an, die im allgemeinen noch eine religiöse Bindung besitzt.[278] Eine kurze Betrachtung mag die religiöse Tendenz in den 'Reiseerzählungen' verdeutlichen: Der Held Karl Mays - Old Shatterhand bzw. Kara Ben Nemsi - ist Weltreisender, der als überzeugter Christ auf allen seinen Reisen die christliche Liebe verkündigt. Er überzeugt die Andersdenkenden durch sein Vorbild, durch sein Handeln von seinem Glauben, nicht durch Worte. Zwei Beispiele mögen für zahlreiche andere stehen: Auf die Bitte Winnetous, nicht vom christlichen Glauben zu ihm zu sprechen und keinen Versuch

zu machen, ihn zu bekehren, wendet sich Old Shatterhand
mit folgenden Gedanken an den Leser:

> "Ich habe sie ihm erfüllt und nie ein Wort über meinen
> Glauben zu ihm gesagt. Aber muß man denn reden? Ist
> nicht die That eine viel gewaltigere, eine viel über-
> zeugendere Predigt als das Wort? 'An ihren Werken sollt
> ihr sie erkennen', sagt die heilige Schrift, und nicht
> in Worten, sondern durch mein Leben, durch mein Thun
> bin ich der Lehrer Winnetous gewesen, bis er einst,
> nach Jahren, an einem mir unvergeßlichen Abende, mich
> selbst aufforderte, zu sprechen." (279)

Ein Araber sagt zu Kara Ben Nemsi:

> "Du brachtest keine Lehren, du sagtest keine Worte,
> aber du sprachst in Taten. Du lebtest ein Leben, das
> eine überzeugende Predigt deines Glaubens war. Wir
> waren deine Begleiter und lebten also dieses dein Le-
> ben mit. Der Inhalt des deinigen war Liebe. Wir lern-
> ten diese Liebe kennen und liebten zunächst auch dich.
> Wir konnten nicht von dir lassen und also auch nicht
> von ihr. Sie wurde größer und immer mächtiger in uns,
> sie umfaßte dich und nach und nach alle, mit denen wir
> in Berührung kamen. Jetzt umfängt diese unsre Liebe
> die ganze Erde und alle Menschen, die auf ihr woh-
> nen." (280)

Der Held zeigt stets Achtung vor der Glaubensüberzeugung
des andern, verleugnet indes seinen Glauben auch dann nicht
wenn er in die größte Gefahr gerät. Stets ist er zur Hilfe-
leistung und zur Versöhnung bereit. Das wesentlichste Un-
terscheidungsmerkmal zu anderen Helden der Abenteuerlektüre
besteht jedoch in seiner Feindesliebe. Sehr oft begegnet
man ihm deswegen mit Hohn und Spott. Aber das Leben des
Feindes steht dem Helden so hoch wie sein eigenes. Selbst
den ärgsten Gegner versucht er zur Abänderung seines Sinnes
zu bewegen. Dabei geht er geduldig, oft zu geduldig vor,[281]
so daß sein Handeln sich nachteilig für ihn auswirkt. Meist
wird ihm Verachtung für das Angebot des Friedens und der
Versöhnung entgegengebracht. Aber manchmal findet auch der
schlimmste Feind zur Einsicht und Umkehr - überzeugt von
der Kraft der Liebe.

Einen anderen Eindruck als Karl Hans Strobl[282] gewann ich
bei meinen Untersuchungen über die Wirkung des Religiösen
in Mays 'Reiseerzählungen' bei Jugendlichen[283]; das Ergebnis wird auch von anderer Seite bestätigt[284]: Mays 'Christentum der Tat' beeindruckt und überzeugt den größten Teil
der Leser.[285]

Weil das WR im Gegensatz zu den 'Reiseerzählungen' daraufhin angelegt ist, unterschiedlichen (Lese-)Bedürfnissen
gerecht zu werden und einen möglichst großen Leserkreis zu
erreichen sucht, nimmt es eine Vielzahl - teils widersprüchlicher - Themen und Motive auf. Aber gerade in diesem Bestreben erlangt es dokumentarischen Wert, indem es
verschiedene gesellschaftliche Erscheinungen der Zeit - wie
etwa die antisemitische Bewegung oder die zunehmende Säkularisierung[286] - in die Abenteuerhandlung einbezieht.

> "Sorgt Euch nicht. Ich sehe Euch frei.
> Die Guten siegen ..." (WR 1743)

9. Hoffnung und Befreiung

Das Motiv der Befreiung erscheint im WR in einer solchen
Häufigkeit, daß nach seinem Ausdruckswert hinsichtlich der
Intention bzw. Arbeitsweise des Romans gefragt werden muß.
Eindrücklicher als andere Motive tritt es beständig, nahezu periodisch, während der gesamten Erzählung hervor.
Vielfach kehrt die Befreiung aus dem Gefängnis oder Kerker
wieder.[287] Dieses Motiv, das auch in Mays Roman "Der verlorene Sohn" von wesentlicher Bedeutung ist, kann nicht
nur als Widerspiegelung der eigenen Gefängniszeit Mays gesehen werden, sondern läßt auch auf die Zeitlage einer
Gesellschaft schließen, die ihre Existenz als Gefangenschaft

empfand.[288] Ein derartiger Eindruck wird bestärkt durch die Variation des Motivs im WR: Es gibt eine Befreiung aus dem Milieu - eng verknüpft mit der Befreiung von Schuld (etwa bei Mariano und Gerard) -, eine Befreiung aus der Isolation (WR 1408), von anmaßender Amtsautorität (WR 223) und unrechtmäßiger Herrschaft (WR 1470); im Gegensatz zur Heimat und Zivilisation wird die Prärie als Befreiung aufgefaßt (WR 1596). Gert Ueding bezeichnet die Lieferungs- und Reiseromane Mays als "Ausbruchsromane"[289]. Die Gefangenschaft der Helden und ihre Befreiung "identifiziert das bürgerliche Leserpublikum mit seiner eigenen bedrückenden Lage; Überwindung der Kerkermauern, Zerbrechen der Fesseln, der Triumph der Gefangenen sind Ausdruck des Protestes."[290] Die Kolportage jener Zeit bringt das Bedürfnis "breiter bürgerlicher Schichten der Bevölkerung nach einem Gegenbild zur Ausweglosigkeit und Stagnation der gesellschaftlichen Verhältnisse ungeschminkt und unverstellt"[291] zum Ausdruck.

Im Gegensatz zu vielen populären Lesestoffen des 19. Jahrhunderts herrscht im WR nicht der "Pessimismus als Grundstimmung"[292] vor. Bestimmendes Element ist vielmehr die Hoffnung, und zwar nicht nach dem üblichen trivialen Muster als "Illusion der Realitätsbemeisterung (keine Situation ist so hoffnungslos, daß der Held nicht doch einen Ausweg fände)"[293], sondern in einem tieferen Sinn. In den entscheidenden Situationen kann der Held Sternau sich nicht selbst befreien - die Hilfe kommt von außen.[294]

Letztlich entspringt die Hoffnung der Helden dem Vertrauen auf Gottes Hilfe.[295] Die Helden fügen sich in das Unvermeidliche, doch sie geben die Hoffnung nicht auf (WR 1132, 1407). Die Hoffnung auf Gott führt aber nicht zur Passivität, sondern läßt den Menschen sein möglichstes tun: "Gott ist die Liebe, er wird uns helfen, aber nur durch uns selbst." (WR 1309) Die Rettung erfolgt durch 'Boten Gottes' durch Outsider der Gesellschaft (WR 191, 223), durch Kapitän Wagner, der nach Belieben durch die Weltmeere segelt (WR 1401 ff.), und durch den Bürgerssohn Kurt Helmers (WR 2448). Diese Retter – ein aufrechter Geistlicher, ein freier Weltumsegler und ein Mensch der neuen Generation – sind ein Hinweis darauf, daß Hilfe nicht durch Institutionen, Ordnungshüter, Mächtige oder Privilegierte geschieht und entscheidende positive Veränderungen von seiten des Staates in naher Zukunft auch nicht mehr erwartet werden.

Folgerichtig reicht im WR die Hoffnung über das Leben des einzelnen, vielfach auch einer Generation, hinaus. Mariano und Sternau etwa bekommen die entscheidenden Impulse, aus denen sich für sie Hoffnungsinhalte ergeben, durch die Mitteilung Sterbender (WR 38 ff., 187 ff.). Die Weitergabe des Unerledigten als Aufgabe für die Lebenden und Tatkräftigen, verbunden mit dem Gedanken der Hoffnung, erscheinen vor allem in den Romanen Mays, die zeitmäßig mehrere Generationen umfassen.[296]

Die Hoffnungsinhalte im WR sind über die teilweise unterschiedlichen individuellen Belange der Personen hinaus allgemein menschliche, nämlich die Hoffnung auf Freiheit, Frieden und Gerechtigkeit, deren Erfüllung am Ende des Romans eintritt. Das Ziel, auf das sich die Hoffnung letztlich richtet, ist die Aufhebung der Entmenschlichung des Menschen. Insofern läßt sich Kolportage in ihrer fiktiven Lösung auch als eine Art "Vor-Schein"[297] einer zukünftig erhofften Gesellschaft auffassen. "Märchen wie Kolportage sind Luftschloß par excellence, doch eines in guter Luft und, soweit das bei bloßem Wunschwerk überhaupt zutreffen kann: das Luftschloß ist richtig. Es stammt zu guter Letzt aus dem goldenen Zeitalter und möchte wieder in einem stehen, im Glück, das von Nacht zum Licht dringt."[298]

IV. "Das Waldröschen" als Abenteuerlektüre

Karl Ernst Maier teilt die Abenteuerlektüre nach inhaltlichen Gesichtspunkten in sieben Gruppen ein:[1] 1. Völkerkundlich-geographisch orientierte Abenteuerbücher, 2. Robinsonaden, 3. Seegeschichten, 4. historisch orientierte Abenteuerbücher, 5. Indianergeschichten, 6. Abenteuerliche Erzählungen mit Tieren, 7. utopische Geschichten. Im WR sind verschiedene Kategorien der Abenteuerlektüre vereinigt. So finden sich - in der Einteilung nach Anneliese Hölder[2] - Anklänge an die Robinsonade, an das Jagd-, See-, Indianer-, Kriegs-, Reise- und Detektiv-Abenteuer. Ob nun eine Einteilung nach "Erlebnisgruppen"[3], nach inhaltlichen Kategorien (Maier) oder nach Motiven wie 'Meer, Insel, Schiff, Rothaut und Bleichgesicht' etc.[4] erfolgt, die wesentlichsten Merkmale sind im WR enthalten. Aber auch andere Elemente der zeitgenössischen Unterhaltungsliteratur lassen sich im WR entdecken: "Motive des Schauerromans, der schwarzen Romantik, des Räuberromans, des Indianerromans à la Cooper und der Heimatschnulze werden bunt gemixt und miteinander verwoben."[5] Der Rückgriff des Autors auf unterschiedliche bewährte Muster kommt der Absicht der Kolportage entgegen, einen möglichst großen Leserkreis zu erreichen.

Die Erfolgsgründe Mays liegen nicht zuletzt in seiner Fähigkeit, Abenteuer zu erzählen, eigentlich Abenteuermärchen (vgl. Kap. V.), die vielfältigen Abenteuermotive geschickt einzusetzen und verschiedene Gattungen des Abenteuerromans miteinander zu verbinden. Indem Karl May z. B. die Indianerromantik in sein Kolportagewerk einbezog, machte er sich die Beliebtheit des klassischen Indianerbuchs zunutze. Es weist ihn als Kenner dessen aus, was der Leser der Wilhelminischen Zeit an Unterhaltung erwartete. Die außerordentliche Beliebtheit, die das Indianerbuch im

19. Jahrhundert in den europäischen Ländern gewann, geht zu einem großen Teil auf die zahlreichen Auswanderer zurück. Sie trugen dazu bei, daß ein steigendes Interesse für Land, Volk und Lebensverhältnisse insbesondere der Indianer Nordamerikas erwachte. Den stärksten Ausschlag für die Beschäftigung mit der Indianerlektüre gab jedoch J. F. Cooper (1789 - 1859) mit seinen 'Lederstrumpf'-Erzählungen; er wurde der Wegbereiter des Indianerromans in Europa und Übersee.

Nicht von ungefähr ist das Abenteuer immer wieder mit exotischer Ferne, der Weite der Prärie und der Lebensweise des Indianers in Verbindung gebracht worden. In der Person des Indianers findet der Wunsch des Menschen nach einer Harmonie von Geist, Seele und Leib seine Verkörperung.[6] In der Geborgenheit einer naiven Gläubigkeit und in der Verbundenheit mit der Natur lebt der im Wesensgrund bescheidene und friedfertige Indianer doch in stetigem Kampf. Allein auf sich selbst gestellt inmitten der Schöpfung Manitous - in Ehrfurcht vor der heilenden Pflanze und in Freundschaft zum Tier - reift er heran zum Krieger, zum Mann, besteht viele Abenteuer, erwirbt sich einen Namen, führt ein freies Leben und verantwortet seine Taten. Bei all diesen Merkmalen handelt es sich um "Züge, die Gleiches oder Verwandtes in der kindlichen Seele anrühren."[7] Die Vorliebe für den Indianer und die entsprechende Abenteuerlektüre bleibt oftmals bis ins Erwachsenenalter hinein erhalten.

Bei den Menschen der Frühzeit oder bei den Indianern wurde der Kampf ums Dasein zum Abenteuer. Bei den größeren Kulturen, die ein Staatsgebilde entwickelten, waren es einzelne, die auszogen oder zur See fuhren, um Abenteuer zu erleben und sich einen Namen zu machen. Die meisten mußten zurückbleiben, waren auf Ersatz-Abenteuer angewiesen und zehrten von den Abenteuern der Helden. Nur der Freie und Unabhängige hatte die Voraussetzungen und die Mittel, sich auf den Weg ins Abenteuer zu machen. Oftmals besaß das Abenteuer Statusfunktion; der Ritter der höfischen Gesellschaft verknüpfte das Bestehen von Abenteuern mit seinem gesellschaftlichen Rang.[8]

Mit dem Entstehen der bürgerlichen Gesellschaft schwand das Abenteuer als Bewährungsprobe menschlicher Existenz. Die geordneten Verhältnisse des bürgerlichen Lebens und die Hervorhebung privater Tugenden wie Seßhaftigkeit, Tüchtigkeit, Fleiß, moralischer Lebenswandel usw. gewährten Statussicherung und sozialen Aufstieg allein auf ökonomischer Basis. Innerhalb einer solchen Gesellschaft, deren Merkmale Enge, Starre und Reglementierung waren, gab es für das Abenteuer keinen Raum, es sei denn in der antisozialen Rolle oder in der Form des Verbrechens.[9] Wer ein abenteuerliches Leben führen wollte, mußte die Schranken der bürgerlichen Ordnung durchbrechen, d. h. wie Robinson Crusoe oder die Helden des WR Vaterhaus und Heimat verlassen und eine andere ferne Welt aufsuchen. Oder aber er versuchte nach der Mühsal des Tages, sich einen Ersatz für abenteuerliche Freiheit und Ungebundenheit zu schaffen - die Lektüre bot ihm die Möglichkeit dazu.

Nachdem das Bücherlesen nicht mehr einer privilegierten Schicht vorbehalten war, konnte ein breiteres Publikum auf dem Wege der Literatur am Abenteuer teilnehmen.[10] Mit der Kolportage wurde das Abenteuer gewissermaßen ins Haus geliefert. Die Begegnung mit dem Abenteuer während des Leseprozesses bewirkte Entspannung - d. h. sie förderte die Bereitschaft zur Zurückgewinnung der physischen Kräfte und trug zum Ausgleich psychischer Belastungen bei. Sie erfüllte Wunschvorstellungen,[11] öffnete Fluchträume, führte in ein utopisches Reich der Freiheit und ermöglichte Abreaktionen - denn der Held, der eine bessere Welt aufsucht, steht in einem Spannungsverhältnis zur bürgerlichen

Gesellschaft oder übt sogar bewußt Kritik an den sozialen Mißständen.

Das Wort 'Abenteuer' (mittelhochdeutsch: aventiure = Begebenheit, Erlebnis, Wagnis u. ä.)[12] enthält sowohl ein passives als auch ein aktives Element: Es bezeichnet einerseits das unerwartete Ereignis, das über eine Person hereinbricht, es meint andererseits auch die gewagte Unternehmung. Immer aber sind im Abenteuer die Merkmale der Weltoffenheit, des Ungewöhnlichen, Faszinierenden, Ungewissen, ja Gefährlichen und die Hoffnung auf das Bestehen der Bewährungsprobe, auf die Überwindung der Gefahr enthalten. 'Abenteuer' umschließt menschliche Erlebenshöhepunkte und Seinsqualitäten, d. h. spannungsreiches Geschehen und heldische Attribute. Dies mag am Abenteuerroman, so wie er beispielhaft in der Form des WR in Erscheinung tritt, verdeutlicht werden:

Das Wesensmerkmal des Abenteuerbuchs ist die dynamische Handlung, die auf ein Höchstmaß gesteigert wird. Die Handlung selbst ist gekennzeichnet durch dialektische Vorgänge, die nach mannigfaltigen Variationen zur Lösung führen: Der Aufgabe des Helden stellen sich Hindernisse in den Weg, Möglichkeiten werden vereitelt; es erfolgen Komplikationen, glückliche Fortschritte, Widerstand, Hoffnung, Verzweiflung, unerwartete Wendungen, in denen Unmögliches Wirklichkeit wird, Irrwege und Umwege und schließlich die Erreichung des Zieles. Dazu kommt ein weiteres Kriterium, das den Unterschied zu anderen Buchgattungen deutlich werden läßt: die Vorliebe des Abenteuerbuchs für das Wunderbare und Fremdartige. Diese Kennzeichen sind rein äußerlich schon in der Bevorzugung des exotischen Schauplatzes zu finden. Weit stärker treten sie im Geschehen und in der Person des Helden hervor. In allen Fällen aber erfolgt beim Abenteuerbuch eine Abkehr vom Alltäglichen.

Diese genannten Momente sind es, über die der jugendliche Leser das Gesamturteil "spannend" abgibt.[13]

Die Abenteuer-Romantik des WR, die schon die Leser der Wilhelminischen Zeit begeisterte,[14] hat bis heute nicht ihre Faszinationskraft verloren. Die anhaltende Wirkung des WR und der anderen vielgelesenen Bücher Mays besteht zum großen Teil sicherlich darin, daß Karl May es versteht, mit der scheinbar oberflächenhaften Abenteuerlichkeit den Leser im Innersten der Person zu erreichen, wobei zeitlosen anthropologische Gegebenheiten (etwa dem Wunsch des Menschen nach Geborgenheit, Kompensation, Konfliktbeältigung, Selbstbestätigung, Anerkennung, Überhöhung des Ich) entsprochen wird, ohne daß der Autor dies bewußt anstrebt. Zur Deutung des Erfolgsgeheimnisses von Karl May wird deshalb u. a. angeführt, er habe nicht Handlungen konstruiert, sondern seine Abenteuer aus dem Traumerleben geschaffen, ja schaffen müssen.

So verweist Ernst Bloch auf das Dynamische seines Traumerlebens, das seinen Niederschlag in der Handlung finde:[15] "Kommt Äußeres dem Traum entgegen, (...) so ist die Kolportage mindestens sein erster und treuester Ort."[16] Dem Vertauschbarkeitsprinzip gemäß bedient sich Kolportage ständig ähnlicher oder gleicher Muster, seien es Schauplätze, Handlungsabläufe, Motive oder Heldentypen. Hierin besteht eines ihrer wesentlichen Wirkungsmittel: den Leser Vertrautes wiederfinden zu lassen. Das geahnte, aber unbekannte Abenteuer geschieht in vertrauter Umgebung; niemals wird der Leser völlig verunsichert. "Die von der Kolportage kultivierte Ähnlichkeit entspricht der Ähnlichkeit, die in den Träumen herrscht. Auch sie kennzeichnet eine eigenartige Mischung aus Fremdem und Vertrautem, die dadurch entsteht, daß die einzelnen Elemente des Traums dem Träumenden nicht einsinnig eine bestimmte Sache bezeichnen, sondern mehrdeutig sind, mannigfaltig über sich hinausdeuten, auf Ähnliches verweisen und dieses mitunter in einen überraschenden Zusammenhang bringen."[17] Der Kolportagetraum ist ein fixierter Tagtraum, der dem Leser gestattet, den Traum des Autors nachzuträumen.[18] "Dabei kann hier dem Leser, während er liest, durchaus das Bewußtsein fehlen, daß er liest, genau so wie dem Träumenden, daß er träumt."[19] Dieser Grad der Identifikation und Vergegenwärtigung ist der Intensität des Erlebens realer Abenteuer adäquat. Das Abenteuer verwirklicht sich während des Leseprozesses als Tagtraum ebenso intensiv wie das reale Handeln. Der Leser gerät völlig in den Bann des Lesestoffs; die bewußte Kontrolle ist aufgehoben: "Die Zensur ist hier nicht bloß geschwächt und lückenhaft wie im Nachttraum, sondern sie hört, trotz völliger Ungeschwächtheit des Tagtraum-Ichs und eben wegen ihrer, völlig auf, hört eben wegen der Wunschvorstellung auf, die das Tagtraum-Ich selber ergreift und es gerade stärkt, mindestens aufdonnert."[20] Die Tatsache, daß die May-Bücher wiederholt mit Begeisterung gelesen werden, führt Bloch auf die Wirkung echter Kolportage zurück, die in die gleiche Vergessenheit gerate wie der Traum und dieselbe Spannung besitze.[21] Nicht von ungefähr finden wichtige Vorgänge im WR unter der Erde statt (z. B. in der Höhle des Königsschatzes, in den unterirdischen Gängen der Pyramide, in den verborgenen Gemächern des Klosters della Barbara, im Verlies von Härrär, im geheimen Versteck im Elmasberg usf.).[22] So wie sich Bedrängnis, Spannung und Lösung im Traum unter der Schwelle des Bewußtseins vollziehen, so ereignet sich in der Kolportage vieles unter der Erde: Gefangenschaft und Elend, aber auch Rettung und Befreiung. Wie der Traum berührt die Abenteuerhandlung der Kolportage unbewußte Schichten im Leser.

Auch Claus Roxin sieht im Traumhaften des WR ein wesentliches Wirkungsmoment: "Die Geschichte ist geschrieben wie im Fiebertraum - und so auch zu lesen. Darauf beruht wohl vornehmlich die den Leser fortreißende Kraft der Erzählung, die den sensationellen Publikumserfolg des "Waldröschen" begründet hat. Denn die Absurdität der Geschichte würde niemanden fesseln können, wenn es dem Autor nicht gelänge, den Leser unterhalb der Schwelle kritischer Reflexion zu packen ..."[23]

Die Wirkung des Mayschen Helden ist daher mit dem Traumerleben des Autors und mit den entsprechenden psychischen Vorgängen im Leser verbunden. Dies trifft besonders auf die Bedürfnisse des jungen Lesers zu. Stärker als je zuvor ist der Blick des Jugendlichen in der Reifezeit auf das Ideal gerichtet - auf die Vollkommenheit des Menschen -, weil die Problematik des Lebens und die eigene Unzulänglichkeit mehr und mehr wahrgenommen werden. Einmal erklärt sich hierdurch die Vorliebe für die Person des Indianers (die als Bild für die Leib-Seele-Geist-Harmonie schon erwähnt wurde), zum andern wird deutlich, warum der Reifende Übertreibungen der Leistungen und Fähigkeiten des Helden nicht ablehnt, sondern sich davon sogar beeindrucken läßt, sie bewundert. Old Shatterhand - Kara Ben Nemsi besitzt die "höchste Intelligenz, die tiefste Herzensbildung und die größte Geschicklichkeit in allen Leibesübungen."[24] Das alles übertrifft indes der Held des WR. "Der geniale Arzt, bärenstarke Westmann und edle Rächer Karl Sternau ist größer und mächtiger noch als Old Shatterhand."[25] Der Erfolg Karl Mays ist im wesentlichen darin zu suchen, daß die Wunschträume des Autors mit den Sehnsüchten und Bedürfnissen des (jungen) Lesers übereinstimmen - vor allem im Verlangen nach dem 'großen Abenteuer', es zu bestehen und sich einen Namen zu machen. Und erkennt der Leser das Unwirkliche, Überspitzte, das Schwarz-Weiße an Figuren und Geschehnissen, so hat er dennoch Freude an der Handlung - weil er sich wohl fühlt in der heilen und unkomplizierten Welt der Abenteuer.

V. Zum Märchencharakter des "Waldröschens"

1. Trivialliteratur und Märchenmotive

Walther Killy weist in seiner Beispielsammlung über den literarischen Kitsch[1] auf die Tatsache hin, daß der Kitsch die "Grundfiguren des Märchens bis auf den heutigen Tag"[2] wiederhole. Diese Aussage über den Kitsch trifft - den Beispielen Killys nach - auch für den Bereich der Trivialliteratur zu. Die triviale Erzählung verschaffe dem naiven Leser die Vorstellung von der Welt, die das Märchen viele Jahrhunderte vermittelt habe. Sie befriedige das Bedürfnis nach Imagination, gebe Weltdeutung und sehe - wie das Märchen - die Bewährung vor der Erfüllung.[3] Verschiedentlich wird die triviale Erzählung auch als eine moderne Form des Märchens angesehen.[4] Neben den märchenhaften Elementen ist wiederholt auf archetypische Motive[5] und traumhafte Tendenzen[6] der Trivialliteratur hingewiesen worden.

2. Märchenmotive im "Waldröschen"

Max Lüthis Strukturbeschreibung des Märchens[7] bietet sich geradezu zum Vergleich mit dem WR an.[8] Dieser Vergleich soll daher, weil er bedeutsame Aufschlüsse über das Wesen des Kolportageromans zu liefern vermag, nach einigen allgemeinen vergleichenden Ausführungen zum Handlungsverlauf und zur Darstellungsart des WR unternommen werden.

Karl May hat sich oftmals als "Märchenerzähler" bezeichnet: "Wo war die Wahrheit zu suchen? In den aufgeschlagenen Büchern oder in der aufgeschlagenen Wirklichkeit? In bei-

den! Die Wissenschaft ist wahr, und das Leben ist wahr.
Die Wissenschaft irrt, und das Leben irrt. Ihre beiderseitigen Wege führen über den Irrtum zur Wahrheit; dort müssen
sie sich treffen. Wo diese Wahrheit liegt und wie sie lautet, das können wir nur ahnen. Es ist nur einem einzigen
Auge vergönnt, sie vorauszusehen, und das ist das Auge des
Märchens. Darum will ich Märchenerzähler sein, nichts anderes als Märchenerzähler, ganz so, wie Großmutter es war!"
Mögen diese Worte auch subjektive Deutung des alternden
May sein, der sich gegen zahlreiche Angriffe zur Wehr setzen mußte, so lassen sich Analogien seines gesamten Werkes
zum Märchen doch nicht leugnen. Manche Motive des Märchens
sind Kennzeichen seiner eigenen Existenz.

Auf Märchenmotive im Werk Mays, vornehmlich in seinen Reiseerzählungen, wurde schon in zahlreichen Arbeiten hingewiesen.[10] Daß diese sich bereits im Frühwerk nachweisen lassen
wurde indes noch nicht aufgezeigt. Die Märchenmotive im WR
tragen u. a. auch zur Klärung der Frage nach der Wirkung
dieses Kolportageromans bei.

Die Einleitungen in die verschiedenen Handlungsstränge des
WR sind von einer Kürze, die schon formal an das schematische 'Es war einmal' des Märchens erinnert: "Von den südlichen Ausläufern der Pyrenäen her trabte ein Reiter auf di
altberühmte Stadt Manresa zu." (WR 1) Der Held ist bereits
ausgezogen und befindet sich auf dem Weg in das 'Land der
Verheißung' - nach Spanien.[11] Die Handlung beginnt ohne Umschweife. Der Held reitet - in der Art Payscher Symbolik,
gut und hoch wie auch böse und tief miteinander zu verbinden - ins Abenteuer hinein: Vom Hochland (Pyrenäen) reitet
er ins Tiefland, in das Land der Betrüger, Giftmischer und
Mörder. Die Ereignisse, in die der Held (Karl Sternau)
verknüpft ist, werden erst später (durch Rückblende oder
die Erzählung bestimmter Personen)[12] erhellt. Handlung und
Person des Helden im WR sind unabhängig voneinander; den

Platz Sternaus kann ebensogut ein anderer (Sohn, Bruder, Freund) einnehmen.[13]

Die Handlung ist wie im Abenteuermärchen[14] eine Reihung von Abenteuern, in denen es um Schwierigkeiten (meist verursacht durch die Böswilligkeit von Feinden) und ihre Bewältigung geht. Hierbei sind Kampf und Sieg, Aufgabe und Lösung Grundmotive des Geschehens. Max Lüthi bezeichnet das Märchen seinem Wesen nach als Abenteuererzählung.[15] Hinter dem Versuch, Schwierigkeiten zu bewältigen, stehen die typischen menschlichen Züge Erwartung, Hoffnung und Erfüllung. Hier stellt das WR besonders eindrucksvoll den Gleichklang von Handlungsverlauf und psychischer Lage des Lesers her und läßt Rückschlüsse auf die soziale Situation der Leserschaft zu.[16] Die Handlungsstränge wie auch die Haupthandlung schließen - von wenigen Ausnahmen abgesehen[17] - mit dem guten Ausgang: Der Held gewinnt das Glück bzw. löst die Aufgabe, die zum Glück anderer beiträgt. Andererseits werden die Widersacher bestraft oder vernichtet. Der glückliche Ausgang ist damit ein Charakteristikum des Märchens wie der Kolportage[18], die Ordnung wird wiederhergestellt[19], die 'heile Welt' bestätigt.

Die Ausgangssituation im WR ist die Notlage des Grafen Emanuel, der an einer schweren Krankheit leidet. Seine Tochter Roseta hat den deutschen Arzt Karl Sternau um Hilfe gebeten. Und Karl Sternau ist nicht nur ein wahrer 'Wunderdoktor', der Blinde sehend macht, Geistesgestörte heilt, schwierigste Operationen durchführt und die Erinnerung zurückruft -, er ist auch ein Musterbeispiel an Stärke, Verstand, Mut, Ausdauer und Hilfsbereitschaft. Dieser Held macht sich unverzüglich zum Schloß 'Rodriganda' auf. Aber er zieht nicht nur aus, um eine Aufgabe zu lösen, sondern auch, um eine Person - die Tochter des Grafen - zu gewinnen. Die Ausgangssituation entspricht der des Märchens. Beim Märchen besteht sie in einer Notlage, einem schwerwiegenden Mangel, einer bestimmten Aufgabe, einem Bedürfnis oder anderen Schwierigkeiten, deren Bewältigung dargestellt wird. Im WR ergeben sich aus der Lösung einer Aufgabe immer wieder neue Schwierigkeiten, so daß Kampf, Widerstände, Vereitelung, Hilfe, Erlösung, Befreiung, Ohnmacht und Rettung Hauptmotive wie beim Märchen sind; dazu kommen auch die Motive wie Werbung, Erringung einer Person und Vermählung.

Die Darstellung des Märchens nimmt darüber hinaus die Begegnung mit zauberischen 'jenseitigen' Mächten auf, die Berührung mit einer Welt, die den profanen Alltag überschreitet.[20] Im WR kann zwar keine Rede von der Berührung mit 'Jenseitigen' sein; das Zauberische[21], der übernatürliche Zufall[22] und das Dämonische sind aber häufige Motive.[23] In der Handlung des WR ist wie im Märchen der Glaube an das Glück wie auch das Verlangen nach Glück offenkundig.[24] Kennzeichnend für den Handlungsverlauf ist weiterhin, daß trotz des zeitweiligen Erfolgs des Bösen - manchmal scheint der Sieg des Bösen im WR schon perfekt - letztlich doch das Gute siegt. Während im Märchen das Gute jedoch nicht moralisch zu verstehen ist, sondern Eigenschaften wie schön, stark, treu, mutig, fleißig, schlau, hilfreich usw. meint[25], liegt im WR neben diesen Eigenschaften der Zug zur moralischen und charakterlichen Wertung[26] und zur Kritik des Sozialgefüges[27] vor. Der Gute ist aber wie im Märchen zugleich der Benachteiligte, Unrechtleidende oder Unterdrückte (weniger der Arme). Indem er entgegen aller äußeren Gegebenheiten und den Möglichkeiten zur Verwirklichung den Sieg erlangt oder das Glück gewinnt, tritt der Gerechtigkeitsglaube von Märchen und Kolportage deutlich hervor.

Ein weiteres charakteristisches Merkmal des europäischen Volksmärchens ist der Wunderglaube. Das Glück für den Helden ergibt sich auf wunderbare Weise ohne sein aktives

Bemühen. Alle guten Mächte sind mit dem Rechtschaffenen im Bund (etwa Wind, Tiere, Zwerge, weise Frauen, Dinge). Dieses Merkmal des Märchens erscheint im WR in der Gestalt des Kurt Helmers. Schon als Knabe vollbringt er Heldenleistungen; ohne sein Dazutun erhält er einen Schatz, erlangt die persönliche Gunst und Auszeichnung des Kaisers und gewinnt das Waldröschen, die Tochter Sternaus. Vorwiegend herrscht im WR jedoch der aktive Held, der sich mit den Schwierigkeiten tatkräftig und zielbewußt auseinandersetzt.

Im Märchen genießt der Gute (der Held) im Schutz der 'höheren Mächte' Geborgenheit. Im WR erscheint das Religiöse vielfach derart unspezifisch christlich - etwa als 'Schicksal' oder als 'Vorhersehung' -, daß es der 'höheren Macht' des Märchens entspricht. Das Böse im Märchen ist, wie auch das Gute, nicht mit moralischer Wertung behaftet (also nicht das moralisch Schlechte), sondern metaphysische Gegenmacht. So sind die Bösen meist dämonische Wesen: Hexen, Zauberer u. ä. Die Welt, in die Karl Sternau und mit ihm einzelne andere 'Gute' gelangen, ist schlechthin des Teufels.[28]

Das Hauptrequisit des Märchens ist die Gabe[29], die den Helden befähigt, jede auch noch so schwere Aufgabe zu lösen. Auch dieses Requisit hat im WR eine Entsprechung in den Gaben, die in der Person des Helden selbst liegen und ihn universal handlungsfähig machen.[30]

Das Märchen zeichnet die Figuren durch Polarisation: Es wird scharf geschieden in gute und böse, schöne und häßliche usw. Dieses Merkmal ist auch im WR nachweisbar, sogar in einer erstaunlichen Konsequenz: Die Nebenbuhlerin (in der Gestalt der Josefa Cortejo) ist wie im Märchen häßlich.[31] Während die gezeichneten Gestalten im Märchen aus zwei sozialen Schichten kommen - sie sind entweder arm oder reich -, gehören die meisten Gestalten des WR bereits der bürgerlichen Schicht an und haben den Stand des Adels oder den Reichtum keineswegs als erstrebenswertes Ziel vor Augen. Die Figuren des Märchens stehen nicht als Einzelcharaktere, sondern als Typen.[32] Jede Figur repräsentiert eine Eigenschaft (etwa Fleiß, Treue, Ausdauer, Schlauheit). Mit den dargestellten Typen werden die wesentlichen Erscheinungen der menschlichen Welt erfaßt. Im Gegensatz zur Figurenfülle des Märchens findet sich im WR die 'Welt des Guten' im Helden (z. B. in Karl Sternau), die 'böse Welt' in den Kontrastfiguren (etwa in den Brüdern Cortejo). Im Unterschied zum Märchen erfolgt im WR jedoch ein Durchbruch des Weltbildes von Gut und Böse.[33] Das Märchen vermeidet jegliche Psychologisierung. Eine Charakterentwicklung ist nur in Ausnahmefällen gegeben. Der Märchenheld ist keine aktive Figur, er zeigt vielmehr völlige Passivität. Was geschieht, ist nicht durch den Charakter des Helden, sondern durch Zauber motiviert; die Bewegung des Helden geschieht von außen. Psychologisierung und Charakterentwicklung fehlen im WR[34] wie im Märchen. Aber obwohl sich der Held im WR nicht passiv verhält, vollzieht sich die Handlung unabhängig von seiner Person; der Held ist sogar austauschbar.[35]

Jede Person im Märchen lebt und handelt unabhängig nach ihrem eigenen Gesetz. Darstellungen seelischer Kontakte oder zwischenmenschlicher Beziehungen sind kaum anzutreffen. Trotzdem entsteht nicht der Eindruck des Leblosen; alle Gestalten fügen sich zu einem sinnvollen Ganzen zusammen. Auch die persönlichen Kontakte im WR (z. B. zwischen zwei Freunden) und die sozialen Beziehungen (innerhalb einer Familie oder Abenteuergruppe) bleiben merkwürdig starr und unverbindlich. Eine Ausnahme bilden die kurzen Liebesepisoden der 'Guten'[36]. Die übrigen Personen im WR stehen fast ausnahmslos abgesondert und haben zumeist eine Aufgabe zu erfüllen, die sich einer Wertung entzieht. Sie befinden sich in der Gefolgschaft des Helden oder sind doch meistens auf ihn bezogen und in einem Zwischenbereich von Gut und Böse angesiedelt. Dieser Zug des WR, besonders die Aufnahme der komischen Figur[37], ist ein Unterschied im Vergleich mit dem Personenkreis des Märchens.

Dieser allgemeine Vergleich zeigt neben den Analogien auch mancherlei Unterschiede zwischen dem WR und den Motiven des Märchens. Schon die ersten Seiten des Kolportageromans machen wesentliche Abweichungen deutlich, z. B. Weitschweifigkeiten, detaillierte Personenbeschreibungen, Emotionen, Mehrsträngigkeit der Handlung, Auflösung der Handlung in Dialoge, Orts- und Zeitangaben, Werturteile.

3. Vergleich mit der Strukturbeschreibung von Max Lüthi

Max Lüthi beschreibt die Form und das Wesen des Märchens mit den Charakterika Eindimensionalität, Flächenhaftigkeit, abstrakter Stil, Isolation und Allverbundenheit, Sublimation und Welthaltigkeit.[38]

a) Eindimensionalität

Im Märchen fehlt das numinose Empfinden. Es kennt keine Trennung zwischen dem Diesseitigen und dem Jenseitigen. Die Menschen des Märchens verkehren mit den Jenseitigen, als seien sie ihresgleichen. Alles gehört zu einer Dimension; das Wunderbare ist nicht fragwürdiger als das Alltägliche. Das geistig Andersartige bringt das Märchen offenbar nur durch die örtliche Ferne zum Ausdruck. – Das Kennzeichen der Eindimensionalität fehlt im WR.

b) Flächenhaftigkeit

Das europäische Volksmärchen weist eine bunte Vielfalt der Handlung auf. Die Handlung ist gekennzeichnet durch ein leichtes und rasches Fortschreiten, das die Starre der Gestalten aufhebt: Figuren und Requisiten werden nicht anschaulich beschrieben, sondern nur knapp benannt. Ebenso selten ist eine Beschreibung der Innenwelt oder Umwelt der Gestalten vorfindbar. Diese Konzentration auf das Wesentliche verleiht dem Märchen Bestimmtheit und Klarheit.

Das Märchen ist ohne Tiefengliederung. Die Gefühlswelt wird in Handlung übersetzt, manifestiert sich im konkreten Geschehen; somit wird die Innenwelt auf die äußere Geschehensebene projiziert.[39] In der Flächenhaftigkeit des Märchens fehlt auch die Dimension der Zeit. Die Vergangenheit steht spannungslos neben der Gegenwart.

Das Merkmal der Flächenhaftigkeit trifft im allgemeinen auf das WR zu. Vielfach liegt aber bei der epischen Großform dieses Kolportageromans alles andere vor als die Konzentration auf das Wesentliche, nämlich Weitschweifigkeit und Unüberschaubarkeit. Dennoch gibt es auch hier eine Entsprechung insofern, als gerade in die Trivialliteratur die Sprache des Volks eingeflossen ist und die Fabel vom Autor wegen des Zwangs der wöchentlichen Heftlieferungen teilweise krampfhaft in die Länge gezogen wurde. Auch die Dimension der Zeit ist im WR stark relativiert. Sechzehn Jahre (die Gefangenschaft von Karl Sternau und einigen Gefangenen auf einer Insel) werden z. B. ohne Entwicklung übersprungen. Auch Geschehnisse der Vergangenheit, die hin und wieder in den Handlungsverlauf eingeschaltet sind, werden so stark vergegenwärtigt, daß die zeitliche Distanz nicht spürbar wird.

c) Abstrakter Stil

Das Märchen schafft die Welt in ihrer Vielseitigkeit nicht nach, sondern es gestaltet sie um. Es gewinnt durch Verzauberung ihrer Elemente eine andere Form und zeichnet eine

Welt neuen Gepräges. Dadurch, daß das Märchen die Dinge nur nennt und auf jegliche Schilderung verzichtet, bekommt es eine scharfe Kontur. Es arbeitet mit starren Formeln (Zahlen, Wiederholungen, Sprüchen), zeichnet extreme Kontraste, gebraucht viele Gebote und harte Bedingungen. Dies alles trägt zu einem präzisen Stil bei. Höchste Ausformung des abstrakten Stils ist das Wunder.[40]

Während das Märchen die Welt nicht nachschafft, sondern kunstvoll umgestaltet, stellt das WR dem Leser eine Scheinwelt vor. Der Held des WR ist wie im Märchen ein (Aus-)Wanderer, bleibt unversehrt durch wunderbare Fügungen und empfängt immer im rechten Augenblick das, was er gerade braucht. Auch der Hang zum Extremen ist im WR stark ausgeprägt: grausame Strafen, höchste Ehrungen, extreme Verbrechen, größtes Glück und vollkommene Erfüllung.

d) Isolation und Allverbundenheit

Die Figuren des Märchens stehen isoliert und handeln aus der Isolation heraus: Sie erfahren keine Veränderung, lernen nichts aus der Erfahrung. Aber während einerseits eine sichtbare Isolierung der Figur, der Handlungslinie und der Episode gegeben ist, besteht gerade deswegen eine unsichtbare Allverbundenheit. Erst die Isolation ermöglicht das Zusammenspiel aller Figuren und Abenteuer. "Isolation und potentielle Allverbundenheit sind Korrelate. Nicht trotz dieser Isolierung ist die Märchenfigur kontaktfähig mit allem und jedem, sondern wegen ihrer Isolierung. Wäre sie eingebaut in feste Bindungen, (...) so wäre sie nicht frei für das Eingehen immer gerade der Bindungen, welche die jeweiligen Situationen erfordern."[41] Die Freiheit von allen Bindungen macht den Helden universal beweglich.[42] Der Held ist der zentrale Träger der Isolation und Allverbundenheit; wenn auch alle Figuren des Märchens, Personen wie Dinge, isoliert und allseitig beziehungsfähig sind, so wird für ihn doch die Latenz der Beziehungsfähigkeit immer wieder zur Aktualität.

Dieses Merkmal ist im WR besonders stark ausgeprägt.⁴³ Der Held Sternau tritt als gesellschaftlich und familiär Isolierter in die Handlung ein. Er weiß nichts von seinem hohen Adel von Geburt, unterliegt damit aber auch nicht dem möglichen Vorurteil dieses Standes: Seine Gefährten sind 'Wilde' (Indianer) und 'Umherstreifende' (Westmänner, Fallensteller, Kundschafter, politisch Verfolgte, ein ehemaliger Verbrecher). Die Isolation verhilft ihm einerseits, seinen Verstand zu gebrauchen und sich der Wissenschaft zuzuwenden; darüber hinaus wird er der berühmteste Westmann im "Wilden Westen". Andererseits ist er mit allen maßgeblichen Personen der Handlung verbunden. Der Held geht seinen Weg, hilft dabei aber anderen. Als Isolierter schafft er Verbindungen, die ihm den Weg zum Ziel erleichtern. Die wahren Helden sind wie im Märchen⁴⁴ die Elternlosen, Enterbten, die Entrechteten und Verirrten, die erst zu ihrer Identität finden müssen.

e) Sublimation und Welthaltigkeit

Im Märchen geschieht eine Entleerung aller Motive. Sie bedeutet Verlust und Gewinn zugleich. Es erfolgt ein Verlust der Realität⁴⁵, der Erlebnis- und Beziehungstiefe und des Inhaltlichen (Detaillierung und Nuancierung). Andererseits werden Formbestimmtheit und Klarheit gewonnen. "Alle Elemente werden rein, leicht, durchscheinend und fügen sich zu einem mühelosen Zusammenspiel, in dem alle wichtigen Motive menschlicher Existenz erklingen."⁴⁶ Durch diese sublimierende Kraft wird es dem Märchen möglich, die Welt in sich aufzunehmen; es gelangt zur Welthaltigkeit. Hier liegt die Kraft dieser epischen Kurzform; jede realistische und individualisierende Darstellung müßte auf Universalität verzichten. Trotz ihrer Sublimation vertreten die entleerten Motive im europäischen Volksmärchen immer noch die Vielfalt der Möglichkeit des wirklichen Seins. Sie selbst sind zwar keine Realität mehr, repräsentieren sie jedoch. "In den Glasperlen des Märchens spiegelt sich die Welt."[47] Eine Sublimation der Figuren und Entstofflichung der Motive läßt sich auch im WR nachweisen, wenn auch in weit geringerem Maß als im Märchen. Viele Motive des Märchens waren ursprünglich "Gemeinschaftsmotive"[48], die zwischenmenschliche Beziehungen oder das Verhältnis des Menschen zu seiner Umwelt widerspiegelten. Nach außen hin bringt das WR Welthaltigkeit schon durch den Titel 'Die Verfolgung rund um die Erde' zum Ausdruck. Dem inhaltlichen Anliegen nach aber geht es darüber hinaus um das Aufdecken der 'Geheimnisse der menschlichen Gesellschaft'. Und die Aussagen über die menschliche Gesellschaft geraten einerseits zum Spiegelbild der Wilhelminischen Epoche, wollen andererseits aber vielmehr etwas Allgemeingültiges zum menschlichen Zusammenleben überhaupt mitteilen; das WR vermittelt ein Weltbild. Wenn das Märchen als Erzählung "Unterhaltung und Existenzerhellung"[49] zugleich schenkt, so bildet das WR als Kolportageroman Abenteuer und 'Enthüllung' in einem.

4. Auswertung des Vergleichs

Zu welchem Ergebnis führt eine Gegenüberstellung, wie sie hier vollzogen wurde? Darf angenommen werden, Trivialliteratur sei die moderne Art des Märchens, gleichsam eine Vergegenwärtigung der alten Märchenform?[50] Oder ist Trivialliteratur ein Machwerk, das Motive des Märchens aufnimmt und seinen Stil entsprechend ausrichtet?[51] Sicherlich treffen beide Annahmen - abgesehen von der Schwierigkeit, die Großform des WR mit den Wesenszügen des europäischen Volksmärchens zu vergleichen - bedingt zu. Das WR bildet hinsichtlich dieses Vergleichs vermutlich eine Ausnahme.[52]

Einmal wurde auf die Verbundenheit des Verfassers mit dem Märchen schon verwiesen. Zum andern nimmt das WR Märchenmotive auf, die die zeitgenössische Unterhaltungsliteratur nicht enthält: Das Moment des exotischen Abenteuers erinnert stark an die Märchen aus Tausendundeiner Nacht; das WR bleibt kein heimatliches Abenteuer, sondern ist gekennzeichnet durch Weiträumigkeit und durch die rasche Überbrückung großer Entfernungen. Es trägt, wie gezeigt wurde, die Merkmale der Flächenhaftigkeit, der Isolation und der Welthaltigkeit.[53]

Es läßt sich feststellen, daß im 19. Jahrhundert das Erzählen von Märchen stark zurückgegangen, wenn nicht gar verstummt war, weil technische Entwicklung und wirtschaftliche Umwälzung dem Märchen keinen Lebensraum mehr boten. Dagegen blieben die Märchenwünsche im Volk lebendig. Die wirtschaftliche Entwicklung Deutschlands, vor allem die Not des Kleingewerbes, verursachte eine Unzufriedenheit an der staatlichen und sozialen Ordnung. Zahlreiche Motive im WR weisen auf die bedrückte Lage von Proletariat und Kleinbürgertum hin. Die Erzählungen im WR waren daher Wunscherfüllung, entsprachen dem Sehnen von Menschen nach Lösung aus der tristen Wirklichkeit, aber auch dem Bedürfnis nach Wunder, Abenteuer und Gerechtigkeit.[54] Das WR war Lesestoff für eine Bevölkerungsschicht, die sich aus dem sorgenvollen und freudlosen Alltag in Fabriken, Arbeiterquartieren, Hinterhöfen und Dienststuben in eine heile Welt versetzen wollte. Insofern könnte man dem WR die Funktion eines Märchens in moderner Form zusprechen. Es wird aber auch die Sehnsucht nach einem starken Helden erfüllt, der die ungerechte Welt wieder in Ordnung bringt[55], womit das WR neben den genannten Motiven eine messianistische Tendenz erhält. Doch hinter der Buntheit und Weiträumigkeit der Abenteuerhandlung im WR ist die Eintönigkeit und Enge des Arbeitsalltags und Lebens zahlloser Menschen verborgen.

Bei der Gegenüberstellung des WR mit den Wesenszügen des europäischen Volksmärchens kann es nicht um einen ästhetischen Wertigkeitsvergleich gehen; dem Phänomen des Kolportageromans kommt man dadurch nicht näher. Ein Motivvergleich jedoch kann hilfreiche Aufschlüsse über das Wesen der Kolportage liefern, zumindest über einen der bedeutendsten der Wilhelminischen Zeit, über das "Waldröschen". Reduziert man seine Handlung, die in weitschweifige Dialoge gezogen und einem Rollenspiel ähnlich ist, auf die Fabel, so steht das WR dem Märchen sehr nahe.[56]

Damit erweist sich das literarische Urteil Ernst Blochs als zutreffend, der als erster das Wesen der Erzählkunst Mays in der Verbindung von Abenteuer, Traum und Märchen sah: "Karl May ist aus dem Geschlecht von Wilhelm Hauff; nur mit mehr Handlung, er schreibt keine blumigen Träume, sondern Wildträume, gleichsam reißende Märchen."[57] Wer das Phänomen Karl May erhellen will, wird den Schriftsteller als 'Märchenerzähler' ernst nehmen müssen.

VI. Zum Verhältnis von Kitsch und Kolportage

> "Nicht selten ist Kitsch nur eine
> Abkürzung des Umwegs, auf dem in
> Literatur Wahrheit nach Hause kommt."[1]

Bei der literarischen Bestimmung des WR ist es erforderlich, die Begriffe 'Trivialliteratur', 'Kitsch' und 'Kolportage' wenigstens grob voneinander zu unterscheiden,[2] denn alle diese literarischen Erscheinungsformen sind im WR enthalten. Werner Schwab kommt in einer WR-Rezension zu folgendem Urteil: "'Waldröschen' ist der Prototyp der Trivialliteratur – doch von genialer Hand verfaßt. Es ist

Kolportage - doch von einem Meister geschrieben. Es ist
Kitsch - doch Kitsch, der immer wieder in Kunst umschlägt.
Hochgestochene Kritiker könnten es deshalb geradezu als
Beispiel für die selbst in der 'Kultur' herrschende Dialektik ansehen."[3] Obwohl man Schwabs Behauptung, Kitsch
schlage im WR immer wieder in Kunst um, nur bedingt zustimmen kann, werden in seinen Ausführungen doch die
wesentlichsten Elemente dieses Lieferungsromans voneinander abgehoben. Daß im WR triviale Muster vorliegen, wurde
an anderer Stelle bereits gezeigt. Im folgenden sollen
die Begriffe 'Kitsch' und 'Kolportage' näher untersucht
werden.

Im allgemeinen herrscht unter Literaturwissenschaftlern
Übereinstimmung darin, daß der literarische Kitsch eine
Scheinkunst sei.[4] Kitsch wird danach als Gegenbegriff zum
Kunstverständnis einer gebildeten Schicht aufgefaßt,[5]
allenfalls als eine Kunst, die dem primitiven Bewußtsein
der Masse entspricht.[6] Exakte Kriterien für die verschiedenen Erscheinungsformen des literarischen Kitsches lassen
sich jedoch nicht gültig festlegen,[7] zumal die Bewertungsmaßstäbe Schwankungen unterliegen.

In dem Sinn, daß es das Bestreben der Kitschliteratur ist,
als Scheinkunst zu erscheinen, kann im WR nicht von Kitsch
gesprochen werden. Denn es war die erklärte Absicht Mays,
auf künstlerische Ansprüche zu verzichten.[8] Über den primären Anlaß des Broterwerbs hinaus war es das Anliegen
seiner literarischen Produktion, die Schau eines besseren
Menschen und einer besseren Welt zu vermitteln, wobei die
Widersprüche seiner Zeit, seine Vergangenheit und seine
Zukunftshoffnung ins Werk eingingen. So trifft für den
Kitsch im WR allenfalls zu, was Gert Ueding zusammenfassend in seinen Betrachtungen über den Kitsch feststellt:
"Der Kitsch läßt sich als Knotenpunkt der Haupttendenzen
bürgerlicher Kultur beschreiben: gewaltsam werden deren

widerstreitenden Kräfte zu einer möglichst totalen schönen Bildwirkung zusammengebunden."[9]

Mit 'Kolportage' wird eine besondere Vertriebsart bezeichnet, die an anderer Stelle schon beschrieben wurde. Kolportage im Gegensatz zum Kitsch meint jedoch das literarische Werk des Autors. Hier liegt nicht das Bestreben vor, mit unzulänglichen Mitteln ein Kunstwerk gestalten zu wollen, sondern die Fähigkeit, Tagträume zu fixieren. Dieses Merkmal der Kolportage hat Ernst Bloch als erster sichtbar gemacht.[10] Kolportageromane im Verständnis Blochs sind zu verstehen gleichsam als "Traumprotokolle"[11] - sowohl von Alpträumen als auch vom "Traum nach vorwärts"[12] -, gekennzeichnet von der Hoffnung über die gegenwärtige Situation hinaus. Kolportage vermittelt ein träumerisch verzerrtes Bild vom menschenwürdigen Leben und Glück; als "Literatur der Enterbten"[13] hat sie im Gegensatz zur übrigen Literatur "Rettungsstil"[13]. Dieses Kolportagehafte prägt den Charakter des WR, nicht aber vereinzelte Szenen, die man dem literarischen Kitsch zuordnen könnte. Darin auch unterscheidet sich das Werk von den zahllosen Produkten der zeitgenössischen Kolporteure;[14] Kolportage als nach außen gebrachter Tagtraum macht nur einen geringen Teil der literarischen Produktion aus.[15] Und nur in diesem Bereich der Kolportageliteratur lassen sich Schimmer der Hoffnung entdecken, denen der Kerngedanke Ernst Blochs gilt: "Erwartung, Hoffnung, Intention auf noch ungewordene Möglichkeit: das ist nicht nur ein Grundzug des menschlichen Bewußtseins, sondern, konkret berichtigt und erfaßt, eine Grundbestimmung innerhalb der objektiven Wirklichkeit insgesamt."[16]

Zusammenfassung

Trivialliteratur und die Aufgabe der Schule

> "Gut ist das Buch, sagte der alte Georg Brandes, das mich entwickelt. Wie und in welcher Weise mich meine vielfleckigen Heftchen entwickelt haben, werde ich wohl kaum herausfinden, da Literatur - und zur Literatur zählt mehr, als einige unwirsche Hohepriester uns einreden wollen - eine grundsätzlich unterwandernde Wirkung hat. Soviel aber ist sicher: meine Heftchen halfen mir zu entkommen und weckten meine Leseleidenschaft." (1)

Das Werk Karl Mays wurde in seinem gesamten didaktischen Umfeld (Literaturwissenschaft und -didaktik, Trivialliteratur, Schule, Deutschunterricht) dargestellt, wobei der Analyse seines ersten Lieferungsromans, dem WR, das Hauptinteresse galt. Es zeigte sich, daß diesem Romanwerk repräsentative Bedeutung für die Wilhelminische Zeit zukommt, weil es die wesentlichen Gegebenheiten dieser Epoche (historisch, gesellschaftlich, ideologisch) - teilweise verschlüsselt - widerspiegelt. Dabei gelingt es May, das Muster des Trivialen und die zeitgenössischen Prinzipien der Kolportage zu durchbrechen, so daß sein didaktisches Anliegen, dem Leser die Schau einer besseren Welt und eines besseren Menschen zu vermitteln, im Ansatz verwirklicht wird. Dies wurde anhand der Themenbereiche Liebe, Ehre und Adel, Erziehung, Stellung der Frau, Bewertung von Völkern und Rassen und am 'Hoffnungscharakter' des WR gezeigt. Darüber hinaus konnte aber auch die Faszination des WR bis in die heutige Zeit erhellt werden, wobei der Rezeption des WR durch jugendliche Leser besonderes Gewicht zukam. Das WR konfrontiert den Leser mit Grundmotiven menschlicher Existenz. Die Merkmale echter Kolportage^2, zu denen besonders (Tag-)Traum, Analogie zum Märchen und Abenteuer zählen, üben nach wie vor ihre Wirkung aus, da viele Gegebenheiten der Wilhelminischen Zeit auch heute noch vorhanden sind (etwa menschliche Ungleichheit, Bürokratismus, entpersönlichende Leistungsanforderungen, Statusunsicherheit). Der 'Ausbruchscharakter' des WR und die "Gebärden der Aufsässigkeit"[3] haben nach wie vor befreiende Wirkung. Auch der Erholungseffekt des WR erscheint weiterhin als legitim, da er Entlastung von den "systembedingten Problemen (bewirkt), eine Entlastung, die zumindest so lange bedeutsam bleibt, als jenes System besteht."[4] Nicht zuletzt geht der anhaltende Erfolg des WR und anderer May-Romane auf die Tatsache zurück, daß sich die von May erfaßten anthropologischen Kategorien (vornehmlich in entwicklungs- und individualpsychologischer Hinsicht) als konstant erwiesen haben.

Die besondere Bedeutung Karl Mays für die Schule - hier vor allem im Literaturunterricht - ist inzwischen erkannt worden. In seinem literarischen Erfolg und seiner weitreichenden Wirkung ist Karl May exemplarisch für die deutsche Unterhaltungsliteratur. Die folgenden Überlegungen zur Aufgabe der Schule im Hinblick auf Trivialliteratur beziehen daher das Werk Mays mit ein.

Für den Bereich der Schule liegen verschiedene Unterrichtsreihen und Modelle vor, die den Versuch unternehmen, den Schüler zu einem sachgerechten Umgang mit Trivialliteratur zu führen, sei es unter dem Aspekt der Texterarbeitung innerhalb des Literaturunterrichts oder der Rezeption von trivialer Lektüre in der Freizeit.[5]

Grundsätzlich sind solche Ansätze zu begrüßen, sofern sie Arbeit an der Literatur bleiben und nicht - wie etwa der 'Kurs in Trivialliteratur' von Günter Giesenfeld[6] - ausschließlich Mittel zur 'Gesellschaftsanalyse' werden und den Literaturunterricht in nicht adäquater Weise soziologisieren und politisieren. Es wäre aber verfehlt, von einer einzigen Unterrichtsreihe zu erwarten, daß sich die Einstellung der Schüler zu den Texten ändere oder gar eine Verhaltensänderung erfolge.

Ziel wird weiterhin bleiben, den Schüler mit dem literarischen Kunstwerk vertraut zu machen. Aber der Weg dorthin darf nicht an der Wirklichkeit vorbeigehen: Auch die Beschäftigung mit Trivialliteratur ist eine bleibende Aufgabe. Schüler müssen lernen, literarische Texte differenziert zu betrachten. Dazu haben sie beides nötig, das Kunstwerk und die Trivialität, und beides erfordert eine gründliche und vorurteilslose Auseinandersetzung.

Der Schüler sollte außerdem lernen, seine Lesemotive zu reflektieren. Lesemotive sind nur dann beeinflußbar, wenn sie dem Lehrer bekannt sind, d. h. wenn er über die Interessen seiner Schüler informiert ist. Deshalb sollte der Lehrer dem Jugendlichen als 'Leser' begegnen, als ein Gesprächspartner, mit dem Lektüreerfahrungen ausgetauscht werden können.[7] Letztlich ist es das Ziel einer Erziehung zum literarischen Verständnis, daß der Leser literarische Produkte aller Art mit einer kritischen Haltung aufnimmt und in die Lage versetzt wird, Irrealität, Widersprüchlichkeit und Ideologiehaltiges selbst zu entdecken. Einem Unterricht, der dies im 8. Schuljahr oder noch später mit einer Unterrichtsreihe in Trivialliteratur erreichen will, wird dies - wenn überhaupt - nur in Ansätzen gelingen. Eine literarische Erziehung, die dem genannten Ziel gerecht werden will, müßte vielmehr schon auf der Primarstufe beginnen, und zwar im 4. Schuljahr. Eine Möglichkeit, hinter der Vordergründigkeit eines Textes die eigentliche Aussage zu erkennen, wäre z. B. die Behandlung der Fabel. Dies wäre gleichzeitig eine Grundlage für das Verständnis von Trivialliteratur insofern, als die Wirkungsintention

eines literarischen Textes bewußt gemacht werden könnte.
Ich habe im Zeitraum von Februar bis November 1970 in
einem 4. Schuljahr zahlreiche Beispiele aus dem Bereich
der Fabel und der allgemeinen didaktischen Dichtung behandelt.[8] Die verbreitete Ansicht, Kinder der Primarstufe
könnten Fabeln nicht verstehen, da sie nicht über das
erforderliche Abstraktionsvermögen verfügten, konnte anhand dieser Unterrichtsprozesse widerlegt werden. Daß
Kinder dieser Altersstufe durchaus Einsicht in die manipulative Wirkung von Sprache erlangen können, wurde
ebenfalls anhand einer Unterrichtsreihe gezeigt.[9]

Der Behandlung von Trivialliteratur kommt in der Schule
ein bisher unterschätzter Stellenwert zu. Für viele Schüler sind triviale Texte die einzige Lektüre, die sie
überhaupt lesen. Was die Karl-May-Lektüre betrifft, so
wäre abschließend folgendes zu sagen: Karl Mays Werke
bieten einen guten Ausgangspunkt für die Analyse von Trivialliteratur wie für die Teilnahme am literarischen Kommunikationsprozeß. Oftmals ist es zwischen den Schülern
bereits zu einer Kommunikation gekommen, ohne daß der
Lehrer Kenntnis davon hat. Dies war exemplarisch an der
May-Lektüre vielfach belegbar.[10] Die May-Bücher bilden,
nicht nur, weil sie Abenteuerbücher sind, sondern auch
weil Karl May in seinem Werk für eine positive Grundhaltung des Menschen eintritt - hier sei nur an seinen Einsatz für menschliche Gleichstellung, für Feindesliebe und
Friedensgesinnung erinnert -, einen Beitrag zur Emanzipation. Ferner sprechen sie auch die Kreativität der Leser
an; dafür ließen sich in Rollenspielen der Schüler, in
Dialogen, in selbst gestalteten analogen Geschichten oder
auch in der bildlichen Darstellung viele Belege finden.
Die May-Literatur kann überdies als Musterbeispiel für
die ökonomische Verwertbarkeit eines berühmten Namens
gelten und das Beziehungsgefüge zwischen Verleger, Autor

und Rezipienten verdeutlichen. Schließlich wäre - wenn auch nicht mehr auf der Sekundarstufe I - ein exemplarischer literarischer Wertigkeitsvergleich innerhalb des Werks von Karl May[11] selbst interessant (etwa Kolportage, 'Reiseerzählung', Alterswerk). Dies entspräche vor allem dem Bekanntheitsgrad des Autors.

Bisher habe ich noch keinen Anhaltspunkt dafür gefunden, daß - wie z. B. Manfred Schloter behauptet - der Jugendliche, der von der Karl-May-Lektüre nicht zum wertvollen Buch finde, "in den meisten Fällen zu Schundliteratur gelenkt"[12] werde. Dagegen konnte vielfach der Beweis erbracht werden, daß Schüler, die nicht Karl May oder ähnliche Abenteuerlektüre lesen, überhaupt keinen Zugang zur Literatur haben. Außerdem sind zahllose Leser bekannt, bei denen die May-Lektüre eine positive Veränderung bewirkt hat.[13]

Bis heute liegen keinerlei Beweise für die Gefährlichkeit trivialer Literatur vor. Die Vorwürfe gegen Kolportage oder gegen Unterhaltungsliteratur im allgemeinen - etwa unkritische Anpassung an primitive Bedürfnisse, Verstärkung bestehender Vorurteile, Scheinerfüllung, Zwangsharmonisierung, Verschleierung oder gar Leugnung sozialer Ursachen und Wirkungen, Orientierungsangebot falscher Wertmaßstäbe und Leitbilder, systemstabilisierende Tendenzen, "Verleitung zu resignierendem sozialen oder politischen Desinteresse"[14], Entmündigung des Lesers u.v.a.m. - beruhen zum Teil auf Vermutungen, Verallgemeinerungen und Vorurteilen. Es kann lediglich als sicher angenommen werden, daß die schädlichen Faktoren der Trivialliteratur - etwa Gewalt und Brutalität - vorhandene negative Bedingungen verstärken. Diese Gefahr besteht in erster Linie bei Kindern bzw. Lesern sozial deklassierter Bevölkerungsschichten, die, sofern sie jemals einen Bezug zum Lesen gewinnen, gerade der Trivialliteratur verhaftet und auf sie angewiesen sind. Hier erscheint der Literaturunterricht der Schule wohl als die einzige Möglichkeit, die Gefahren einsichtig zu machen und Alternativen anzubieten – keinesfalls aber dadurch, daß er zum Agenten einer gesellschaftlichen Norm oder eines ästhetischen Prinzips wird, sondern sich als Anwalt des Kindes versteht.

F r a g e b o g e n (1969)

Beruf des Vaters: Alter:
Beruf der Mutter: Klasse:
Anzahl der Geschwister:

I. Welche Bücher von Karl May hast Du gelesen?

II. A) Wer machte Dich auf das e r s t e Karl-May-Buch
       aufmerksam?
    1. Eltern, Großeltern   4. Bruder, Schwester
    2. Verwandte, Bekannte   5. Lehrer
    3. Freund, Schulkamerad   6. Film, Fernsehen, Zeit-
                                    schrift, Radio
   B) Bekamst Du Karl-May-Bücher geschenkt oder geliehen?
    1. geschenkt (wieviele?____)
    2. geliehen

III. A) Hast Du schon einen Karl-May-Film gesehen (Kino - Fern-
        sehen)?
     1. ja (welchen?)

     2. nein
   B) Wenn Du schon einen Karl-May-Film gesehen hast: Gefiel
      er Dir so wie das Karl-May-Buch?
     1. ja   (Begründe!)
     2. nein

IV. Liest Du lieber Bücher aus fremden Ländern oder aus Deutsch-
    land, wenn sie g l e i c h spannend sind?
    1. Ich lese am liebsten Bücher aus fremden Ländern.
    2. Mir ist es gleich.
    3. Ich lese am liebsten Bücher aus Deutschland.

V. Liest Du einen "Karl May" lieber als andere spannende Bücher?
    1. Ich finde andere Bücher besser als Karl May.
    2. Das Karl-May-Buch ist spannender als andere Bücher.
    3. Ich lese andere spannende Bücher genauso gern.

VI. Darfst Du "Karl May" zu Hause lesen?

    1. Um das, was ich lese, kümmert sich niemand.
    2. Meine Eltern verbieten es.
    3. Ich lese "Karl May". Aber meinen Eltern gefällt das nicht.
    4. Ich darf lesen, was mir gefällt.

VII. Was findest Du in "Karl May" lehrreich?
     (Du kannst mehreres ankreuzen!)

  A) 1. Wie man sich in der Gefahr verhält
      2. Wie man mit Schwierigkeiten fertig wird
      3. Wie man anderen Menschen hilft
      4. Wie man Feinde besiegt

  B) 1. Religion anderer Menschen
      2. Beschreibungen (Landschaften, Naturereignisse)
      3. Fremde Völker und Sprachen
      4. Leben der Indianer

VIII. Möchtest Du Old Shatterhand (Kara Ben Nemsi) sein?

    1. ja
    2. nein   (Begründe!)

IX. Old Shatterhand (Kara Ben Nemsi) liebt sogar seine Feinde.
    Findest Du das richtig?

    1. ja
    2. nein   (Begründe!)

X. Kannst Du Dich an lustige und ulkige Stellen in "Karl May"
   erinnern? Nenne sie!

XI. Möchtest Du solche Abenteuer wie Old Shatterhand (Kara
    Ben Nemsi) erleben?

    1. ja
    2. nein   (Begründe!)

XII. Welche Personen aus "Karl May" gefallen Dir am besten?

XIII. Welche Stellen aus "Karl May" gefallen Dir besonders gut? Zähle sie auf!

XIV. Liest Du lieber die Erzählungen aus dem Orient oder die aus Amerika?
1. aus dem Orient
2. aus Amerika   (warum?)
3. beide gleich gern

XV. Gefällt Dir irgend etwas nicht an "Karl May"? (Begründe!)

XVI. Spielst Du mit anderen noch "Cowboy" und "Indianer"?
1. ja
2. nein   (Begründe!)

XVII. Wer ist Dein Lieblingsschriftsteller?

XVIII. Hörst Du Märchen noch gern?
1. Ab und zu schon
2. Märchen gefallen mir nicht mehr
3. Ich höre Märchen noch gern

Lies nun alles noch einmal in Ruhe durch. Wenn Dir noch etwas eingefallen ist, was Du gern schreiben möchtest, kannst Du es auf der Rückseite tun! - Schreibe auch das, was Du beim Lesen der Karl-May-Bücher sonst noch entdeckt hast!

☐ Junge   (Umfrage 1974)
☐ Mädchen   Alter: ___ Jahre

---

1. Hast Du schon Karl-May-Bücher gelesen?

   ☐ Ja   Wenn ja, welche? _____
   ☐ Nein

2. Gefielen Dir die Bücher?

   ☐ Ja   (Begründe!) _____
   ☐ Nein

3. Welche der folgenden Karl-May-Bände sind Dir bekannt?
   (Bitte ankreuzen!)

   ☐ Schloß Rodriganda
   ☐ Die Pyramide des Sonnengottes
   ☐ Benito Juarez
   ☐ Trapper Geierschnabel
   ☐ Der sterbende Kaiser

4. Hast Du Bücher davon gelesen?

   ☐ Ja   Wenn ja, welche? (Kreuze die gelesenen an!)
   ☐ Nein
                ☐ Schloß Rodriganda
                ☐ Die Pyramide des Sonnengottes
                ☐ Benito Juarez
                ☐ Trapper Geierschnabel
                ☐ Der sterbende Kaiser

5. Kannst Du Dich an Personen oder Stellen daraus erinnern?
   (Schreibe sie auf!)

6. Gefielen Dir diese Bücher genauso gut wie andere
   Karl-May-Bücher?

   ☐ Nicht so gut
   ☐ Genauso gut   (Begründe!) _____
   ☐ Besser

Literaturhinweise zum Leben und Werk Karl Mays

1. May-Texte

Eine umfassende und detaillierte May-Bibliographie liegt noch nicht vor. Zu den Ersterscheinungen und verschiedenen Gesamtausgaben vgl. Hans Wollschläger: Karl May. Grundriß eines gebrochenen Lebens, Zürich 1976, S. 208-214 (Diogenes Taschenbuch 112). Eine "Waldröschen"-Bibliographie (Auszug) findet sich bei Klaus Hoffmann: Nachwort zum Faksimiledruck des Waldröschen, in: Karl May: Das Waldröschen oder Die Verfolgung rund um die Erde, Bd. 6, Hildesheim 1971, S. 2679-2682.

2. Sekundärliteratur

In den nachstehenden Quellen und Nachweisen sind die wichtigsten Veröffentlichungen zum Leben und Werk Mays aufgeführt. Die Beiträge in den Karl-May-Jahrbüchern (KMJB), vor der heutigen May-Forschung zumeist überholt, sind bei Heinz Stolte: Der Volksschriftsteller Karl May. Beitrag zur literarischen Volkskunde, Radebeul 1936, S. 158-167, zusammengestellt und nach Sachgebieten geordnet. Vgl. auch das Herausgeber- und Bearbeiterverzeichnis von Karl May's Gesammelten Werken (GW), Radebeul, bei Heinz Stolte, a.a.O. S. 167 f.

Von den Beiträgen in den Mitteilungen und Jahrbüchern der Karl-May-Gesellschaft (Mitt. KMG bzw. Jb. KMG) liegen Inhaltsverzeichnisse und Autorenregister vor. Sie können über die Geschäftsstelle der Karl-May-Gesellschaft e. V., Hamburg, bezogen werden

Eine Zusammenstellung der Presseartikel und Rezensionen zum "Waldröschen"-Nachdruck - verbunden mit Kurzinformationen über die wichtigsten Beiträge - findet sich bei Erich Heinemann: 'Waldröschen' in der Presse, in: Karl Mays WALDRÖSCHI Ein Kolportageroman des 19. Jahrhunderts. Sonderdruck der KMG, Hamburg 1972, S. 30-35.

Über das Personenregister (S. 345 ff.) gelangt der Leser zu der zitierten bzw. zugrunde gelegten Literatur.

Abkürzungen

DD	Diskussion Deutsch. Zeitschrift für Deutschlehrer aller Schulformen in Ausbildung und Praxis
DU	Der Deutschunterricht. Beiträge zu seiner Praxis und wissenschaftlichen Grundlegung
DVjs	Deutsche Vierteljahrsschrift für Literaturwissenschaft und Geistesgeschichte
GA	Graff-Anzeiger. Informationen über Reise- und Abenteuerschriftsteller. Seit Dezember 1976: Magazin für Abenteuer-, Reise- und Unterhaltungsliteratur
GW	Karl May's Gesammelte Werke
INFORM	Sammlung Karl May betreffender Auszüge aus Büchern, Zeitschriften, Filmen, Rundfunk- und Fernsehsendungen
KMG	Karl-May-Gesellschaft e. V.
Jb. KMG	Jahrbuch der Karl-May-Gesellschaft
Mitt. KMG	Mitteilungen der Karl-May-Gesellschaft
KMJB	Karl-May-Jahrbuch
KMV	Karl-May-Verlag
PD	Praxis Deutsch. Zeitschrift für den Deutschunterricht
WR	Karl May (Pseud. Capitain Ramon Diaz de la Escosura): Das Waldröschen oder Die Verfolgung rund um die Erde. Großer Enthüllungsroman über die Geheimnisse der menschlichen Gesellschaft, Dresden 1882 - 1884 (109 Lieferungen). Zit. nach: Das Waldröschen oder Die Verfolgung rund um die Erde. Reprografischer Nachdruck der Ausgabe Dresden 1882, 6 Bände, Hildesheim 1969 - 1971

Quellen und Nachweise

Einleitung

1 Der Begriff 'Trivialroman' wurde 1923 von Marianne Thalmann eingeführt. Vgl. M. Thalmann: Der Trivialroman des 18. Jahrhunderts und der romantische Roman. Ein Beitrag zur Entwicklungsgeschichte der Geheimbundmystik, Berlin 1923, S. 4 ff. Seit dieser Zeit hat sich der Ausdruck 'Trivialliteratur' als wenig präziser Sammelbegriff für die ästhetisch nicht anerkannte Literatur durchgesetzt.
2 Vgl. dazu z. B. Albert Klein: Trivialliteratur, in: Handlexikon zur Literaturwissenschaft, hrsg. von Diether Krywalski, München 1974, S. 487-493, hier: S. 487 f.; ferner: Wolfgang Schemme: Trivialliteratur und literarische Wertung. Einführung in Methoden und Ergebnisse der Forschung aus didaktischer Sicht, Stuttgart 1975, S. 138.
3 Vgl. Horst Belke: Literarische Gebrauchsformen. Grundstudium Literaturwissenschaft, Bd. 9, hrsg. von H. Geiger u. a., Düsseldorf 1973, besonders S. 9-11.
4 Nach Albert Klein kann "der Begriff 'Trivialliteratur' wahrscheinlich gar nicht streng definiert werden"; sein Bedeutungsfeld müsse aus dem Sprachgebrauch erschlossen werden (Albert Klein, Heinz Hecker: Trivialliteratur. Grundstudium Literaturwissenschaft. Hochschuldidaktische Arbeitsmaterialien Bd. 10, Opladen 1977, S. 15. Vgl. dazu auch die Beispiele a.a.O., S. 15 f.).
5 Dies schließt nicht aus, daß es eine Produktion von Literatur gibt, bei der nicht die vorhandenen Lesebedürfnisse, sondern gezielte Werbemaßnahmen (z. B. beim Bestseller) oder Kaufzwänge (etwa bei Mitgliedschaft in einer Buchgemeinschaft) im Vordergrund stehen.
6 Zur Problematik des Begriffs 'Unterhaltungsliteratur' vgl. z. B. Peter Kaupp: Der mißachtete Schmöker. Zur Geschichte und sozialen Funktion der Unterhaltungsliteratur, in: Bertelsmann Briefe 85/1976, S. 10-27, hier: S. 11 f.
Mit obiger Begriffswahl wird <u>keine</u> Gleichsetzung zwischen Unterhaltungs- und Trivialliteratur vollzogen; vielmehr gehört Trivialität (= bereits bewertete Literatur) zum großen Bereich der Unterhaltungsliteratur (= Funktionskriterium).
7 Hierbei wird dem Begriff 'Unterhaltungsliteratur' nicht von vornherein ein negatives Werturteil beigelegt, da auch ästhetisch anspruchsvolle Werke Unterhaltungscharakter haben können.

Vgl. etwa: A. C. Baumgärtner, M. Dahrendorf (Hrsg.): Wozu Literatur in der Schule? Beiträge zum literarischen Unterricht, 3. Aufl. Braunschweig 1972; Ulrich Hain, Jörg Schilling: Zur Theorie und Praxis des Literaturunterrichts in der Sekundarstufe I, Essen 1974 (Neue pädagogische Bemühungen Bd. 62).
9 Vgl. Gustav Sichelschmidt: Liebe, Mord und Abenteuer. Eine Geschichte der deutschen Unterhaltungsliteratur, Berlin o. J. (1969), S. 5.
10 Vgl. M. Thalmann: Der Trivialroman des 18. Jahrhunderts (Anm. 1).
11 Vgl. Hans Dieter Zimmermann: Das Vorurteil über die Trivialliteratur, das ein Vorurteil über die Literatur ist, in: Akzente 19, 1972, S. 386-408, hier: S. 396.
12 Vgl. hierzu z. B. die Verlagsschrift des Verlags Georg Olms (Olms Presse), Hildesheim 1970.
13 Vgl. W. Schemme, a.a.O., S. 156 ff.
14 Hierzu gehören in erster Linie die in Dresden erschienenen fünf großen Kolportageromane "Das Waldröschen" (1882 ff.), "Der verlorene Sohn" (1883 ff.), "Die Liebe des Ulanen" (1883 ff.), "Deutsche Herzen - Deutsche Helden" (1885 ff.) und "Der Weg zum Glück" (1886 f.).
15 Besonders "Im Reiche des silbernen Löwen" Bd. III und IV sowie "Ardistan und Dschinnistan", Freiburg i. B. 1902 f. bzw. 1909.
16 Ludwig Gurlitt: Gerechtigkeit für Karl May! In: Karl May, GW Bd. 34 "ICH". Karl Mays Leben und Werk, hrsg. von Roland Schmid, 27. neu gestaltete Aufl. Bamberg 1968, S. 409-520, hier: S. 496.
17 Vgl. Ralf Seelinger, Kurt Morawietz: Die neue Lust am Trivialen - eine Fehlspekulation? In: Die Horen 95, H. 3/1974, S. 84-86. Vgl. auch: Klassiker im Vormarsch, in: buch aktuell, H. 3/1975, S. 138.
18 Von 1525 der von mir befragten Schüler (vgl. Teil B. I.) hatten 651 Mädchen und Jungen Bücher von Karl May gelesen. Vgl. dazu auch: Dieter Kirsch: Lesegewohnheiten Jugendlicher. Sozialbarrieren, in: betrifft: erziehung, H. 6/1978, S. 24-29.
19 Der Name Karl May war den befragten Schülern ausnahmslos bekannt; zahlreiche Schüler, die kein Buch von May gelesen hatten, besaßen May-Schallplatten, -Bildbände, -Puzzles, -Figuren u. ä. oder hatten einen oder mehrere May-Filme gesehen. Die Kenntnisse vieler Schüler über die Indianer Nordamerikas gehen ausschließlich auf die Lektüre von Büchern Mays (vornehmlich der Winnetou-Serie) zurück. Vgl. hierzu: Hans-Uwe Arlinghaus: Diesmal: Karl May an der Hauptschule, in: Mitt. KMG 21/1974, S. 30 f.
20 Vgl. Karl May: Mein Leben und Streben. Selbstbiographie Bd. 1, Freiburg i. Br. o. J. (1910), S. 137-152, weiter-

hin: S. 209-213. (Der von May vorgesehene 2. Band der Selbstbiographie wurde nicht mehr geschrieben).
21 Wörtlich: "Denn dieses Karl May-Problem ist auch ein Gleichnis. Es ist nichts anderes, als jenes große, allgemeine Menschheitsproblem, an dessen Lösung schon ungezählte Millionen gearbeitet haben, ohne etwas Greifbares zu erreichen." (May, a.a.O. 212).
22 May, a.a.O. 211.
23 Der verlorene Sohn oder Der Fürst des Elends. Roman aus der Criminal-Geschichte, Dresden 1883 - 1885 (Reprint: Olms Presse, Hildesheim 1970 - 1972).
24 Der Weg zum Glück. Roman aus dem Leben Ludwig des Zweiten, Dresden 1886 - 1887 (Reprint: Olms Presse, Hildesheim 1971).
25 Vgl. May, a.a.O. 212.
26 Vgl. dazu das Kapitel "Zur Aktualität einer Untersuchung des Phänomens Karl May" (Teil B. I.).
27 Bd. 51 bis 55 GW: "Schloß Rodriganda", "Die Pyramide des Sonnengottes", "Benito Juarez", "Trapper Geierschnabel" und "Der sterbende Kaiser".
28 Z. B. Anneliese Hölder: Das Abenteuer im Spiegel der männlichen Reifezeit. Die Entwicklung des literarischen Interesses beim männlichen Jugendlichen, Ratingen 1967, S. 130-137 (Der viel umstrittene Karl May).
29 So gab es allein in Dresden drei bedeutende Verleger von Kolportageromanen, nämlich Dietrich, Münchmeyer und Titels Nachfolger. Vgl. Karl Heinrici: Die Verhältnisse im deutschen Colportagebuchhandel. Schriften des Vereins für Socialpolitik 79. Untersuchungen über die Lage des Hausierergewerbes in Deutschland, 3. Bd., Leipzig 1899, S. 213 f.
30 Vgl. Hermann Bausinger: Wege zur Erforschung der trivialen Literatur, in: Studien zur Trivialliteratur, hrsg. von Heinz Otto Burger, Frankfurt a. M. 1968 (Studien zur Philosophie und Literatur des 19. Jahrhunderts Bd. 1), S. 1-33, hier: S. 32.
31 Günter Jahn: Materialien zur Trivialliteratur (Lehrerheft). Sprachhorizonte. Arbeitsunterlagen für den Sprach- und Literaturunterricht, H. 13, Dortmund 1972, S. 9-18.
32 Vgl. dazu: Klaus Günther Just: Von der Gründerzeit bis zur Gegenwart. Geschichte der deutschen Literatur seit 1871. Handbuch der deutschen Literaturgeschichte. Erste Abteilung. Darstellungen Bd. 4, Bern 1973, S. 184.
33 Vgl. z. B. Horst Müller: Winnetou. Vom Skalpjäger zum roten Heiland, in: Ders.: Helden zum Rapport, Düsseldorf 1970, S. 79-99.
34 Max Lüthi: Das europäische Volksmärchen. Form und Wesen, 3. Aufl. Bern 1968. Auf den Vergleich mit anderen Theorien des Märchens und einer entsprechenden

Gegenüberstellung muß im Rahmen dieser Arbeit verzichtet werden.
35 Vgl. Klaus Hoffmann: Nachwort zum Faksimiledruck des Waldröschen, in: Karl May: Das Waldröschen oder Die Verfolgung rund um die Erde. Reprografischer Nachdruck der Ausgabe Dresden 1882, Hildesheim 1971, Bd. 6, S. 2617-2686, hier: S. 2670. Die Erklärung von E. A. Schmid zur Bearbeitung des WR weist nicht im entferntesten auf die gravierenden Eingriffe in die Erstfassung hin. Der Roman wurde nach Schmid "sorgfältig durchgefeilt und nach Möglichkeit von Fremdkörpern, Weitschweifigkeiten und Unstimmigkeiten befreit." (Schmid, in: Karl May: Vom Rhein zur Mapimi, Radebeul 1926, S. 4).
36 Eine noch größere Veränderung als das WR erfuhr Mays Kolportageroman "Deutsche Herzen - deutsche Helden". Hier wurden die Hauptpersonen in bekannte Gestalten Mays aus den 'Reiseerzählungen' umgewandelt. Ein Teil dieses Romans erschien als Bd. 60 GW "Allah il Allah" sogar in Ich-Form als 'Reiseerzählung'.
37 Hoffmann: Nachwort zum WR, S. 2632-2643.
38 Vgl. Hoffmann, a.a.O. 2623-2626, 2679 f.
39 In Hamburg befinden sich drei Heftchen-Lieferungen des WR in Privatbesitz (außer bei Klaus Hoffmann, Dresden, bei den May-Forschern Karl Guntermann, d. i. Dr. med. Karlheinz Schulz - und Gerhard Klußmeier. Vgl. Karl Mays Waldröschen. Ein Kolportageroman des 19. Jahrhunderts. Sonderdruck der KMG, Hamburg 1972, S. 17 und 19). Doch selbst diese drei Urdrucke weisen Textvarianten auf.
40 Vgl. Gerhard Klußmeier: Das Olms-Waldröschen: Nachdruck einer bearbeiteten Spätauflage, in: Karl Mays Waldröschen, a.a.O. 21.
41 Vgl. Karl Guntermann, a.a.O. 21.
42 Vgl. E. A. Schmid: Die Lieferungsromane Karl Mays, Radebeul bei Dresden o. J. (1926); ferner: Ders.: Gestalt und Idee, in: Karl May GW Bd. 34 "ICH", 29. neu gestaltete Aufl. Bamberg 1975, S. 378 f. Vgl. auch Hoffmann: Nachdruck zum WR, S. 2643 und 2652 ff.
43 Genauere Angaben zu den WR-Bearbeitungen finden sich bei Guntermann, a.a.O. 17-24.
44 Analogien hierzu boten sich mir in vielen Gesprächen mit Kindern, Jugendlichen und Erwachsenen.
45 Eberhard Nitschke: Lesefutter für Kutscher und Intellektuelle, in: Die Welt Nr. 5 vom 4.3.1971.
46 Vgl. dazu: Günter Waldmann: Theorie und Didaktik der Trivialliteratur. Modellanalysen - Didaktikdiskussion - literarische Wertung, München 1973, S. 70 f. Vgl. auch W. Schemme: Trivialliteratur und literarische Wertung, S. 206.

47 H. Kreuzer: Trivialliteratur als Forschungsproblem, in: Texte zur Trivialliteratur über Wert und Wirkung von Massenware. Arbeitsmaterialien Deutsch, bearbeitet von Ekkehart Mittelberg u. a., Stuttgart 1971, S. 153.
48 Vgl. G. Waldmann: Theorie und Didaktik der Trivialliteratur, S. 11-14.
49 Die Aussagen zur heutigen Rezeption der Karl-May-Bücher (Reise- und Jugenderzählungen) wie auch zur bearbeiteten Fassung des WR werden durch empirisches Material (schematische Befragung bei 12- bis 14jährigen Schülern) abgesichert.
50 Die Vielfalt dieser Zeugnisse ist nicht überschaubar. Vgl. etwa: Karl May: Der dankbare Leser. Reprint der Ausgabe Freiburg i. Br. 1902 ("Karl May als Erzieher" und "Die Wahrheit über Karl May" oder Die Gegner Karl Mays in ihrem eigenen Lichte). Materialien zur Karl-May-Forschung Bd. 1, hrsg. von Karl Serden, Ubstadt 1974, S. 69-159 (Leserbriefe, Pressestimmen); Karl May: Mein Leben und Streben. Selbstbiographie, hrsg. von Klara May, Freiburg i. Br. o. J. (1912), Anhang S. 6-16 (Pressestimmen). Weitere Zeugnisse finden sich z. T. in den Karl-May-Jahrbüchern, Radebeul 1918 ff., in den Jahrbüchern der KMG, Hamburg 1970 ff., in den Mitt. KMG, Hamburg 1969 ff. und in "INFORM", Hamburg 1972 ff. Als beispielhaft mögen darüber hinaus folgende Beiträge gelten: Reinhard Piper: Vom Glück des Lesers, in: Ernst Bender (Hrsg.): Deutsches Lesebuch, Karlsruhe 1964, S. 44; Heinz Stolte: Das Phänomen Karl May, Bamberg 1969, besonders S. 8; Peter Groma: Auf den Spuren Karl Mays, Frankfurt a. M. 1964, S. 5; Siegfried Unseld (Hrsg.): Erste Lese-Erlebnisse, Frankfurt a. M. 1975, S. 12, 17 f., 61, 98, 119, 122; Prominente zu Karl May, in: Westfälische Rundschau vom 11.3.1978.
51 Vgl. Friedhelm Munzel: Das Abenteuerbuch bei 12- bis 14jährigen. Eine empirische Untersuchung über die Wirkung von Karl-May-Büchern auf Kinder der Hauptschule, vorgelegt zur Ersten Staatsprüfung für das Lehramt an der Grund- und Hauptschule, Dortmund, 28.4.1969, S. 26 ff., 61 ff., 80 ff. Bestätigt und gesichert wurden diese Befunde in ungezählten Gesprächen mit Schülern aller Schulformen.

Teil A

I. Zum Verhältnis von Trivialliteratur und Literaturdidaktik

1. Die folgenden Ausführungen bleiben wegen der Vielzahl der Ansätze notwendig unvollständig. Sie sollen lediglich einzelne Merkmale der heutigen Diskussion aufzeigen. Eine ausführliche Darstellung der Problematik findet sich z. B. bei Manfred Markefka, Bernhard Nauck: Zwischen Literatur und Wirklichkeit. Zur Kritik der Literaturdidaktik - Theoretische Probleme eines Fachunterrichts, Neuwied 1972. Vgl. ferner: Jochen Vogt (Hrsg.): Literaturdidaktik. Aussichten und Aufgaben. Literatur in der Gesellschaft Bd. 10, Düsseldorf 1972. Vgl. auch den Überblick bei Malte Dahrendorf: Literarische Wirkung und Literaturdidaktik, in: Lesen. Ein Handbuch, hrsg. von A. C. Baumgärtner, Hamburg 1974, S. 330-332.
2. Herwig Blankertz: Lehrplantheorie und Curriculum-Forschung, in: DU, Jg. 22, H. 2/1970, S. 7-32.
3. Blankertz, a.a.O. 10.
4. A.a.O.
5. A.a.O. 19.
6. Saul B. Robinsohn: Bildungsreform als Revision des Curriculum, Neuwied und Berlin 1967.
7. Vgl. Ernst Schmack: Planspiel: Elementarcurriculum, in: Theodor Rutt, Ernst Schmack: Beiträge zur empirischen Unterrichts- und Erziehungsforschung, Folge II (Lernzielforschung), Ratingen 1973, S. 26.
8. Vgl. ein solches Expertenteam bei Schmack, a.a.O. 23.
9. Die Lehrerfortbildungstagung des Verbandes Bildung und Erziehung (VBE) vom 27. bis 28.12.1974 in Dortmund erbrachte z. B. den erstaunlichen Befund, daß nicht einmal der Stoff des Mathematikunterrichts, von dem man es am ehesten erwartet, völlig in Lernziele aufteilbar ist (Referat Erich Wittmann: Lernzielorientierung als begrenzte Methode - nicht als Totalprogramm). Ein Totalprogramm würde die Individualisierung im Unterricht gefährden, die Spontaneität und Aktivität des Schülers ignorieren und könnte außerdem zu einer 'Vertestung' des Unterrichts führen. Für die Schulpraxis ist daher ein 'offenes Curriculum' geraten, das sowohl für die Alltagsfragen als auch für die am Unterricht Beteiligten genügend Raum gewährt.
10. Vgl. hierzu: Schmack: Planspiel: Elementarcurriculum, S. 34 f. Allgemeine Lernziele lassen sich nicht operationalisieren. Es wäre auch verfehlt zu meinen, sämtliche Sozialisierungs- und Lernvorgänge ließen sich empirisch überprüfen.
11. Harro Müller-Michaels: Literaturdidaktik als normset-

zende Handlungswissenschaft, in: Jochen Vogt (Hrsg.): Literaturdidaktik, S. 17.
12 Vgl. Wolfgang Klafki: Didaktische Analyse als Kern der Unterrichtsvorbereitung, in: Auswahl. Grundlegende Aufsätze aus der Zeitschrift "Die deutsche Schule", hrsg. von H. Roth und A. Blumenthal, 8. Aufl. Hannover 1964, S. 5-34.
13 Vgl. Wolfgang Schulz: Unterricht. Analyse und Planung. Auswahl Reihe B, hrsg. von A. Blumenthal und W. Ostermann, 4. Aufl. Hannover 1969, S. 13-47.
14 Theodor Wilhelm: Theorie der Schule. Hauptschule und Gymnasium im Zeitalter der Wissenschaften, Stuttgart 1967. Vgl. besonders S. 246-251.
15 Rolf Geißler: Literaturdidaktik und Literaturwissenschaft, in: Literaturunterricht. Texte zur Didaktik, hrsg. von Gisela Wilkending, München 1972, S. 69-79.
16 Vgl. Geißler, a.a.O. 75.
17 Hermann Helmers: Herstellung und Analyse von Lehrplänen für das Fach Deutsche Sprache, in: DU H. 2/1970, S. 33-58, hier: S. 43.
18 "Man spricht nicht mehr vom 'Lehrplan', sondern vom 'Curriculum' und versteht darunter einen Plan, der allen wissenschaftlichen Anforderungen standhält." (Helmers, a.a.O. 36).
19 Vgl. Helmers, a.a.O. 44 f.
20 Vgl. Wolfgang Klafki: Studien zur Bildungstheorie und Didaktik, 8. Aufl. Weinheim 1967,
21 Vgl. Wolfgang Klafki: Didaktik und Methodik, in: Pädagogik, hrsg. von Hans-Hermann Groothoff, 3. Aufl. Frankfurt a. M. 1966, S. 58: "Die Didaktik braucht ... einen eigenen Stand im Verhältnis zu den Wissenschaften wie zu den übrigen geistigen Mächten. Diese Eigenständigkeit der Didaktik leitet sich aus der Verantwortung für das Kind und den Jugendlichen und seine Menschwerdung - als Person und zugleich als gesellschaftliches Wesen - her."
22 Vgl. Karl Otto Conrady: Einführung in die neuere deutsche Literaturwissenschaft, Hamburg 1966, S. 81 f.
23 Vgl. Wilhelm, a.a.O. 248.
24 Vgl. Gunter Otto, Ursula Schiebel: Das 'Didaktikum' - Modell eines unterrichtspraktischen Studienganges in hochschulgemäßer Form, in: Paul Heimann u. a. (Hrsg.): Unterricht. Analyse und Planung, 4. Aufl. Hannover 1969, S. 197-199.
25 Rolf Sanner: Literarische Bildung im Spannungsfeld von Fachwissenschaft und Fachdidaktik, in: Literaturunterricht. Texte zur Didaktik, hrsg. von Gisela Wilkending, München 1972 (Erziehung in Wissenschaft und Praxis 15), S. 80-90.
26 Sanner, a.a.O. 84.
27 Vgl. Sanner, a.a.O. 88.

28 Hubert Ivo: Die Einheit von Fachwissenschaft und Didaktik. Anmerkungen zur künftigen Ausbildung von Deutschlehrern, in: Ders.: Kritischer Deutschunterricht, Frankfurt a. M. 1969, S. 109-127.
29 Ivo, a.a.O. 118 f.
30 Vgl. Ivo, a.a.O. 119.
31 Dieter Arendt: Literaturdidaktik und Fachwissenschaft, in: Reform des Literaturunterrichts. Eine Zwischenbilanz. Hrsg. von Helmut Brackert und Walter Raitz, Frankfurt a. M. 1974, S. 251.
32 Wolfgang Binder: Literatur als Denkschule, Zürich 1972, S. 18.
33 Kunst und Trivialität werden als literarische Vergegenständlichungen von gesellschaftlichen Widersprüchen und Klassenkämpfen beschrieben. Vgl. z. B. Autorenkollektiv sozialistischer Literaturwissenschaftler Westberlin: Zum Verhältnis von Ökonomie, Politik und Literatur im Klassenkampf. Grundlagen einer historisch-materialistischen Literaturwissenschaft, Berlin 1971 (Materialistische Wissenschaft 1). Vgl. dazu ferner: Binder, a.a.O. 113-134).
34 Vgl. Werner Krauss: Grundprobleme der Literaturwissenschaft. Zur Interpretation literarischer Werke, Reinbek bei Hamburg 1973, 4. Aufl., S. 27; vgl. auch 39.
35 Wolfgang Kayser (Hrsg.): Kleines literarisches Lexikon, 2. Aufl. Bern 1953 (Sammlung Dalp 15 - 17).
36 Kayser, a.a.O. 85.
37 Vgl. Kayser, a.a.O. 86.
38 Vgl. z. B. Gert Ueding: Glanzvolles Elend. Versuch über Kitsch und Kolportage, Frankfurt a. M. 1973 (edition suhrkamp 622), S. 7 f. Der Wandel in der Literaturwissenschaft und Literaturdidaktik ist seit 1964 erfolgt. Vgl. dazu: Lothar Bredella: Ästhetische und funktionale Kategorien in der Literaturdidaktik, in: DD H. 9/1972, S. 209 f.
39 Vgl. Hans-Georg Gadamer: Wahrheit und Methode. Grundzüge einer philosophischen Hermeneutik, 2. Aufl. Tübingen 1965, S. 154-156.
40 Vgl. Krauss, a.a.O. 24 f. Eine Literaturgeschichte in diesem Sinn ist z. B. die "Deutsche Literaturgeschichte in Bildern", die die Verflechtung der Literatur mit künstlerischen, wissenschaftlichen, politischen und ökonomischen Traditionen und Tendenzen der jeweiligen Zeit sichtbar zu machen versucht. Vgl. Günter Albrecht, Kurt Böttcher u. a.: Deutsche Literaturgeschichte in Bildern Bd. II. Eine Darstellung von 1830 bis zur Gegenwart, Leipzig 1971. Diese Geschichte umfaßt den gesamten deutschsprachigen Raum und bezieht Autoren wie Marlitt und Courths-Mahler ebenso ein wie Gerstäcker und May. Als Gegenpart zur Geschichte der 'Hochliteratur' erschien erstmals 1969 eine Geschichte der

41 Unterhaltungsliteratur: Gustav Sichelschmidt: Liebe, Mord und Abenteuer. Eine Geschichte der deutschen Unterhaltungsliteratur, Berlin o. J. (1969).
41 Vgl. Günter Waldmann: Theorie und Didaktik der Trivialliteratur. Modellanalysen - Didaktikdiskussion - literarische Wertung, München 1973, S. 78.
42 Vgl. Rolf Geißler: Wozu Literaturunterricht? In: DD H. 1, Sept. 1970, S. 5.
43 Vgl. hierzu: Ansichten einer künftigen Germanistik, hrsg. von Jürgen Kolbe, 3. Aufl. München 1970 (Reihe Hanser 29).
44 Vgl. Malte Dahrendorf: Trivialliteratur als Herausforderung für eine literaturdidaktische Konzeption, in: DD H. 6, Nov. 1971, S. 305.
45 Vgl. z. B. Malte Dahrendorf: Gegenwärtige literaturpädagogische Leitvorstellungen, in: Hubert Ivo, Hans Thiel, Horst Weiß: Weitermachen? Abschaffen? Verändern? Zum Gebrauchswert von Literatur, 2. Aufl. Frankfurt a. M. 1973, S. 95 f.
Wie eine Wertung von Trivialliteratur vollzogen werden soll, läßt sich exemplarisch dem Arbeitsbuch "Wertendes Lesen" entnehmen: Karl Moritz: Wertendes Lesen. Übungen zur literarischen Wertung. Unter Mitarbeit von H. Müller und J. Schulte-Sasse, 3. Aufl. Frankfurt a. M. 1970.
46 Dahrendorf: Trivialliteratur als Herausforderung, S. 304.
47 A.a.O. 309.
48 A.a.O. 311.
49 A.a.O. 313.
50 Vgl. Malte Dahrendorf: Das Mädchenbuch und seine Leserin - Versuch über ein Kapitel "trivialer" Jugendlektüre. Schriften zur Buchmarktforschung 21, Hamburg 1970, S. 199 f.
51 Günter Jahn: Über die Trivialliteratur, in: Die Horen H. 3/1974, S. 65-73, besonders S. 65-68.
52 Vgl. Jahn a.a.O. 67 f.
53 Günter Giesenfeld: Ein Kurs in Trivialliteratur, in: Projekt Deutschunterricht 5. Massenmedien und Trivialliteratur, hrsg. von Heinz Ide in Verbindung mit dem Bremer Kollektiv, Stuttgart 1973, S. 177-214.
54 Giesenfeld a.a.O. 117.
55 Helmut Fischer: Das außerschulische Leseverhalten von Hauptschülern. Materialien, Analysen, Konsequenzen, in: Literaturdidaktik, S. 207-231.
56 Fischer a.a.O. 228.
57 Christl Stumpf: Wozu Trivialität? Zur gesellschaftlichen Funktion "nicht anerkannter Literatur" im Deutschunterricht, in: DD H. 10, Nov. 1973, S. 368-379.
58 Stumpf, a.a.O. 375.
59 Vgl. Stumpf a.a.O. 374 f.

60 Stumpf a.a.O. 375.
61 A.a.O. 376 f.
62 A.a.O. 378 f.
63 Uwe Duske: Brecht ist keine Alternative zu Jerry Cotton. Normen des herkömmlichen und des emanzipatorischen Literaturunterrichts, in: betrifft: erziehung, H. 10/1973, S. 30-34.
64 Vgl. Duske a.a.O. 34.
65 Günter Waldmann: Theorie und Didaktik der Trivialliteratur, besonders S. 50-76.
66 Vgl. Waldmann a.a.O. 51.
67 Vgl. a.a.O. 65.
68 A.a.O. 70.
69 A.a.O. 73.
70 A.a.O. 72.
71 Vgl. a.a.O. 73, ebenso die praktischen Anregungen S. 73-75.
72 A.a.O. 75.
73 Vgl. a.a.O. 77-142.
74 Heinz Ide (Hrsg.): Bestandsaufnahme Deutschunterricht. Ein Fach in der Krise, Stuttgart 1970.
75 Vgl. Hannelore Christ u. a.: Hessische Rahmenrichtlinien Deutsch. Analyse und Dokumentation eines bildungspolitischen Konflikts, Düsseldorf 1974; ferner: Hessische Rahmenrichtlinien. Eine Bestandsaufnahme, in: betrifft: erziehung H. 8/1973, S. 18-37.
76 Hermann Zabel auf der Lehrerfortbildungstagung des Verbandes Bildung und Erziehung (Thema: Gesellschaftslehre und Deutschunterricht - ideologisiert oder zeitgemäß?) am 28.12.1973 in Dortmund.
77 Hans Joachim Grünwaldt: Didaktik des Deutschunterrichts in der Wandlung, in: Bestandsaufnahme Deutschunterricht, S. 171-186.
78 Vgl. Grünwaldt, a.a.O. 182 und 184.
79 Vgl. a.a.O. 183.
80 Vgl. etwa: Hermann Helmers: Didaktik der deutschen Sprache. Einführung in die Theorie der muttersprachlichen und literarischen Bildung, 2. Aufl. Stuttgart 1967, S. 280 ff.
81 Vgl. Christl Stumpf: Wozu Trivialität? S. 373 f.
82 Das betonen auch die neugefaßten Hessischen Rahmenrichtlinien Deutsch - Sekundarstufe I: "Die Besonderheit des Künstlerischen ist nicht zu ersetzen, - das ist klargestellt." (Rainer Tiefenthaler: Für einen lebendigen und angstfreien Deutschunterricht, in: PD H. 30/1978, S. 3-5, hier: S. 4).
83 Vgl. Waldmann, a.a.O. 7, 76, besonders 123 ff. Waldmann hält die Bezeichnung "mindergewertete Literatur" am angemessensten für die Trivialliteratur. (Vgl. a.a.O. 124, 135).
84 Ekkehard Hieronimus hält den Begriff 'Volksliteratur'

für wertneutral. (Vgl. ders.: Karl May. Bemerkungen zur Stellung seines Werkes, in: Die Horen H. 3/1974, S. 58 f. Die Bezeichnung 'Unterhaltungsliteratur' läßt sich dagegen auch auf die 'Hochliteratur' anwenden.

II. Forschungsbericht zum Problem der Trivialliteratur unter literaturwissenschaftlichem und literaturdidaktischem Aspekt

1 Jochen Schulte-Sasse spricht von 120 Veröffentlichungen allein zum Thema "Kitsch". Vgl. Jochen Schulte-Sasse: Literarische Wertung, Stuttgart 1971 (Sammlung Metzler 98), S. 8.
2 Untersuchungen über Trivialliteratur, deren Gegenstand das Werk Karl Mays ist, werden an gesonderter Stelle besprochen (Forschungsbericht zum Werk Karl Mays, Teil B. III.).
In diesem Überblick kann auch nicht auf die Ansätze einer Forschung in der DDR eingegangen werden, zumal dort das Problem der Trivialliteratur wie des Kitsches kaum diskutiert wurde. Vgl. Gerd Eversberg: Zur Kritik bürgerlicher Trivialliteratur und ihrer Wertung (Am Beispiel Karl Mays). Hausarbeit zur Ersten philologischen Staatsprüfung für das Lehramt am Gymnasium, Köln, 5.1.1973, S. 22-25.
3 Vgl. z. B. Richard Bamberger: Jugendlektüre. Mit besonderer Berücksichtigung des Leseunterrichts und der Literaturerziehung, Bonn 1955. Gerd Hübner: Gute Heftreihen - eine Hilfe im Kampf gegen jugendgefährdende Schriften, Köln 1957. Hans Bauer: Die moderne Schule im Kampf gegen Schmöker, Plund und Schund, Kulmbach o. J. (1957).
4 Vgl. z. B. Richard Bamberger: Das unterwertige Schrifttum, in: Ders.: Jugendlektüre. Jugendschriftenkunde, Leseunterricht, Literaturerziehung, 2. Aufl. Wien 1965, S. 341-371.
5 Jochen Schulte-Sasse sieht diese Zweiteilung der Literatur als nationale Besonderheit an (vgl. Schulte-Sasse, a.a.O. 6).
6 Vgl. Fritz Pfeffer: Zur Beurteilung des Lesegutes der Jugend, in: Handbuch des Deutschunterrichts im 1. bis 10. Schuljahr, hrsg. von Alexander Beinlich, 4. Aufl. Emsdetten 1966, S. 863.
7 Erwin Ackerknecht: Der Kitsch als kultureller Übergangswert, Schriftenreihe Bücherei und Bildung H. 1, Bremen 1950.
8 Ackerknecht a.a.O. 22.
9 Karlheinz Deschner: Kitsch, Konvention und Kunst. Eine literarische Streitschrift, München 1957, vgl. besonders S. 22.

10 Vgl. Karl Markus Michel: Gefühl als Ware. Zur Phänomenologie des Kitsches, in: Neue Deutsche Hefte, 6. Jg. 1959/60, S. 31-48.
11 Walter Nutz: Der Trivialroman, seine Formen und seine Hersteller. Ein Beitrag zur Literatursoziologie, Köln und Opladen 1962.
12 Nutz a.a.O. 114.
13 Ebd.
14 Vgl. Hermann Bausinger: Schwierigkeiten bei der Untersuchung von Trivialliteratur, in: Wirkendes Wort H. 4/1963, S. 212.
15 Martin Greiner: Die Entstehung der modernen Unterhaltungsliteratur, Reinbek bei Hamburg 1964 (rde 207).
16 Greiner a.a.O. 10.
17 Vgl. Hans Friedrich Foltin: Zur Erforschung der Unterhaltungs- und Trivialliteratur, insbesondere im Bereich des Romans, in: Studien zur Trivialliteratur, hrsg. von Heinz Otto Burger, Frankfurt a. M. 1968 (Studien zur Philosophie und Literatur des neunzehnten Jahrhunderts Bd. 1), S. 242.
18 Dorothee Bayer: Der triviale Familien- und Liebesroman im 20. Jahrhundert, Tübingen 1963 (Volksleben Bd. 1).
19 Vgl. Bausinger a.a.O. 212.
20 Walther Killy: Versuch über den literarischen Kitsch, in: Ders.: Deutscher Kitsch. Ein Versuch mit Beispielen, 7. Aufl. Göttingen 1973 (Kleine Vandenhoeck-Reihe 1125), S. 9-33.
21 Eversberg a.a.O. 12.
22 Killy a.a.O. 22.
23 Vgl. Killy a.a.O. 24.
24 Trivialliteratur. Aufsätze. Hrsg. von Gerhard Schmidt-Henkel u. a., Literarisches Colloquium Berlin, Berlin 1964.
25 Z. B. Wildwestroman, Heimat-, Frauen-, Illustrierten-, Kriminalroman, Science Fiction, Comic Strips.
26 Trivialliteratur, a.a.O. 32.
27 Hans Friedrich Foltin: Die minderwertige Prosaliteratur. Einteilung und Bezeichnungen, in: DVjs H. 2/1965, S. 288-323.
28 Vgl. Foltin a.a.O. 288.
29 Z. B. "Handwerkliche Sauberkeit", "Grad der Wirklichkeitsverfälschung" (Foltin a.a.O. 292).
30 Helmut Kreuzer: Trivialliteratur als Forschungsproblem. Zur Kritik des deutschen Trivialromans seit der Aufklärung, in: DVjs H. 2/1967, S. 173-191.
31 Vgl. Kreuzer a.a.O. 175.
32 Vgl. Kreuzer a.a.O. 190; ferner: Eversberg a.a.O. 16 f.
33 Vgl. Schulte-Sasse: Literarische Wertung, S. 2-6. "Die starre Dichotomie von Kunst und Kitsch hängt in Deutschland entwicklungsgeschichtlich mit dem frühidealistischen Dualismus von Geist und Sinnlichkeit,

geistiger Beweglichkeit und Trägheit zusammen. Die in der Tradition des Idealismus entstandene Germanistik hat dieses Denkschema bereitwillig übernommen. Die weitgehend im Empirismus und Positivismus wurzelnde englisch-amerikanische Wertungstheorie hat nie einen so unelastischen und kämpferischen Gegenbegriff zur Kunst entwickelt wie das deutsche 'Kitsch' ..." (Schulte-Sasse a.a.O. 3).
34 Vgl. hierzu auch: Albert Klein: Die Krise des Unterhaltungsromans im 19. Jahrhundert. Ein Beitrag zur Theorie und Geschichte der ästhetisch geringwertigen Literatur. Abhandlungen zur Kunst-, Musik- und Literaturwissenschaft Bd. 84, Bonn 1969, S. 19: "Das eigentliche Dilemma, wodurch auch der Trend zur literarhistorischen Aufarbeitung begründet zu sein scheint, liegt in der starren Trennung der Bereiche von geringwertiger Literatur und Dichtung. Dies ist nicht zuletzt Folge eines historischen Entwicklungsprozesses der deutschen Literatur."
35 Hermann Bausinger: Wege zur Erforschung der trivialen Literatur, in: Studien zur Trivialliteratur, S. 1-33.
36 Bausinger a.a.O. 2.
37 Vgl. a.a.O. 2-4.
38 Vgl. a.a.O. 5-28.
39 Dieser Forderung soll in den beiden zuletzt genannten Punkten bei der Untersuchung des WR entsprochen werden (vgl. Teil E. IV. und V.).
40 Vgl. Bausinger a.a.O. 32: "Diese Annahme legt ein größerer Überblick über die triviale Literatur vor allem des frühen 19. Jahrhunderts nahe: es sind gerade die schon stark industrialisierten Gebiete, in denen sich Trivialliteratur mit der größten Belegdichte nachweisen läßt - allen voran Obersachsen mit seinen zahllosen zweit- und drittklassigen Schriftstellern."
41 Walter Höllerer: Über Ergebnisse der Arbeitskreise "Untersuchungen zur Trivialliteratur" an der Technischen Universität Berlin, sowie einige Folgerungen, die daraus zu ziehen sind, in: Studien zur Trivialliteratur, S. 34-56.
42 Vgl. Höllerer a.a.O. 51.
43 A.a.O. 54.
44 Vgl. a.a.O. 54.
45 A.a.O. 55.
46 Hans Friedrich Foltin: Zur Erforschung der Unterhaltungs- und Trivialliteratur, in: Studien zur Trivialliteratur, S. 242-270.
47 Vgl. Foltin a.a.O. 242.
48 A.a.O. 243.
49 Vgl. hierzu auch: Hans Friedrich Foltin: Die minderwertige Prosaliteratur, S. 288-323.
50 Vgl. Foltin a.a.O. 248.

51 Näheres siehe Teil C. I. (Verhältnis von wirtschaftlicher Entwicklung und Kolportage).
52 Vgl. Foltin: Zur Erforschung der Unterhaltungs- und Trivialliteratur, S. 263 ff.
53 Foltin a.a.O. 267.
54 Günther Fetzer: Schwierige Trivialliteratur. Neue Forschungsarbeiten auf dem Prüfstand, in: Bertelsmann Briefe H. 87/1976, S. 22-30, besonders 24 ff.
55 Albert Klein, Heinz Hecker: Trivialliteratur. Grundstudium Literaturwissenschaft. Hochschuldidaktische Arbeitsmaterialien Bd. 10, hrsg. von Heinz Geiger u. a., Opladen 1977, S. 57.
56 Max Horkheimer, Theodor W. Adorno: Kulturindustrie. Aufklärung als Massenbetrug, in: Horkheimer, Adorno: Dialektik der Aufklärung. Philosophische Fragmente, Frankfurt a. M. 1969, S. 128-176.
57 Vgl. Th. W. Adorno: Résumé über Kulturindustrie, in: Ohne Leitbild. Parra Aesthetica, 4. Aufl. Frankfurt a. M. 1970 (ed. suhrkamp 201), S. 60.
58 Vgl. Horkheimer, Adorno: Dialektik der Aufklärung (Vorrede), S. 11.
59 Hans Magnus Enzensberger: Bewußtseins-Industrie, in: Einzelheiten I. Bewußtseins-Industrie, 7. Aufl. Frankfurt a. M. 1971 (ed. suhrkamp 63), S. 7-17.
60 Enzensberger a.a.O. 13.
61 Peter Nusser: Romane für die Unterschicht. Groschenhefte und ihre Leser, 3. Aufl. Stuttgart 1974.
62 Nusser a.a.O. 9.
63 Vgl. Nusser a.a.O. 97.
64 Vgl. Armin Volkmar Wernsing, Wolf Wucherpfennig: Die "Groschenhefte". Individualität als Ware, Wiesbaden 1976, S. 10.
65 A.a.O. 10.
66 Gerd Eversberg: Zur Kritik bürgerlicher Trivialliteratur und ihrer Wertung, S. 44 ff.
67 Ders. a.a.O. 37.
68 A.a.O. 38.
69 A.a.O.
70 A.a.O. 44.
71 A.a.O.
72 Peter Kaupp: Der mißachtete Schmöker. Zur Geschichte und sozialen Funktion der Unterhaltungsliteratur, in: Bertelsmann Briefe H. 85/1976, S. 10-27, hier: 23.
73 Vgl. Kaupp a.a.O. 22-25.

Teil B

I. Zur Aktualität einer Untersuchung des Phänomens Karl May

1 Zur Auflagenhöhe bis 1963 vgl. Festschrift des Karl-May-Verlags zum 50jährigen Bestehen, Bamberg 1963, S. 28 f.
2 Vgl. Beilage zu Karl May, Bd. 34 GW "ICH", 27. Aufl. Bamberg 1968.
3 Vgl. Der Spiegel Nr. 15/1974, S. 170.
4 Hans Leyendecker: Dauerstreit unter Winnetous Erben, Westfälische Rundschau vom 11.3.1978.
5 Hierbei handelt es sich um Bd. 1 - 33 von "Karl Mays Gesammelten Reiseerzählungen", die von 1892 - 1912 im Verlag Friedrich Ernst Fehsenfeld, Freiburg i. Br., erschienen. Hinzu kommen noch die 8 Jugenderzählungen Mays (Bd. 35 - 41 GW), die seit 1894 bei der Union Deutsche Verlagsgesellschaft, Stuttgart, als Buchausgaben verlegt wurden.
6 Vgl. Robert Escarpit: Das Buch und der Leser, Köln-Opladen 1961, S. 101.
7 Z. B. Bd. 1 - 6, 7 - 9, 12 f., 14 f., 16 - 18, 20 - 22, ferner die vom KMV später aufgelegten Kolportageromane Mays.
8 Friedhelm Munzel: Das Abenteuerbuch bei 12- bis 14jährigen. Eine psychologische Untersuchung der Wirkung von Karl-May-Büchern auf Kinder der Hauptschule. Vorgelegt zur Ersten Staatsprüfung an der Volksschule (Grund- und Hauptschule), Dortmund, 28.4.1969.
9 Die Statistik der Käufergruppen von Karl-May-Bänden, die Horst Kliemann erstellt hat, reicht nur bis 1940. Vgl. H. Kliemann: Die Käufer und Leser Karl Mays, in: Börsenblatt für den deutschen Buchhandel Nr. 275/276 vom 25.11.1941.
10 Vgl. Anneliese Hölder: Das Abenteuer im Spiegel der männlichen Reifezeit. Die Entwicklung des literarischen Interesses beim männlichen Jugendlichen, Ratingen 1967, S. 48.
11 Vgl. Mitt. KMG 2/1969, S. 10.
12 Die von mir durchgeführte Erhebung (1966) gab u. a. Aufschluß über den Besitz von May-Literatur: Nach den Angaben der Schüler besaß im Durchschnitt jeder Junge (von 166) 6 und jedes Mädchen (von 55) 4 eigene Karl-May-Bücher.
13 Vgl. hierzu z. B. Heinz Remplein: Die seelische Entwicklung des Menschen im Kindes- und Jugendalter, 13. Aufl. München 1965, S. 369: "Während Jungen für Mädchenbücher kein Interesse haben, lesen Mädchen von Anfang an auch Jungenbücher."
14 Vgl. Munzel: Das Abenteuerbuch bei 12- bis 14jährigen, S. 88; ferner: Helmut Fischer: Das außerschulische

Leseverhalten von Hauptschülern. Materialien, Analysen, Konsequenzen, in: Literaturdidaktik, S. 207-231.
15 Vgl. Anm. 17.
16 Der Name Winnetou findet sich z. B. auch im Duden: "Winnetou (idealisierte Indianergestalt bei Karl May)", in: Der Große Duden Bd. 1, 17. Aufl. Mannheim 1973, S. 761.
17 Schon in früheren Jahren legten verschiedene Firmen ihren Artikeln Karl-May-Bilder bei, um den Kaufanreiz zu erhöhen. Heute gibt es u. a. May-Bildbände, -Puzzlespiele, -Dias, -Tonbänder, -Schmalfilme, -Sammelbilder, -Filmpostkarten, -Buschhemdenstoffe, -Zinn- und Elastolinfiguren, -Quartette und -Würfelspiele, Ben-Rih-Zigaretten, Winnetou-Fahrtenmesser und -Schuhe, Old-Shatterhand-Schokoladen-Zigaretten, selbstverständlich Silberbüchse und Henry-Stutzen "sowie manch anderes Erzeugnis, das naheliegenderweise - manchmal leider auch unsinnigerweise - auf den 'Hakawati aus Radebeul' zurückgreift" (Festschrift des Karl-May-Verlags, Bamberg 1963, S. 55). Seit 1962 (nach Ablauf der Urheberschutzfrist für die Originalwerke Mays) erschienen Erzählungen oder Motive Mays auch als Comics, u. a. in den Verlagen Moewig, Kauka, Lehning, Pabel, Cevacur, Bastei. Bis auf die Comics des Lehning-Verlags handelt es sich um Wildwest-Geschichten üblicher Art, die kaum noch etwas mit Karl May zu tun haben und sich nur seinen zugkräftigen Namen bzw. die bekannten Personen zunutze machen, um den Absatz zu steigern.
18 Vgl. Erich Heinemann: Die Karl-May-Gesellschaft, in: Jb. KMG 1970, S. 270 f.
19 Vgl. Friedrich Abel: Old Shatterhand im weißen Kittel, in: Stern Nr. 34/1974, S. 96 f.
20 Vgl. hierzu: Indianer-Welle erreicht Europa, Ruhr-Nachrichten Nr. 258 vom 7.11.1973.
21 Z. B. Rolf Hochhuth, H. H. Koch: Kaiserliche Zeiten. Bilder einer Epoche, München 1973; oder: Die gute alte Zeit im Bild. Alltag im Kaiserreich. Kommentiert von Gert Richter, Gütersloh o. J. (1974).
22 Karl May: Die Sklaven der Arbeit (Abdruck aus: Karl May: Der verlorene Sohn Bd. 2, S. 481-960), Frankfurt a. M. 1974 (Fischer Taschenbuch 1480).
23 Karl May: Der Samiel. Roman aus dem Leben Ludwig des Zweiten (Abdruck aus: Karl May: Der Weg zum Glück Bd. 5, S. 1766-2099), Frankfurt a. M. 1976 (Fischer Taschenbuch 1961).
24 Vgl. Ruhr-Nachrichten Nr. 300 vom 29.12.1973.
25 Vgl. Hans-Uwe Arlinghaus: Diesmal: Karl May in der Hauptschule, in: Mitt. KMG 21/1974, S. 30 f.
26 So wird Karl May z. B. als Filmregisseur betrachtet (sein Name erscheint ja sowohl auf den Plakaten als

auch auf der Leinwand). Ein Schüler fragte: "Wann kommt Karl May das nächste Mal nach Dortmund und verkauft Bücher?" Eine naive Gleichsetzung von Karl May = Old Shatterhand wird noch häufig vollzogen. So begrüßenswert auch der Versuch ist, Mays Leben künstlerisch zu verfilmen, so trägt der Film von Hans-Jürgen Syberberg ("Karl May. Ein deutsches Heldenleben") eher zur Verwirrung als zur Aufklärung bei; er ist nur einer Minderheit verständlich, die mit den späten Lebensjahren Mays vertraut ist. Vgl. Erika Franke: Karl May läßt alle Puppen tanzen, in: Stern H. 24 vom 6.6.1974, S. 62-66. Dazu auch: H. J. Syberberg: Karl May. Ein deutsches Heldenleben, in: Zeit magazin Nr. 43 vom 18.10.1974, S. 73-80. - Syberbergs Film hatte am 18.10.1974 in München Premiere.
27 Kritisches Lesen 2. Lesebuch für das 6. Schuljahr, hrsg. von Hermann Cordes u. a., Frankfurt a. M. 1974.
28 A.a.O. 48-104.
29 A.a.O. 149-209.
30 Drucksachen. Lesebuch für die 5. Klasse, hrsg. von Malte Dahrendorf u. a., Düsseldorf 1974.
31 Vgl. Kritisches Lesen 2, S. 171; Drucksachen 5, S. 7-12. Vgl. auch: Friedhelm Munzel: Die beständigste Lektüre, in: INFORM 23/1978, S. 6. Unterrichtsmodelle zu Karl May finden sich in PD H. 2/1974, S. 22-24 (4. Schuljahr) und in H. 20/1976, S. 47-50 (7. bis 10. Schuljahr).
32 Texte für die Sekundarstufe, 7. Jahrgangsstufe, hrsg. von Klaus Gerth u. a., Hannover 1975, S. 33-39 ("Karl May auf dem literarischen Markt").
33 Klaus Gerth u. a.: Kommentare und Methodische Inszenierungen zu Texte für die Sekundarstufe, 7. Jahrgangsstufe, Hannover 1976, S. 35-42, hier: 35.
34 Vgl. Helmut Fischer: Das außerschulische Leseverhalten von Hauptschülern, S. 212 und 216 f.
35 Faksimiledrucke zur Trivialliteratur. Hrsg. unter Mitwirkung von Hans-Friedrich Foltin, Institut für mitteleuropäische Volksforschung, Marburg, Hildesheim 1966 ff. Mays Kolportageroman "Deutsche Herzen - deutsche Helden" wurde vom KMV ab Januar 1976 in Original-Heftlieferungen herausgegeben.
36 Z. B. "Die Gartenlaube". Facsimile-Querschnitt, hrsg. von Heinz Klüter, Bern, Stuttgart o. J.; vgl. ferner die Verlagsschrift des Verlags Georg Olms (Olms Presse), Hildesheim 1970).

II. Überblick über Karl Mays literarisches Schaffen

1   Eine umfassende May-Biographie steht noch aus. Vgl. hierzu: Hainer Plaul, Klaus Hoffmann: Stand und Aufgaben der Karl-May-Forschung. Dargelegt auf der Grundlage zweier Privatarchive, in: Jb. KMG 1970, S. 181-197.
2   Heinz Stolte: Der Volksschriftsteller Karl May. Beitrag zur literarischen Volkskunde, Radebeul bei Dresden 1939, S. 33.
3   Otto Forst-Battaglia: Karl May - Traum eines Lebens, Leben eines Träumers. Beiträge zur Karl-May-Forschung Bd. 1, Bamberg 1966, S. 33. Zum folgenden vgl. auch S. 33-50. Vgl. ferner: Hans Wollschläger: Karl May in Selbstzeugnissen und Bilddokumenten, Reinbek bei Hamburg 1965, S. 7-14.
4   Stolte a.a.O. 34.
5   Zur Wirkung der Räubergeschichten auf Karl May vgl. Anneliese Hölder: Das Abenteuer im Spiegel der männmännlichen Reifezeit, S. 152-155.
6   Formulierung nach Forst-Battaglia (Vgl. Anm. 3).
7   Ernst Bloch: Erbschaft dieser Zeit, Frankfurt a. M. 1962, S. 172.
8   Vgl. Klaus Hoffmann: Der "Lichtwochner" am Seminar Waldenburg. Eine Dokumentation über Karl Mays erstes Delikt (1859), in: Jb. KMG 1976, S. 92-104. Zu den Straftaten Mays vgl. ferner Claus Roxin: Vorläufige Bemerkungen über die Straftaten Karl Mays, in: Jb. KMG 1971, S. 74-109.
9   Vom 6. September bis zum 20. Oktober 1962 verbüßte May eine Gefängnisstrafe in Chemnitz. Das Delikt war diesmal ein "Uhrendiebstahl". Vgl. dazu Claus Roxin: Karl May, das Strafrecht und die Literatur, in: Jb. KMG 1978, S. 9-36, hier: S. 12 f.
10 Vgl. hierzu: Richard Engel: Aus psychoanalytischer Schau, in: Karl May, GW Bd. 34 "ICH", 21. Aufl. Bamberg 1958, S. 529-534
11 Stolte a.a.O. 38.
12 Vgl. Karl May: Mein Leben und Streben. Selbstbiographie, Freiburg i. Br. o. J. (1910), S. 137.
13 Stolte a.a.O. 41, vgl. auch 28 ff.
14 Vgl. hierzu die Lieferungen 42 f. aus Mays "Der verlorene Sohn", die zu einer autobiographischen Spiegelung gestaltet wurden: Karl May: Der verlorene Sohn oder Der Fürst des Elends. Reprografischer Nachdruck der Ausgabe Dresden 1883-1885, Hildesheim 1970, S. 994 ff., besonders 1001.
15 Vgl. Karl May: Geographische Predigten (Sonderausgabe), Bamberg 1958 (Vorwort von E. A. Schmid und Roland Schmid), S. 5-8; ebenso: Karl May: Schacht und Hütte, GW Bd. 72 (Vorwort zu den "Geographischen Predigten"

16 von Roland Schmid), Bamberg 1968, S. 313 f.
Aus einem Flugblatt Karl Mays aus dem Jahr 1901. Vgl. Karl May: "ICH". Karl Mays Leben und Werk, Bd. 34 GW, 27. Aufl. Bamberg 1968, S. 201 (Anm.). Roland Schmid verweist darauf, daß die Betrachtungen wahrscheinlich schon während der Haftjahre (1870 - 1874) geschrieben wurden (vgl. Roland Schmid, in: Karl May, GW Bd. 72 Schacht und Hütte, Bamberg 1968, Vorwort S. 313).
17 Karl May, GW Bd. 34 "ICH", Radebeul 1916, S. 243-266.
18 Vgl. z. B. Hans Uwe Arlinghaus: Karl Mays Ardistan und Dschinnistan. Interpretation und didaktische Reflexionen. Hausarbeit zur Ersten Staatsprüfung für das Lehramt an Grund- und Hauptschulen, Münster 1972, besonders S. 35-60.
19 Stolte: Der Volksschriftsteller Karl May, S. 72.
20 Vgl. Wollschläger: Karl May, S. 43 f. Vgl. auch: Heinz Stolte: Die Affäre Stollberg. Ein denkwürdiges Ereignis im Leben Karl Mays, in: Jb. KMG 1978, S. 171-190.
21 Näheres bei Wollschläger a.a.O. 44.
22 Dies ist der erste Trivialroman Karl Mays, besitzt aber bei weitem nicht den geschichtlichen Informationswert wie etwa das WR. Interessant sind lediglich die autobiographischen Züge des Romans (z. B. die Inhaftierung eines Unschuldigen); vgl. Wollschläger a.a.O. 44.
23 Die Schut-Serie, heute Bd. 1 bis 6 der GW.
24 Nähere Einzelheiten im Kapitel "Zur Entstehung des Kolportageromans 'Das Waldröschen'" (Teil C. II.).
25 Vgl. hierzu: Klaus Hoffmann: Nachwort zum Faksimiledruck des Kolportageromans "Das Waldröschen", in: Karl May: Das Waldröschen Bd. 6, Hildesheim 1971, S. 2619-2686. May war vorgeworfen worden, im WR "abgrundtief unsittliche" Stellen geschrieben zu haben. Erst kürzlich hat Klaus Hoffmann durch zahlreiche Textvergleiche und Aufdecken von Widersprüchlichkeiten gezeigt, daß mit Sicherheit auf die Bearbeitung durch eine fremde Hand zu schließen ist (vgl. Hoffmann a.a.O. 2651-2667). Weitere Prozesse entwickelten sich danach infolge der Bekanntgabe von Mays Vorstrafen (1904) und durch Veröffentlichungen entsprechender Gerichtsakten (vgl. auch Wollschläger a.a.O. 114 ff.).
26 Vgl. Wollschläger, a.a.O. 54 f.
27 Bd. 35 bis 41 der GW. Ihnen kommt nach Wollschläger "das Maß klassischer Leistung zu: noch heute gehören sie zu den Guten Büchern, die Kindern in die Hand zu geben wären." (Wollschläger a.a.O. 55).
28 Stolte: Der Volksschriftsteller Karl May, S. 74.
29 Die Reiseerzählung "Im Reiche des silbernen Löwen" zeigt den Bruch in Mays Schaffen sehr deutlich:

Während Bd. I und II (1898) noch ganz im Stil der gewohnten abenteuerlichen Reiseromane geschrieben wurden, sind die beiden folgenden Bände stark verinnerlicht, der Buntheit und Spannung der Handlung scheinbar enthoben: "Hier gleitet die Erzählung aus der Gegenwart ins Zeitlose, aus der Landschaft ins Raumlose und schwebt - zeitlos und raumlos - als beinahe echtes Märchen bunt und seltsam über allem Wirklichen." (Stolte a.a.O. 75). Vgl. auch: Karl der Deutsche, in: Der Spiegel Nr. 37/1962, S. 70 f.

30 Das Drama schildert die Entwicklung des "Gewaltmenschen" zum zukünftigen "Edelmenschen". "Die Idee dieses Dramas verdient höchste Achtung, die umso leichter fällt, als hier in gedrängter Form Gedanken vorgebracht werden, die man nicht unbeachtet lassen kann. Dazu kommen zahlreiche Schönheiten -, der Sprache, der Erfindung, der Vision." (Hans Wollschläger: Das Alterswerk, in: Karl May, GW Bd. 34 "ICH" (1958), S. 355-370, hier: S. 365). Zur Wertung des Dramas vgl. auch: Wollschläger: Karl May, S. 113.

31 Das Werk ist als Bd. 30 in die GW aufgenommen und gibt interessante Hinweise auf die Persönlichkeit Mays. Vgl. hierzu: "Die sogenannte Spaltung des menschlichen Innern, ein Bild der Menschheitsspaltung überhaupt". Materialien zu einer Charakteranalyse Karl Mays, in: Jb. KMG 1972/73, S. 11-92, besonders S. 62 ff.

32 Roland Schmid: Nachwort zu "Ardistan", Bd. 31 GW, Bamberg 1967, S. 636.

33 Vgl. Karl May: Der Dichter über sein Werk, in: Ders.: Lichte Höhen, Bd. 49 GW, Bamberg 1956, S. 260; zu dem Werk "Ardistan und Dschinnistan" ferner: H. U. Arlinghaus: Karl Mays Ardistan und Dschinnistan, S. 35-60.

34 Vgl. Karl-Hans Strobl: Scham und Maske, in: Karl May, GW Bd. 34 "ICH" (1958), S. 537-555; ferner: Forst-Battaglia: Karl May (1966), S. 135: "Doch wir haben eine entscheidende Entschuldigung anzumelden: wenn irgendeine, so war diese Lebenslüge Mays eine Notlüge, geboren aus tiefster seelischer Not, unvermeidbar in einer absoluten Zwangslage".

35 Die "Frankfurter Zeitung", die 1899 mit der Hetze gegen May begonnen hatte, widerrief 30 Jahre später ihren Angriff und bezeichnete ihn als Unrecht (vgl. Ernst Bloch: Erbschaft dieser Zeit, S. 169).

36 Der große Erfolg Mays, die Massenauflagen seit Jahrzehnten, haben den Blick vom bedeutenden Spätwerk abgelenkt, das durchaus strengen literarischen Maßstäben standzuhalten vermag. Vgl. z. B. Arno Schmidt: Vom neuen Großmystiker. Karl May hat einen Platz in der Hochliteratur zu beanspruchen, in: Frankfurter Allgemeine Zeitung Nr. 138 vom 10.8.1957. Dazu auch: Karl der Deutsche, in: Der Spiegel Nr. 37/1962, S. 71.

37 Vgl. Claus Roxin: "Dr. Karl May, genannt Old Shatterhand". Zum Bild Karl Mays in der Epoche seiner späten Reiseerzählungen, in: Jb. KMG 1974, S. 32-48.
38 Vgl. hierzu auch: H. Wollschläger: "Die sogenannte Spaltung des menschlichen Innern, S. 18 ff.; ferner: C. Roxin: "Dr. Karl May, genannt Old Shatterhand", S. 42-44.

III. Forschungsbericht zum Werk Karl Mays

1 Max Dittrich: Karl May und seine Schriften. Eine literarisch-psychologische Studie für Karl-May-Freunde und Karl-May-Gegner, Dresden 1904. Heinrich Wagner: Karl May und sein Werk, Passau 1907. Adolf Droop: Karl May. Eine Analyse seiner Reiseerzählungen, Köln-Weiden 1909.
2 Vgl. Maximilian Jacta (d. i. Erich Schwinge): Zu Tode gehetzt. Der Fall Karl May, in: Ders.: Berühmte Strafprozesse. Deutschland III, München 1972, S. 9-50, besonders 23 ff.
Zur literarischen und pädagogischen Wertung auf dem Hintergrund der Straftaten Mays vgl. z. B. Karl Wilker: Karl May - ein Volkserzieher? Eine dringende Abwehr zum Schutze unserer Jugend gegen die Verherrlichung Mays, Beiträge zur Kinderforschung und Heilerziehung. Beihefte zur 'Zeitschrift für Kinderforschung', Langensalza 1910. Wilker bezeichnet seinen Beitrag als "Akt der Notwehr gegen die Verherrlichung des Mannes, dessen Namen nicht so leicht vergessen sein dürfe, wo von den Feinden und Verderbern unserer Jugend gesprochen wird; des Mannes, dessen ganzes Werden und Leben und Wirken der Forscher nach der gerichtlichen Feststellung nur betrachten kann als das eines psychopathischen oder als eines verbrecherisch veranlagten Mannes." (Wilker a.a.O. 4).
3 Franz Weigl: Karl Mays pädagogische Bedeutung, München 1909.
4 Vgl. Anm. 2.
5 Ludwig Gurlitt: Gerechtigkeit für Karl May! Radebeul 1919.
6 E. A. Schmid: Eine Lanze für Karl May, Radebeul 1918.
7 Vgl. Ludwig Gurlitt: Gerechtigkeit für Karl May! In: Karl May, GW Bd. 34 "ICH", 27. Aufl. Bamberg 1968, S. 496 f.
8 Gurlitt a.a.O. 497.
9 A.a.O.
10 Vgl. Wollschläger: Karl May, S. 163; vgl. auch: Hansotto Hatzig: Schrifttum um Karl May, in: Karl May, GW Bd. 34 "ICH" (1958), S. 397 ff.
11 Karl-May-Jahrbuch 1918 - 1933, hrsg. von Rudolf Beissel und Fritz Barthel (1918 - 1920), ab 1921 von E. A.

Schmid in Zusammenarbeit mit Max Finke (1921 - 1924), Ludwig Gurlitt (1925 - 1931) und Konrad Guenther (1932 - 1933), Breslau und Radebeul.
12 Vgl. Arno Schmidt: Sitara und der Weg dorthin. Eine Studie über Wesen, Werk und Wirkung Karl Mays, Frankfurt a. M. 1969 (Fischer Bücherei 968), S. 10 f.
13 Otto Forst-Battaglia: Karl May. Ein Leben - ein Traum, Zürich, Wien 1931.
14 "Seine Bücher sind in bezug auf die Wahrheit zweierlei: erfüllter Wunsch, Traumwirklichkeit, die über die häßlichen Eindrücke der gröberen, materiellen Realität hinwegtröstet. Dann: Befreiung von den peinigenden Erinnerungen an diese traurige Wirklichkeit, indem sie umgestaltet mit anderen Personen mit anderer Umwelt verknüpft werden und der seiner latenten Gewissensnöte Entbürdete auf die Transponierungen seines Ichs losschlägt." (Forst-Battaglia a.a.O. 60). Vgl. auch 61-76.
15 Vgl. a.a.O. 76 f.
16 Heinz Stolte: Der Volksschriftsteller Karl May. Beitrag zur literarischen Volkskunde (Phil. Diss.), Radebeul bei Dresden 1936.
17 Vgl. H. Stolte (Hrsg.): Beiträge zur Karl-May-Forschung Bd. 1, Bamberg 1966, S. 5.
18 Stolte: Der Volksschriftsteller Karl May, S. 25.
19 Ebd.
20 Ebd.
21 A.a.O. 57.
22 Vgl. Stolte a.a.O. 156: "Karl May ist zu einer geistigen Großmacht geworden, die umso unerschütterlicher feststeht, in je unscheinbareren menschlichen Tiefen sie verankert liegt. Dabei besteht diese Bedeutung (...) eben nur in der Tatsache, daß sein Schaffen so sehr dem unmittelbarsten Empfinden und Bedürfnis der Masse entspricht, daß in ihm eigentlich nur die Sehnsucht aller unterschiedlichen Menschlichkeit sich wie in einem Symbol verkörpert, und sein Werk doch auch andererseits eine Brücke ist, die die getrennten Welten des Kulturellen verbindet."
23 Karl Heinz Dworczak: Das Leben Old Shatterhands, Radebeul 1935. Franz Josef Weiszt: Karl May. Der Roman seines Lebens, Böhmisch-Leipa 1940. Fritz Barthel: Letzte Abenteuer um Karl May, Bamberg 1955.
24 Werner Raddatz: Das abenteuerliche Leben Karl Mays, Gütersloh 1965.
25 Vgl. Arno Schmidt: Sitara, S. 10-15.
26 Winfried-Johannes Weber: Die deutschen Räuberromane und ihr Einwirken auf Karl May. Ein Beitrag zur Entwicklungsgeschichte des Volkslesestoffes (Phil. Diss.), Berlin 1941.
27 Vgl. Hoffmann: Nachwort zum WR, S. 2670.

28 Emanuel Kainz: Das Problem der Massenwirkung Karl Mays (Phil. Diss.), Wien 1949.
29 So weist Kainz z. B. darauf hin, daß unter den Feinden Mays kein einziger schöpferischer Geist zu finden sei, die May-Freunde bzw. -Verteidiger und -Verehrer dagegen namhafte Persönlichkeiten seien (vgl. Kainz a.a.O. 12).
30 Kainz a.a.O. 197.
31 Ebd.
32 Ebd.
33 Vgl. a.a.O. 196.
34 Hans Plischke: Von Cooper bis Karl May. Eine Geschichte des völkerkundlichen Reise- und Abenteuerromans, Düsseldorf 1951 (hier: Karl May, S. 103-124).
35 A.a.O. S. 117-119.
36 Viktor Böhm: Karl May und das Geheimnis seines Erfolges. Ein Beitrag zur Leserpsychologie. Österreichische Schriften zur pädagogischen Psychologie für Schule, Haus und Heim Bd. II, hrsg. von Ludwig Lang und Otto Timp, Wien 1955.
37 Vgl. Böhm a.a.O. 9-13.
38 A.a.O. 195.
39 A.a.O. 207.
40 Vgl. z. B. a.a.O. 160 f., 188-194 oder 207: "Nicht die Buntheit der äußeren Abenteuer ergreift letztlich die Seele des Lesers dieser Bücher, sondern die visionäre Kraft des inneren Gesichts, mit der der Dichter selbst seine Geschichten erlebt und mitzuerleben zwingt."
41 Der Spiegel Nr. 37/1962, S. 54-74.
42 Arno Schmidt: Abu Kital. Vom neuen Großmystiker, in: Dya na sore. Gespräche in einer Bibliothek, Karlsruhe 1958, S. 193. Vgl. bereits: Ders.: Vom neuen Großmystiker. Karl May hat einen Platz in der Hochliteratur zu beanspruchen, Frankfurter Allgemeine Zeitung Nr. 138 vom 10.8.1957.
43 Arno Schmidt: Sitara und der Weg dorthin. Eine Studie über Wesen, Werk & Wirkung Karl Mays, Karlsruhe 1963.
44 Wolf-Dieter Bach: Fluchtlandschaften, in: Jb. KMG 1971, S. 39-73.
45 A.a.O. 41.
46 "Um die psychischen Bedingungen Karl Mays wirklich zu durchschauen, kann ein Literaturanalytiker sich nicht wie Arno Schmidt allein auf einige Wendungen Freuds und die eigene Kombinationsgabe verlassen; er muß vielmehr einen gewissen Überblick über die Entwicklung der psychologischen Forschung seit Freuds großem Durchbruch haben, muß etwas Bescheid wissen in vergleichender Religions- und Mythengeschichte, Völkerkunde und strukturalistischer Motivforschung." (Bach a.a.O. 59; vgl. auch 56).
47 M. Jacta: Zu Tode gehetzt, S. 43-47.

48 Vgl. Jacta a.a.O. 46. "Die Peinlichkeit wird dadurch erhöht, daß diese Anwürfe gegen das Andenken an einen Mann gerichtet sind, zu dessen Schutz kein Mensch den Täter aus § 189 StGB (Verunglimpfung eines Verstorbenen) zur Verantwortung ziehen kann. Es gibt eben niemand mehr, der Strafantrag stellen könnte." (S. 46).
49 Ingrid Bröning: Die Reiseerzählungen Karl Mays als literaturpädagogisches Problem, Ratingen 1973, besonders S. 121-125.
50 A.a.O. 125.
51 Hansotto Hatzig: Karl May und Sascha Schneider. Dokumente einer Freundschaft. Beiträge zur Karl-May-Forschung Bd. 2, Bamberg 1967. Dennoch macht es sich Hatzig zu einfach, wenn er Schmidts Hypothese als "ohne Zweifel abwegig" (a.a.O. 254) kommentarlos übergeht.
52 Gerhard Klußmeier: Ein seltsamer Weg nach Sitara, in: Heinz Stolte, Gerhard Klußmeier: Arno Schmidt & Karl May. Eine notwendige Klarstellung, Hamburg 1973, S. 21-49.
53 Vgl. Klußmeier a.a.O. 28-49. "Festzustellen ist, daß kaum eines der von Schmidt benutzten Zitate korrekt wiedergegeben ist." (A.a.O. 28).
54 Otto Forst-Battaglia: Karl May. Traum eines Lebens - Leben eines Träumers. Beiträge zur Karl-May-Forschung Bd. 1, Bamberg 1966.
55 Vgl. Anm. 13.
56 Forst-Battaglia a.a.O. 86.
57 Vgl. a.a.O. 165 ff.
58 Vgl. a.a.O. 178 ff.
59 A.a.O. 183.
60 Hansotto Hatzig: Karl May und Sascha Schneider. Vgl. Anm. 51.
61 Fritz Maschke: Karl May und Emma Pollmer. Die Geschichte einer Ehe. Beiträge zur Karl-May-Forschung Bd. 3, Bamberg 1973.
62 May hatte versucht, den gewaltsamen Tod eines Onkels von Emma Pollmer aufzuklären und wurde wegen 'Ausübung eines öffentlichen Amtes' zu Unrecht mit drei Wochen Gefängnis bestraft.
63 Hans Wollschläger: Karl May in Selbstzeugnissen und Bilddokumenten, Reinbek bei Hamburg 1965 (rowohlts monographien 104). Eine Neuauflage des gefragten Buchs mit einer Überarbeitung in mehreren Punkten erschien 1976 unter dem Titel: Karl May. Grundriß eines gebrochenen Lebens, Zürich 1976 (Diogenes Taschenbuch 112).
64 Zu kritisieren ist jedoch, daß Wollschläger nicht auf die nach wie vor aktuelle Hypothese von Arno Schmidt eingeht.
65 Thomas Ostwald: Karl May - Leben und Werk, 4. vollständig neu überarbeitete und erweiterte Auflage,

66 Braunschweig 1977.
67 Titelankündigung des Verlags Georg Olms, Hildesheim 1978.
68 Vgl. Hainer Plaul, Klaus Hoffmann: Stand und Aufgaben der Karl-May-Forschung. Dargelegt auf der Grundlage zweier Privatarchive, in: Jb. KMG 1970, S. 181-197.
68 Z. B. Rainer Gagelmann: Soll die Jugend Karl May lesen? Bamberg 1967. Vgl. auch: Cornelia Helwing: Karl May in der pädagogischen Diskussion von der Jahrhundertwende bis 1973. Vorgelegt zur Ersten Staatsprüfung an der Pädagogischen Hochschule Ruhr, Abteilung Dortmund, 1974.
69 Gertrud Oel-Willenborg: Von deutschen Helden. Eine Inhaltsanalyse der Karl-May-Romane, Weinheim und Basel 1973.
70 A.a.O. 137.
71 Gustav Sichelschmidt: Liebe, Mord und Abenteuer. Eine Geschichte der deutschen Unterhaltungsliteratur, Berlin o. J. (1969), S. 204-207.
72 "Im Grunde sind diese Romane nichts anderes als breit angelegte Märchen voller Spannung und Leben." (A.a.O. 206).
73 A.a.O. 207.
74 Bröning (vgl. Anm. 49).
75 Vgl. Bröning a.a.O. 159 ff.
76 A.a.O. 170.
77 Vgl. Erich Heinemann: Die Karl-May-Gesellschaft, in: Jb. KMG 1970, S. 270 f.
78 Vgl. Anm. 11.
79 Vgl. hierzu: "Wie Fafnir auf dem Nibelungenhort", in: Der Spiegel Nr. 15/1974, S. 172-176. Ferner: Claus Roxin: Karl-May-Gesellschaft, in: Die Horen H. 3/1974, S. 64: "Manche Aufgabe läßt sich auch heute noch nicht einmal anpacken. Denn der umfangreiche handschriftliche Nachlaß Mays, der im Bamberger Karl-May-Verlag lagert, ist der Öffentlichkeit noch größtenteils unzugänglich und sogar seinem (für die Forschung offenbar sehr bedeutsamen) Inhalt nach nur bruchstückhaft bekannt."
80 Vgl. Claus Roxin: Vorläufige Bemerkungen über die Straftaten Karl Mays, S. 74-109.
81 Heinz Stolte: "Waldröschen" als Weltbild, S. 17-38.
82 A.a.O. 21.
83 Ernst Bloch: Urfarbe des Traums, in: Jb. KMG 1971, S. 11-16.
84 Hans Wollschläger: "Die sogenannte Spaltung des menschlichen Innern ..." (vgl. Kap. II, Anm. 31), S. 11-92.
85 Heinz Stolte: Ein Literaturpädagoge. Untersuchungen zur didaktischen Struktur in Karl Mays Jugendbuch "Die Sklavenkarawane". 1. Teil: Jb. KMG 1972/73,

S. 171-194; Teil 2: Jb. KMG 1974, S. 172-194; Teil 3: Jb. KMG 1975, S. 99-126; Teil 4: Jb. KMG 1976, S. 69-91.
86 "Denn offenbar verhält es sich so, daß dieser Schriftsteller, dem seiner ganzen Art nach Differenzierung und Verfeinerung seiner epischen Mittel durch Verinnerlichung, Psychologisierung, Beseelung versagt blieb, diesen Ausfall durch seine Leidenschaft für das Detail der räumlichen, sichtbaren Erscheinungswelt schöpferisch kompensiert hat." (Stolte: Ein Literaturpädagoge, 2. Teil, Jb. KMG 1974, S. 193).
87 Heinz Stolte: Das fünfte Jahrbuch, in: Jb. KMG 1975, S. 8.
88 Stolte: Ein Literaturpädagoge, 4. Teil, in: Jb. KMG 1976, S. 79.
89 Claus Roxin: "Dr. Karl May, genannt Old Shatterhand". Zum Bild Karl Mays in der Epoche seiner späten Reiseerzählungen, in: Jb. KMG 1974, S. 15-73.
90 Hans Wollschläger: Der "Besitzer von vielen Beuteln". Lese-Notizen zu Karl Mays 'Am Jenseits' (Materialien zu einer Charakteranalyse II), in: Jb. KMG 1974, S. 153-171.
91 Heinz Stolte: Die Reise ins Innere. Dichtung und Wahrheit in den Reiseerzählungen Karl Mays, in: Jb. KMG 1975, S. 11-33.
92 Wolf-Dieter Bach: Sich einen Namen machen, in: Jb. KMG 1975, S. 34-72.
93 A.a.O. vgl. 36 f., 38, 48, 52-57, 61.
94 Hainer Plaul: "Besserung durch Individualisierung". Über Karl Mays Aufenthalt im Arbeitshaus Zwickau von Juni 1865 bis November 1868, in: Jb. KMG 1975, S. 127-199.
95 Klaus Hoffmann: Karl May als "Räuberhauptmann" oder Die Verfolgung rund um die sächsische Erde. Karl Mays Straftaten und sein Aufenthalt 1868 bis 1870, 2. Teil, in: Jb. KMG 1975, S. 243-275. (Teil 1: Jb. KMG 1972/73, S. 215-247).
96 Hoffmann, a.a.O. 273.
97 Jürgen Hein: Die 'Erzgebirgischen Dorfgeschichten'. Zum Erzähltyp "Dorfgeschichte" im Frühwerk Karl Mays, in: Jb. KMG 1976, S. 47-68, hier: 65.
98 Hainer Plaul: Resozialisierung durch "progressiven Strafvollzug". Über Karl Mays Aufenthalt im Zuchthaus zu Waldheim von Mai 1870 bis Mai 1874, in: Jb. KMG 1976, S. 105-170.
99 Vgl. die Gegendarstellung von Kurt Langer: Der psychische Gesundheitszustand Karl Mays. Eine psychiatrisch-tiefenpsychologische Untersuchung, in: Jb. KMG 1978, S. 168-173, besonders 171.
100 Hans Wollschläger: Das "eigentliche Werk". Vorläufige Bemerkungen zu 'Ardistan und Dschinnistan' (Materialien

zu einer Charakteranalyse III), in: Jb. KMG 1977, S. 58-80, vgl. hier 62.
101 A.a.O. 79.
102 A.a.O. 78 f.
103 Heinz Stolte: Auf den Spuren Nathans des Weisen. Zur Rezeption der Toleranzidee Lessings bei Karl May, in: Jb. KMG 1977, S. 17-57.
104 Hainer Plaul: Redakteur auf Zeit. Über Karl Mays Aufenthalt und Tätigkeit von Mai 1874 bis Dezember 1877, in: Jb. KMG 1977, S. 114-217.
105 Gert Ueding: Der Traum des Gefangenen. Geschichte und Geschichten im Werk Karl Mays, in: Jb. KMG 1978, S. 60-86.
106 A.a.O. 74.
107 Volker Klotz: Woher, woran und wodurch rührt 'Der verlorene Sohn'? Zur Konstruktion und Anziehungskraft von Karl Mays Elends-Roman, in: Jb. KMG 1978, S. 87-110
108 A.a.O. 110.
109 Hainer Plaul: Literatur und Politik. Karl May im Urteil der zeitgenössischen Publizistik, in: Jb. KMG 1978, S. 174-255.
110 Hainer Plaul, Klaus Hoffmann: Stand und Aufgaben der Karl-May-Forschung, S. 181-197.

Teil C
I. Zeitgeschichtliche und literatursoziologische Voraussetzungen der Kolportage

1 Vgl. hierzu: Wilhelm Lange: Das Buch im Wandel der Zeiten, 6. Aufl. Wiesbaden 1951, S. 175.
2 Hierzu und zum folgenden vgl. Rudolf Schenda: Das Buch - Geschichte, Produktion, Vertrieb, Konsum, in: Spektrum der Literatur, hrsg. von Bettina und Lars Clausen, Gütersloh 1975, S. 108-113.
3 Lange a.a.O. 185.
4 Vgl. Hans Werner Prohl: Die Entwicklung der Massenpresse, in: Spektrum der Literatur, S. 232-237, besonders 236.
5 Vgl. Lange a.a.O. 94 f.
6 Vgl. a.a.O. 200.
7 Vgl. Friedrich Schulze: Der deutsche Buchhandel und die geistigen Strömungen der letzten hundert Jahre, Leipzig 1925, S. 58-61; Lange, a.a.O. 201 f.
8 Vgl. G. Jeremias: Das billige Buch, Phil. Diss., Berlin 1938, S. 16.
Vgl. auch: Jochen Greven: Grundzüge einer Sozialgeschichte des Lesers und der Lesekultur, in: Lesen - Ein Handbuch, S. 129.
9 Vgl. Schulze a.a.O. 81.

10 Die Zerlegung eines Romans in regelmäßige Teillieferungen.
11 Vgl. Schulze a.a.O. 154.
12 Näheres zum Vertriebswesen vgl. bei Karl Bücher: Der deutsche Buchhandel und die Wissenschaft. Denkschrift im Auftrage des Akademischen Schutzvereins, Leipzig 1903, S. 193-205.
13 Kolportage: Ableitung aus dem Französischen (col = Nacken; porter = tragen: hausieren). Vgl. Gero von Wilpert: Sachwörterbuch der Literatur, 5. Aufl. Stuttgart 1969, S. 326 und 396.
14 Vgl. Bücher a.a.O. 193 f.
15 Vgl. Schulze a.a.O. 172.
16 Vgl. Rudolf Schenda: Die Lesestoffe der Kleinen Leute. Studien zur populären Literatur im 19. und 20. Jahrhundert, München 1976, S. 25-29 (Die letzten Bücherhausierer), besonders 28 f.
17 A.a.O. 28.
18 Vgl. Schulze a.a.O. 200.
19 Mit den Fortsetzungsromanen begannen als erste die "Deutsche Illustrierte Zeitung" und "Schorers Familienblatt". Der große Erfolg der "Gartenlaube" z. B. geht auf die Beiträge von Eugenie Marlitt (eig. Eugenie John, 1825 - 1887) zurück. Vgl. hierzu: Gustav Sichelschmidt: Liebe, Mord und Abenteuer, S. 154.
20 Vgl. Bücher a.a.O. 192 f.: Familienjournale 54,4 %, Lieferungswerke und Fachzeitschriften 19,8 %, Druckschriften (Kochbücher, Liederbücher, Jugendschriften usw.) 9,6 % und Volksromane in Heften zu 10 Pf. 16,2 % (Aufstellung aus dem Jahr 1893). Vgl. auch: R. Schenda: Triviale Lesestoffe, in: Spektrum der Literatur, S. 216-221, besonders S. 220.
21 Vgl. Karl Heinrici: Die Verhältnisse im deutschen Colportagebuchhandel, in: Schriften des Vereins für Sozialpolitik Bd. 79, Leipzig 1899, S. 190.
22 Bücher a.a.O. 194.
23 Vgl. Tony Kellen: Der Massenvertrieb der Volksliteratur, in: Preußische Jahrbücher Bd. 98, 1899, S. 86; ebenso die Kenntnisse Münchmeyers (des Verlegers der Kolportageromane Mays) über das Publikum: vgl. Gert Ueding: Glanzvolles Elend, S. 106.
24 Schulze a.a.O. 174.
25 Vgl. Sichelschmidt: Liebe, Mord und Abenteuer, S. 26 ff.
26 Vgl. dazu: Gert Ueding: Rinaldo Rinaldini, Retter in höchster Not. Wunderglaube im 18. Jahrhundert, in: Mitt. KMG 26/1975, S. 13-15 (Abdruck aus der Frankfurter Allgemeinen Zeitung vom 5.7.1975).
27 Eine ausführliche Darstellung findet sich bei Sichelschmidt, a.a.O. 153-189. Vgl. hierzu auch: Peter Kaupp: Der mißachtete Schmöker. Zur Geschichte und sozialen Funktion der Unterhaltungsliteratur, in:

Bertelsmann Briefe H. 85/1976, S. 10-27, besonders S. 13-18.
28 Vgl. hierzu: Michael Koser: Nachwort zu: Goldelse. Roman von Eugenie Marlitt, Neuausgabe Frankfurt a. M. 1974, S. 293-296.
29 Vgl. Sichelschmidt a.a.O. 155 f. Zum Frauenroman vgl. Matthias Ries: Von Marlitt bis Courths-Mahler - Der Frauenroman, in: Die Horen H. 3/1974, S. 25-28.
30 Vgl. a.a.O. 161-164.
31 A.a.O. 164.
32 Zu dieser Romangattung vgl. Hans Plischke: Von Cooper bis Karl May. Eine Geschichte des völkerkundlichen Reise- und Abenteuerromans, Düsseldorf 1951, besonders S. 85-102.
33 Vgl. Sichelschmidt a.a.O. 170, ebenso 208.
34 Sichelschmidt a.a.O. 213. Vgl. dazu die Gegenüberstellung von E. Marlitt, K. May und L. Ganghofer bei G. L. Mosse: Was die Deutschen wirklich lasen. Marlitt, May, Ganghofer, in: Popularität und Trivialität. Fourth Wisconsin Workshop, hrsg. von Reinhold Grimm und Jost Hermand, Frankfurt a. M. 1974, S. 101-120.
35 Vgl. Reimer Jehmlich, Hartmut Lück (Hrsg.): Die deformierte Zukunft. Untersuchungen zur Science Fiction, München 1974, S. 12.
Eine ausführliche Darstellung zu H. G. Wells und Jules Verne findet sich in meiner Dissertation "Karl Mays Frühwerk 'Das Waldröschen'", S. 144 ff.
36 Vgl. Eda Sagarra: Tradition und Revolution. Deutsche Literatur und Gesellschaft 1830 bis 1890, München 1972.
37 Hans Joachim Alpers: Verne und Wells - zwei Pioniere der Science Fiction? In: Eike Barmeyer (Hrsg.): Science Fiction. Theorie und Geschichte, München 1972, S. 244-258.
Vgl. ferner: Pierre Macherey: Jules Verne: Erzähltes und Nichterzähltes, in: Ders.: Zur Theorie der literarischen Produktion. Studien zu Tolstoij, Verne, Defoe, Balzac. Collection alternative, hrsg. von Hildegard Brenner, Bd. 7, Darmstadt 1974 (Sammlung Luchterhand 123), S. 73-165. Dazu: Heiko Postma: Fortschritt und Zurücknahme. Bemerkungen zu einigen Romanen Jules Vernes, in: Die Horen H. 3/1974, S. 46-57.

II. Zur Entstehung des Kolportageromans "Das Waldröschen"

1. May selbst datiert seine ersten Veröffentlichungen auf das Jahr 1863. Vgl. Hainer Plaul: "Besserung durch Individualisierung". Über Karl Mays Aufenthalt im Arbeitshaus zu Zwickau von Juni 1865 bis November 1868, in: Jb. KMG 1975, S. 127-199, hier: S. 182-184.
2. Vgl. Plaul, a.a.O., S. 170-176.
3. Abgedruckt in: Jb. KMG 1971, S. 127 f.
4. Vgl. Plaul, a.a.O., S. 175.
5. Abgedruckt in: Jb. KMG 1971, S. 132-143.
6. Vgl. hierzu auch Mays Ausführungen in seiner Selbstbiographie: Karl May: Mein Leben und Streben. Neu herausgegeben von Klara May, Freiburg i. Br. o. J. (1912), S. 152.
7. Abgedruckt in: Jb. KMG 1971, S. 128-132.
8. Vgl. Claus Roxin: Das zweite Jahrbuch, in:. Jb. KMG 1971, S. 8.
9. Vgl. Plaul, a.a.O., S. 183 f.
10. Karl May: Die Rose von Kairwan. Nachdruck der Ausgabe Osnabrück 1894, Hildesheim 1974.
11. Titel der Erzählung "Old Firehand" im "Deutschen Familienblatt".
12. Vgl. hierzu: Karl May: Old Firehand und andere Erzählungen, Bd. 71 GW, Bamberg 1967, S. 6 (Vorwort).
13. Die Gliederung der Schriften Mays in Erstlingsarbeiten (bis 1879), Frühwerk ('Scepter und Hammer', 'Die Juweleninsel', Kolportageromane) bis ca. 1886, Hauptwerk ('Reise'- und Jugenderzählungen) bis ca. 1900 und Spätwerk (bis 1910) ist als Einteilungshilfe gedacht, die die Übersicht über die einzelnen Schaffensperioden erleichtern soll.
14. Vgl. Claus Roxin: Einführung zu Karl May: Die Todes-Karavane. In Damaskus und Baalbeck. Stambul. Der letzte Ritt. Reprint der KMG Regensburg 1978, S. 2-6, hier: S. 2.
15. Karl May: Mein Leben und Streben (1912), S. 201.
16. Bei Münchmeyer erschienen noch folgende Kolportageromane Mays: Der verlorene Sohn oder Der Fürst des Elends. Roman aus der Criminal-Geschichte (anonym), 101 Lieferungen (1883-1885). Die Liebe des Ulanen. Original-Roman aus der Zeit der deutsch-französischen Kriege von Karl May, in: Deutscher Wanderer VIII, Nr. 1-86, 88-108 (1883-1885). Deutsche Herzen - Deutsche Helden (anonym). 109 Lieferungen (1885-1887). Der Weg zum Glück. Roman aus dem Leben Ludwig des Zweiten (anonym). 109 Lieferungen (1886-1887). Sämtliche Bände liegen im Reprint vor (Verlag G. Olms, Hildesheim 1971 ff.).
17. Karl May: Mein Leben und Streben (1912), S. 201.
18. Vgl. Hoffmann: Nachwort zum Faksimiledruck des Waldröschen, in: Karl May: Das Waldröschen oder Die Ver-

folgung rund um die Erde. Reprografischer Nachdruck der Ausgabe Dresden 1882, Bd. 1-6, Hildesheim 1969 - 1971, Bd. 6, S. 2617-2686, hier: S. 2623 und 2679.
19 Karl May (1912), a.a.O., S. 205.
20 Vgl. Hoffmann, a.a.O., S. 2624.
21 Vgl. Hoffmann, a.a.O., S. 2622.
22 1894 wird der Umsatz des WR bereits mit 80.000 Exemplaren angegeben (vgl. Hoffmann, a.a.O., S. 2629). Zur weiteren Verbreitung dieses Romans vgl. Teil D.

Teil D: Das Adressatenproblem im "Waldröschen"

1 Vgl. Klaus Hoffmann, Nachwort zum WR, a.a.O., S. 2631. Der Gesamtumsatz, den die Firma H. G. Münchmeyer mit dem WR erzielte, wird mit ca. 5 Millionen Mark angegeben.
2 Vgl. Hoffmann, a.a.O., S. 2679 f.
3 Auf den Prozeß kann in diesem Zusammenhang nicht näher eingegangen werden. Vgl. dazu die detaillierten Ausführungen bei Klaus Hoffmann, a.a.O., S. 2635 ff.
4 Vgl. Hans Wollschläger: Karl May (1965), S. 90 f.
5 Anzeige des Börsenblatts für den deutschen Buchhandel, zitiert nach Hoffmann, a.a.O., S. 2643.
6 Vgl. Hoffmann, a.a.O., S. 2680.
7 Vgl. E. A. Schmid: Die Lieferungsromane Karl Mays, Radebeul o. J. (1926), S. 15 f.
8 Vgl. die Zitate bei Schmid, a.a.O., S. 18-20. Als Gegenbeispiel führt Klaus Hoffmann einen Artikel aus der "Dresdner Volkszeitung" Nr. 62 vom 15.3.1927 an (vgl. Hoffmann, a.a.O., S. 2650).
9 Bamberger Tagblatt Nr. 28 vom 4.2.1925.
10 Vgl. Hoffmann, a.a.O., S. 2681 f.
11 Ein eingehender Vergleich des WR mit der Fassung des KMV müßte einer gesonderten Untersuchung vorbehalten bleiben.
12 Die Ausgabe des KMV erscheint in der Übersicht hinsichtlich Bandfolge und Seitenzahl fortlaufend; die entsprechenden Textabschnitte des WR werden gegenübergestellt.
13 Hauptperson: Sternau.
14 Hauptperson: Otto von Rodenstein.
15 Text teilweise anders angeordnet.
16 In Bd. 54 GW geändert.
17 In Bd. 54 GW geändert bzw. stark gekürzt.
18 Konstruierte Handlung.
19 Einfügung: Daten über geschichtliche Persönlichkeiten.
20 Vgl. Bd. 55 GW "Der sterbende Kaiser", Kapitel "An der Teufelsquelle".
21 Bd. 51 GW "Schloß Rodriganda", 1. Kapitel: "Von den Komantschen verfolgt".

22 Vgl. WR, S. 376.
23 Von den erotischen Szenen entfielen (neben den Kapiteln, die ganz gestrichen wurden) etwa: WR, S. 1008 f., 1323, 1446 ff., an grausamen Stellen entfiel z. B. S. 1744; zur Abschwächung derartiger Passagen vgl. z. B. WR, S. 1649 und Bd. 53 GW, S. 317.
24 Kurt Helmers z. B. wurde umbenannt in Kurt Unger.
25 Vgl. E. A. Schmid, in: Karl May: Vom Rhein zur Mapimi (Bd. 52 GW), Radebeul bei Dresden 1924, S. 4.
26 Vgl. Wendelin Haverkamp: Wer liest Karl May - und warum. Von der Kolportage zum Jugendschriftsteller. Aachener Nachrichten Nr. 228 vom 2.10.1971
27 "Es gibt durchaus mehrere zeitgenössische Stimmen, Einschätzungen, Rezensionen im eigentlichen Sinn, kritische Stellungnahmen zu Mays Münchmeyer-Romanen aus den Jahren 1880-1915. Man findet diese in den Tageszeitungen, im Börsenblatt für den Deutschen Buchhandel, in der (May-gegnerischen) Sekundärliteratur, verstreut in den Prozeßakten und in Waschzetteln, Prospekten und sonstigen Ankündigungen des Verlages Münchmeyer-Fischer. Sie zu suchen ist ein mühsames Unterfangen ..." (Aus einem Brief von Klaus Hoffmann vom 28.9.1975).
28 Z. B. die Beiträge von Heinrici und Kellen (vgl. Teil C. I. 2.). "Die individuellen Lesewünsche der einfachen Leser des 19. Jahrhunderts sind nahezu unerforschlich, die allgemeingültigen jedoch durchaus überschaubar." (Schenda: Volk ohne Buch, a.a.O., S. 473). Vgl. auch: George L. Mosse: Was die Deutschen wirklich lasen. Marlitt, May, Ganghofer. In: Popularität und Trivialität. Fourth Wisconsin Workshop, hrsg. von Reinhold Grimm und Jost Hermand, Frankfurt a. M. 1974, S. 101-120.
29 Vgl. Schenda: Volk ohne Buch, a.a.O., S. 456.
30 Vgl. H. Mehner: Der Haushalt und die Lebenshaltung einer Leipziger Arbeiterfamilie, in: Jahrbuch für Gesetzgebung, Verwaltung und Volkswirtschaft im Deutschen Reich, hrsg. von Gustav Schmoller. Neue Folge, 11. Jahrg. 1887, 1. Heft, S. 327 f. Diese Familie z. B. las einen Kolportageroman.
31 Vgl. Schenda, a.a.O., S. 456 f. Vgl. dazu auch: Jochen Greven: Die Entstehung des modernen Lesepublikums, a.a.O., S. 12.
32 Vgl. Haverkamp, a.a.O. Vgl. auch: Heinrici: Die Verhältnisse im deutschen Colportagebuchhandel, a.a.O., S. 190; vgl. ferner die aufgeführten Berufsgruppen bei F. Schaubach: Zur Charakteristik der heutigen Volksliteratur, Hamburg 1863, S. 8 f.
33 Vgl. K. Bücher: Der deutsche Buchhandel, 3. Aufl. Leipzig 1904, S. 222.
34 Schenda, a.a.O., S. 456. Diese Aussage wird auch von

anderer Seite bestätigt: "Diese Literatur wurde von fast allen Klassen gelesen, nicht nur von jenem legendären Dienstmädchen in ihrem Dachstübchen oder jenem ebenso legendären kleinen Mann von der Straße. Schon die Tatsache, daß die Auflagen in die Millionen gingen, sollte uns warnen, bei der Beurteilung ihrer Rezeption nur einen bestimmten Sektor der Leserschaft ins Auge zu fassen. Stil und Inhalt dieser Werke müssen einen spontanen Widerhall in den Herzen weiter Bevölkerungsschichten gefunden haben und so zu wahren Massenphänomenen geworden sein." (Mosse, a.a.O., S. 101 f.)

35 Ueding: Glanzvolles Elend, a.a.O., S. 107.
36 Haverkamp, a.a.O.
37 Der KMV führte in den Jahren 1918-1920, 1921-1925 und 1926-1930 drei in sich abgeschlossene Umfragen durch. Den Bänden 1 ("Durch die Wüste") und 36 ("Der Schatz im Silbersee") der GW wurden im Zeitraum von 12 Jahren insgesamt 204.725 Karten mit denselben Fragen beigelegt, von denen der Verlag 31.819 beantwortet zurückerhielt, d. h. 15,3 %. Wenn diese Umfrage auch nicht als exakt gelten kann, da der größte Teil der Leser nicht erfaßt wurde, so liefert sie doch eine wesentliche Übersicht über den Anteil der verschiedenen Käufergruppen.
Nach der Statistik von Horst Kliemann steigt der Prozentsatz der Jugendlichen als Käufergruppe bis 1940 auf 69,1 % (vgl. H. Kliemann: Die Käufer und Leser Karl Mays. Börsenblatt für den Deutschen Buchhandel Nr. 275/276 vom 25.11.1941).
38 Vgl. H. Kliemann: Wer kauft Karl May? Börsenblatt für den Deutschen Buchhandel, Jg. 98 (1931), Nr. 150, S. 630 f.
39 Hauptschulen (in Klammern: Stadtbezirke): DO-Scharnhorst (Nordost), DO-Lanstrop (Nordost), Wellinghofen (Süd), DO-Kley (West), DO-Eving (Nord).
40 Vgl. die Gegenüberstellung in Teil B. I.
41 Alle Titel der Reihe wurden nur in wenigen Fällen angegeben.
42 Vgl. dazu auch Tab. 5 in Teil B. I.
43 Zum Bedürfnis des heranreifenden Menschen nach religiösen Gehalten vgl. A. Hölder: Das Abenteuerbuch, a.a.O. S. 70; ferner: Rolf Oerter: Moderne Entwicklungspsychologie, 7. Aufl. Donauwörth 1969, S. 288 ff. "Kann man bei kindlichen Fragen noch geteilter Meinung über ihre religiös-metaphysische Bedeutung sein, so wird das Vorhandensein dieser Art der menschlichen Problematik während der Reifezeit eklatant." (Oerter, a.a.O., S. 289)
44 Viktor Böhm: Karl May und das Geheimnis seines Erfolges, a.a.O., S. 26.
45 Vgl. Hansotto Hatzig: Die Karl-May-Filme, in: Mitt. KMG Nr. 11/1972, S. 26 f., Nr. 12/1972, S. 30.

Teil E
I. Hintergrund des Romans "Das Waldröschen"

1 Vgl. Heinz Rieder: Die triviale Literatur, in: Texte zur Trivialliteratur, a.a.O., S. 29. Daß vielfach - von Autor und Verleger unbeabsichtigt - eine ganz andere Wirkung erzielt wird als die geplante, zeigt A. Adler an verschiedenen Kinderjournalen aus dem 19. Jahrhundert. (Alfred Adler: Möblierte Erziehung. Studien zur pädagogischen Trivialliteratur des 19. Jahrhunderts, München 1970).
2 Karl May: Mein Leben und Streben, Freiburg i. Br. o. J. (1910), S. 227.
3 Vgl. Achim Walter: Sozial bedingte Lesemotivationen, in: Peter Uwe Hohendahl (Hrsg.): Sozialgeschichte und Wirkungsästhetik. Dokumente zur empirischen und marxistischen Rezeptionsforschung, Frankfurt a. M. 1974, S. 272.
4 Gert Ueding: Glanzvolles Elend, a.a.O., S. 134.
5 Die bearbeitete Fassung des KMV nach dem Ersten Weltkrieg scheidet in dieser Betrachtung aus.
6 Vgl. Klaus Hoffmann: Nachwort zum WR, a.a.O., S. 2678.
7 Vgl. Winfried Baumgart: Deutschland im Zeitalter des Imperialismus (1890-1914). Grundkräfte, Thesen und Strukturen, Frankfurt a. M. 1972 (Deutsche Geschichte, Ereignisse und Probleme. Ullstein Buch Nr. 3844), S. 185.
8 Vgl. Baumgart, a.a.O., S. 185.
9 Gerhard A. Ritter, Jürgen Kocka (Hrsg.): Deutsche Sozialgeschichte. Dokumente und Skizzen, Bd. II 1870-1914, München 1974, S. 35. Die gesamte deutsche Auswanderung umfaßte von 1861 bis 1914 ungefähr 3,5 Millionen Menschen. Seit 1894 ging die Auswanderung merklich zurück, da die deutsche Wirtschaft vor allem für die ostdeutsche Landbevölkerung genügend Arbeitsplätze bot.
10 Vgl. Hans Dollinger (Hrsg.): Das Kaiserreich. Seine Geschichte in Texten, Bildern und Dokumenten, München 1966, S. 296.
11 Vgl. Baumgart, a.a.O., S. 192 f.
12 Vgl. Baumgart, a.a.O., S. 193.
13 Vgl. Ritter, Kocka, a.a.O., S. 355.
14 Vgl. Ludwig Dehio: Gleichgewicht und Hegemonie, in: Revision des Bismarckbildes. Die Diskussion der deutschen Fachhistoriker 1945-1955, hrsg. von Hans Hollmann, Darmstadt 1972, S. 114.
15 Zu den folgenden Ausführungen vgl. besonders W. Baumgart, a.a.O., S. 190-192.
16 Gerhard A. Ritter: Historisches Lesebuch 2 (1871-1914). Zur Feudalisierung des Bürgertums, zitiert nach: Werner Ripper: Weltgeschichte im Aufriß Bd. 2. Von den bürgerlichen Revolutionen bis zum Imperialismus,

Frankfurt a. M. 1974, S. 243.
17 Baumgart, a.a.O., S. 190.
18 Vgl. Baumgart, a.a.O., S. 191.
19 Karl Martin Bolte: Schichtung, in: Soziologie, hrsg. von René König, 8. Aufl. Frankfurt a. M. 1968 (Fischer Lexikon 10), S. 274.
20 Vgl. Baumgart, a.a.O., S. 191.
21 Vgl. Ritter, Kocka, a.a.O., S. 34.
22 Otto Ernst Schüddekopf: Herrliche Kaiserzeit. Deutschland 1871-1914, Frankfurt a. M. 1973, S. 60.
23 Zu Wohnverhältnissen und Kinderreichtum vgl. Ritter, Kocka, a.a.O., S. 267-272.
24 Ausnahmen ergaben sich nur dann, wenn ein Kind aus Arbeiterverhältnissen eine Hilfe von außen erfuhr, d. h. von einflußreichen Personen - etwa dem Pfarrer - zur Aufnahme an einer höheren Schule empfohlen und ihm eine finanzielle Unterstützung gewährt wurde. Dies war z. B. bei Karl May der Fall (vgl. Karl May: "ICH", Bd. 34 GW, 27. Aufl. Bamberg 1968, S. 114).
25 Vgl. Adolf Levenstein: Die Arbeiterfrage, a.a.O., S. 233.
26 Das Bemühen des Vaters von Karl May, dem einzigen Sohn um jeden Preis eine angemessene Ausbildung zu ermöglichen, ist sicherlich kennzeichnend für die Zukunftsorientierung der Arbeiterfamilie. "Karl geht auf das Seminar, und wenn ich mir die Hände blutig arbeiten soll!" (May: Mein Leben und Streben, Freiburg i. Br. o. J. (1910), S. 79).
27 Vgl. Robert Escarpit: Das Werk und das Publikum, in: Escarpit: Das Buch und der Leser. Entwurf einer Literatursoziologie, Köln 1961, S. 116 f.
28 Gert Richter: Die gute alte Zeit im Bild. Alltag im Kaiserreich, Gütersloh o. J. (1974), S. 210.
29 Vgl. Ritter, Kocka, a.a.O., S. 323.
30 Gert Ueding: Glanzvolles Elend, a.a.O., S. 113.
31 Vgl. hierzu Ralf Dahrendorf: Gesellschaft und Freiheit. Zur soziologischen Analyse der Gegenwart, München 1961, S. 133-162 (Bürger und Proletarier).
32 Adolf Damaschke: Aus meinem Leben, Bd. 2, Zürich, Leipzig 1925, S. 54. Mit den 'zwei Nationen' stellt Damaschke Reiche und Arme gegenüber.
33 Vgl. G. Oel-Willenborg: Von deutschen Helden, a.a.O., S. 137-139.
34 Daß man von charakteristischen Merkmalen sprechen kann, die für jeden Deutschen typisch waren, belegt Oel-Willenborg a.a.O., S. 137 ff. Vgl. hierzu auch: Eda Sagarra: Tradition und Revolution. Deutsche Literatur und Gesellschaft 1830 bis 1890, München 1972, S. 334.
35 Winkelmann: Der Gendarmerie-Probist. Anleitung zum praktischen Dienstbetrieb und Vorbereitung zum Examen, 4. Aufl. Berlin 1892, S. 18 ff.

36 Vgl. Talcott Parsons: Demokratie und Sozialstruktur in Deutschland vor der Zeit des Nationalsozialismus, in: Dietrich Rüschemeyer (Hrsg.), Parsons: Beiträge zur soziologischen Theorie, Neuwied/Rh. und Berlin 1964 (Soziologische Texte Bd. 15), S. 256-270, bes. S. 258.
37 Dies ergab sich notwendigerweise aus dem allgemeinen Verhaltensmuster 'Übergeordnet - Untergeordnet' (Vgl. Oel-Willenborg, a.a.O., S. 142).
38 Vgl. hierzu: Dahrendorf: Gesellschaft und Freiheit, S. 284.
39 Vgl. Parsons, a.a.O., S. 262.
40 Vgl. Sagarra, a.a.O., S. 334.
41 Vgl. Schüddekopf, a.a.O., S. 107.
42 Vgl. Hans-Jochen Gamm: Judentumskunde. Eine Einführung, München 1966 (List Taschenbuch 268), S. 66-68.
43 Zur Unterscheidung von Antisemitismus und Judenhaß vgl. Hannah Arendt: Elemente und Ursprünge totaler Herrschaft, Frankfurt a. M. 1958, S. 47 ff.
44 Vgl. Anm. 9. Dokumentarischen Wert haben auch verschiedene Trivialromane der Kaiserzeit, neben dem WR vor allem Mays Roman "Der verlorene Sohn".
45 Vgl. Ritter, Kocka, a.a.O., S. 382 ff.
46 Talcott Parsons, a.a.O., S. 259.
47 Vgl. Gert Richter, a.a.O., S. 32 ff., 80 ff., 190 ff.
48 Vgl. H. Mehner: Der Haushalt und die Lebenshaltung einer Leipziger Arbeiterfamilie (1887), in: Klassenbuch 2. Ein Lesebuch zu den Klassenkämpfen in Deutschland 1850 bis 1919, hrsg. von Hans Magnus Enzensberger u. a., 3. Aufl. Darmstadt 1973 (Sammlung Luchterhand 80), S. 131.
49 Vgl. Paul Göhre: Drei Monate Fabrikarbeiter und Handwerksbursche. Eine praktische Studie, in: Ritter, Kocka, a.a.O., S. 274.
50 Vgl. Gottlob Schnapper-Arndt: 5 Dorfgemeinschaften auf dem Hohen Taunus, Leipzig 1883, S. 252.
51 May: Mein Leben und Streben, Freiburg i. Br. (1910), S. 82 f.
52 Otto von Leixner: 1888 bis 1891. Soziale Briefe aus Berlin, Berlin 1891, zitiert nach Ritter, Kocka, a.a.O., S. 277 f.
53 Vgl. Gert Richter, a.a.O., S. 145 ff.
54 Vgl. Ritter, Kocka, a.a.O., S. 277 f., 279, 346. Vgl. auch: Dieter & Karin Claessens: Kapitalismus als Kultur. Entstehung und Grundlagen der bürgerlichen Gesellschaft, Düsseldorf 1973, S. 198.
55 Hier lassen sich die Einkommensverhältnisse von Besitz- und Bildungsbürgern und Kleinbürgern nicht genau abgrenzen.
56 Zur Situation der Dienstboten vgl. Claessens, a.a.O., S. 184-187.

57 Otto von Leixner: Soziale Briefe aus Berlin, a.a.O., S. 346. Zum täglichen Leben bürgerlicher Kreise vgl. ferner: Sagarra, a.a.O., S. 30-40.
58 Vgl. Gert Richter, a.a.O., S. 152-155; Adolf von Wilke: Alt-Berliner Erinnerungen, Berlin 1930, S. 218 ff.
59 Vgl. hierzu auch: Heilwig von der Mehden: Vor allem eins, mein Kind ... Was deutsche Mädchen und Knaben zur Kaiserzeit gelesen haben, Hamburg 1972, S. 6-11.
60 Ganz im Gegensatz zu Mays Kolportageroman "Der verlorene Sohn", der den Arbeitsprozeß einbezieht und die Not der Weber schildert.
61 Georg Lukács: Die Grablegung des alten Deutschland. Essays zur deutschen Literatur des 19. Jahrhunderts. Ausgewählte Schriften I, 3. Aufl. Reinbek bei Hamburg 1972 (rde 276), S. 15. Vgl. auch: Franz Mehring: Arthur Schopenhauer (1888), in: Philosophische Aufsätze. Gesammelte Schriften Bd. 13, Berlin 1961, S. 151-154.
62 Vgl. Sagarra, a.a.O., S. 248 und 253 f.
63 A.a.O., S. 249.
64 Jürgen Habermas: Strukturwandel der Öffentlichkeit. Untersuchungen zu einer Kategorie der bürgerlichen Gesellschaft, 6. Aufl., Neuwied 1974 (Sammlung Luchterhand 25), S. 201.
65 Sagarra, a.a.O., S. 257.
66 A.a.O., S. 50.
67 E. A. Schmid: Die Lieferungsromane Karl Mays, Radebeul bei Dresden o. J. (1926), S. 31.
68 Schmid, a.a.O., S. 31.
69 Vgl. Gottfried Keller: Die mißbrauchten Liebesbriefe, in: Die Leute von Seldwyla, 2. Bd., hrsg. von Philipp Witkop, Berlin o. J., S. 179-189.
70 Keller, a.a.O., S. 8 (Einführung).
71 May: Mein Leben und Streben (1910), S. 73. Neben der Unterhaltungsliteratur führten die Leihbibliotheken teilweise aber auch andere Literatur, die der Wissenserweiterung und Information dienten.
72 May, a.a.O., S. 72.
73 Vgl. Jochen Greven: Die Entstehung des modernen Lesepublikums. Grundzüge einer Sozialgeschichte des Lesers und der Lesekultur, in: Die Horen 95, H. 3/1974, S. 10.
74 Vgl. auch Teil C. I.
75 Vgl. Hans Schwerte: Ganghofers Gesundung. Ein Versuch über sendungsbewußte Trivialliteratur, in: Studien zur Trivialliteratur, a.a.O., S. 154-208, hier: S. 156.
76 Marion Beaujean: Stichworte zur Geschichte der Unterhaltungsliteratur, in: Die Horen 95, H. 3/1974, S. 20.
77 Vgl. hierzu: Lucien Goldmann: Zur Soziologie des Romans, in: Hans-Dieter Göbel (Hrsg.): Texte zur Literatursoziologie (Texte und Materialien zum Literatur-

unterricht, hrsg. von H. Ivo und H. Thiel), Frankfurt a. M. 1971, S. 41-54. Goldmann beschreibt den Beziehungszusammenhang zwischen der Form des Romans und der gesellschaftlichen Struktur, in der sich die jeweilige Form entwickelt. Vgl. auch: G. W. F. Hegel: Ästhetik, Berlin 1955, S. 983.
78 Habermas, a.a.O., S. 194.
79 Ders., S. 193.
80 Ders., S. 196.
81 Ders., vgl. S. 200.
82 M. Beaujean, a.a.O., S. 20 f.
83 Vgl. Reinhard Kühnl: Formen bürgerlicher Herrschaft. Liberalismus - Faschismus, Reinbek bei Hamburg 1971, S. 48.
84 Vgl. Georg Lukács: Zur Ideologie der deutschen Intelligenz in der imperialistischen Periode, in: Lukács: Werkauswahl Bd. 1. Schriften zur Literatursoziologie. Soziologische Texte Bd. 9, hrsg. von H. Maus und F. Fürstenberg, 5. Aufl. Neuwied 1972, S. 318.
85 Günter Albrecht u. a.: Deutsche Literaturgeschichte in Bildern Bd. II. Eine Darstellung von 1830 bis zur Gegenwart, Leipzig 1971, S. 103.
86 Ein Erfolgsbuch der Epoche wurde z. B. "Ein Kampf um Rom" (1876) von Felix Dahn (1834 - 1912). Der Krieg und sein siegreicher Ausgang wurde vielfach kolportiert, u. a. in Karl Mays "Die Liebe des Ulanen".
87 Vgl. Alfred Adler, a.a.O., S. 10.
88 Vgl. Friedrich Schulze, a.a.O., S. 22.
89 Vgl. Das Volksschulwesen im Preußischen Staate, 1. Bd., Berlin 1886, S. 644.
90 Vgl. Theodor Wilhelm: Die alte Schule, in: Ders.: Pädagogik der Gegenwart, Stuttgart 1963, S. 13.
91 Vgl. Friedrich Kreppel: Der Lehrer in der Zeitgeschichte, in: H. J. Schoeps (Hrsg.): Zeitgeist im Wandel Bd. I. Das Wilhelminische Zeitalter, Stuttgart 1967, S. 199-218, hier: 207 f.
92 Z. B. F. Engels: Die Rolle der Gewalt in der Geschichte, in: Deutsche Geschichte des 19. Jahrhunderts, Frankfurt 1969, S. 229. H. Hohendorf: August Bebel über den Zustand des Schulwesens in Deutschland um 1900, in: Pädagogik, XI. Jahrgang 1965. Ritter, Kocka (Hrsg.): Die Schule der arbeitenden Klassen, a.a.O., S. 280-282. K. Hartmann u. a. (Hrsg.): Schule und Staat im 18. und 19. Jahrhundert, Frankfurt a. M. 1974, S. 323-376. Vgl. auch die Berichte bei Th. Wilhelm a.a.O., S. 8-1o.
93 Vgl. Wilhelm Liebknecht: Volksbildung (1872), zitiert nach: Klassenbuch 2. Ein Lesebuch zu den Klassenkämpfen in Deutschland 1850-1919, hrsg. von Hans Magnus Enzensberger u. a., 3. Aufl. Darmstadt 1973 (Sammlung Luchterhand 80), S. 84 f.

94 Vgl. Th. Wilhelm, a.a.O., S. 13.
95 W. Liebknecht, a.a.O., S. 85.
96 Vgl. Wilhelm, a.a.O., S. 11.
97 Vgl. Die Schulkonferenz von 1890. Aus der Eröffnungsrede des Kaisers, in: Ripper, a.a.O., S. 265-268, besonders S. 266.
98 Kaiserlicher Erlaß über die Aufgaben der Schule vom 1.5.1889, zitiert nach Ripper, a.a.O., S. 264.
99 Ebd.
100 Ebd.
101 Daß z. B. F.-W. Dörpfeld (1824 - 1893) in seinen didaktischen Schriften im Religionsunterricht die Grundlage des Unterrichts überhaupt sieht, wird von Heinrich Klein betont: Vgl. H. Klein: Lehrplantheorie und Lehrplanpraxis in der Volksschule des 19. Jahrhunderts, Phil. Diss. Mainz 1962, S. 145 f.
102 Vgl. Peter-Martin Roeder: Zur Geschichte und Kritik des Lesebuchs der höheren Schule. Marburger pädagogische Studien Bd. 2, hrsg. von E. Blochmann, Weinheim 1961, S. 131.
103 Lehrplan für ein- und mehrklassige Volksschulen, hrsg. von Kotschok, Dortmund 1913, S. 5. Diese Formulierung trifft auf alle Lehrpläne nach der Reichsgründung zu.
104 Herwig Blankertz: Lehrplantheorie und Curriculum-Forschung, S. 10.
105 "Der Ableitungszusammenhang drückt sehr genau aus die starke Stellung des Religionsunterrichts im Lehrplan aller Schulen und die Intention, Religionsunterricht als pädagogisches Instrument einer Weltanschauung zu verstehen, so daß alle übrigen Unterrichtsfächer primär die apologetische Aufgabe haben, Religion als Weltanschauung zu bestätigen." (Blankertz, a.a.O., S. 10).
106 Wilhelm, a.a.O., S. 14.
107 Vgl. Das Volksschulwesen im Preußischen Staate, Bd. 3, Berlin 1887, § 371: Der Unterricht im Deutschen, S. 461.
108 Vgl. Horst Jochim Frank: Die nationale Aufgabe des Deutschunterrichts im Kaiserreich, in: Ders.: Geschichte des Deutschunterrichts. Von den Anfängen bis 1945, München 1973, S. 485-569.
109 Vgl. Frank, a.a.O., S. 496 f.
110 Vgl. Frank, a.a.O., S. 509 ff., besonders S. 513 f.
111 Vgl. Frank, a.a.O., S. 522 ff.
112 Vgl. Das Volksschulwesen im Preußischen Staate, Bd. 3, a.a.O., S. 462. Überhaupt wurde die Heimatdichtung von Wilhelm II. persönlich gefördert. Zum Antagonismus zwischen der Wilhelminischen Heimatdichtung und der zeitgenössischen modernen Oppositionsliteratur vgl. Hans Schwerte: Deutsche Literatur im Wilhelminischen Zeitalter, in: Wirkendes Wort 1964, S. 254-270, besonders S. 265 ff.

113 Vgl. Wohlrabe: Lehrplan der sechsstufigen Volksschule zu Halle a. S. für den Unterricht in Geschichte, Geographie, Naturlehre, Raumlehre, Deutsch (Pädagogisches Magazin H. 18), Langensalza 1892, S. 26. Vgl. auch Frank, a.a.O., S. 499.
114 Das Volksschulwesen, Bd. 3, S. 467.
115 A.a.O., S. 467 f.
116 A.a.O., S. 469.
117 R. Watz: Nach welchen Grundsätzen ist der Unterricht in der Muttersprache zu erteilen, daß er sowohl die Verstandesthätigkeit des Schülers wecke und fördere, als auch auf die Gemütsbildung desselben heilsamen Einfluß ausübe? Lehrer-Prüfungsarbeiten H. 1, Minden 1883, S. 46.
118 Watz, a.a.O., S. 46.
119 A.a.O., S. 46.
120 Hermann Helmers: Das Lesebuch im Dienst einer bürgerlichen Gesinnungsbildung durch Dichtung, in: Ders.: Geschichte des deutschen Lesebuchs in Grundzügen, Stuttgart 1970, S. 193-203, hier: S. 195.
121 Vgl. Frank, a.a.O., S. 501.
122 Das Volksschulwesen, Bd. 3, a.a.O., S. 464.
123 Vgl. P. M. Roeder, a.a.O., S. 120 ff. Einer der wenigen Kritiker des Lesebuchs war W. Münch. Er kritisierte vor allem den Nationalismus in den Lesebüchern, der zu Haß, Verachtung und Kampf motiviere, wie auch Selbstüberschätzung und Vorurteile gegen andere Völker. Vgl. W. Münch: Vermischte Aufsätze über Unterrichtsziele und Unterrichtskunst an höheren Schulen, 2. Aufl. Berlin 1896, S. 19 f. Der nationalistische und ideologische Gehalt der Lesebücher (wie etwa Patriotismus, Verehrung des Kaisers, deutsche Treue) findet sich z. T. im WR wieder.
124 Vgl. Roeder, a.a.O., S. 128.
125 Vgl. Das Volksschulwesen, Bd. 3, S. 466. Hey wird der "Klassiker der Kinderwelt" (Wohlrabe, a.a.O., S. 27) genannt. Repräsentativster Dichter der Wilhelminischen Zeit ist Emanuel Geibel.
126 Vgl. Frank, a.a.O., S. 499.
127 Lehr- und Lektionsplan mit Pensenverteilung für Halbtagsschulen mit einer oder mit zwei Lehrkräften, Dortmund 1893, S. 20.
128 Die folgenden Ausführungen sind lediglich als Skizze zu verstehen, die einige kritische Stellungnahmen verschiedener zeitgenössischer Vertreter der 'Hochliteratur' vermitteln soll. Die notwendig unvollständigen Ausführungen erscheinen aus zweierlei Gründen gerechtfertigt: Einmal kann die Gesellschaftskritik bei Zeitgenossen Mays im Hinblick auf das Gesamtthema der Arbeit nicht unberücksichtigt bleiben; zum andern ist eine umfassende Darstellung auf engem Raum nicht mög-

lich. Es sei daher auf folgende ausführliche Veröffentlichungen verwiesen: Eda Sagarra: Tradition und Revolution. Deutsche Literatur und Gesellschaft 1830 bis 1890, München 1972; Klaus Günther Just: Von der Gründerzeit bis zur Gegenwart. Geschichte der deutschen Literatur seit 1871, Bern 1973; Manfred Kluge, Rudolf Radler (Hrsg.): Hauptwerke der deutschen Literatur. Einzeldarstellungen und Interpretationen, München 1974.
129 G. Lukács: Die Grablegung des alten Deutschland, a.a.O., S. 16.
130 A.a.O., S. 17.
131 Vgl. Wilhelm Kahle: Geschichte der deutschen Dichtung, 4. Aufl. Münster 1964, S. 319.
132 Vgl. Albrecht u.a., a.a.O, S. 83; ferner Lukács: Die Grablegung des alten Deutschland, S. 18: "Man mag es menschlich schön finden, daß Reuter, an dem bei den Demagogenverfolgungen ein schändliches Justizverbrechen verübt wurde, in seiner 'Festungstid' fast nur gemütlich-humoristische Farben zur Schilderung dieser Zeit grausamster Seelenschinderei findet; er vernichtet aber damit in sich den großen weltanschaulichen Hintergrund, der den Werken der alten Humoristen ihre Tiefe gab."
133 Vgl. Sagarra, a.a.O., S. 375-379. "Vielleicht ist seine einzige Botschaft der Glaube an die Kraft des menschlichen Herzens, das Leben in jeder Lage zu meistern." (A.a.O., S. 378)
134 Albrecht u. a., a.a.O., S. 108.
135 Vgl. hierzu: Georg Lukács: Bürgerlichkeit und l'art pour l'art: Theodor Storm, in: Lukács: Schriften zur Literatursoziologie, a.a.O., S. 296-306.
136 Vgl. Lukács: Die Grablegung des alten Deutschland, S. 155-158.
137 Zitiert nach Lukács, a.a.O., S. 130.
138 Möglicherweise hätte May mit dem "Verlorenen Sohn" als Angehöriger des Proletariats das Stück für die Arbeiterschaft schreiben können. Denn hier liegt ein Versuch vor, seine Zeit sozialkritisch darzustellen, allerdings mit den Mitteln der Kolportage. Vgl. Michael Koser: Nachwort zu Karl May: Die Sklaven der Arbeit, Frankfurt a. M. 1974 (Das Schmöker Kabinett 1480), S. 572-575.
139 Vgl. Jean-Paul Sartre: Was ist Literatur? Ein Essay. 12. Aufl. Hamburg 1973, S. 77 und 91.
140 Albrecht u. a., a.a.O., S. 138.
141 Vgl. hierzu: Werner Bergengruen: Von der Aufgabe des Dichters, in: Ernst Bender (Hrsg.): Deutsches Lesebuch, Karlsruhe 1964, S. 377-380. "Nein, es ist nicht die Aufgabe des Dichters, den Menschen in ihren aktuellen Nöten beizustehen." (A.a.O., S. 378). "Die

Dichtung ist um ihrer selbst willen da" (Bergengruen, a.a.O., S. 379).
142 G. Ueding: Glanzvolles Elend, S. 52.
143 Vgl. Walter Jens: Phantasie und gesellschaftliche Verantwortung. Zur literarischen Situation in der BRD, in: Blätter für deutsche und internationale Politik, H. 12/1974, S. 1268 f.
144 Vgl. Ueding, a.a.O., S. 53.
145 A. Klein: Die Krise des Unterhaltungsromans im 19. Jahrhundert, S. 75.

II. Durchführung des Romans

1 Eine solche Inhaltsangabe findet sich in meiner Dissertation (1977), S. 243-262.
2 Vgl. etwa: W. Haverkamp, U. Pesch: Karl Mays 'Waldröschen'. Ein Colportageroman des ausgehenden 19. Jahrhunderts, Aachen 1971, S. 39-41; Albert Klein: Die Krise des Unterhaltungsromans im 19. Jahrhundert, S. 135 ff.; Volker Klotz: Ausverkauf der Abenteuer, a.a.O., S. 164 ff.; Gerd Eversberg: Zur Kritik bürgerlicher Trivialliteratur und ihrer Wertung, S. 102 ff.
3 Vgl. Volker Klotz: Ausverkauf der Abenteuer - Karl Mays Kolportageroman "Das Waldröschen", in: Probleme des Erzählens in der Weltliteratur. Festschrift für Käte Hamburger zum 75. Geburtstag, hrsg. von Fritz Martini, Stuttgart 1971, S. 159-194.
4 Vgl. Alfred Adler: Möblierte Erziehung, S. 14.
5 Günter Jahn: Materialien zur Trivialliteratur (Lehrerheft), S. 9 ff.
6 Vgl. G. Jahn: Über die Trivialliteratur, in: Die Horen 95, H. 3/1974, S. 71.
7 Der Schriftsteller Don Patricio de la Escosura (1807 - 1878) war von 1872 bis 1874 spanischer Gesandter in Berlin (vgl. Hoffmann: Nachwort zum WR, S. 2622). Im Verfasser des WR konnte man einen Bruder des spanischen Gesandten vermuten (vgl. auch: Arno Schmidt: "Ein Toast für Nummer 104", in: Die Welt vom 15.5.1965).
8 Überschrift des ersten Kapitels im WR, S. 1. Im folgenden erscheinen die Belegstellen (Seitenzahlen des WR) in Klammern hinter den Zitaten.
9 Im Gegensatz zum 'heimlichen Einbohren' Cortejos befreit Sternau Graf Emanuel mit Hilfe seines Bohrers vom Blasenstein. Dies ist insofern interessant, als 'Rodriganda' "'die zu durchbohrende' von 'rodrigar' gleich 'Pfähle in die Erde bohren!'" heißt (Wolf-Dieter Bach: Sich einen Namen machen, in: Jb. KMG 1975, S. 70).

10 Z. B. Rosa (WR 12); Sternau (WR 1, 20); Graf Emanuel (WR 21); Amy Lindsay (WR 1143); Rosita (WR 1181).
11 Das Unsagbarkeits-Topos wird im WR häufig verwendet: Unbeschreibbar ist auch die Schönheit Emilias (WR 1444) oder die Holdseligkeit von Sennora Wilhelmi (WR 308). Das Unsagbarkeits-Topos als künstlerisches Element findet sich z. B. im Werk Hugo von Hofmannsthals.
12 WR 158: "Jetzt nun begann sich eine Szene zu entwikkeln, die ganz unmöglich beschrieben werden kann." S. 1409 f.: "Die nun folgende Szene läßt sich ahnen, aber nicht beschreiben. Keine Hand ist geschickt und keine Feder mächtig dazu." Vgl. auch WR 1570.
13 Vgl. WR 1.
14 Vgl. hierzu auch die Beschreibungen von Cortejo, Clarissa und Alfonzo. WR 11 bzw. 17.
15 Jahn: Materialien zur Trivialliteratur, S. 12. Im WR z. B.: "Sie legten ihren Weg unter dem tiefsten Schweigen zurück, aber desto lauter waren die Stimmen ihrer Herzen." (WR 9) "Sein erschrockenes Auge hing an ihr wie an dem Bilde eines entzückenden Traumes" (WR 14). "... es erschien eine Gestalt, die ganz wohl geeignet war, der Situation einen anderen Stempel aufzudrükken ..." (WR 21) "Seit jener Zeit hatte er wie ein Riese mit dem Leide gerungen, welches sein Herz durchwühlte und sein Leben umkrallte." (WR 5).
16 Jahn: Materialien, S. 12.
17 Z. B.: "... seine Augen schossen dabei einen so unwiderstehlichen Blick auf seinen Gegner, daß dieser unwillkürlich zurückwich." (WR 19).
18 Jahn, a.a.O., S. 13.
19 Ebd.
20 Das eigentliche 'Geheimnis' der Kolportage - Abenteuer als Tagtraum während der Rezeption - wird gesondert behandelt.
21 Eine Typisierung ist hier allein schon durch die Vornamen gegeben (Rose bzw. Blume).
22 Vgl. WR 1504-1540.
23 Hier schon und bei der Betonung des indianischen Bruderbegriffs ist Mays Wunsch nach einem leiblichen Bruder erkennbar. Vgl. dazu auch: V. Böhm: Karl May und das Geheimnis seines Erfolges, S. 124.
24 Vgl. WR 2184 ff., 2223 ff., 2347 ff.
25 Hoffmann: Nachwort zum WR, S. 2672.
26 Jahn: Materialien, S. 16.
27 Vgl. dazu: Jahn, a.a.O., S. 17. Die Dreierfigur, die bei Adjektiven, Nomen und auch Teilsätzen auftritt, ist auch im WR feststellbar. Vorherrschend jedoch ist die Zweierfigur des Adjektivs.

III. Didaktische Intentionen im "Waldröschen"

1   Vgl. May: Mein Leben und Streben (1910), S. 200.
2   Z. B. die Gefangennahme Sternaus und seiner Beglei-
    ter durch Landola (WR 1133) oder durch Hilario
    (WR 2031).
3   Vgl. WR 56; ferner: "Da plötzlich krachte es links
    von ihnen in den Büschen ..." (WR 294) oder WR 2275.
4   Von den 19 Illustrationen des 1. Bandes (19 Liefe-
    rungen) kann man 9 Bilder dem Prinzip der Ruhe, 10
    Bilder dem der Bewegung zuordnen. Zum 'Lesen' von Bil-
    dern vgl. Schenda: Volk ohne Buch, S. 272.
5   Zu den genannten formalen Merkmalen der Kolportage
    kommen noch zahlreiche inhaltliche hinzu, etwa unbe-
    kannte adlige Abstammung, ungewöhnliche Verwandt-
    schaftsbeziehungen, Räuberleben, Kindesraub, Entfüh-
    rung, Grausamkeit, Wahnsinn, Scheintod, Unheimliches
    (z. B. Graböffnung, Wiedererscheinen Totgeglaubter),
    wunderbare Rettung, Erotik, Verkleidungen u. a. m.
    (vgl. Schenda: Volk ohne Buch, S. 334-395).
6   In den 'Reiseerzählungen' haben Beschreibungen, Ver-
    mittlung von Sachwissen, Belehrung, Reflexion usw.
    jedoch einen weitaus größeren Stellenwert als im WR.
7   Aus der Fülle der Situationen z. B. WR 1458, 1614 f.,
    1666 ff., 1672, 1780 f., 1800, 2064 ff. (Auftreten
    Geierschnabels im deutschen Wald, überhaupt alle
    Erlebnisse Geierschnabels in Deutschland), 2438 f.
    (Gerard und Geierschnabel ohrfeigen sich im Dunkeln),
    2518.
8   Z. B. WR 227: Jeffrouw Mietje "saß droben auf dem
    Quarterdeck unter der Sonnenleinwand und strickte
    Strümpfe für die holländische Mission, damit die lie-
    ben Heidenkinder nicht immer barfuß zu laufen brauch-
    ten."
9   Ab Lieferung 16, WR 375 ff.
10 Vgl. Albert Klein, a.a.O., S. 165-170; ferner: Hoff-
    mann: Nachwort zum WR, S. 2672 f.
11 Bd. 1 bis 6 der GW: Durch Wüste und Harem (später:
    Durch die Wüste), Durschs wilde Kurdistan, Von Bagdad
    nach Stambul, In den Schluchten des Balkan, Durch das
    Land der Skipetaren, Der Schut.
12 Vgl. Schenda, a.a.O., S. 456 f.
13 Der Wechsel des Schauplatzes findet sich auch schon
    bei Balduin Möllhausen (1825 - 1905), etwa in seinem
    Roman "Die Mandanenwaise" (1865). Möllhausen gilt
    neben Cooper und Ferry als literarisches Vorbild Mays.
14 Vgl. Schenda, a.a.O., S. 472 f. Auch der Ausdruck
    'Leserschicht' ist problematisch. Hier sind Leser von
    Unterhaltungsliteratur gemeint, die in etwa über einen
    gleichen Bildungsstand und vergleichbare Lese-Erfah-
    rungen verfügen.

15 Vgl. z. B. Heinrici: Die Verhältnisse im deutschen Colportagebuchhandel, S. 213 f.
   Auch Verleger von 'Hochliteratur' übernahmen den Brauch, einen Roman in Teile zu zerlegen: Die Romane verschiedener Dichter (z. B. Raabe, Fontane) wurden zunächst als Fortsetzungen in Zeitschriften veröffentlicht und im Falle einer günstigen Aufnahme beim Publikum später als Buch herausgegeben.
16 Stolte: 'Waldröschen' als Weltbild, S. 25.
17 Klotz: Ausverkauf der Abenteuer, S. 165.
18 Klein: Die Krise des Unterhaltungsromans, S. 160. Davon, daß auch Dichter den Publikumsgeschmack nicht außer acht ließen, zeugt z. B. der Untertitel von Raabes "Stopfkuchen": "Eine See- und Mordgeschichte", die dem Sensationsbedürfnis der Leserschaft entsprach.
19 Hoffmann: Nachwort zum WR, S. 2672. Die Waldröschen-Episode beginnt auf S. 1161.
20 Klein, a.a.O., S. 160.
21 Von Münchmeyer stammten "wesentliche Teile der Disposition" (Hoffmann, a.a.O., S. 2622).
22 Hans Plischke: Von Cooper bis Karl May. Eine Geschichte des völkerkundlichen Reise- und Abenteuerromans, Düsseldorf 1951, S. 123.
23 Schenda, a.a.O., S. 474.
24 Die Verbindung von Heimat und Fremde findet sich z. B. auch in Möllhausens Roman "Die Mandanenwaise". Es ist eine "Erzählung aus den Rheinlanden und dem Stromgebiet des Missouri". Neuausgabe, Frankfurt a. M. 1974.
25 Klotz, a.a.O., S. 166.
26 Z. B. WR 124 ff., 956 f., 1046 ff., 1563, 1900, 2420 ff., 2432 ff. Aus der Fährte liest der Held sogar, ob es sich um gute oder böse Menschen handelt (1061).
27 Anschleichen: WR 970, 1428, 1565, 1839; Belauschen: WR 972, 1082, 1840; Spurenverwischen: WR 970, 972; Überlisten des Gegners: WR z. B. 1066; Laufenlassen des Feindes: WR 1001; die 'Schmetterfaust: WR 57, 738, 962, 976 f., Pferdebändigen: WR 407 f., 730 f.; Mustangreiten und Büffeljagd: WR 1052 f.; Kampf mit dem Bären: WR 1054.
28 WR 732, 1049.
29 WR 737, 1049 bzw. 376.
30 "... ich habe gehört von Sans-ear, von Schatterhand, von Firehand, von Winnetou ..." (WR 969). May nahm übrigens auch ein ganzes Kapitel des WR (Kap. 11: Die Höhle des Königsschatzes) in seine 'Reiseerzählung' "Old Surehand II" auf.
31 Schenda, a.a.O., S. 475.
32 Vgl. Schenda, ebd.
33 Vgl. z. B. Tony Kellen: Der Massenvertrieb der Volksliteratur, S. 86; oder: Ein Romanheftverlag schreibt seinen Autoren, in: G. Jahn: Materialien, S. 30-32.

34 Jahn, a.a.O., S. 14.
35 Z. B. WR 1: "Von den südlichen Ausläufern der Pyrenäen her trabte ein Reiter auf die altberühmte Stadt Manresa zu."
36 Vgl. Schenda: Volk ohne Buch, S. 476.
37 Vgl. WR 376, ebenso die Beispiele in Kap. III. 3.
38 Ernst Bloch: Das Prinzip Hoffnung, Bd. 1, Frankfurt a. M. 1959, S. 1.
39 Bei 12- bis 14 jährigen Schülern wurden folgende Aspekte als lehrreich genannt: "Wie man sich in der Gefahr verhält; wie man mit Schwierigkeiten fertig wird; wie man anderen Menschen hilft; wie man Feinde besiegt". (Munzel: Das Abenteuerbuch, S. 82).
40 Dazu gehören nicht nur Abenteuer und Attribute der Hauptpersonen, sondern auch Gefühle oder die Überzeichnung des Milieus.
41 Schenda, a.a.O., S. 485.
42 Vgl. Hoffmann, a.a.O., S. 2678.
43 Vgl. Schenda, a.a.O., S. 465-467.
44 Vgl. E. Sagarra: Tradition und Revolution, S. 50.
45 WR 1205. Vgl. auch WR 674, 874. "Das liest man ja auf diese Weise kaum in einem Roman." (WR 877). Vgl. auch: WR 1366, 1380 f., 1513, 1662, 1778, 2013, 2552, 2281, 2283.
46 Z. B. aus dem Leben der Indianer: WR 1049 ff., 1117, 1652 ff.
47 Z. B. WR 499, 870, 940 f., 1022.
48 "Es ist nicht nothwendig, langweilige geographische Bemerkungen über Mexiko zu machen." (WR 376). Oder: "Diese Einleitung mag vielleicht langweilig erscheinen, besonders der fremden, unbekannten Worte wegen, aber sie ist nothwendig, um das Kommende zu verstehen." (WR 1293).
49 Auch diese umfassen nicht mehr als 6 bis 8 Zeilen, z. B. WR 1049, 1073 f., 1412 f., 1499.
50 WR 1293. Ähnliche Passagen finden sich: WR 1, 29, 376, 1019, 1074, 1138, 1347, 1693, 2179, 2322.
51 Vgl. Peter Groma: Auf den Spuren Karl Mays, S. 87, 119, 124, 143, 150, oder; Ders.: Auf Winnetous Spuren, Frankfurt a. M. 1965, S. 144: "Die Schilderung ist vortrefflich. Ein moderner Reiseführer könnte die Gegend, durch die wir fahren, nicht besser beschreiben."
52 Möllhausen: Die Mandanen-Waise, S. 7.
53 Ueding: Glanzvolles Elend, S. 104.
54 WR 29. Vgl. auch WR 376.
55 Mays wichtigste Quelle neben der "Gartenlaube", Jahrgang 1867, und der "Leipziger Zeitung" war Johannes Scherrs "Das Trauerspiel in Mexiko" (1868). Vgl. dazu Hoffmann: Nachwort zum WR, S. 2675 f., wo auf zahlreiche Übereinstimmungen zwischen Scherr und der Dar-

stellung im WR hingewiesen wird. Auch eine der neusten und exaktesten Abhandlungen bestätigt das Mexiko-Bild Mays in den wesentlichen Zügen: Vgl. Joan Haslip: Maximilian. Kaiser von Mexiko, München 1972, besonders S. 299-501. Das gleiche gilt auch für: Norbert Frýd: Die Kaiserin. Roman der Charlotte von Mexiko, Stuttgart 1976, besonders S, 157 ff.
56 Hierbei ist zu beachten, daß die Leserschaft des WR zum großen Teil nur eine geringe Bildung besaß.
57 Egon Erwin Kisch: Das Mexiko Karl Mays und das der Nazis, in: Mitt. KMG Nr. 13/1972, S. 10.
58 Vgl. Kisch, a.a.O., S. 10.
59 Vgl. die besonderen Kennzeichen der populären Lesestoffe bei Schenda: Volk ohne Buch, S. 325-440.
60 Abgedruckt in: "Karl May als Erzieher" und "Die Wahrheit über Karl May" oder Die Gegner Karl Mays in ihrem eigenen Lichte, Freiburg i. Br. 1902, S. 146 (Verfasser der S. 3-68 dieser Schrift ist Karl May).
61 H. Cardauns: "Herr Karl May von der anderen Seite". Historisch-politische Blätter vom 1.4.1902. Näheres zum Angriff von Cardauns gegen May findet sich in May, Bd. 34 GW "ICH" (1968), S. 258-260, S. 282 f., sowie bei Hoffmann, a.a.O., S. 2637 f., S. 2658.
62 Vgl. hierzu: Hoffmann, a.a.O., S. 2657 ff.
63 Vgl. Tony Kellen: Der Massenvertrieb der Volksliteratur, S. 86; ferner: A. Droop: Karl May. Eine Analyse seiner Reiseerzählungen, Cöln-Weiden 1909, S. 84.
64 Wie leicht es ist, solche Stellen einzufügen, beweist WR 1428 f. (Gespräch der Soldaten über Emilia). Im übrigen ließ der May-Text solcherlei Manipulationen an vielen Stellen zu.
65 "Und wie die allgemeine Erfahrung lehrt, daß grausame Leute zugleich Anhänger der wollüstigen Göttin sind, so hatte dieser Fall auch hier seine Anwendung." (WR 1758).
66 Vgl. WR 10, 145, 323, 578, 592, 755, 757, 787, 1257 f., 1450 f., 1455, 1523, 1689, 1801, 1858, 1894, 1991, 2098, 2395, 2607.
67 Z. B.: "Ihr Busen wallte und ihr Athem ging hörbar unter unbeschreiblichen Empfindungen, welche sie bisher noch nie gekannt hatte." (WR 323). "... ein nie geahntes Gefühl zog ihr das Herz zusammen." (WR 895). "... ihr Busen schwoll unter einem Gefühle, von welchem sie sich keine Rechenschaft zu geben vermochte." (WR 1483).
68 WR 531: "Hätte er jetzt die Hand nach ihr ausgestreckt, sie wäre unendlich glücklich geworden, sie wäre ein gutes, braves Weib geworden, alles Böse in ihr wäre gewichen vor der einen, unwiderstehlichen Macht der der Liebe." Vgl. ferner: WR 449, 759, 762, 1461.
69 G. Ueding: Glanzvolles Elend, S. 49.

70 Vgl. besonders WR 2099. Sternau erringt eine Grafentochter, Kurt Helmers eine Prinzessin.
71 Vgl. z. B. das Verhalten Emmas gegenüber ihrem Verlobten. Sie hält zu 'Donnerpfeil', der sein Gedächtnis verloren hat: "... Ich bin seine Verlobte; ich werde sein Weib sein, mag er nun so bleiben oder nicht." (WR 483).
72 WR 660. Vgl. dazu auch das Gespräch zwischen Gerard und Annette, WR 640 ff.
73 Vgl. die Beispiele bei Dorothee Bayer: Falsche Innerlichkeit. Zum Familien- und Liebesroman, in: Trivialliteratur. Aufsätze, S. 218-245, hier: S. 232 f.
74 Vgl. WR 1416, 1420, 1421 ff., 1438 ff., 1447 ff., 1493, 1496 f., 1549 ff., 1606 f., 1621 ff., 1689, 1692, 2395, 2400.
75 Vgl. Ritter, Kocka: Deutsche Sozialgeschichte, S. 244.
76 Vgl. Minna Wettstein-Adelt: 3 1/2 Monate Fabrikarbeiterin. Eine praktische Studie, Berlin 1893, S. 25.
77 Vgl. z. B. auch das Verhalten Cortejos gegenüber Zarba (WR 317 ff.), Alfonzos gegenüber Karja (409 ff.) oder des Paters Hilario gegenüber Emilia (1991 ff.).
78 Vgl. Kap. III. 7. f.
79 Vgl. WR 1461, 1482 f. Hier muß allerdings die Einschränkung gemacht werden, daß May sich möglicherweise den Wünschen des Verlegers fügen mußte.
80 Vgl. Klotz: Ausverkauf der Abenteuer, S. 179-182.
81 Vgl. Claus Roxin: "Dr. Karl May, genannt Old Shatterhand", S. 38-48.
82 Karl May: Aus der Mappe eines Vielgereisten, Nr. 2 Old Firehand, in: Deutsches Familienblatt, Erster Jahrgang 1875/76.
83 May, a.a.O., S. 123
84 "Dieser Mann wird mit seiner Rechten niemals wieder eine Dame berühren, welche es ihm nicht erlaubt." (WR 979) "Wer sich schießen will, muß etwas gelernt haben, und wer den Muth hat, Damen zu beleidigen, der muß den Muth haben, die Folgen zu tragen. Ich habe die Gewohnheit, solchen Leuten die rechte Hand zu nehmen." (WR 980).
85 WR 2140. Vgl. auch Jules Verne: Von der Erde zum Mond (De la terre à la lune), übersetzt von William Matheson, Zürich 1966, S. 221-237. Hier werden der traditionelle Ehrbegriff und die Rolle des Duells ad absurdum geführt.
86 Vgl. WR 2137. Es wäre interessant, anhand der zeitgenössischen Literatur die Kritik am Begriff der konventionellen Ehre aufzuzeigen, z. B. bei Fontane: "Vor dem Sturm", 1878; "Schach von Wuthenow", 1883; besonders bei "Effi Briest", 1895.
87 Vgl. WR 4; 21: "Der Eintretende war blind. (...) Seine lange, jetzt durch Leiden abgemagerte Gestalt war in

ein weißes Tuch gehüllt, welches wie ein Grabgewand von den Schultern bis auf den Boden herniederwallte. (...) Es war als sei ein Geist aus der Gruft gestiegen ...". Vgl. ferner: WR 23 f., 107, 155, 750.
88 Klotz: Ausverkauf der Abenteuer, S. 169.
89 "Du kennst die Pflichten Deines hohen Standes, diese Pflichten, auf denen der Fluch so manchen gebrochenen Herzens ruht." (WR 795).
90 Vgl. WR 1167 ff., 1179, 1186 f., 1211, 1218, 1230, 1234.
91 Vgl. Ueding, a.a.O., S. 111.
92 Vgl. Ueding, a.a.O., S. 110 f.
93 Klotz, a.a.O., S. 172.
94 WR 395. Dennoch ist der Adel im WR schon stark verblaßt: Die eigentlichen 'aristokratischen' Helden wissen nichts von ihrer Identität, und die Frauen von Adel setzen sich über die Standesschranken hinweg. Weit glänzender als jeder Adlige erscheint der Bürgerliche Kurt Helmers aufgrund seiner Leistungen und Verdienste (vgl. WR 1235, 1237).
95 Ueding, a.a.O., S. 111.
96 Klotz, a.a.O., S. 173.
97 Vgl. WR 768. Den Wert der Person betonen auch die 'unstandesgemäßen' Eheschließungen (z. B. Rodenstein - Flora, Olsunna - Frau Sternau). So sagt auch die adlige Zilli: "Ich will geliebt sein um meiner selbst willen, nicht aber meines Standes wegen." (WR 1519).
98 WR 2611. Ferner: WR 1222: "Der Werth des Menschen ist gleich seinem moralischen Gewichte." WR 1068: "... der eine ein hochgebildeter Meister und der andere ein ungebildeter Indianer; aber nach dem Maßstabe der Menschlichkeit beide von gleich hohem Werthe."
99 Auf den Vorwurf des Bankiers: "Schon wieder Bücher! Könnt Ihr Deutschen denn ohne Bücher gar nichts lehren und lernen!" antwortet Sternau: "Sobald Ihr es fertig bringt, Eure Mahlzeit ohne Speise und Trank abzuhalten, werde ich auch versuchen, meinen Unterricht ohne Bücher zu geben." (WR 304).
100 Vgl. H. Stolte: Ein Literaturpädagoge, 2. Teil, in: Jb. KMG 1974, S. 172-194, hier: S. 176.
101 Vgl. dazu WR 336, 752 (Wilhelmi - Flora) oder 370 f. (Sternau - Karl). So versucht z. B. auch der als Schulmeister Dr. Müller getarnte Richard von Königsau, emotionalen Bezug zu dem Knaben Alexander zu gewinnen. "... und so kam es, daß Alexander großen Gefallen an seinem neuen Lehrer fand, der gar nicht that, als ob er ihn in seine pädagogische Dressur nehmen wollte, sondern sich sogar herbeiließ, Eichkätzchen mit ihm zu jagen." (Karl May: Die Liebe des Ulanen, S. 82, vgl. auch 85 und 111).
102 Thomas Gordon: Familienkonferenz. Die Lösung von Kon-

flikten zwischen Eltern und Kind, 3. Aufl. Hamburg 1974, S. 37.
103 Vgl. May: Mein Leben und Streben (1910), S. 172 ff. Ferner: Hans Wollschläger: "Die sogenannte Spaltung des menschlichen Innern, ein Bild der Menschheitsspaltung überhaupt", S. 47 f.
104 Vgl. WR 35, 41. Hinter diesem Verhalten des Paters verbirgt sich eine Kritik Mays an der etablierten Geistlichkeit, die ihre Aufgabe, den Verlorenen im Sinne Jesu nachzugehen, nur unzureichend oder gar nicht wahrnahm. Dafür spricht auch die negative Charakterisierung anderer Geistlicher im WR oder in Mays Roman "Der verlorene Sohn" (vgl. dazu auch Teil E. III. 8.).
105 Garotte = Würgeisen. Die Opfer wurden vor dem Raub gewürgt.
106 Für Rodenstein gilt das, was Walter Hartmann über die 'Trennung von den Vätern' sagt: "Auch für den Sohn ist die Vaterschaft des Vaters mehr als ein natürliches Faktum. Es ist ein durchaus künstlicher Tatbestand, ein Tatbestand zumal, der ihn zwingt, entweder zu gehorchen oder unter Verlust seines Namens in die Fremde zu ziehen, rechtlos und vogelfrei zu werden." (W. Hartmann: Biblische Konkretionen, Kontexte Bd. 6, hrsg. von Hans Jürgen Schulz, Stuttgart 1970, S. 7).
107 "Dieses Kind ist bereits ein vollständiger Held" (WR 296). "Ja, es ist ein außerordentliches Kind. Es leistet wirklich bereits mehr als mancher Erwachsene." (WR 724).
108 WR 246; vgl. auch WR 723, 725, 727.
109 "Das Fragen des Knaben hatte kein Ende, und die Burschen mußten sich Mühe geben, seinen Wissenstrieb zu befriedigen." (WR 246).
110 Zitiert nach H. Wollschläger: Karl May (1965), S. 10.
111 Vgl. dazu die interessante Deutung über die Lösung dieses Konflikts im Spätwerk Mays, in: Wollschläger: "Die sogenannte Spaltung des menschlichen Innern ...", S. 78-81.
112 Z. B. "Nehem Sie die Verantwortung dafür (für die Erziehung, Verf.) nicht leicht, so werden Sie einmal Freude erleben." (WR 273).
113 Daß Karl May bei der Schilderung Kurts an einen eigenen Sohn dachte, der einmal günstigere Erziehungsvoraussetzungen haben sollte als er selbst, erscheint durchaus nicht abwegig (vgl. Maschke: Karl May und Emma Pollmer, S. 33).
114 "... die Frau steht gegenüber der Autorität des Ehemannes bis zu einem gewissen Grade auf der gleichen Ebene wie die Kinder." (Parsons: Demokratie und Sozialstruktur in Deutschland, S. 269). Der Vater ist

"fast überall der Mittelpunkt, die Frau in erster Linie Hausfrau und Mutter, die sich, wie die Kinder, diesem Mann unterordnete, wie sie es vor dem Traualtar geschworen hat ..." (Gert Richter: Die gute alte Zeit im Bild, S. 15 f.).
115 Die Zigeunerin Zarba wird ebenfalls "Rose Zingarita" (WR 2179) genannt. Vgl. auch Titel bei May wie z. B. "Die Rose von Kahira" (1876), "Die Rose von Ernstthal" (1876), "Die Rose von Sokna" (1878).
116 Vgl. hierzu: Hoffmann: Nachwort zum WR, S. 2671.
117 Vgl. WR 1334; ferner: Maschke, a.a.O., S. 33.
118 "Der Schriftsteller hatte Emma 1880 geheiratet, doch damals schon Klage über die Ungetreue zu führen gehabt." (Hoffmann, a.a.O., S. 2671).
119 Vgl. WR 598. "Die Zuneigung zu einer Ballett-Dame hat Karl May in seinen Kolportageromanen wiederholt und eindringlich geschildert, so daß man darin mit einiger Berechtigung eine autobiographische Spiegelung sehen kann." (K. Hoffmann: Karl May als "Räuberhauptmann", Teil 2, Jb. KMG 1975, S. 261.
120 Martin Lowsky: Die Rolle der Frau in Karl Mays Werk, in: Mitt. KMG, Nr. 17/1973, S. 5.
121 Vgl. Parsons, a.a.O., S. 280.
122 Vgl. hierzu auch das Kapitel über "Liebe" (III. 4. a).
123 Hier liegt das gleiche Motiv wie bei der Rettung Annettes durch Sternau vor (vgl. WR 604 f.).
124 Vgl. Lowsky, a.a.O., S. 4-6.
125 Vgl. Wesselin Radkov: Eine Stimme aus Bulgarien, in: Mitt. KMG Nr 13/1972.
126 O. Forst-Battaglia: Karl May (1966), S. 109.
127 Sternau wird z. B. mit Goliath, Simson und Herkules verglichen (vgl. WR 738).
128 Mariano tröstet Emma, die um Rettung bittet: "Verzagen Sie nicht! Ich kenne Gott, der allmächtig ist, und ich kenne Sternau, den man fast auch allmächtig nennen mag. Er bringt fertig, was kein Anderer vermag." (WR 1101).
129 Bismarck zu Kurt: "Sie erscheinen mir wie ein Wunder." (WR 1289). Sein Freund Platen sagt zu ihm: "Sie sind wirklich so etwas wie ein überirdisches Wesen." (WR 1250).
130 "... Karl Mays überragende erzählerische Begabung liegt vor allem in der Fähigkeit zur virtuosen Variation ähnlicher Grundmotive." (Claus Roxin: 'Die Liebe des Ulanen' im Urtext, in: Mitt. KMG 14/1972, S. 23).
131 Hoffmann: Nachwort zum WR, S. 2671.
132 Vgl. WR 1, 50, 123, 720, 760, 799.
133 Vgl. z. B. WR 17, 21, 57, 730 ff., 902 f., 956.
134 Besonders zu Bärenherz und Büffelstirn.
135 Hiermit rückt der Held menschlich in die Nähe des Lesers.

136 Er ist von schöner Gestalt (WR 2, 730), stark (WR 1, 9, 17), gebildet und klug (WR 19, 50, 168), gut, ehrlich und treu (WR 1, 18, 607 ff., 739).
137 Vgl. WR z. B. 977, 1069, 1813, 1832.
138 Vgl. WR 924, 1014 f. Vgl. dazu auch das Verhalten von Anton Helmers, WR 382: "Sechs Comanchen, was ist das weiter. Man sollte eigentlich mit Menschenblut sparsamer umgehen, denn es ist der köstlichste Saft, den es giebt; aber diese Comanchen verdienen es nicht anders."
139 Der Lehrer Sternau kommt der Gestalt Mays wohl am nächsten. Trotz seiner Unscheinbarkeit besitzt er eine erstaunliche Körperstärke: "Dürr und zerbrechlich wie ein Schulmeister sah er allerdings aus; aber Kraft hatte der Kerl in den Knochen wie ein Schmied" (WR 327, vgl. auch 315 und 362).
140 Paul F. Reitze: Der perfekte Trivialroman, in: Rheinischer Merkur Nr. 39 vom 25.9.1970.
141 E. Sagarra: Tradition und Revolution, S. 33.
142 Vgl. Viktor Böhm: Karl May und das Geheimnis seines Erfolges, S. 33 und 52; ferner: Friedrich Abel: Old Shatterhand im weißen Kittel, in: Stern Nr. 34/1974, S. 96 f.
143 Hoffmann: Nachwort zum WR, S. 2671.
144 Ebd.
145 Ebd.
146 Werner Poppe: Sternau - ein Pseudonym? in: Mitt. KMG 11/1972, S. 8.
147 Vgl. Claus Roxin: Stimmen zum ersten Band des "Waldröschen"-Nachdrucks, in: Mitt. KMG 3/1970, S. 14.
148 Heinz Stolte: 'Waldröschen' als Weltbild, S. 26.
149 Stolte, a.a.O., S. 27.
150 Sitara (= Stern) ist ein Phantasiestern Mays. Vgl. May: Mein Leben und Streben (1910), S. 1-7.
151 W. Poppe, a.a.O., S. 9.
152 Vgl. Wolfgang Huschke: Karl May - Familienkreis und Vorfahren, in: Mitteldeutsche Familienkunde, Bd. III, Jahrgang 13, H. 2/1972, S. 3.
153 Vgl. dazu auch Mays Gedichte, die Aussagen über Sterne enthalten, z. B. in: Karl May, GW Bd. 49 "Lichte Höhen", Bamberg 1956, S. 7, 14, 16, 'Empor' (27), 37, 38 f., 49, 56, 64, 79, 91, 419, 442.
154 Vgl. WR 1204, 1238 f., 1270, 1289 f., 2470.
155 Vgl. WR 2467: "Sternau seinerseits hatte erkannt, daß der Same, den er in das Gemüth und den Charakter des Knaben gelegt hatte, zur glücklichen Reife gekommen war."
156 Rosita: "Du Starker, Du Herrlicher! (...) Ja, Du bist wirklich ein würdiger Schüler meines Vaters; Du bist ein wirklicher und ganzer Held." (WR 1250).
157 Vgl. z. B. WR 1214 ff., 2471 ff., 2506 ff.

158 Vgl. z. B. WR 1184 ff., 1214 ff., 1222.
159 Vgl. WR 2576 f. Vgl. hierzu ferner: Joan Haslip: Maximilian, S. 499-501. Die Darstellung Mays entspricht hier ziemlich genau dem historischen Verlauf.
160 Sternau: "... ich bin Arzt und reise theils in Familienangelegenheiten und theils, um meine Erfahrungen zu erweitern." (WR 1058) "Der Hauptzweck meiner Wanderungen waren natürlich die Studien." (WR 720).
161 WR 872. Vgl. hierzu die aufschlußreiche Darstellung von K. Hoffmann: Karl May als "Räuberhauptmann", hier besonders Teil 2: Jb. KMG 1975, S. 246-255.
162 Vgl. Karl May: Mein Leben und Streben (1910), S. 163.
163 WR 757. Das entsprechende Kapitel der Selbstbiographie ist mit "Im Abgrund" (a.a.O., S. 109) überschrieben. Das Ausgestoßensein kommt auch durch die Kapitel-Überschrift "Der verlorene Sohn" (WR 747) zum Ausdruck.
164 Vgl. die Beschreibung von Ottenstein bei Hoffmann: Karl May als "Räuberhauptmann", 1. Teil, S. 217, sowie die Ähnlichkeit von 'Rodenstein' und 'Ottenstein'. Im Namen 'Otto von Rodenstein' ist 'Ottenstein' enthalten: Ott(o von Rod)enstein.
165 Vgl. dagegen die Einstellung Sternaus zu kriegerischen Aktivitäten (WR 1826). Vgl. ferner Aussagen in Mays Kolportageroman "Die Liebe des Ulanen", S. 1952: "Gott möge uns in Gnaden bewahren, daß das Morden nicht auch in diese Gegend komme." Oder: "Der Krieg ist auf alle Fälle ein Unglück." (A.a.O., S. 2067).
166 Daß die Namengebung Mays nicht zufällig erfolgt, hat W. D. Bach an zahlreichen Beispielen belegt, vgl. Bach: Sich einen Namen machen, in: Jb. KMG 1975, S. 34 ff. 'Gerard' (Ger = Wurfspieß, Ard = Erde) deutet auf das Erdverhaftete des Helden, 'schwarz' auf das Dunkel, das ihn umgibt. Vgl. auch das Gespräch Gerards mit Resedilla über seinen Namen (WR 1423).
167 Der einzige, der außerhalb der Heimat keinen neuen Namen bekommt, d. h. dessen eigentliche Identität von Anfang an gegeben ist, ist Kurt Helmers.
168 Vgl. Sternau (WR 57) und Anton Helmers (WR 433).
169 Karl May, GW Bd. 49 "Lichte Höhen", Bamberg 1956, S. 399.
170 Die Verbrecher z. B. sind schon an ihrer Physiognomie erkennbar (vgl. WR 11, 17, 228, 485, 495). Hin und wieder wird im WR auch die äußere ästhetische Erscheinung (Kleidung) betont, z. B. WR 922 (Sternau), 1180, 1235 (Kurt Helmers), 1550 ff. (Gerard).
171 Das Ordnungsprinzip gilt z. B. auch für Spanien: "Wir befinden uns hier nicht in einem amerikanischen Urwalde; wir leben hier in geordneten Verhältnissen." (WR 127).

172 Jan Herchenröder: Das Waldröschen oder Die Verfolgung um die Erde. Lübecker Nachrichten vom 29./30.8.1970.
173 Heinrich Pleticha: Das Abenteuerbuch, in: Kinder- und Jugendliteratur. Zur Typologie und Funktion einer literarischen Gattung, hrsg. von Gerhard Haas, Stuttgart 1974, S. 312-334, hier: S. 318.
174 "Wenn er Polizist sein will, so schaffe Er sich vorher das halbe Loth Menschenkenntniß an, welches dazu nöthig ist!" (WR 2117) "Ein tüchtiger Apache ist zehnmal gescheidter als ein Mainzer Polizist." (WR 2126).
175 WR 2067. Vgl. auch WR 2087, 2121, 2125 f., 2133, 2154 ff.
176 "Was sind alle Eure Hauptleute und Oberförster gegen unsere Westmänner, welche an einem Tage mehr erleben, als so ein livrirter Maulaffe in seinem ganzen Leben." (WR 2087) "Das Land ist mir zu schläfrig. Unsereiner ist andere Dinge gewöhnt, als wie sie hier passieren." (WR 2095).
177 Geierschnabel zu einem Kellner: "Ist der Titel etwas so Besonderes? Sind zum Beispiel Sie etwa ein geringerer Orang-Uutang als so ein Graf?" (WR 2155).
178 Z. B. "Dienstweg, was ist das?" (WR 2162).
179 Vgl. Friedhelm Munzel: Matzke oder Die Enttäuschung des Pirnero. Verschlüsselte Selbstdarstellung Karl Mays, in: Mitt. KMG 35/1978, S. 8-11.
180 Claus Roxin: Stimmen zum ersten Band des WR-Nachdrucks, S. 14.
181 Roxin, a.a.O., S. 13.
182 "Sie betrieben die Rache wie echte Teufel ..." (WR 602) Gasparino Cortejo: "... der Teufel ist mein Genosse; er ist oft mächtiger als dieser Gott, vor dem sich Tausende fürchten, ohne daß sie sagen können, daß er auch wirklich existiert." (WR 132) Vgl. auch WR 332.
183 "Er war ein Teufel." (WR 1921).
184 "... wir werden die beiden Teufel sein, welche die zwei Engel überwinden." (WR 1000).
185 "Ihr sollt sehen, wie es ist, wenn der Teufel mit einem umgeht." (WR 1708) "Sie ist kein Weib, sie ist ein Teufel." (WR 1947, vgl. auch 1716, 1941).
186 Vgl. Schenda: Volk ohne Buch, S. 480.
187 Ueding: Glanzvolles Elend, a.a.O., S. 87.
188 Parsons: Demokratie und Sozialstruktur in Deutschland, S. 276.
189 Vgl. die Rettung Sternaus durch Räuber und deren Gericht über den spanischen Corregidor (WR 221 ff.).
190 Weit stärker als im WR tritt eine solche Messiasfigur als 'Fürst des Elends' in Mays Roman "Der verlorene Sohn" hervor. Dort erscheint auch der Gegensatz von Kapitalist und Arbeiter.
191 Vgl. WR 12, 496. "Für den Bösen ist Besitzstreben

Movens aller Aktionen: Besitz wird erstrebt, geraubt, verteidigt." (Jens-Ulrich Davids: Das Wildwest-Romanheft in der Bundesrepublik. Ursprünge und Strukturen, in: Über Wert und Wirkung von Massenware, Arbeitsmaterialien Deutsch, bearbeitet von Ekkehart Mittelberg u. a., Stuttgart 1971, S. 83).
192 Vgl. Michael Koser: Nachwort zu Karl May: Die Sklaven der Arbeit, Frankfurt a. M. 1974, S. 574.
193 Überhaupt bevorzugen Leser evasorischer Unterhaltungsliteratur Texte, "die gesellschaftliche Tatbestände inadäquat personalisieren und intimisieren." (Ernst H. Liebhart: Wirkungen des Lesens, in: Lesen. Ein Handbuch, hrsg. von A. C. Baumgärtner, Hamburg 1974, S. 292).
194 Eversberg: Zur Kritik bürgerlicher Trivialliteratur, S. 123.
195 Vgl. die Gegenüberstellung von 'Fürst' und 'Kapital', in: Dieter und Karin Claessens: Kapitalismus als Kultur, S. 62 ff. "Das 'Kapital' ist (...) in sehr tiefer sprachlicher Verwurzelung ein Begriff, der in seiner Bedeutung mit dem des Lebens konkurriert."(...) Die Begriffe 'Fürst' und 'Kapital' "betreffen einerseits 'Ehrgeiz' und andererseits 'Lebensangst'." (S. 62).
196 Parsons: Demokratie und Sozialstruktur in Deutschland, S. 276.
197 Vgl. WR 744. Die Hilfe durch den Vermögenden, der durch die Abgabe von seinem Reichtum wirtschaftliche Not und menschliches Elend lindert, ist ein zentrales Motiv in Mays Roman "Der verlorene Sohn".
198 Zitiert nach: Susanne Jensen: Kinder- und Jugendliteratur, in: Spektrum der Literatur, S. 253.
199 Vgl. Hermann Müller: Rassen und Völker im Denken der Jugend. Vorurteile und Methoden zu ihrem Abbau, Bildungssoziologische Forschungen, Bd. 3, hrsg. von E. Lemberg, Stuttgart 1967, S. 14 f.
200 G. Ueding: Rekonstruktion des Abenteuers, in: Die Horen 95, H. 3/1974, S. 44.
201 Vgl. Christian Schultz-Gerstein: Das Interesse an der Trivialliteratur, in: Akzente 19, 1972, S. 409-416, hier: S. 414.
202 Vgl. Jahn: Materialien zur Trivialliteratur (Textheft) S. 35 (Warum gefällt es den Leuten?).
203 Siegfried Kracauer: Das Ornament der Masse. Essays, Frankfurt a. M. 1963, S. 280.
204 Ueding: Rekonstruktion des Abenteuers, S. 44.
205 Ueding: Glanzvolles Elend, S. 125.
206 Vgl. hierzu: Claus Roxin: 'Die Liebe des Ulanen' im Urtext, S. 25. In diesem Lieferungsroman erscheinen sehr sympathische Zivilpersonen französischer Nationalität, vornehmlich Frauen.
207 WR 376. Ferner: "Die Hütte bewohnte der 'Postmeister',

ein hagerer Mexikaner, welcher einem Raubmörder ähnlicher sah als einem ehrlichen Manne." (WR 871).
208 Zur Charakterisierung des Juarez vgl. WR 941 ff., 1136 ff., 1682, 1792, 1824 f., 1831 f.
209 WR 1653. Vgl. auch WR 1105: "Nenne man nicht den Indianer einen Wilden. Es ist dasselbe Ebenbild Gottes, wie der Weiße, der sich doch unendlich höher dünkt."
210 Vgl. WR 1115, 1117, 1131, 1594, 1652 f.
211 Vgl. WR 450, 940. "Ein Graf hat Knechte, ein freier Indianer aber nicht."
212 Vgl. z. B. WR 151 ff., 367, 778, 817 ff.
213 WR 829. Zarba ist gleichsam das ruhelose schlechte Gewissen von Bösewichtern und Verbrechern (vgl. WR 777 f., 2182 ff.).
214 Jean-Paul Sartre: Betrachtungen zur Judenfrage, in: Ders.: Drei Essays, Berlin 1960, S. 108-190, hier: S. 113 (Ullstein Buch Nr. 304).
215 Vgl. Leszek Kolakowski: Die Antisemiten, in: Ders.: Der Mensch ohne Alternative, München 1960, S. 181 - 190, hier: S. 182.
216 Vgl. Wolfgang Hochheimer: Zur Psychologie von Antisemitismus und Möglichkeiten seiner Prophylaxe, in: Antisemitismus. Zur Pathologie der bürgerlichen Gesellschaft, hrsg. von H. Huss und A. Schröder, Frankfurt a. M. 1965, S. 77-120, hier: S. 112 ff.
217 Sartre, a.a.O., S. 114. Zur Haltung von Antisemiten vgl. auch: Max Horkheimer, Theodor W. Adorno: Elemente des Antisemitismus. Grenzen der Aufklärung, in: Horkheimer, Adorno: Dialektik der Aufklärung, S. 177-217, hier besonders S. 177-184.
218 "Für Deutschland kommt hinzu, daß das Gegenbild des jüdischen Volkes bei einer derart 'verspäteten' Nation bewußt oder unbewußt als Steigerung des eigenen Volksbewußtseins herangezogen wird." (Iring Fetscher: Zur Entstehung des politischen Antisemitismus in Deutschland, in: Antisemitismus, a.a.O., S. 11-33, hier: S. 15).
219 Vgl. Sartre, a.a.O., S. 119 f.
220 Sartre, a.a.O., S. 127.
221 Sartre, a.a.O., S. 135.
222 "Diese Mischlinge sind gewöhnlich sehr schön, erben aber oft nur die schlechten Eigenschaften ihrer Eltern, welche sie unter der glänzenden Hülle ihres Äußeren geschickt zu verbergen wissen." (WR 1144).
223 Vgl. Hans-Jochen Gamm: Judentumskunde. Eine Einführung, München 1966, S. 125.
224 Fetscher: Zur Entwicklung des politischen Antisemitismus, S. 17.
225 Vgl. Paul W. Massing: Vorgeschichte des politischen Antisemitismus. Frankfurter Beiträge zur Soziologie

Bd. 8, Frankfurt a. M. 1959, S. 31.
226 Vgl. Massing, a.a.O., S. 9.
227 Vgl. a.a.O., S. 13 f., 93.
228 Vgl. Otto Glagau: Der Bankerott des Nationalliberalismus und die 'Reaktion', Berlin 1878, S. 71.
229 Vgl. Massing, a.a.O., S. 14.
230 Vgl. Massing, a.a.O., S. 223. Der Antisemitismus wurde eine Sache der politischen Strategie, als 1875 zwei repräsentative politische Zeitungen mit einer Serie von antisemitischen Artikeln einen Angriff auf die 'Judenpolitik' Bismarcks unternahmen. Dies waren die 'Kreuzzeitung' (eigentlich Neue Preußische Zeitung), 1875, Nr. 148-152, Sprachrohr der preußischen Konservativen und des orthodoxen preußischen Protestantismus, und die 'Germania', 1875, Nr. 174, 185, 189, 190, 201, 203 und 228, Zentralorgan der Zentrumspartei (vgl. Massing, a.a.O., S. 13 und 232).
231 Vgl. Fetscher: Zur Entstehung des politischen Antisemitismus in Deutschland, S. 18.
232 Sartre: Betrachtungen zur Judenfrage, S. 123.
233 Veit Valentin: Weltgeschichte Bd. III, München 1963, S. 997.
234 Fetscher, a.a.O., S. 16.
235 Vgl. Valentin, a.a.O., S. 998.
236 Vgl. Massing, a.a.O., S. 9.
237 Juden wurden mit dem Bank- und Börsenleben identifiziert. "Nicht nur waren viele dieser Bankiers in der Tat Juden, die Figur des Bankiers trug aus geschichtlichen Gründen fast ausschließlich jüdische Züge. Daher wurde, was immer es an radikal kleinbürgerlichen Bewegungen und Parteien in Europa gab - und ihr entscheidendes Kennzeichen ist immer, daß sie sich vor allem gegen das Bankkapital richten -, mehr oder minder ausgesprochen antisemitisch." (Hannah Arendt: Elemente und Ursprünge totaler Herrschaft, Frankfurt a. M. 1958, S. 60).
238 Sartre, a.a.O., S. 166.
239 Ein Jude konnte z. B. in die Staatsverwaltung oder in fast alle öffentlich-rechtliche Positionen nur dann gelangen, wenn er durch Taufe, manchmal auch durch Namensänderung, auf seine "konfessionelle Identität" verzichtete (Massing, a.a.O., S. 2).
240 "Seine Hände begannen zu zittern. Die Habsucht packte ihn." (WR 2108).
241 "Geberdet Euch nicht wie ein Jude, der den Gegenstand tadelt, den er zu haben wünscht." (WR 934). Vgl. auch WR 2108.
242 Vgl. auch das Bild des Juden in Mays Kolportageroman "Der verlorene Sohn" (VS). Der Jude Salomon Levi (!) - vgl. die stereotype Namengebung bei Juden - ist ebenfalls Pfandleiher (VS 133), aber er

betreibt allerlei dunkle Geschäfte wie z. B. Paß-
fälschungen, Beihilfe zur Flucht ins Ausland, Unterstützung einer Verbrecherbande (VS 136 ff.). Seine
Tochter Judith (!) erscheint dagegen als recht
sympathisch (VS 141 ff., 211 ff., 236 ff.).

243 Deutscher Wanderer, Lieferung 89, S. 1411.
244 Roxin: 'Die Liebe des Ulanen' im Urtext, S. 9. Weitere Belege finden sich im 'Deutschen Wanderer',
Lieferung 89, S. 1413 und 1415.
245 Vgl. Karl May: Die Rose von Kairwan, Nachdruck der
Ausgabe Osnabrück 1894, S. 242 ff. Zum 'aufrechten'
Juden vgl. Sartre, a.a.O., S. 181 ff.
246 Vgl. 50 Jahre Karl-May-Verlag, Bamberg 1963, S. 26.
247 Kolakowski: Die Antisemiten, S. 185.
248 Massing, a.a.O., S. 223.
249 Vgl. Fetscher, a.a.O., S. 17.
250 Vgl. Massing, a.a.O., S. 223.
251 Vgl. Massing, a.a.O., S. 224. Zur weiteren Geschichte
des Antisemitismus und seiner verschiedenen Ausprä-
gungen vgl. H. Arendt, a.a.O., S. 69 ff.
252 Vgl. WR 1653. "Es ist demnach keine Übertreibung, zu
sagen, daß die Christen den Juden erschaffen haben,
indem sie seine Assimilation jäh unterbrochen haben
und indem sie ihm gegen seinen Willen eine Funktion
aufgezwungen haben, in der er sich seitdem ausgezeichnet hat." (Sartre, a.a.O., S. 143).
253 WR z. B. 14, 16, 26, 27, 52, 53, 56, 57, 58, 60, 65.
254 WR z. B. 143, 144, 183, 287, 297, 1722, 1756, 1777.
255 Z. B. WR 743, 746, 767, 770, 772, 791, 792, 802,
812, 1305, 1336, 1399, 2083.
256 Z. B. WR 872, 1336.
257 Z. B. WR 286, 796, 1104.
258 Z. B. WR 54, 843, 2321, 2376, 2390.
259 Vgl. etwa Juarez, WR 1664, 1825, 2474, 2479.
260 Vgl. z. B. WR 11, 53, 89, 99, 152, 1734.
261 Vgl. z. B. WR 286, 868.
262 Vgl. z. B. WR 35, 41, 276, 802, 826, 838, 843, 917,
1101, 1166, 1302, 1664, 1723, 1916.
263 Vgl. WR 192, 289, 1102, 1103, 1325, 1390, 1408, 1614,
1737, 2061, 2450.
264 Vgl. WR 1106, 1107, 1304, 1715, 2447, 2553, 2589.
265 Vgl. WR 38, 39, 42, 190, 1440.
266 WR 874, 1440, 1622.
267 Vgl. z. B. WR 107, 113, 280, 796 f., 1102, 1309, 1313.
268 Vgl. z. B. WR 107, 281, 743, 746, 1407, 1898.
269 Vgl. WR 1948, 1955 ff.
270 Vgl. dazu etwa WR 1039, 1107, 1297, 1316 f., 1532,
1570, 1649 f., 1714, 1830, 1955, 1959 ff., 2036,
2591. Der Verleger wachte darüber, daß der Autor den
Gesetzen der Kolportage entsprach.
271 Vgl. Hoffmann: Nachwort zum WR, S. 2669.

272 Vgl. Wortlaut der Erstausgabe (Hoffmann, a.a.O.).
273 Vgl. Hoffmann, a.a.O., S. 2668.
274 Vgl. WR 1997, 2322 ff., 2486 ff., 2507 ff.
275 Mariano über Sternau: "Wäre ich ein Heide, so würde ich sagen, er sei ein Halbgott oder ein Liebling der Götter. Niemand kann ihm genug danken." (WR 1105).
276 Vgl. Karl May, GW Bd. 72 "Schacht und Hütte", hrsg. von Roland Schmid, Bamberg 1968, S. 313.
277 Vgl. hierzu die Wirkung der christlichen Gesinnung Mays auf Leser der 'Reiseerzählungen', in: Karl May: Der dankbare Leser, S. 73 ff. (Leserbriefe).
278 Mays 'Reiseerzählungen' erschienen z. B. im "Deutschen Hausschatz", einem führenden Familienblatt des Katholizismus. Vgl. Wollschläger: Karl May (1965), S. 47.
279 Karl May: Winnetou, der Rote Gentleman, 1. Band, Freiburg o. J., S. 425.
280 Karl May, GW Bd. 25 "Am Jenseits", Bamberg 1953, S. 77 f.
281 Das Laufenlassen des Feindes ist nicht nur ein Akt christlicher Nächstenliebe, sondern hat gleichzeitig eine romantechnische Funktion: es garantiert den Fortgang der Handlung.
282 Karl Hans Strobl: Das Tragische im Karl-May-Problem, in: Karl May, GW Bd. 34 "ICH" (1958), S. 559.
283 Vgl. Munzel: Das Abenteuerbuch, S. 61-68.
284 Vgl. Walter Schönthal: Das ethisch-religiöse System in Karl Mays Werken. Vorgelegt zur Ersten Staatsprüfung für das Lehramt an der Grund- und Hauptschule, Pädagogische Hochschule Karlsruhe, 1975.
285 In diesem Zusammenhang sei darauf hingewiesen, daß das Werk Mays zunehmend auch für den Religionsunterricht interessant wird, etwa für das Thema 'Weltreligionen' (vgl. Paul Schwarzenau: Der größere Gott. Christentum und Weltreligionen, Stuttgart 1977, S. 33-48 ("Ich bin ja Christ").
286 "Danach wurde in erschreckender Weise sichtbar, wie wenig tief echte christliche Überzeugungen wirklich in das deutsche Volk eingedrungen waren und eine allein mit Katechismus und Gesangbuch 'angelernte' Frömmigkeit nicht mehr ausreichte, um ein weithin bloß auf den Taufschein beruhendes Christentum durch die weltanschaulichen und sozialpolitischen Stürme zu konservieren." (Karl Kupisch: Bürgerliche Frömmigkeit im Wilhelminischen Zeitalter, in: H. J. Schoeps (Hrsg.): Zeitgeist im Wandel, S. 40-59, hier: S. 52).
287 Z. B. WR 191 f., 809 ff., 1101 ff., 1309 ff., 1382, 2448.
288 Vgl. Ueding: Glanzvolles Elend, S. 133.
289 Ueding, a.a.O.

290 Ueding, a.a.O.
291 A.a.O., S. 135.
292 Schenda: Volk ohne Buch, S. 349.
293 Ivo Braak: Poetik in Stichworten. Literaturwissenschaftliche Grundbegriffe, 4. Aufl. Kiel 1972, S. 181.
294 Vgl. WR 191 f., 223. 1408, 2448.
295 Vgl. WR z. B. 1103, 1132, 1305, 1407, 2390, 2447.
296 Neben dem WR z. B. auch in Mays Kolportageroman "Die Liebe des Ulanen".
297 Zum 'Vor-Schein', einer von Ernst Bloch entdeckten und benannten Kategorie des Bewußtseins, die das Noch-Nicht-Gewordene ansichtig macht, vgl. Ernst Bloch: Auswahl aus einen Schriften, zusammengestellt und eingeleitet von Hans Heinz Holz, Frankfurt a, M. 1967 (Fischer Bücherei 812), S. 17-21 (Einleitung).
298 Ernst Bloch: Das Prinzip Hoffnung, Bd. 1, Frankfurt a. M. 1959, S. 428.

IV. "Das Waldröschen" als Abenteuerlektüre

1 Vgl. Karl Ernst Maier: Jugendschrifttum. Formen, Inhalte, pädagogische Bedeutung, 7. Aufl. Bad Heilbrunn 1973, S. 130 ff.
2 Vgl. Anneliese Hölder: Das Abenteuerbuch im Spiegel der männlichen Reifezeit, S. 86 ff.
3 Hölder, a.a.O., S. 7.
4 Vgl. Anneliese Bodensohn: "Abenteuer. Meer - Insel - Schiff", 2. Aufl. Frankfurt a. M. 1965.
5 Gert Ueding: Rekonstruktion des Abenteuers, in: Die Horen 95, S. 42.
6 Vgl. hierzu: Werner Köhlmann: Neue Indianerbücher, in: Studien zur Jugendliteratur, hrsg. von Karl Langosch, H. 3, Ratingen 1957, S. 58 f.
7 A.a.O., S. 59.
8 Vgl. Ueding: Glanzvolles Elend, S. 69 f.
9 Heinrich Pleticha weist darauf hin, daß der Begriff 'Abenteuer' seiner geistesgeschichtlichen Entwicklung nach auch eine negative Bedeutung impliziere: Vgl. H. Pleticha: Das Abenteuerbuch, S. 312-334.
10 Vgl. Pleticha, a.a.O., S. 312.
11 "Die Funktion, Wünsche, deren Erfüllung von der Realität verweigert wird, dennoch zu befriedigen, ist konstitutiv nicht nur für den Nacht-, sondern auch für den Tagtraum und seine nach außen projizierte Erscheinung: die Kolportage." (Ueding: Glanzvolles Elend, S. 136).
12 Vgl. Der Große Duden, Bd. 7, Etymologie. Herkunftswörterbuch der deutschen Sprache, bearbeitet von der Dudenredaktion unter der Leitung von Paul Grebe, Mannheim 1963, S. 8.

13 Vgl. Karl Ernst Maier: Jugendschrifttum, S. 128.
14 Vgl. z. B. Christian Emmrich u. a.: Grundlagen sozialistischer Kinder- und Jugendliteratur, in: Weimarer Beiträge, H. 6/1971, S. 77 f.
15 Vgl. Ernst Bloch: Erbschaft dieser Zeit, Frankfurt a. M. 1962, S. 170.
16 Ernst Bloch: Urfarbe des Traums, in: Jb. KMG 1971, S. 11.
17 Ueding: Glanzvolles Elend, a.a.O., S. 160.
18 Vgl. auch die Beschreibung des Wachtraums bei Hans Heinrich Muchow: Flegeljahre. Beiträge zur Psychologie und Pädagogik der "Vorpubertät", Ravensburg 1950, S. 52.
19 Bloch: Urfarbe des Traums, S. 14.
20 Ernst Bloch: Das Prinzip Hoffnung, Bd. 1, S. 101.
21 Vgl. Ernst Bloch: Erbschaft dieser Zeit, S. 170 und 173.
22 Zu den archetypischen Bildern im Werk Mays vgl. Ingrid Bröning: Die Reiseerzählungen Karl Mays als literaturpädagogisches Problem, Ratingen 1973, S. 128 ff.
    Ein alptraumhaftes Spannungsmoment findet sich z. B. im WR, S. 1029: Der einzige, der den Ausgang aus der Pyramide kennt, stirbt vor Schreck.
23 Claus Roxin: Stimmen zum ersten Band des "Waldröschen"-Nachdrucks, in: Mitt. KMG 3/1970, S. 15.
24 Karl May: Mein Leben und Streben (1910), S. 146.
25 Aparte Blüten (Zum Olms-Reprint des WR), in: Der Spiegel Nr. 5/1970, S. 130.

V. Zum Märchencharakter des "Waldröschens"

1 Walther Killy: Deutscher Kitsch. Ein Versuch in Beispielen, 7. Aufl. Göttingen 1973, besonders S. 9-33.
2 Killy, a.a.O., S. 24.
3 A.a.O., S. 26 f.
4 Hedwig Courths-Mahler (1867 - 1950) z. B. faßte ihre Romane als 'harmlose Märchen' auf, die den Lesern einige sorgenfreie Stunden bereiten sollten.
5 Vgl. z. B. Volker Klotz: Durch die Wüste und so weiter. Zu Karl May, in: Trivialliteratur (1964), S. 24.
6 Vgl. hierzu: Ernst Bloch: Erbschaft dieser Zeit, besonders S. 171 ff.
7 Max Lüthi: Das europäische Volksmärchen. Form und Wesen, 3. Aufl. Bern 1968.
8 Ein derartiger Vergleich ist mit verschiedenen trivialen Erzählungen und Romanen bereits unternommen worden, z. B. bei Dorothee Bayer: Der triviale Familien- und Liebesroman im 20. Jahrhundert, S. 142-152; ferner bei Hermann Bausinger: Zur Struktur der Reihenromane, in:

Wirkendes Wort, 6. Jahrgang 1956, S. 296-301.
9 Karl May: Mein Leben und Streben (1910), S. 137.
10 Vgl. z. B. Ernst Bloch: Erbschaft dieser Zeit, S. 172 f.; Franz Cornaro: Der Märchenerzähler, in: KMJ 1924, S. 173 ff., besonders S. 197. "... offensichtlich wird nur derjenige diesen Schriftsteller richtig bewerten, der seine oft wiederholte Äußerung, er sei ein 'Hakawati', ein 'Märchenerzähler', ernst nimmt." (Heinz Stolte, in: Beiträge zur Karl-May-Forschung, Bd. 1, S. 6). Vgl. auch Gustav Sichelschmidt: Liebe, Mord und Abenteuer, S. 205.
11 Vgl. Karl Mays Vorstellungen von dem Land der 'hilfreichen' Räuber, in: Karl May: Mein Leben und Streben (1910), S. 73 ff.
12 Z. B. die Erzählung des Bettlers, WR 29 ff.
13 Vgl. hierzu: G. Ueding: Glanzvolles Elend, S. 86.
14 Z. B. Sechse kommen durch die ganze Welt, in: Märchen der Brüder Grimm, Berlin 1937, S. 261 ff.
15 Vgl. Max Lüthi: Das europäische Volksmärchen, S. 77: "Das Märchen ist eine welthaltige Abenteuererzählung von raffender, sublimierender Stilgestalt."
16 Z. B. die Tatkraft, die Bildung und das Selbstwertgefühl des Bürgerlichen Kurt Helmers (WR 1167 ff.) oder das ungezwungene Verhalten von Trapper Geierschnabel in Berlin (WR 2063 ff.).
17 Z. B. das Schicksal des Jägers Grandeprise (WR 2296 ff.) oder der Vertrauten des Juarez, Emilia (WR 1416 ff.).
18 Vgl. hierzu: Ernst Bloch: Das Prinzip Hoffnung, Bd. 1, S. 428.
19 Im "Verlorenen Sohn" wird sogar eine völlig neue Ordnung geschaffen: Die Erpresser und Ausbeuter der Armen sind unschädlich gemacht, und mit den zahlreichen jungen Ehepaaren zieht ein neues Geschlecht herauf, zwar begütert, aber zum Helfen und Teilen bereit ... ein Bild der neuen Gesellschaft, die das Verlorene wiedergefunden hat. (Karl May: Der verlorene Sohn, S. 2407 ff.).
20 Vgl. Max Lüthi: Märchen, 3. Aufl. Stuttgart 1968, S. 26.
21 Z. B. die mysteriösen Zustände im Kloster della Barbara (WR 1988 ff.), Giftmischerei und 'Heilung', die Zukunftsdeutungen der Zigeunerin Zarba (WR 2179 ff.).
22 Etwa die Rettung Emmas (WR 1334); das Erscheinen Kapitän Wagners (WR 1347 ff.), welches vermutlich eine Assoziation Mays an Wagners "Fliegenden Holländer" ist. Für May hatten die Musik und das Schiff etwas Befreiendes; im WR finden sich zahlreiche Lieder sowie viele Reisen mit Schiffen.
23 In der Gestalt der Josefa Cortejo, der Ordensschwester Clarissa und des Advokaten Gasparino Cortejo.

24 Z. B. der Glaube an das Erlangen des Partners, der Glaube an Heilung, Befreiung, Wiederfinden des Verlorenen. Für das Abstraktum Glück stehen auch Grafenkrone, Schloß, Prinzessin oder Schatz.
25 Vgl. Wilhelm Helmich: Die erzählende Volks- und Kunstdichtung in der Schule, in: Handbuch des Deutschunterrichts (Band 2), hrsg. von Alexander Beinlich, 5. Aufl. Emsdetten 1969/70, S. 965. Helmich spricht von den "Tugenden einer volkstümlichen Werteordnung".
26 Z. B. bei Sternau und Mariano.
27 Etwa Geierschnabel in Deutschland (WR 2063 ff.).
28 Vgl. Heinz Stolte: "Waldröschen" als Weltbild, in: Jb. KMG 1971, S. 30 f.
29 Vgl. Max Lüthi: Das europäische Volksmärchen, S. 53 ff.
30 Etwa seine Heilkunst, seine Kombinationsgabe und seine Waffen. "Doktor Sternau, jene aus purem Edelmut und Muskeln zusammengesetzte Lichtgestalt ..." (vgl. Eberhard Nitschke: Märchenstunde mit Karl May, in: Die Welt vom 16.4.1970).
31 Vgl. H. Bausinger: Wege zur Erforschung der trivialen Literatur, S. 24: "Die Schwarzweißzeichnung ist 'realistisch' abgeschwächt; die Nebenbuhlerin beispielsweise ist in der Trivialliteratur zwar kalt und herzlos, aber sie ist - im Gegensatz zum Märchen - doch im allgemeinen schön.
32 Entgegen dieser gängigen Auffassung betont Lüthi den Figurencharakter der Personen: "Die Personen des Märchens sind eben nicht Typen, sondern reine Figuren. Der Typus ist noch stark realitätsbezogen. Die Figur ist reiner Handlungsträger ..." (Lüthi: Das europäische Volksmärchen, S. 68).
33 Diese Durchbrechung ist allerdings nur in den Figuren des 'Schwarzen Gerard', der Emilia (Spionin Juarez') und des Herzogs von Olsunna gegeben.
34 Eine Ausnahme bilden Gerard und Emilia.
35 Vgl. hierzu: Gert Ueding: Glanzvolles Elend, S. 86. Der Held Karl Sternau wird später durch Kurt Helmers abgelöst.
36 Die 'Liebesbeziehungen' zwischen anderen Gestalten können wegen der Verfälschungen durch Textbearbeitungen nicht in Betracht kommen (vgl. Klaus Hoffmann: Nachwort zum WR, S. 2651-2667).
37 Z. B. Pirnero, Rodenstein, Geierschnabel, Alimpo und Elvira. In den späteren 'Reiseerzählungen' Mays haben die komischen Figuren einen festen Platz (vgl. hierzu: Carl Zuckmayer: Palaver über Karl May, in: KMJ 1930, S. 35).
38 Vgl. Lüthi: Das europäische Volksmärchen, S. 8-75.
39 "Was in der Sage tiefgestaffelte Innenwelt und Umwelt ist, wirft das Märchen auf ein und dieselbe Fläche nebeneinander." (Lüthi, a.a.O., S. 18).

40 Die einzelnen Zustände brauchen keine innere Beziehung zueinander zu haben (Isolation). Die Königstochter wirft den Frosch an die Wand, und er ist ein schöner Jüngling. "Nichts ist dem Märchen zu kraß und zu fern. Je mechanistischer, je extremer die Verwandlung, desto sauberer und präziser steht sie vor uns." (Lüthi, a.a.O., S. 36; vgl. auch die Beispiele auf S. 35, 102, 105).
41 Lüthi, a.a.O., S. 52.
42 "Nur was nirgends verwurzelt, weder durch äußere Beziehung noch durch Bindung an das eigene Innere festgehalten ist, kann jederzeit beliebige Verbindungen eingehen und wieder lösen." (Lüthi, a.a.O., S. 49).
43 Hier kann nur ein Beispiel genannt werden. Ähnlich isoliert sind z. B. Mariano, vertauschter Sohn des Grafen Emanuel, der unter Räubern heranwächst, wie auch Trapper Geierschnabel und Gerard.
44 Vgl. Lüthi, a.a.O., S. 61.
45 Das Märchen verbietet den Glauben an eine äußere Realität des Erzählten. Märchenwelt und äußere Realität unterscheiden sich grundsätzlich. Das Märchen gibt keine bewußte Weltdeutung, es stellt nur dar. "Aber als echte Dichtung verlangt es den Glauben an die innere Wahrheit des Dargestellten. Es gibt sich nicht als müßiges Spiel, sondern läßt ein Welterlebnis Bild werden." (Lüthi, a.a.O., S. 85) Vgl. auch S. 96: "Das Märchen ist umfassende und in sich geschlossene dichterische Schau. Das Märchen gibt dichterisch gläubig eine vorläufige Gesamtschau von Welt und Mensch."
46 Lüthi, a.a.O., S. 69.
47 A.a.O., S. 75.
48 A.a.O., S. 63.
49 A.a.O., S. 85.
50 Auf die Problematik eines Vergleichs zwischen Märchen und Trivialliteratur hinsichtlich ihrer Motive weist schon Walther Killy hin: "Allerdings ist dem Vergleich zwischen Märchen und Trivialliteratur eine bezeichnende Grenze gezogen, die auch von der Tatsache nicht beeinträchtigt wird, daß die letztere offenbar die Funktion der ersteren übernommen hat. Als ein Produkt der modernen Welt hat der Kitsch die Welt des Märchens - und nicht nur diese - gründlich säkularisiert." (Killy: Deutscher Kitsch, S. 26 f.).
51 Vgl. H. Bausinger: Wege zur Erforschung der trivialen Literatur, S. 25: Die Trivialerzählung "spielt nicht wie das Märchen mit sublimierten Elementen der Wirklichkeit, sondern reichert die Realität mit Wunderbarem und Erstaunlichem an; sie biegt eine ausgesprochene Realstruktur ins Märchenhafte. Anders gesagt: diese trivialen Erzählungen präsentieren nicht etwa modern verkleidete Archetypen; vielmehr stilisieren

52 sie moderne Belanglosigkeiten aufs Archetypische."
Auf die Sonderstellung des WR in der Trivialliteratur des 19. Jahrhunderts hat Albert Klein bereits hingewiesen. Vgl. A. Klein: Die Krise des Unterhaltungsromans im 19. Jahrhundert, S. 153 f.: "Nur wenigen Autoren der Kolportage gelang es, in die bürgerliche Unterhaltungsliteratur vorzudringen und dort mit den Möglichkeiten der Kolportage das 'Romanhafte' neu auszubilden. Einer dieser wenigen Autoren, die von der Sensationskolportage kamen und diese wieder ins 'Romanhafte' zurückverwandelten, war Karl May. Seinem Werk kommt gerade innerhalb der Misere der deutschen Unterhaltungsliteratur Bedeutung zu, da sich in der Rezeption die verschiedenartigsten Bedürfnisse einer vielschichtigen Leserschaft zusammenfinden." Vgl. auch S. 156 ff.
53 Das Merkmal der Eindimensionalität, das im WR fehlt, liegt auch nicht in jedem Märchen vor. "Das einzelne Märchen kommt zuweilen ohne Jenseitsmotiv aus. Dem Märchen als Gattung darf es nicht fehlen." (Lüthi, a.a.O., S. 73).
54 Vgl. Heinz Stolte: Beiträge zur Karl-May-Forschung, Bd. 1 (Einleitung), S. 7. Zur Leserschaft des WR vgl. auch: G. Ueding: Glanzvolles Elend, S. 106.
55 Vgl. Heinz Stolte: "Waldröschen" als Weltbild, S. 31.
56 Selbst der 'historische Hintergrund' des letzten Bandes, die mexikanische Tragödie Kaiser Maximilians, kann diesen Schluß nicht beeinträchtigen. Vgl. z. B. Volker Klotz: Ausverkauf der Abenteuer, S. 192: "Zumal der Vergleich mit Mays Reiseromanen hat auf die kompositionelle Anlage des WR hingewiesen, die der Geschichtslosigkeit entspricht."
57 Ernst Bloch: Erbschaft dieser Zeit, S. 170.

VI. Zum Verhältnis von Kitsch und Kolportage

1 Hans Wollschläger, in: Karl Mays Waldröschen (Sonderdruck der KMG), Hamburg 1972, S. 3.
2 Eine ausführliche Abhandlung über den Kitsch als Resultat historischer und gesellschaftlicher Gegebenheiten findet sich bei Ueding: Glanzvolles Elend, S. 10-67.
3 Werner Schwab: Wonnen für Karl-May-Freunde, in: Schwäbische Zeitung Nr. 120 vom 29.5.1970.
4 Vgl. z. B. Gero von Wilpert: Sachwörterbuch der Literatur, 5. Aufl. Stuttgart 1969, S. 387: "Kitsch (entstellt aus engl. s k e t c h = Skizze, billiges Bild für engl.-amerik. Käufer in München), leichtverkäufliche, dem breiten Geschmack angepaßte, d. h. also geschmacklose und innerlich unwahre Scheinkunst ohne künstlerischen Wert, die aus vergröbernd-entstellender Nachah-

mung e. Anerkannten scheinbare Ansprüche auf Aussagekraft ableitet." Vgl. ferner: Karlheinz Deschner: Kitsch, Konvention und Kunst, München 1958, S. 23 f.
5 Hermann Broch z. B. bezeichnet den Kitsch als "das Böse im Wertsystem der Kunst" (H. Broch: Zum Problem des Kitsches, in: Der Denker, Zürich 1966, S. 123).
6 Vgl. Deschner, a.a.O., S. 24 f.
7 Vgl. Ueding: Glanzvolles Elend, S. 21 f., 66.
8 Vgl. May: Mein Leben und Streben (1910), S. 227.
9 Ueding, a.a.O., S. 66.
10 Vgl. Teil E. IV.
11 Ueding, a.a.O., S. 132.
12 Vgl. Wolf-Dieter Marsch: Hoffen worauf? Auseinandersetzung mit Ernst Bloch, Hamburg 1963, S. 59.
13 Ernst Bloch: Erbschaft dieser Zeit, S. 181.
14 "Vor dem ersten Weltkrieg versorgten in Deutschland 43.000 Kolporteure jährlich rund zwanzig Millionen Leser mit ihrer Ware." (Karl Markus Michel: Zur Naturgeschichte der Bildung, in: Trivialliteratur (1964), S. 15).
15 Vgl. Ueding: Glanzvolles Elend, S. 67.
16 Ernst Bloch: Das Prinzip Hoffnung, Bd. 1, S. 5.

Zusammenfassung

1 Siegfried Lenz, in: Erste Lese-Erlebnisse, hrsg. von Siegfried Unseld, Frankfurt a. M. 1975, S. 77 f.
2 Vgl. Teil E. IV.
3 Heinz Stolte: "Waldröschen" als Weltbild, S. 37.
4 Wolfgang Schemme: Trivialliteratur und literarische Wertung. Einführung in Methoden und Ergebnisse der Forschung aus didaktischer Sicht, Stuttgart 1975, S. 189.
5 Z. B. Gerhart Wolff: Modell einer Unterrichtsreihe zur Trivialliteratur, in: DU 24/1972, H. 6, S. 44-74; Herbert Brödl, Hugo Wulz: Der kluge Waffenfabrikant und die dummen Revolutionäre. Dokumente eines Verfahrens mit Trivialliteratur, Frankfurt a. M. 1972; Ulrich Hain, Jörg Schilling: Zur Theorie und Praxis des Literaturunterrichts in der Sekundarstufe I, Essen 1974, S. 64 ff.; Bremer Kollektiv: Grundriß einer Didaktik und Methodik des Deutschunterrichts, Stuttgart 1974; Helmut Melzer: Lektüre und Analyse eines Wildwestromans, in: PD 13/1975, S. 53-56.
6 Günter Giesenfeld: Ein Kurs in Trivialliteratur, a.a.O., S. 177-214.
7 Vgl. Dieter Kirsch: Lesegewohnheiten Jugendlicher, in: betrifft: erziehung H. 6/1978, S. 29.
8 Friedhelm Munzel: Die Behandlung der Fabel in der Grundschule. Unterrichtsreihe im 4. Schuljahr, vor-

gelegt zur Zweiten Staatsprüfung für das Lehramt an der Volksschule (Grund- und Hauptschule), Dortmund 1970.
9 Kirsten Mattern: Die manipulative Wirkung von Sprache, untersucht an Texten der Anzeigenwerbung im 4. Schuljahr der Grundschule, vorgelegt zur Zweiten Staatsprüfung für das Lehramt an der Volksschule (Grund- und Hauptschule), Dortmund 1973.
10 Ähnliches konnte ich in einem 8. Schuljahr bei der Lektüre von Landser-Heften feststellen: Die Schüler nahmen diese Hefte u. a. zum Anlaß, um die Frage des Wehr- und Kriegsdienstes mit der Waffe zu besprechen.
11 Grundlage eines solchen Wertigkeitsvergleichs könnte z. B. sein: Karl May: Der große Traum. Erzählungen, hrsg. von Heinz Stolte und Erich Heinemann, München 1974 (dtv 1034). Hier wird die literarische Entwicklung Mays an mehreren Textbeispielen kenntlich gemacht.
12 Manfred Schloter: Karl May - Für und Wider, in: Das gute Jugendbuch H. 3/1964, S. 1-14, hier: S. 13. Die gesamte Arbeit Schloters ist abgedruckt in: Das gute Jugendbuch H. 2/1964, S. 1-28; H. 3/1964, S. 1-14; H. 1/1965, S. 1-8.
13 Vgl. Einleitung, Anm. 50. "Ein imaginär-fiktiver Text, der durch seine Gestaltung den Leser dazu bringt, über seine Situation zu reflektieren, seine Einstellung zur Welt, zu seiner Lebensführung und zu sich selbst in Frage zu stellen, muß als anspruchsvoll gelten." (A. Klein, H. Hecker: Trivialliteratur (1977), S. 49.).
14 Peter Kaupp: Plädoyer für die Unterhaltungsliteratur, Teil III, in: Graff-Anzeiger H. 8/1975, S. 6.

Personenregister

Abel, F. 293, 329
Ackerknecht, E. 288
Adler, A. 311, 315, 319
Adorno, Th. W. 50, 291, 333
Albrecht, G. 285, 315, 318
Alpers, H. J. 306
Arendt, D. 285
Arendt, H. 313, 334 f.
Arlinghaus, H.-U. 279, 293, 296 f.
Arndt, E. M. 149

Bach, W.-D. 80, 89, 300, 303, 319, 330
Bamberger, R. 288
Barmeyer, E. 306
Barthel, F. 23, 299
Bauer, H. 288
Baumgärtner, A. C. 279, 283
Baumgart, W. 311 f.
Bausinger, H. 44, 47, 280, 289 f., 338, 340 f.
Bayer, D. 45, 289, 325, 338
Beaujean, M. 314 f.
Bebel, A. 145
Beinlich, A. 288
Belke, H. 278
Bergengruen, W. 318
Binder, W. 285
Blankertz, H. 283, 316
Bloch, E. 87, 175, 248, 295, 297, 302, 323, 337 ff., 343
Bodensohn, A. 337
Böhm, V. 79, 300, 310, 320, 329
Bolte, M. 312
Braak, I. 337
Bredella, L. 285
Broch, H. 343
Brödl, H. 343
Bröning, I. 80, 84 f., 301, 302, 338
Bücher, K. 305, 309
Burger, H. O. 280
Busch, W. 150

Cardauns, H. 179, 324
Christ, H. 287
Claessens, D. 313, 332
Conrady, K. O. 32, 284
Cooper, J. F. 176, 321, 244 f.
Cordes, H. 294
Courths-Mahler, H. 61, 285, 338

Dahn, F. 315
Dahrendorf, M. 36, 279, 286, 294
Dahrendorf, R. 312 f.
Damaschke, A. 312
Davids, J.-U. 332
Dehio, L. 311
Deschner, K. 288, 343
Dilthey, W. 29, 47
Dittrich, M. 298
Dörpfeld, F. W. 316
Dollinger, H. 311
Droop, A. 298, 324
Dumas, A. 92
Duske, U. 38, 287
Dworczak, K. H. 299

Emmrich, Ch. 338
Engel, R. 295
Engels, F. 145, 315
Enzensberger, H. M. 51, 291, 313
Escarpit, R. 56, 292, 316
Eschstruth, N. von 101
Escosura, P. de la 319
Eversberg, G. 52, 288, 291

Fehsenfeld, F. E. 71, 292
Ferry, G. 104, 321
Fetscher, I. 333 ff.
Fetzer, G. 291
Fichte, J. G. 149
Finke, M. 299
Fischer, A. 24, 109
Fischer, H. 37, 286, 294
Foltin, H. F. 46, 48 ff., 289 ff., 294

345

Fontane, Th. 151 ff., 325
Forst-Battaglia, O. 76, 82, 295, 299, 301, 328
Francois, L. von 150
Frank, H. J. 316 f.
Franke, E. 294
Frýd, N. 324

Gadamer, H.-G. 34, 285
Gagelmann, R. 302
Gamm, H.-J. 313, 333
Ganghofer, L. 102
Geibel, E. 149, 317
Geißler, R. 31, 284, 286
Gellert, Ch. F. 100, 149
Gerstäcker, F. 102, 104, 171, 176, 285
Gerth, K. 294
Giesenfeld, G. 37, 286, 343
Glagau, O. 334
Göhre, P. 313
Göschen, G. J. 97
Goethe, J. W. von 149
Goldmann, L. 314
Gordon, Th. 326
Greiner, M. 44, 289
Greven, J. 304, 314
Grillparzer, F. 138
Grimm, J. und W. 339
Groma, P. 282, 323
Grünwaldt, H. J. 41, 287
Guenther, K. 299
Guntermann, K. 281
Gurlitt, L. 76, 279, 298 f.

Haas, G. 331
Habermas, J. 50, 314 f.
Hahn-Hahn, I. Gräfin 101
Hain, U. 279, 343
Hartmann, K. 315
Hartmann, W. 327
Haslip, J. 324, 330
Hatzig, H. 81 f., 298, 301, 310
Hauff, W. 104, 263
Haverkamp, W. 309 f., 319
Hebel, J. P. 149
Hecker, H. 278, 291, 344
Hegel, G. W. F. 315

Hein, J. 90, 303
Heinemann, E. 293, 302, 344
Heinrici, K. 280, 305, 322
Helmers, H. 31, 284, 284
Helmich, W. 340
Helwing, C. 302
Herchenröder, J. 331
Hieronimus, E. 287
Hochheimer, W. 333
Hochhuth, R. 293
Hölder, A. 57, 280, 292, 295, 310, 337
Höllerer, W. 47 f., 290
Hoffmann, K. 90, 93, 206, 281, 295 f., 299, 302 f. 307 f., 309 f., 319 ff., 328 ff., 335, 340
Hofmannsthal, H. von 320
Hohendahl, P. U. 311
Hohendorf, H. 315
Holz, H. H. 337
Horkheimer, M. 50, 291, 333
Hübner, G. 288
Huschke, W. 329

Ide, H. 287
Ivo, H. 33, 285

Jacta, M. 80, 300 f.
Jahn, G. 20, 36, 157, 280, 286, 319 f., 322, 332
Jehmlich, R. 306
Jens, W. 319
Jensen, S. 332
Jeremias, G. 304
Juarez, B. 208
Jung, C. G. 81, 85
Just, K. G. 280, 283, 318

Kahle, W. 318
Kainz, E. 78, 300
Kant, E. 149
Kaupp, P. 278, 291, 305 f.
Kayser, W. 34, 285
Kellen, T. 305, 322, 324
Keller, G. 139, 151, 314
Killy, W. 45, 251, 289, 338, 341
Kirsch, D. 279, 343
Kisch, E. E. 324
Klafki, W. 28, 30, 32, 284

Klein, A. 278, 290 f., 319, 321 f., 342, 344
Klein, H. 316
Kliemann, H. 292, 310
Klotz, V. 92, 156, 171, 185, 190, 304, 319, 322, 325 f., 338, 342
Klüter, H. 294
Kluge, R. 318
Klußmeier, G. 81, 83, 281, 301
Koch, H. H. 293
Kochta, J. 67, 91, 311 ff., 325
Köhlmann, W. 337
Koenig, F. 96
Körner, Th. 149
Kolakowski, L. 333, 335
Kolbe, J. 286
Koser, M. 306, 318, 332
Kotschok 316
Kracauer, S. 332
Kraft, R. 102
Krauss, W. 34, 285
Kreppel, F. 315
Kreuzer, H. 46, 282, 289
Kühnl, R. 315
Kürschner, J. 70
Kupisch, K. 336

Lange, W. 304
Langer, K. 303
Lavant, R. 154
Lessing, G. E. 92, 149
Leixner, O. von 313 f.
Lenz, S. 343
Levenstein, A. 312
Leyendecker, H. 292
Liebhart, E. 332
Liebknecht, W. 145, 315
Lowsky, M. 200, 328
Lück, H. 306
Lüthi, M. 23, 280, 338 ff.
Lukács, G. 314 f., 318
Luther, M. 95, 149

Macherey, P. 306
Maier, K. E. 244, 337 f.
Markefka, M. 283
Marlitt, E. 61, 101, 285, 305 f.

Marryat, F. 176
Marsch, W.-D. 343
Maschke, F. 82, 327 f.
Massing, P. W. 333 ff.
Mattern, K. 344
May, Klara 282, 307
Mehden, H. von der 314
Mehner, H. 309, 313
Mehring, F. 314
Melzer, H. 343
Meyer, C. F. 151
Meyer, C. J. 97
Michel, K. M. 289, 343
Möllhausen, B. 102, 176 f., 321 ff.
Moritz, K. 286
Mosse, G. L. 306, 309 f.
Muchow, H. H. 338
Müller, C. 154
Müller, Hermann 332
Müller, Horst 280
Münch, W. 317
Münchmeyer, H. G. 24, 68 ff., 90, 105 ff., 165, 168, 180, 238, 280, 305, 307, 322
Münchmeyer, P. 109
Munzel, F. 282, 292, 294, 323, 331, 336, 343

Nauck, B. 283
Nitschke, E. 340
Nusser, P. 51 f., 291
Nutz, W. 44, 289

Oel-Willenborg, G. 83 f., 302, 313
Oerter, R. 310
Ostwald, Th. 83, 301, 312

Parsons, T. 313, 327 f., 331 f.
Perner, F. 110
Pesch, U. 319
Pfeffer, F. 288
Piper, R. 282
Plaul, H. 83, 90 ff., 295, 302 ff., 307
Pleticha, H. 331, 337
Plischke, H. 78, 300, 306, 322

Plöhn, R. 234
Pollmer, E. 82, 199
Poppe, W. 206, 329
Postma, H. 306
Prohl, H. W. 304
Pustet, F. 180

Raabe, W. 150 f., 154, 322
Raddatz, W. 77, 299
Radelli, B. 69
Radkov, W. 328
Radler, R. 318
Reitze, P. F. 329
Remplein, H. 292
Reuter, F. 150
Richter, G. 312 f.
Rieder, H. 311
Ries, M. 306
Ripper, W. 316
Ritter, G. A. 311 ff., 325
Roeder, P.-M. 316 f.
Robinsohn, S. B. 29, 283
Roxin, C. 89, 206, 295, 298, 302 f., 307, 325, 328, 329, 331 f., 335, 338
Rückert, F. 149
Rutt, Th. 283

Sacher-Masoch, L. von 101
Sagarra, E. 306, 312 ff., 318, 323, 329
Sanner, R. 32, 284
Sartre, J.-P. 318, 333 ff.
Schemme, W. 278 f., 343
Schenda, R. 304 f., 309, 321, 322 f., 324, 331
Scherr, J. 323
Schiller, F. von 149
Schilling, J. 279, 343
Schmack, E. 283
Schmid, E. A. 76, 281, 295 f., 298, 308 f.
Schmid, Roland 295 f., 297, 336
Schnapper-Arndt, G. 313
Schneider, S. 82
Schönthal, W. 336
Schoeps, H. J. 336
Schopenhauer, A. 138
Schulte-Sasse, J. 46, 288, 289 ff.

Schulz, W. 30, 284
Schulze, F. 304 f., 315
Schultz-Gerstein, Ch. 332
Schwab, W. 342
Schwarzenau, P. 336
Schwerte, H. 314, 316
Sealsfield, Ch. 102
Seelinger, R. 279
Serden, K. 282
Sichelschmidt, G. 84, 279, 286, 302, 305 f.
Spielhagen, F. 150
Staberow, P. 109
Sternberg, A. von 101
Stifter, A. 138
Stolte, H. 77, 81, 92, 206, 282, 295 f., 299, 302, 303 ff., 322, 326, 329, 340, 342 ff.
Storm, Th. 151 f.
Strobl, K.-H. 241, 297, 336
Stumpf, Ch. 37 f., 286 f.
Sue, E. 92
Syberberg, H.-J. 294

Thalmann, M. 13, 278 f.
Tiefenthaler, R. 287

Ueding, G. 92, 190, 242, 285, 304 f., 310 ff., 319 f., 323 f., 326, 331 f., 336 ff., 342 f.
Uhland, L. 149
Unseld, S. 282

Valentin, V. 334
Verne, J. 102, 325
Vogt, J. 283
Vulpius, Ch. A. 100

Wackernagel, Ph. 148
Wagner, H. 298
Waldmann, G. 38 ff., 282, 286 f.
Walter, A. 311
Watz, R. 317
Weber, H. 147
Weber, W.-J. 78, 299
Weigl, F. 75 f., 298
Weisspflog, Ch. 196
Weiszt, F. J. 299

Wells, H. G. 102
Weniger, E. 28 f.
Wernsing, A. V. 51, 291
Wettstein-Adelt, M. 325
Wilhelm, Th. 31, 284, 315 f.
Wilke, A. von 314
Wilker, K. 76, 298
Wilpert, G. von 305, 342
Winkelmann 312
Wohlrabe 317
Wolf, A. 206

Wolff, G. 343
Wollschläger, H. 82, 88 f., 91, 110, 295 ff., 298, 309 ff., 307 f., 336, 342
Wucherpfennig, W. 51, 291
Wulz, H. 343

Zimmermann, H. D. 279
Ziegler, Th. 313
Zuckmayer, C. 340